Knaur.

Über den Autor:
Der Journalist, Publizist und Musiker Klaus Norbert, Jahrgang 1962, bezeichnet sich selbst als »Bildungsrebell«. Das vorliegende Buch möchte er jedoch nicht als simple Abrechnung mit der eigenen Schulvergangenheit verstanden wissen, sondern als eine Anklage der deutschen Bildungs-Zustände: »Für das Wort ›Umstände‹ ist es schon zu spät.«
Der Vater einer dreijährigen Tochter war viele Jahre als Berater für Großunternehmen im In- und Ausland tätig und betreute als Coach namhafte Führungspersönlichkeiten. Zu seinem Buch IDIOTEN MADE IN GERMANY hat er den gleichnamigen Song geschrieben, »meine Schul-Marseillaise« (s. YouTube).
E-Mail-Kontakt zum Autor: info@idiotenmadeingermany.de

Klaus Norbert

IDIOTEN MADE IN GERMANY

Wie Politik und Wirtschaft
Bildungsverlierer produzieren

Knaur Taschenbuch Verlag

Besuchen Sie uns im Internet:
www.knaur.de

Originalausgabe Juni 2011
Copyright © 2011 by Knaur Taschenbuch.
Ein Unternehmen der Droemerschen Verlagsanstalt
Th. Knaur Nachf. GmbH & Co. KG, München.
Alle Rechte vorbehalten. Das Werk darf – auch teilweise – nur mit
Genehmigung des Verlags wiedergegeben werden.
Redaktion: Sabine Wünsch
Umschlaggestaltung: ZERO Werbeagentur, München
Satz: Adobe InDesign im Verlag
Druck und Bindung: CPI – Clausen & Bosse, Leck
Printed in Germany
ISBN 978-3-426-78469-3

2 4 5 3 1

Gewidmet

Ernst Fritz-Schubert,

dem Erfinder des Schulfachs »Glück«,
sowie

Matthias Isecke-Vogelsang,

dem in jeder Hinsicht
buntesten Lehrer und Rektor Deutschlands.

Inhalt

Idioten – wieso Idioten? 11

I
IDIOTEN, FACHIDIOTEN, VOLLIDIOTEN

Ein roter Teppich für die Bildung:
Wagners große Machtmusik 33

Von den Humboldts zu Mario Barth:
»Bildung« in Deutschland, wie konnte das passieren? 52

Von wegen »amüsieren«:
Wir bilden uns zu Tode 66

We don't need no education:
Wer »Bildung« sät, wird Hartz IV ernten 89

Linksrum, rechtsrum für Schule und Wirtschaft:
Wortfeld »Disziplin« 111

Freischwimmer oder Jodel-Diplom:
Wie schlau dürfen wir noch werden? 138

Lebens- statt Wissensschule:
Menschen mit Persönlichkeit, Herz und Charakter – wozu? 161

Bildung mit Tatü-Tata:
Schulschwänzer, die Deserteure der Unterforderung 179

II
DIE IDIOTENMACHER

Idioten haben keine Lobby:
Bildung im Zerr-*Spiegel* der Medien 197

Drill und Zwang nach Amy Chua:
50 Millionen Pianisten klimpern uns von der Weltkarte ... 235

Mit Kinderkoks zu Quali, Abi und Master:
Die Ritalinisierung der Jugend 250

»Bildung« macht dumm:
Die Gewinner von heute sind die Verlierer von morgen.... 264

Die nützlichsten Idioten von allen:
Wenn Lehrer wirklich lehren dürften 283

Zensuren sind undemokratisch:
Schafft die Schulnoten ab! 317

Genug ist nicht genug:
Bildung, das 100-Milliarden-Desaster 331

Stuttgart 21, Bildung 21:
Wer die Schule verändert, verändert die Gesellschaft 351

Bildung – ein Nachruf 363

Register 375

Der Mensch, der nur das Erreichbare erstrebt,
sollte dazu verdammt sein, es zu bekommen und zu behalten.
Nur durch das Unerreichbare gewinnt der Mensch eine Hoffnung,
die es wert ist, dass man für sie lebt und stirbt.
Und nur durch das Unerreichbare gewinnt der Mensch
sich selbst mit dem geistigen Lohn einer Hoffnung.
In Hoffnungslosigkeit
ist er den Sternen und dem Fuße des Regenbogens am nächsten.

*Eugene O'Neill,
US-Dramatiker und Literaturnobelpreisträger*

Idioten – wieso Idioten?

> Dafür ist die Schule in Wirklichkeit da: Es geht nicht um Geographie, Geschichte oder Mathe. Es geht darum, die Kinder zu guten Fabrikarbeitern zu erziehen. Wenn die Glocke läutet, gibt's Essen; genauso läuft es im Büro oder beim Premierminister.
> *Keith Richards, Gitarrist der Rolling Stones, in seiner Autobiographie* Life

> Die Art und Weise, wie wir regiert werden – das geht so nicht mehr!
> *Stéphane Hessel, Autor der Protestschrift* Empört euch!

Ich weiß nicht, wie viele Exemplare dieses Buches sich verkaufen werden. Ich weiß nur, dass es ziemlich genau 430 000 Stück zu wenig sein werden: In den deutschen Millionärshaushalten hört und liest man ungern von IDIOTEN, schon gar, wenn sie im Plural anrücken und nicht, ledergebunden und mit Goldschnitt versehen, von Dostojewski stammen. (Warnung vor Fjodor: Wer in sein Buch hineinsieht, schaut nicht als derselbe wieder heraus.)

Wir anderen freilich, in den knapp 40 Millionen restlichen Privathaushalten, wir müssen uns diese Bezeichnung gefallen lassen: IDIOTEN. Schließlich erleben wir jeden Tag, wie es manchen Leuten einfach nicht genügt, dass andere sehr viel weniger reich, allenfalls nur ein bisschen wohlhabend oder gar arm, ja mittellos sind, zusätzlich vielleicht noch krank, arbeitslos, von anderer als deutscher Herkunft, von anderer Religion, anderer Hautfarbe. Solche Leute, wird neuerdings gern behauptet, seien schon »von Natur aus« blöd, auf jeden Fall »bildungsfern«, also nicht genug gebildet und auch nicht bildungsfähig genug, um unser schönes

Deutschland vor seiner Abschaffung zu bewahren; nicht gebildet genug, um des Respekts und einer anständig bezahlten Tätigkeit würdig zu sein; nicht gebildet genug, um auch nur in die Nähe der Schaltstellen *unseres* Landes gelassen zu werden: Bildung ist die neue Mauer, Schule und Erwerbsleben sind der neue Todesstreifen.

IDIOTEN MADE IN GERMANY – so sehe ich die Dinge um »Bildung«, Schule und alles, was die Verantwortlichen anscheinend noch mit uns vorhaben, mit uns und unseren Kindern. In staatstragendem Schwarz, auf grellem Kanariengelb kommt es daher, dieses IDIOTEN-Buch, schwarz-gelb, wie ein gewisses politisches Auslaufmodell. Aufmerksamkeit heischt es wie die legendären Reclam-Hefte, piepmätzig pfeift es auf »Bildung«, pausbäckig lästert es über Schulen und Universitäten in Deutschland. Es klugscheißert über Eltern, die für ihre Kinder doch nur das Beste wollen, es räsoniert über Lehrer, die angeblich ganz anders könnten, wenn sie nur dürften. Es nennt Schüler und Studenten IDIOTEN, ebenso deren Eltern, ja durchweg einen jeden in Deutschland. Und es fordert Bildung statt »Bildung«, rebelliert aber gleichzeitig dagegen – geht's nicht ein bisschen leiser?

Nein. Gar nicht laut und schwarz und gelb und grell genug kann es zugehen angesichts *dieser* These: Politik und Wirtschaft haben schon uns Erwachsene zu IDIOTEN gemacht, nun sind unsere Kinder dran. Mit dem Daumen durchgeblättert, liest sich das so: Schule ist Disziplin, aber Disziplin ist Zwang, und Zwang ist scheiße, und Schulnoten gehören darum abgeschafft. Schuld an allem sind die Bundesbildungsministerin und ihre zahlreichen Landeskollegen, ferner der *Spiegel* und Richard Wagner; Patentlösungen gibt es leider keine, schon gar nicht auf die Schnelle; Schulschwänzern sollte man Kränze flechten, und über allem dräut die altböse Wirtschaft mit ihren gierigen Spinnenfingern. Wahrscheinlich bin ich nur schrecklich naiv.

Wenn man mir sagt, wir lebten in der besten aller Demokratien, glaube ich es. Wenn ich dann feststelle, dass das leider nicht stimmt, möchte ich, dass es eben schleunigst so wird, denn in einer halbgaren, heruntergewirtschafteten Demokratie fühle ich mich nicht wohl, und in einem Klima unverhohlener politischer Heuchelei möchte ich meine Dreijährige – vielleicht kommen noch Geschwister – nicht aufwachsen sehen.

Bildung in Deutschland, genauer: in seinen 16 Bundesländern, ist eine gesellschaftliche Klimakatastrophe. Sie bedeutet professionelle Heuchelei, sie bedeutet Distinktion, Selektion, Separation. Ich sage »Distinktion«, weil da das Wörtchen »stinkt« schon drinsteckt. Denn deutsche Bildung duftet nicht nach Erkenntnis, nach Suchen und Forschen. Sie riecht nicht erst seit »Dr.« zu Guttenberg ziemlich streng nach Lug und Betrug.

Von wegen Einigkeit und Recht und Freiheit – die demokratische Dreifaltigkeit »für das deutsche Vaterland« steht mindestens bei der Bildung noch aus. Nach den ersten gemeinsamen Grundschuljahren ist es für die Kinder mit Einigkeit vobei, da beginnt das schulische Hauen und Stechen. Und Recht und Freiheit? Sobald sich die Bildungswege der Kleinen trennen, tun sich ihnen tatsächlich neue Horizonte auf – dunkle Horizonte: Massa-Bwana. Ihr da oben, wir da unten. Elite versus Pöbel. Ich Abitur, du nur Hauptschulabschluss – oder gar nichts. Früh übt sich, was sich später spinnefeind sein soll.

Und das soll die beste aller Demokratien sein?

Deutschland 2011, und es gibt wieder Schmuddelkinder, mit denen »man« nicht spielen soll. Deutschland 2011, und das urdeutsche Klassendenken lebt weiter. Deutschland 2011, und gleich zwei Abi-Jahrgänge werden durchs Nadelöhr gepresst, gleich zwei neue Uni-Jahrgänge treten das Linoleum unserer Wissenspaläste platt. Alles hat sich der Bildungsbürokratie unterzuordnen und vor allem den Interessen der Wirtschaft.

»Mit der Schule ist es wie mit der Medizin; sie muss bitter schmecken, sonst nützt sie nichts« – nur eine von zahlreichen »Erkenntnissen« aus der Paukerkomödie *Die Feuerzangenbowle* von 1944, doch wir haben 2011, und Kinder, wie die Zeit *nicht* vergeht: Der Gymnasialprofessor Crey, erschreckend lebensnah gespielt von Erich Ponto, hat noch immer recht: Schule schmeckt für die meisten bitter wie eh und je, für manche mehr denn je. Wie leider schon vor Jahrzehnten nützt die Medizin Schule wenig, und manchen »nötzt« – wie Crey/Ponto albert – sie überhaupt nichts. Der Wirkstoff ist hier zu stark, dort zu dünn; die Dosierung in dem einen Bundesland ist zu niedrig, in dem anderen zu hoch.

Geflasht, verpeilt und gedisst vom eigenen System: Unsere Kinder, auf FACHIDIOTEN getrimmt, werden von der Industrie bei der Politik, bei Schulen und Universitäten bestellt, aber später oftmals nicht abgeholt. Der Schulbesuch ist in Deutschland Pflicht, aber ein Recht auf substanzielle Bildung, gar auf Einlösung des Deals »Wir Bildung, ihr Beschäftigung« gibt es nicht.

Die Schule fixiert sich auf Wissensvermittlung im Akkord, aber das Fehlen von genügend Arbeitsplätzen stellt namentlich die Hauptschüler – »Mittel-«, »Werksrealschüler« – in die Ecke, kannibalisiert Realschüler im Kampf mit den Gymnasiasten um höherwertige Berufe und verurteilt selbst Hochschulabsolventen zu einem Dasein als Dauerpraktikanten – oder macht sie zu Bildungsflüchtlingen: Sich eifrig bilden und später dafür gut bezahlt, anständig behandelt zu werden, das reimt sich in der Bundesrepublik für immer weniger »High Potentials«.

Nichts wie weg.

Die neue alte deutsche Kleingeistigkeit bringt wieder mehr Streber, aber kaum mehr Denker hervor; von »Dichtern«, generell musisch-humanistisch geprägten Menschen ganz zu schweigen: Philosophie, wozu? Wir haben ja (den sehr geschätzten) Richard David Precht; *einer* reicht doch. Das Zeitalter nach dem Diktat von PISA und Bologna ist nur das Revival eines anderen: Pauken und Studieren nach Wilhelm Zwo.

Das Paradoxon des Abstiegs noch vor dem Aufstieg erleben immer mehr junge Menschen als Lebenswirklichkeit. Die Hassfurcht der Gesellschaft, die mit dem Schlagwort Hartz IV verbunden ist, stempelt Millionen Menschen schon ab der Schulbank zu IDIOTEN. Die Folge: In der deutschen Bildungslandschaft regiert nicht Wissensfreude, es grassiert nur Angst. Aus dem Abschlusszeugnis ist für viele gleich das Armutszeugnis geworden – nie schmeckte sie bitterer, nie »nötzte« sie weniger, die Medizin namens Bildung.

Doch nicht Schüler und Studenten allein haben ihre Mühe mit dem deutschen Bildungsbetrieb. Lehrer und Dozenten sind genauso hin- und hergerissen zwischen Theorie und Praxis. Allzeit engagierte und gerechte, leidenschaftlich bemühte Wissensvermittler sollen sie sein, Pädagogen wie der ZDF-Serie *Unser Lehrer Dr. Specht* entstiegen: souverän-juvenil, bis an die Grenze der Strafversetzung verständnisvolle Robert Atzorns; sphinxhaft-gelassene Lilo von Barnims (Corinna Harfouch), jeweils selbstbewusst über den Wahnsinn des Schulbetriebs hinweglächelnd. Die Wirklichkeit der realen Dr. Spechts und von Barnims sieht freilich anders aus. Vielen Schulkritikern sind Pädagogen nur Psycho-Sadisten, Seelenquäler, Stoffdurchpeitscher, verbeamtete Faulpelze. Noch schärferen Kritikern sind ihre Unterrichtsmethoden zu lasch. Aus Furcht vor sozialem Abstieg wünschen sich viele Eltern wieder mehr Strenge von der Schule. Noch mehr Tempo sollen die Lehrer vorlegen, die Kinder nicht »unterfordern«, ihnen wieder mehr »Disziplin« abverlangen. Alles zugunsten möglichst guter, bester Noten – ein Dilemma. (Mehr darüber im Kapitel »Wenn Lehrer wirklich lehren dürften«).

Aller Bildungspropaganda zum Trotz sind unsere Schulen nach wie vor Bildungsvollzugsanstalten. Jeder muss dorthin, ob er will oder nicht. In Deutschland wird die Schulpflicht vor Ort vollzogen und keinesfalls zu Hause, *wo kämen wir da hin.* Unsere Schulen sind Gebäude voller Ungerechtigkeit: Du und du und du, ihr dürft aufsteigen, aber du, du und du – Abschaum! Noch immer kann nicht jeder alles werden, wenn sein Elternhaus nicht den sozialen Erwartungen des Schulbetriebs entspricht. Unsere Schulen sind Gebäude der Leere statt der Lehre: Nicht fürs Leben, für die Schule lernen wir; Zensuren gibt es für Kenntnisse, nicht für *Er*kenntnisse.

Deutsche Schulen sind Gebäude voller Furcht. In ihnen gefordert ist allein Effizenz, rasch vermittelbares, gut abfragbares Wissen. Ängste sind die Folge: Was, wenn ich die Klassenarbeit vermassle, nicht versetzt werde, den Abschluss nicht schaffe? Unsere Schulen sind Gebäude wie Maschinenhallen, die Menschen darin durchrationalisiert bis ins Kleinste. Junge Menschen in Deutschland werden eben nicht überall chancengleich behandelt, nicht überall individuell gefördert, nicht überall mit dem nötigen Aufwand unterstützt, nicht überall mit dem nötigen Selbstvertrauen fürs Leben stark gemacht.

Mein Vorwurf: Deutschlands Schulen und erst recht seine Universitäten bringen immer mehr Menschen hervor, die für das Erwerbsleben, für die Gesellschaft und für die Teilhabe am demokratischen Alltag nur bedingt geeignet sind – oder gar nicht. Feeds, Tweets und Apps allein reichen zur Lebensvorbereitung nicht aus. Wo bleiben Toleranz, Einfühlungsvermögen, Menschlichkeit? Selbstbewusstsein statt Überheblichkeit, Selbstvertrauen statt Doch-alles-nur-Scheiße?

Weil es politisch nicht anders gewünscht ist, produziert das System in der Überzahl nicht freie kluge Menschen, sondern IDIOTEN MADE IN GERMANY.

Falls Deutschland sich »abschafft«, so bestimmt nicht durch seine Erwerbslosen und deren Kinder, auch nicht durch eingewanderte Muslime und »Kopftuchmädchen«, eher aufgrund der Machenschaften von ein paar Dutzend nimmersatten Politikern und Wirtschaftsbossen, Millionärs- und Milliardärsfamilien. Sie hetzen die Bürger auf, gegeneinander und gegen »Fremde«. Sie sehen in Bildung eine neue Geschäftsidee, aber auch eine Waffe, um sich und ihren Kindern künftige Konkurrenz vom Leibe zu halten. Gemeinsam mit den PISA- und Bologna-hörigen »Qualitätsmedien« machen sie Bildung zu Fastfood für die Masse und adeln sie gleichzeitig zu Sushi für die Begüterten. Sie sorgen dafür, dass in Deutschland – in dem modernen, demokratischen, freigeistigen Deutschland – Millionen junger Menschen tausend Dinge lernen müssen, von denen selbst Lehrer sagen, dass man sie nie im Leben brauchen wird. Trotzdem gibt es darauf strenge Noten, Beurteilungen und Zeugnisse, trotzdem wird auf dieser Grundlage entschieden, wie der Rest eines jungen Lebens aussehen wird. Für Bildung sollen wir unsere Kinder mit Medikamenten ruhigstellen, ihnen Kindheit und Jugend rauben und uns selbst dabei verrückt machen? Nein, danke.

Dieses Buch ist ein Sachbuch, aber es ist kein sachliches Buch. Sein Autor ist emotional und polemisch und ergreift Partei – Partei für alle, die über die Begriffsumdeutung von Bildung genauso empört sind wie er selbst; Partei für alle, die Gefahr laufen, zu Bildungsverlierern gestempelt zu werden; Partei für alle, die sich schon für Bildungsgewinner halten, aber womöglich feststellen werden, dass auch sie eine Niete gezogen haben. Irgendwann fällt die Lebenslüge »Bildung« jeden noch so hohen Baum: In den Städten haben selbst Akademiker zu rödeln, um sich eine eigene Wohnung leisten zu können, aber auf dem Land muss so mancher Hauptschüler Rasen mähen – vor seinem eigenen Reihen-, Doppel- oder Einfamilienhaus.
Wer ist da der Klügere, »Erfolgreichere«?

Schule ist kein Profitcenter – mitunter soll sie Ökonomen hervorbringen, sich aber nicht dauernd von ihnen »reformieren« lassen. Das Ertragsdenken um »Humankapital« macht das zweckorientierte deutsche Bildungswesen endgültig zum Witz, allerdings ohne zündenden Schlussgag. »Bildung« verhält sich zu *wirklicher* Bildung wie Mario Barth zu Loriot, wie Michael Mittermeier zu Georg Schramm, wie Hallo-Herr-Kaiser zu Joachim Kaiser. Bildung könnte und müsste wieder spannend sein, befruchtend, aufrichtig, die Sinne fordernd. Sie könnte und müsste den Ehrgeiz anstacheln, Horizonte eröffnen, die Neugier aktivieren. Bildung, den Polit-Ideologen und den Kommerz-Strategen entrissen, könnte und müsste so lebendig sein wie eine Mozartsinfonie, so inspirierend wie ein Knef-Chanson, so bewegend wie Rock 'n' Roll. Doch heute ist Bildung in Deutschland, aufgrund seiner allzu vielen Bildungshuber in den Ländern, ein volkstümelndes Monsterstück aus dem Computer. Drei Akkorde, eine dünne Melodie und am Ende viel Pathos.

Mit der Schwarzweiß-Einteilung in Bildungsgewinner und Bildungsverlierer wird Bildung vollends zum Glücksspiel. Zum Tischroulette, zum Multiple-Choice-, Brett-vorm-Kopf-Spiel, beliebig wie Trivial Pursuit, kommerziell wie Monopoly, anspruchsvoll wie *Wer wird Millionär?* – wer einst bei Wim Thoelkes *Der große Preis* sein Wissens-Championat verteidigte, war gebildet genug, um jederzeit in die Weltraumforschung überzuwechseln.

Heute wird Günther Jauch mit seinem Bitte-ankreuzen-Prinzip als »klügster Deutscher« verehrt: »Während der Perserkriege kam es 490 vor Christus zur Schlacht bei: A Badminton; B Skeleton, C Biathlon, D Marathon?«

Bin ich humorlos, denke ich zu analog statt genügend digital, oder hat Jauchs Millionenspiel mit Bildung – oder auch nur Wissen – so viel zu tun wie Biersaufen gegen das Urwaldsterben?

IDIOTEN MADE IN GERMANY – es braucht diese Wortmeldung

von einer ganz anderen Schul-Aufsicht, und deshalb hier der *Publikumsjoker:* Literatur und Musik sind voll mit Werken von Menschen, die über eine unglückliche Schulzeit und über ein in der Folge verpfuschtes Leben klagen. Kann mir jemand auch nur ein einziges Buch, ein einziges Gedicht, einen Film oder einen einzigen Song nennen, der explizit die heutige deutsche Schule lobt, gar eine deutsche Universität? Mehr als ein Jahrzehnt deutscher Bildungsbetrieb pro Kopf, da müssten doch, schon statistisch, etliche Glückspilze dabei gewesen sein. Vorschlag: Für alle diese Glücklichen veranstalten wir ein Jubel-Konzert. Hoch sollen sie leben! Ich singe und spiele für uns, gratis; die *Heavytones* von Stefan Raab sollen mich begleiten. Nur – wo trete ich auf? Etwa im Berliner Olympiastadion, *reicht der Platz?* Oder doch nur im Wohnzimmer unserer Bundesbildungsministerin, Frau Schavan, *in ihrem Badezimmer?* Ich behaupte, es finden sich keine zehn, keine fünf, nicht drei Menschen, denen »Bildung« nicht eins fürs Leben übergebraten hätte.

Nicht erst seit in diesem Land die Begriffe »sozial« und »Marktwirtschaft« getrennte Wege gehen, ist Bildung nur ein Lippenbekenntnis der Politiker. Nicht erst seit Gerhard Schröders Agenda 2010, aber gerade seither leiden mehr als elf Millionen Schüler und Studenten unter noch mehr Leistungs-, Erwartungs- und Anpassungsdruck. Sie leiden unter dem Chaos, das Bund und Länder ihnen mit ihren ständigen »Reformen« zumuten, sie leiden unter der Aussicht, dass sich für die wenigsten von ihnen, trotz emsigen Lernens, die Hoffnung auf ein »sicheres« Arbeitsleben erfüllen wird. Mit ihrer Fixierung auf Normen und Turbo-Leistungen begünstigt die Politik zudem eine winzige »Elite« und stempelt den Rest einer ganzen Generation zu Versagern, zu IDIOTEN MADE IN GERMANY.

IDIOTEN – warum dieses Wort? Ist es nicht »zu hart«, »politisch unkorrekt«?

»Als *Idiotes*«, so Wikipedia, die Online-Enzyklopädie, »bezeichnete man in der griechischen Antike Personen, die weder ein öffentliches Amt innehatten noch sich am politischen Leben beteiligten. Im militärischen Bereich wurde der Begriff zunächst von den griechischen Historikern genutzt und für Personen verwendet, die als einfache Soldaten keine Befehlsgewalt hatten. Später wurde der Begriff im ptolemäischen Ägypten offiziell benutzt und taucht in Mannschaftslisten der Armee als Begriff für die einfachen Soldaten auf. Aus diesem Begriff bildete sich später das moderne Wort *Idiot,* das, anders als der Originalbegriff, negativ besetzt ist.«

Wir wiederholen:

Weder öffentliches Amt noch Beteiligung am politischen Leben.

Einfache Soldaten.

Keine Befehlsgewalt.

Mannschaftslisten.

Der Wikipedia-Eintrag für »Idiot« wird noch deutlicher:

»Der *Idiot* (...) war in der griechischen Antike ein Mensch, der Privates nicht von Öffentlichem trennte (wie Handwerker und Händler), oder aber jemand, dem das Politische untersagt war (wie Frauen und Sklaven). Wer private Angelegenheiten nicht im eigenen Haushalt *(oikos)* verbarg oder nicht als geeignet für das öffentliche Leben angesehen war, wurde als *idiotes,* Privatperson, bezeichnet. Später wurde der Begriff allgemein auf Laien oder Personen mit geringem Bildungsgrad angewandt.«

Handwerker und Händler.

Frauen und Sklaven.

Nicht geeignet für das öffentliche Leben.

Geringer Bildungsgrad.

Solche *Idiotes,* »Privatpersonen«, sind wir. Bildungsgrad, Status, Einkommen hin oder her: Bürger sind wir, die nur noch auf dem Papier als solche zu bezeichnen sind. Bürger, die Bildung nicht denken, sondern zu funktionieren gelehrt hat. Bürger, deren einzige geistige Legitimation letztlich nur ein Stück Papier ist, weil Politik und Wirtschaft uns keine andere, wirklich harte Währung gönnen. Verfügungsmasse sind wir für jene zehn Prozent Menschen im Lande, die bereits über mehr als 60 Prozent des Kapitals verfügen – und auch noch den Rest wollen. IDIOTEN MADE IN GERMANY, das sind wir.

Niemand von uns darf auf Bundes- oder Landesebene eine bestimmte Person wählen, eine bestimmte Entscheidung herbeiführen oder verhindern helfen. Gewählt werden nur die abstrakten Versprechen einzelner Parteien, die diese hinterher meist sofort wieder kassieren: Ach, wisst ihr, die Haushaltslage. Die Sachzwänge. Der falsche Zeitpunkt: *Es gibt keine Alternative!*

Weil wir IDIOTEN stillhalten – man hat es uns so beigebracht –, macht »die Politik« unter sich aus, wer Bundeskanzler, Minister oder Ministerpräsident wird, welche Leute als Staatssekretäre die eigentlichen Jobs verrichten, wer dem Bundesverfassungsgericht vorsitzt, wer übers Wochenende Milliarden-Schutzschirme für die Banken aufspannt, was in 16 Bundesländern mit Bildung geschieht – und mit uns allen. Weil uns IDIOTEN keiner fragt, geschieht es, dass die Bundeswehr am Hindukusch Vasallendienste leistet, dass jahrzehntealte Atomkraftwerke am Netz bleiben, dass Ungerechtigkeit Synonym wird für selbst schuld und, und, und. Noch nicht einmal bei der vergleichsweise harmlosen Entscheidung, wer das rein repräsentative Amt des Bundespräsidenten ausüben darf, können wir IDIOTEN mitreden. Bei wirklich jedem einzelnen Spiel stehen andere auf dem Platz, sitzen andere auf den Rängen – wir IDIOTEN, bildhaft gesprochen, dürfen nicht mal rein ins Stadion. Als Bürger sind wir Teil einer viel größeren Krise und drohenden Staatspleite. Wir alle sind Griechen, Iren, Portugiesen, aber zuvorderst sind wir Griechen in der ursprünglichen Bedeutung ihres alten Begriffs »idiotes«.

Wir IDIOTEN müssen uns das demokratische Deutschland erst erobern, gerade in der Bildung. Sie gehört nicht in die Hände von 16 Bildungsfürsten und einer Bildungskaiserin, erst recht nicht in die Hände von gewerblichen Dienstleistern. Die Berliner Dussmann-Gruppe (Gebäudereinigung, Catering, Sicherheit) rühmt sich auf ihrer Website: »Deutschlandweit essen täglich rund 40 000 Schüler und Kindergartenkinder ›bei Dussmann‹«. Wenn's mit der Logistik so gut klappt, warum nicht auch für das *restliche* Drumherum sorgen?

Im Dezember 2010 kündigte das Unternehmen an, deutschlandweit eine Kette von Kindertagesstätten aufziehen zu wollen. Mit reichlich Quersubventionierung von Staat und Kommunen sowie einer Vielzahl von – doch nicht etwa niedrig entlohnten – Mitarbeitern dürfte die bundesweite Kommerzialisierung der Kindererziehung kein Problem sein – nächster Halt »Schule«?

Die Zielgruppe ist schon ausgemacht: der von Abstiegssorgen tief verunsicherte Mittelstand, jene Schicht, die in diesem Land die meisten IDIOTEN stellt, weil sie mit ihren Steuern und Abgaben, Mieten und Zinsen letztlich den Wohlstand jener paar hunderttausend Millionärshaushalte sicherstellt und trotzdem glaubt, ihre Kinder hätten faire Aufstiegschancen. Mit Jubelarien statt mit Kritik begleiten viele Medien Ankündigungen wie die Dussmann'sche Kita-Offensive: Hurra, die Rettung von Erziehung und Bildung naht. Schon steht ein Mitglied der Bundesregierung für PR-Zwecke bereit, wie Gesundheitsminister Philipp Rösler beim Spatenstich für den ersten »Kulturkindergarten« in Berlin. Die Botschaft der Politik ist eindeutig: Erziehung, Bildung? Bloß gut, dass es die Wirtschaft gibt.

Statt die Regierenden mit unablässigen Protesten zu zwingen, ihren aus der Schulpflicht resultierenden Aufgaben nachzukommen, sollen die IDIOTEN lieber gleich die Dienste von kommerziellen Unternehmen in Anspruch nehmen. IDIOTEN, »idiotes« – damit

sind ja gerade auch jene Menschen gemeint, die das gedankenlose bis niederträchtige Wort »Prekariat« umfasst, also die Millionen finanziell Ausgebombten, vom Arbeitsmarkt Weggemobbten und mit Absicht Ferngehaltenen, die aus dem Gesellschaftsleben geradezu Herausradierten. Bei ihnen wiederum denke ich am meisten an die Kinder: Wer gibt Merkel, Schavan, Schröder (Kristina), von der Leyen und jenen, die irgendwann ihre Nachfolger sein werden, das Recht, Millionen Menschen in ein Ghetto der sozialen Hilflosigkeit zu treiben und sie dort zu belassen?
Ich habe nicht mehr viel Vertrauen zu den Politikern dieser Republik.
Täglich wird uns eingeredet, wir könnten uns die vielen sozial Schwachen, Arbeitslosen, Alten und Pflegebedürftigen nicht leisten, nicht einmal genug Kindertagesstätten, die Kassen seien leer. Die Wahrheit ist: *Unser* Geld ist noch immer da. Jeden Tag und jeden Monat fließt es, dank Steuern und Abgaben, in die Staatskasse. Dicke würde es reichen, aber es wird an anderer Stelle ausgegeben, verjuxt, verschwendet, in summa: veruntreut. 42 Milliarden gingen 2010 für Zinszahlungen drauf, 32 Milliarden für Rüstung; 164 Milliarden hat der Bund mit der Gießkanne verteilt – als »Subventionen«; dazu der Rettungsschirm für die Banken, der deutsche Beitrag für die Stabilisierung des Euro. Doch vor dem Zentralverband des deutschen Handwerks droht Angela Merkel allen Hartz-IV-Empfängern: »Da werden wir in Zukunft klarer hinschauen!«
Gebildete Menschen in einem gesitteten Land?
Franz Müntefering (SPD) beschwerte sich 2006, dass die Wähler den Politikern das Lügen übelnehmen: »Wir werden als Koalition an dem gemessen, was in Wahlkämpfen gesagt worden ist. Das ist unfair.«
Und die Kanzlerin? Saß neben ihrem Vizekanzler und nickte.

Petra Kelly (Die Grünen) und Regine Hildebrandt (SPD) sind tot, Hans-Jochen Vogel (SPD) ist in Pension, Gerhart Baum (FDP) mit Verfassungsbeschwerden eingedeckt, Rita Süßmuth (CDU) weggekohlt, Joachim Gauck fortgejagt, und Helmut Schmidts (SPD) blauer Dunst bei Sandra Maischberger und Giovanni di Lorenzo macht mich nicht vergessen, dass Deutschland einst, auch dank seiner Politik, mit Atomwaffen vollgestopft war wie heute mit Sozialkriegstreibern.

Seit Jahrzehnten basteln Kultuspolitiker, »unterstützt« von Bildungsforschern und Pädagogen, an ihrem sagenhaften Perpetuum mobile, dieser Maschine namens Bildung. Noch immer versieht sie ihren Dienst nicht einmal halbwegs zufriedenstellend; sie strotzt nur so vor Konstruktionsmängel. Aber nie werden die Konstrukteure zur Rechenschaft gezogen. Es gibt einfach zu viele, bei wem anfangen? Zudem bedarf ihre Maschine ständiger Wartung, die angeblich nur sie gewährleisten können, als Serviceniederlassungen in jedem einzelnen Bundesland. Der Verbrauch dieser Maschine an Geld und Menschen ist beispiellos. Doch das Eigentümliche: Wen immer sie einmal ausgespien hat, der stellt – bislang – kaum ernsthaft ihre Existenzberechtigung in Frage: O ja, dieser Apparat nervt! Aber wir brauchen nun einmal Bildung, mehr denn je; schließlich leben wir in einer Wissensgesellschaft und müssen den Anforderungen um uns her gewachsen sein, wenn wir weiterhin im internationalen Vergleich …

In Deutschland werden Atome und Haare gespalten. Google kommt vors Haus gefahren, funkende Personalausweise plaudern mehr über uns aus, als uns recht sein kann; überall iphoned, twittert, skyped es, aber gepaukt und gebüffelt wird noch immer wie zu Kaisers Zeiten. Noch immer zählen einzig Noten und Abschlüsse, aber nicht der Mensch. Als so selbstverständlich wird Schülern und Eltern die pädagogisch verbrämte Schinderei verkauft, dass es bisher zwar immer wieder Diskussionen über den sichtlich niedrigen Wirkungsgrad der Bildungsmaschine gab, doch kaum jemand rief: Weg mit dem Verbrennungsmotor, her mit einem neuen Antrieb!

Jahrzehntelang war es so, dass sich die mangelhaften Erzeugnisse jener Maschine sogar über ihre eigene Herstellung gefreut haben: Hurra, ich hab mein Papier! Aber deutsche Metzgereien haben ja auch Brühwurst mit lachenden Schweinegesichtern zum Verkaufsschlager gemacht: *That's the sound of the men working on the chain gang* – so klingt's, wenn Kettensträflinge (»chain gang«) zu Werke gehen, sang Sam Cooke 1960. Er sang aber auch *Wonderful World* sowie *A Change Is Gonna Come*.

Ein Wandel wird kommen, auch in der Bildung.

Die Bürgerproteste um Stuttgart 21 haben die Republik bereits verändert. Man kann wieder rot oder gelb oder grün oder schwarz oder einfach nur besorgt sein und *trotzdem* für ein Ziel zusammenstehen. Stuttgart 21 ist, genau wie die Montagsdemonstrationen 1989 in der DDR es gewesen sind, ein demokratisches Schlüsselerlebnis. Auch Deutschland-West erlebt jetzt seine Dresdnerisierung, seine Plauisierung, seine Verleipzigerung: M'r sent esch Volk!

Bloß nicht vergessen, deutsche Politik, Wirtschaft, Medien: Der Bauernkrieg von 1525, »die Revolution des gemeinen Mannes«. Er hat seinen Anfang auch im süddeutschen Raum genommen. Womöglich endet diesmal, gut 500 Jahre später, die beabsichtigte Umwälzung tatsächlich mit einem Sieg des Volkes.

Manchen mag es nur um die berühmte Wurst gehen, vielen geht es aber bereits ums tägliche Brot: Der Großbahnhof als Symbol, dass die Bürger den Zug in Sachen demokratische Entscheidungen als abgefahren betrachten. Wenn sie nun auch noch wirkliche Bildung haben wollen statt dieses Klassenkampfes namens Schule, dann wehe der sich bisher unangefochten geglaubten Politik, und wehe auch ihren kommerziellen Hintermännern.

In nahezu jedem öffentlichen Bereich währen die Missstände ja schon viel zu lange, als dass sich das Volk noch weiter mit Beschwichtigungen und Abwiegelei hinhalten, sich weiter dumpfreden, dumpfschreiben, dumpfsenden ließe: Billionenschulden, Vetternwirtschaft und Postenschacher, »legale« Korruption, Lobbyismus; »Sparpakete« für die Armen, Steuer-Care-Pakete für die Reichen; Abgabendruck auf die Mittelschicht, Steuerverschonung für die Oberschicht; Prangerjustiz für Arbeiter, Schonjustiz für Großkopferte; »alternativlose« Kriegsabenteuer, aber Lohndrückerei und Preistreiberei; die Ausforschung der Bürger und die Beschneidung ihrer Rechte; der Ausverkauf von Staatseigentum; das Gemauschel mit der (Atom-)Industrie; die Privilegierung der Finanzwirtschaft; Bürger- und Medienmanipulation, Umwelt- und Rohstofffrevel, Gesundheitsdesaster und Bildungsmisere – der Stoff reicht für zehn Revolutionen.

Mögen sich die »Qualitätsmedien« nun auch noch gegen das Thema Bildung stemmen, wie sie es fast immer tun, wenn Bürgersinn auf Veränderung drängt. Der Damm ist morsch: Verleger, Chefredakteure und Öffentlichkeitsarbeiter, die schon das Internet verschlafen haben, verpennen gerade ein weiteres Mal den Zeitgeist: Als Journalist kann man angestellt sein und trotzdem nicht engagiert. Nicht jeder Verleger kennt und versteht den Unterschied.

Wer sagt denn, aus Deutschland kämen Revolutionäre, aber keine Revolutionen?

Die Wellness-Redakteure von *Spiegel, Stern* und *Focus,* von *F.A.Z., Welt* und *Zeit* werden sich noch die Augen reiben, ARD und ZDF mit einschlägigen Brennpunkt- und heute-Spezial-Sendungen ihre eigenen Primetime-Pilcher-Schmonzetten zu Quotenflops stempeln.

Es muss indes ein blinder Fleck dieses Buches sein, dass ich darin keine Lösungen anbieten kann, nur diese Warnung: Verlasst euch nicht länger auf den aktuellen Bildungsbegriff. Nehmt die

Weltentdeckung eurer Kinder weitgehend selbst in die Hand, *zusätzlich* zur Schule.

»Bildung« ist ideologievergiftet, ehrgeizverseucht. Wissenraffkes sehen wir heranwachsen, Zertifikatesammler, Titelhamsterer – Ellenbogenmenschen. Doch stures Auswendiglernen bringt keinen auch nur einen Zentimeter näher an die Menschen und die Dinge heran. »Bildung« ist alles, was sich in Bewerbungsmappen gut überblättern lässt. Sie ist nur auf Geld, auf Effekt ausgerichtet. Sie will junge Bäume, die möglichst schnell reiche Früchte tragen. Auf ihr Knospen und Blühen und auch noch auf den übernächsten Sommer ist gepfiffen. Da sind schon die nächsten Setzlinge dran.

Wirkliche Bildung dagegen hat das ganze Leben im Blick. Sie ist ein Schatz, kein Geschäft.

Charles de Gaulle begrüßte das befreite Paris mit einem Gedicht von Aragon – wessen Verszeilen wohl Gerhard Schröder auf den Lippen brannten, als er 2001 die ersten deutschen Soldaten ins *besetzte* Afghanistan schickte?

Der Athener Staatsmann und Feldheer Themistokles, Wegbereiter der Attischen Demokratie, hat gesagt: »Die Leier spielen kann ich nicht, aber ich kann aus einem Dorf einen mächtigen Staat machen.«

Ich sage: Auf 384 Seiten kann ich nicht das Bildungswesen der Bundesrepublik neu erfinden, aber ich kann mithelfen, dass das Unvermögen der Herrscher über Bildung offenbar wird. Sie wissen zu gut, wie man aus einem reichen Staat ein Armenhaus macht, auch in geistiger, seelischer, moralischer Hinsicht.

Bildungskritiker – Kritiker generell – sind in Deutschland nicht gern gesehen. Schon der reinvernünftige Immanuel Kant hat Andersdenkende mit harschen Worten niederkartätscht: Sie brächten »einen ekelhaften Mischmasch von zusammengestoppelten Beobachtungen und halbvernünftelnden Prinzipien zum Vorschein, daran sich schale Köpfe laben, weil es doch gar etwas Brauchbares fürs alltägliche Geschwätz ist.« Also lasst uns schwätzen: Ich sympathisiere nicht mit den Grünen, aber innerhalb von drei Jahrzehnten hat ihre Umweltpolitik Deutschland verändert, man kann durchaus sagen: weite Teile Europas. Atom, Chemie, Nahrung, Wasser, Luft, Energie – selbst wer kein Freund dieser Partei ist, wird sie als die wahrscheinlich stärkste verändernde Kraft in der Geschichte der Bundesrepublik anerkennen müssen. So sehr sind »grüne« Inhalte Bestandteile eines jeden anderen Parteiprogramms geworden, dass dem Original mitunter die Themen auszugehen drohen: »grüne« Bildung?

Dass wir grünes Denken heute für selbstverständlich halten, verdanken wir einem mehr als 30 Jahre währenden, zähen Prozess. Sollten wir nicht in Deutschland, spätestens um das Jahr 2041 herum, endlich über wirkliche Bildung sprechen können statt, wie heute, immer nur über die katastrophalen Folgen von »Bildung«? Müsste nicht das *wirkliche* Bemühen um die geistige, seelische und körperliche Entwicklung eines jeden, wirklich eines jeden Menschen in Deutschland Staatsziel werden, über den »Die Würde des Menschen ist unantastbar«-Paragraphen hinaus? Bildung, frei von kommerziellen und ideologischen Absichten, so wie aus dem feigenblättrigen »Naturschutz« der Siebzigerjahre unser heute ganz selbstverständlicher Umweltschutz geworden ist?

Ob Sie sich selbst als Bildungsgewinner oder Bildungsverlierer empfinden, Sie sind auf jeden Fall im richtigen Buch. Deshalb noch ein Wort zum Thema »Absenderkompetenz«. Ich bin kein »Wutbürger«, wie die Medien seit einiger Zeit kritische Bürger schimpfen. Ich bin Bildungs-Rebell: Mich stört und verletzt, dass Bildung, die schönste und wichtigste Bewusstseinserweiterung des Menschen, keineswegs allen Teilen der Gesellschaft zu gleichen Bedingungen offensteht, dass sie »privatisiert«, also kommerzialisiert werden soll, dass sie Funktionsdenken als freies Denken verkauft. Als ein solcher Bildungs-Rebell stehe ich nicht links, rechts oder in der Mitte. Wohl ist mein Standpunkt ein politischer, aber kein parteipolitischer: Von deutschen Politikern, die rund 5000 junge Soldaten in Afghanistan halten, haben andere junge Menschen zu Hause nicht viel Besseres zu erwarten.

Die Korruption in der Politik, der Werteverfall in den »Eliten«, das Diktat der Lobbyisten, dazu Staatsverschuldung, Inflation, Hartz IV, Klima, Atom – mit zahllosen Problemen hat unsere Gesellschaft zu kämpfen, und alle diese Probleme haben ihren Anfang in der Bildung, an den Orten, wo Menschen frühzeitig zu Befehlsempfängern gemacht werden, wo Intelligenz noch immer überwiegend nach Herkunft bewertet wird, wo man Konformität höher bewertet als Individualität: in den Schulen, an den Universitäten. Wir aber wollen Bürger sein und keine »idiotes«, und unsere Kinder sollen nicht PISA, Bologna und ähnlich unsinnigen Bildungsidealen geopfert werden. Bildung in Deutschland ist ein Kapital, über das wir gegenwärtig nicht den Hauch einer Kontrolle haben. Das muss sich ändern.

Lesen Sie dieses Buch. Freuen oder ärgern Sie sich darüber, aber lassen Sie sich und Ihren Kindern nicht länger geistige Entmündigung als »Bildung« verkaufen. Sonst gehört das Land bald wirklich nicht mehr uns.

Wer will, darf mich gern einen IDIOTEN nennen. Schließlich bin auch ich MADE IN GERMANY, ein zweifelhaftes Qualitätsprodukt des deutschen Verbildungswesens. Nicht etwa an die Gurgel werde ich Ihnen gehen, um den Hals werde ich Ihnen fallen und rufen: Bruder! Schwester!

Sie, Sie und Sie sind nicht gemeint, aber Sie, Sie und Sie.

I
IDIOTEN, FACHIDIOTEN, VOLLIDIOTEN

Aber eine gewisse Stumpfheit des Geistes ist ja, wie es scheint, fast eine notwendige Eigenschaft, wenn auch nicht jedes Tatmenschen, so doch jedenfalls eines jeden, der sich ernstlich mit Gelderwerb befasst.

Fjodor M. Dostojewski,
Der Idiot

Ein roter Teppich für die Bildung: Wagners große Machtmusik

> Und jetzt werden Sie wieder lernen, selbständig zu denken.
> Sie werden wieder lernen, Wörter und Sprache zu genießen.
> Ganz gleich, was man Ihnen erzählt: Worte und Gedanken
> können die Welt verändern.
>
> *Robin Williams als Englischlehrer John Keating*
> *in dem Filmdrama* Der Club der toten Dichter *(USA 1989)*

Weia! Waga!
Woge, du Welle, walle zur Wiege!
Wagala weia!
Wallala, weiala weia!
Und gleich noch als Übung auf Englisch, für den einen oder anderen Sprachunfertigen unter unseren EU-Kommissaren: *Weia! Waga! Waft your waves, ye waters! Carry your cast to the cradle! Wagala weia! Wallala, weiala weia!*
Gar zu waga wallt Woglindes wilder Wasser-Rap herüber zu uns ins dritte Jahrtausend, gar zu sehr grell der Dadaismus der Kulturversessenen, diese akustische Vasenmalerei der Spitzengebildeten, dies Weihe-, Wiegen- und Weia-Geraune unserer Leistungsträger. Bevorzugt dem jeweils herrschenden Teil der deutschen Bevölkerung hinterließ Wagala Wagner – *Richard* Wagner – seine klingenden Kraftprotzereien, seine große Machtmusik, doch nicht uns, den IDIOTEN im Lande, nein: Wer anders als die Mächtigen hätten ihn und seine Nachkommen wahrhaft fürstlich bezahlen können?

An Wagner ergötzten sich ein Zweiter Ludwig und ein Zwoter Wilhelm, ein drittreichiger »Führer« nebst seiner Schar von braunen Weltverderbern; ihm huldigte bislang noch jeder deutsche Bundeskanzler, männlich oder weiblich; ungezählte Industriebarone, Medienzaren, Ölprinzen und Finanzmoguln schlugen sich für ihn in die Bande von Fliegen und Krawatten. Sie alle nutzten und nutzen bis heute das Erzgedröhn des Sachsen: Sie loben Wagner und meinen doch nur sich selbst. (Nur Angela Merkel wogt zur Wiege auch deshalb, um den wahren Nachrichtenmagazinen im Lande – *Bunte*, *Gala*, *Superillu* – eine Ahnung von Kriemhilds Donner-Dekolleté zu geben.)

Ruhe also und Andachtsmienen aufgesetzt. Wir treten vor den Hochaltar der musikalischen Bildung.

Schon in der ersten Szene seines Musikdramas *Rheingold* schenkt Maestro Wagner uns nichts. Aus der »Tiefe des Rheines« quillt, von Alliteration alberner Absonderlichkeit angeregt, nur Unverständliches herauf:

Hejajaheia! Heiajaheia!
Wallalallala leiajahei!
Rheingold! Rheingold!

Auf Englisch: *Hejajaheia, Heia* ... (and so on).

Zweieinhalb Stunden geht das so. Schlingensief-artig, als Slow-Fox inszeniert, noch viel länger. Gleich drei Rheintöchter, mit Namen Woglinde, Wellgunde und Floßhilde, lassen etwaiges, nur an Fidi-ra-lalla und Sha-na-nah gewöhntes Publikum unverzüglich absaufen. Viel, manchem zu viel, verlangt das blonde Weibergezücht dem Zuhörer ab ...

Wellgunde: *Pfui, du haariger, höckriger Geck! Schwarzes, schwieliges Schwefelgezwerg! Such dir ein Friedel, dem du gefällst!*

Alberich: *Gefall ich dir nicht, dich fass ich doch fest!*

Woglinde und Floßhilde: *Hahahahaha!*

Wer darüber schon lacht, hat in der Hochkultur bereits verloren; wer darüber gleich einschläft, hat großes Glück. Was nämlich

Wagnerianer/Wagnerianerin zu werden trachtet, das wappne sich mit Geduld und Leidensfähigkeit, ersatzweise mit Dünkel, denn Siegfried und Brünnhilde, Helmwige und Gerhilde, Ortlinde und et cetera, freilich auch Lohengrin, Tristan und Isolde und all die anderen Wagner-Untoten, in Deutschland sind sie kulturelles Pflichtprogramm, im Dachgeschoss unserer Machttragöden gelten sie als der unerlässliche röhrende Hirsch über dem Sofa – »Kult«, würde man als tätowierter, arschgeweihter Bildungsverlierer grölen und seinerseits nur Bushido und Sido, Jan Delay und Peter Fox aufzuzählen haben.

Jeden Sommer lässt sich die »Elite« auf den Grünen Hügel karriolen, um auf dem roten Teppich Aufstellung zu nehmen: Bayreuth, du musengeküsste, prominentenbegnadete Universitätsstadt! Die Frauen mit Birkin und Kelly Bags in den Farben der Saison, die Männer mit Brieftaschen, so schwer, dass sich damit weglagernde ALG-II-Bezieher erschlagen ließen. Und dennoch handelt es sich bei diesem Schaulauf immer auch um eine Huldigung ans hinter Stahlgittern ausgesperrte Volk. 2010 gab es 58 000 Eintrittskarten (Parkett 1.–6. Reihe: 280,- Euro), aber mehr als 350 000 Vorbestellungen, mithin eine gut sechsfach überzeichnete Emission. Berufene, aber nicht erwählte Wagner-Fans dürfen immerhin die kulturbeflissenen Intensivtäter besichtigen – umsonst und draußen.

Letztens, bei *Lohengrin,* im Juli 2010 und bei mittelständischen Temperaturen: die Kanzlerin kommt! Bemannt ist sie mit Gatte Joachim Sauer, Physik- und Opern-Koryphäe wie sie selbst. Gleich nach ihr, Abstand muss sein, fährt Guido Westerwelle vor (bemannt mit Gatte Michael Mronz). Stellung beziehen sodann Karl-Theodor zu Guttenberg nebst Gattin Stephanie (die sich mal, laut *Stern*-Umfrage, 44 Prozent der Deutschen als Familienministerin vorstellen konnten); es defilieren vier Drittel bis fünf Viertel der bayerischen Staatsregierung einher mit Horst Seehofer als Monstranz vorneweg; es seidenrobt »Fürstin« Gloria (eigentlich »Prinzessin«, gäbe es noch Adelstitel im Lande und nicht so viel Blaublüter-Respekt); es leinwandeln Veronica Ferres und ihr dem Bundespräsidenten in Freundschaft verbundener Halbmilliardärsfreund Carsten Maschmeyer*, gefolgt von Thea und Thomas Gottschalk (der Smoking schwarz, das Schuhwerk silbern) und die vielen, vielen anderen, *unmöglich* alle zu nennenden Show- und Gesellschaftsgrößen, eben: Häupter, die der Boulevard mit dem Wörtchen »illuster« so großzügig beschneit wie mit Plastikgoldsternchen.

Für 2011 wird freilich Abwechslung erwartet.

Dann, zum Einhundertsten der Festspiele, werden andere Gesichter zu sehen sein. Obwohl – die Kanzlerin wird natürlich da sein sowie ihr Vizekanzler, wie auch immer sein Name; ein Verteidigungsminister mit redlich verdientem Doktortitel wird kommen, nicht minder die auf sechs Fünftel erstarkte bayerische Landesregierung, erneut die »Fürstin«, wohl auch die Ferres-Maschmeyers und natürlich die Gottschalks und der ganze Rest der uncoolen Gang, weil für manche »ausverkauft« keineswegs ausverkauft bedeutet.

Bildung sucht sich, Bildung findet immer einen Weg.

Die drei Rheintöchter: *Traulich und treu ist's nur in der Tiefe; falsch und feig ist, was dort oben sich freut!*

Aber bitte: Die Herren und Damen aus Politik und Wirtschaft, die Lenker unserer Geschicke, nebenher auch die Hüter des Heiligen Grals namens Bildung, noch mehr nebenher die Big Spenders

---

* Aus dem Pressetext zu der *Panorama*-Sendung *ARD-exclusiv: Der Drückerkönig und die Politik* vom 12. 1. 2011: »Dass ausgerechnet der Gründer des umstrittenen Finanzdienstleisters AWD, Carsten Maschmeyer, ein Freund der Spitzen unserer Gesellschaft ist, macht die Opfer fassungslos. Der AWD hatte vielen Kleinanlegern sogenannte Schrottimmobilien und Geschlossene Fonds verkauft, die längst nicht das brachten, was versprochen worden war. So klagen ungezählte Anleger über den Verlust ihrer gesamten Ersparnisse.«

und die Big Takers, heute wollen sie sich ganz den Schönen Künsten weihen, Abteilung Romantische Oper. Herrschaft, warum sollen sie nicht nach Bayreuth fahren, die Vroni und der Maschi (*Bild:* »Finanzgenie«, »Superspender«). Warum sollen sie sich nicht Wagner antun und seine vielen krummfiedeligen Schicksalsfiguren, sich in den Pausen anschickern über geeister Tomatenessenz mit Saiblingskaviar und Zimtbasilikum? Sollen sie etwa im *Weißen Rößl* abhängen und wirklich Spaß haben, bei des seligen Peter Alexanders Powidltatschkerln *(»aus der scheenen Tschechoslowakei«)?* Und was ist mit den vielen anderen tollen Leuten, die sich bei Wagner treffen lassen – soll man ihnen nicht zuzwinkern dürfen oder, falls ER überraschend auftauchte, nicht auch unserem BUNDESPRÄSIDENTEN um den Hals fallen, sich von ihm und seiner allseits sehr verehrten Bettina auf die Schulter klopfen lassen: Hier, Carsten, nimm Ohropax; Wagner kommt nun mal ein bisschen laut. – Nein, dein Kleid, Vroni! Wie geil ist das denn: Jenny Packham, oder?

Floßhilde: *Haltet den Räuber!*
Wellgunde: *Rettet das Gold!*
Woglinde und Wellgunde: *Hilfe! Hilfe!*
Die drei Rheintöchter: *Weh! Weh!*

Moment! Carsten Maschmeyer und die vielen anderen Persönlichkeiten des öffentlichen Lebens – nichts anderes als seine Leistungsträger will das Volk in Bayreuth bewundern, sie wenigstens einmal vorfahren sehen vorm Festspielhaus, die Pausenposaunisten – rotbäckig ins Blech stoßend – auf dem Balkon.

Wenn, laut *RTL Nachtjournal,* bereits jeder vierte Akademiker in Deutschland beim *RTL-Dschungelcamp* reinschaut und selbst die als humorlos verschriene *taz* mit News aus dem Ekel-Programm aufmacht, dann darf der Rest des Volkes doch wohl solchen musikalischen Hochereignissen beiwohnen – aus sicherer Distanz, versteht sich. Denn wohl allein aus Gründen der Selbstvergewisserung recken sich aller Köpfe, wo Oberhäupter sich nur leger verneigen. Niemand schaut den Volksvertretern, Volkskulturschaffenden und Volksverwirtschaftern lieber und genauer aufs Maul als das Volk. Wenn es das, wie in Bayreuth, auch noch in dem so liebenswert gonsonanddn-weichen Fränggisch duht, umso schöner (YouTube weiß mehr).

Aber hier, in jenem Juli 2010, da war es wirklich nicht *Rheingold*, was Richard und Cosima – der Carsten und Veronica – sich reinpfiffen. An jenem Sonntagnachmittag kamen sie und alle anderen, um in *Lohengrin* der friedenssichernden Botschaft Heinrichs an unseren wehrpflichtabschaffenden Freiherrn zu lauschen:

Ob Ost, ob West, das gelte allen gleich
Was deutsches Land heißt, stelle Kampfesscharen
Dann schmäht wohl niemand mehr das deutsche Reich!

Von IDIOT zu IDIOT: Unseren recken- bis geckenhaften Besuchern geht es doch gar nicht um »ihren« Wagner, den Komponisten und sein Werk, schon gar nicht um den Reiz einer wieder mal wahnsinnig provokanten Aufführungsperspektive, um begnadete Stimmen, unvergessliche Auftritte. Allein ums gesellschaftliche Ereignis geht es, um den Duft der Wohlgeordnetheit, mit dem sich der Ruch der eigenen Unordnung in Geschäften oder Amtsführung überdecken lässt.

Wo Menschen von Takt einst aufgestanden wären, weil ihnen in Gesellschaft von – gleich welcher – Halbwelt kein Kunstgenuss mehr möglich gewesen wäre, da bleibt man heute sitzen, gesellt sich, ach, als Volksvertreter hinzu. 650 000 Mark soll sich Maschmeyer 1998 die Wiederwahl Gerhard Schröders zum Ministerpräsidenten kosten haben lassen: »Der nächste Kanzler muss ein Niedersachse sein.« Plus, nach Schröders Kanzlerzeit, mutmaßlich eine Million für seine Memoiren. Wer weiß, vielleicht hat Krösus Maschmeyer heute Abend wieder die Spendierhosen an? Ob er persönlich das Klanggebraus nun genießt oder eher durchleidet, wird per saldo sein Geheimnis bleiben. Obwohl, die Gedanken sind frei ...

Die Show, die Show, mag es spuken im nach wie vor schön ondulierten Kopf unseres Thommy, und warum man geschlagene fünf Stunden nebeneinandersitzen muss, nur um für ein paar Minuten nebeneinanderzustehen. Von seiner ersten selbstgekauften Single, *No Milk Today* (Herman's Hermits) über *Black Betty* (Ram Jam) bis zu *Lohengrin* war es ein weiter Weg nach Tipperary. Da wird für den »Dhoomaas«, wie die Bayreuther den Kulmbacher rufen, der Weg zurück »kein leichter sein«. Erst recht kein kurzer.

Der Film, das Benefiz, die Gala, blitzt es vielleicht im *Superweib,* in der *Buhlschaft*. (2002–2004 spielte Frau Ferres die berühmte *Jedermann*-Rolle bei den Salzburger Festspielen.) Wie sähe Christian Wulff mit einem Finanzvertreterkoffer aus, in einem Film namens *Super-Carsten* – Liz Taylor, das wirklich wahre Superweib, hatte die Größe, sich wenigstens in achter Ehe einen Bauarbeiter (und mutmaßlich »gestandenen« Kerl) zu erwählen, Larry Fortensky. Derart nach unten zu freien, so weit ist die Ferres noch nicht. So weit, einen neuen Richard Burton an sich zu binden, wird sie nie sein.

»Kultur ist nicht mein Ding«

Das Land, das Land, mögen grübelnd »das Merkelein« und der »Gu-i-do« aus der Welt welken. Derart sprachgekost hat die beiden einst der ruppig-stieselige Joschka Fischer, einziger Nicht-Wagner-Fan unter der Sonne Madeleine Albrights.

Fritz J. Raddatz (»Ach, wenn einem doch jemand Leben beigebracht hätte«), Schriftsteller und Literaturkritiker, von 1976 bis 1985 Feuilleton-Chef und danach Kulturkorrespondent der *Zeit,* schuf mit seinen Tagebüchern* eine Art deutschkulturelles WikiLeaks. Er veröffentlicht darin Ernüchterndes bis Erschreckendes aus dem »inneren Afrika«, dem Kulturbetrieb Deutschland der Achtziger- und Neunzigerjahre. Aus weiter Bildungsferne reden und handeln legendär geglaubte Persönlichkeiten zu uns herüber, etwa *Spiegel*-Gründer Rudolf Augstein (»größenwahnsinniger Zwerg«), *Stern*-Gründer Henri Nannen (»grob, laut, kunstunsinnig«), Literaturpapst Marcel Reich-Ranicki (»vollends grauslich«), Großschriftsteller Günter Grass (»papale Gereiztheit«), Politiker wie Altkanzler und *Zeit*-Herausgeber Helmut Schmidt (»bramsig-eitel«), Nie-Kanzler Franz Josef Strauß (»schlimmes, schwitzendes, furchterregendes Tier«).

Aber eben auch Joschka Fischer (»feist, aber leer«).

Raddatz zitiert ihn, wie dieser sich, anlässlich eines Redaktionsbesuchs im Sommer 1995, vor versammelter *Zeit*-Mannschaft über sein Kulturverständnis ausließ: »Es stimmt, ich habe mit Kultur nichts am Hut. Ich war noch nie in der Oper. Ich gehe nicht ins Theater, nicht in Konzerte. Ich lese ein bisschen. Ich finde es ehrlich, das zuzugeben. Erst gestern habe ich mit einem der berühmtesten zeitgenössischen Maler gesprochen – ich habe seinen Namen vergessen.«

Daraufhin wollte Raddatz, wenig dankbar für so viel »Ehrlichkeit«, wissen, ob Fischer sich nicht geniere, »zwar die Gesellschaft umbauen zu wollen, aber ausschließlich in Termini wie ›Hammelsprung‹ und ›Wählerverhalten‹, ›Mehrheitsbeschaffung‹ und ›Politik ist in erster Linie Personalpolitik‹ zu reden«?

Den angehenden Vizekanzler und Außenminister der Bundesrepublik Deutschland (1998–2005) focht das nicht an: »Nein, warum sollte mich das genieren? Das ist mein Alltag.«

---

* Fritz J. Raddatz, *Tagebücher. Jahre 1982–2001,* Reinbek 2010, Eintrag vom 8. 7. 1995, S. 601 f.

Viel mehr Verzichtbares als auf dem roten Teppich bei Richard Wagner hat die Bundesrepublik nicht zu bieten. Stars haben wir ohnehin keine mehr. Keine Dietrich, keine Knef, keine Schneider, keine Lemper; »Diven«, aber eben auch eigene Köpfe. Die Medien haben sie alle aus dem Land geekelt, bevorzugt nach Frankreich oder nach Amerika. Zur Anbetung geblieben sind uns Daniela Katzenberger und Davorka – wer beugt sein Knie vor solchen »Göttinnen«?

Die deutschen Filmfeste gehören dem Kommerz, die deutschen Kunstsammlermuseen »dem Volk«, die deutsche Literaturkritik hälftig dem Prinzip Copy & Paste sowie Helene Hegemann *(Axolotl Roadkill)*. Wie soll es da um die Politik besser, ehrbarer, gehalt- und charaktervoller bestellt sein, um die Hochkultur, um Bildung?

In Deutschland seidenspinnt sie nimmermehr, die Legislative, wie noch von Adenauer bis Brandt, ein wenig sogar noch bei Schmidt, der zu Justus Frantzens Zeiten sich an Klavier und Orgel setzte.

Die Politik von heute filzt nur noch. Sie maschmeyer-rürupt, doch so tief kann der Rhein nicht sein, dass es von dort unten nicht heraufwagnerte: Aber seid doch froh! Maschmeyer hat wenigstens Kohle! Das Potenzial: 15 Millionen auf Förderrente bedachte Bundesbürger (Maschmeyer am 13. 1. 2011 in *Bild*). Eine Goldgrube. Eine Ölquelle: »Sie ist angebohrt, sie ist riesig groß, und sie wird sprudeln!«, befand 2005 der Neu-Wagnerianer auf der AWD-Hauptversammlung in Hannover *(netzzeitung.de)*.

Ein Drückerkönig, befindet die ARD.

Maschmeyer besitzt einen Ehrendoktortitel der Universität Hildesheim, wo er zuvor eine Professur mit 500 000 Euro (rein rechnerisch: drei Porsche Turbo-Cabrios) »unterstützte« und sich von Christian Wulff die Lobesrede halten ließ. O ja, selbst Chris & Betty hat der einnehmendste aller deutschen Geldeinsammler schon als Urlaubsgäste in seinem Refugium auf Mallorca* begrüßt, kaum dass sie, im Frühjahr 2010, Bundespräsident und First Girlie geworden waren: Selbstzahler, wie sogleich betont wurde, ohne Frühstück und Handtücher.

Maschmeyer hat dies und hat das – und noch dazu das dralle Power Child namens »La Ferres« an seiner Seite. Kann dieses Kraftkind ohne Salzburg oder Bayreuth sein, ohne Wagner, Taft und Tüll? Wenn die Journalistin Maybrit Illner im ZDF, immer donnerstags, das halbe Bundeskabinett einlädt und die Restplätze mit Klatsch-und-Tratsch-Leuten sowie der deutschen Wirtschaft auffüllt, macht ihr auch keiner zum Vorwurf, dass sie mit Telekom-Chef René Obermann keineswegs einen No-Name zum Ehegatten hat.

Oder etwa doch?

Maschmeyer, M wie Maschmeyer – muss, wer diesen Namen erwähnt, nicht auch M wie Middelhoff buchstabieren?

Stimmt, das muss man, und B wie Bayreuth mit dazu: Der Herr Doktor Thomas Middelhoff wurde hier vor Jahr und Tag zum Vorbild ernannt. Der Ex-Bertelsmann-Chef und Ex-Karstadt-Quelle- beziehungsweise, nach der Umbenennung, Ex-Arcandor-Chef und In-Grund-und-Boden-Wirtschafter**, er ließ sich im Oktober 2007 von der Universität Bayreuth bei den sogenannten Bayreuther Dialogen mit dem »Vorbildpreis« dekorieren.

Zu diesem Zeitpunkt wusste Middelhoff schon, dass er demnächst, im November, 51 Prozent des als unprofitabel geltenden Online-Versandhauses Neckermann.de an den US-Investor Sun

---

* Schätzwert laut *Mallorca Zeitung:* bis zu 45 Millionen Euro.
** Wikipedia: »Der Aktienwert der Arcandor AG verringerte sich unter Middelhoffs Ägide rapide, von ca. 10 Euro pro Aktie (Mai 2005) auf 1,30 Euro (Februar 2009) … »Im Juli 2010 verklagte Klaus Hubert Görg, der Insolvenzverwalter der Arcandor AG, Middelhoff und andere ehemalige Führungskräfte auf Zahlung von 175 Millionen Euro.« Im Februar 2011 forderte Görg weitere 15,9 Millionen Euro von Middelhoff persönlich zurück; der Manager habe sich während seiner Amtszeit »wie ein Gutsherr« aufgeführt.

Capital Partners *verschenken* würde – die Verramschung des bald bankrotten Konzerns nahm ihren Lauf.

Nun könnte man – zumal als Universität, als Hort der Lehre und der Forschung – einen Preis zurückfordern, man könnte sich sogar fragen, ob Bayreuth nach Richard Wagner überhaupt »Vorbilder« wie Thomas Middelhoff braucht: 2007 hui, übers Jahr schon pfui. Man könnte aber auch, falls einen Bildung so etwas wie Einsicht und Schamgefühl gelehrt hat, einen Preis ablehnen. Im letzten Moment doch noch vorbildlich handeln und sagen: Leute, bitte, lasst man; da gibt es Berufenere.

Nicht so der Doktor Thomas Middelhoff.

Wotan in *Rheingold: Den Ring muss ich haben!*

Der Hüne Middelhoff verkündete den lauschenden Wirtschaftsstudenten: »Geben Sie sich nicht mit allen Gewissheiten zufrieden, die man Ihnen vorgibt.«

Damit warnte – in Bayreuth, an der Universität – der just geehrte Middelhoff ausgerechnet vor jener Bildung, deren abschreckendstes Beispiel er selbst ist: *unverschämt und überbegehrlich* (Wotans Worte).

»Ich liebe den Geruch von Napalm am Morgen«

Bayreuth, das bedeutet seltsamerweise Bildung, sogar Bildung der Güteklasse A. Dass, wer der Wagner-Experience frönt, sich indirekt auch dem einstigen Soundtrack von Mord und Totschlag hingibt, steht auf einem anderen, keineswegs tief in der Partitur verschwundenen Notenblatt. Wer's nicht glaubt, sei nur an den Kriegsfilm *Apocalypse Now* (USA 1979) erinnert. In einer der bekanntesten Szenen zeigt Regisseur Francis Ford Coppola einen Hubschrauberangriff der 1. US-Luftkavallerie – es gibt sie wirklich – auf ein vietnamesisches Dorf. Zu Wagners *Walkürenritt*

kommandiert der (fiktive) Lieutenant-Colonel Bill Kilgore (Robert Duvall): »Jetzt knallt mal ein bisschen die Baumreihen entlang, damit die Schlitzaugen sich die Hosen vollscheißen!« Wie halt supercoole Lieutenant-Colonels in US-Filmen so daherreden. Nach gehabtem Blutbad schwärmt er: »*Ich liebe den Geruch von Napalm am Morgen.*«
Inspiriert war die Wagnerei von einer wirklichen Schlacht.
Die *Deutsche Wochenschau* vom 30. Mai 1941 zelebrierte die Eroberung Kretas aus der Luft mit reichlich MG-Geknatter – und Richard Wagners charakteristischen Fanfaren. Harry Giese, von Hitler persönlich zum »Großdeutschen Sprecher« ernannt, legte über diesen kultivierten Klangteppich sein aufreizendes, räderrollendes »R«: »Im Morgengrauen überfliegt der Verband das Ägäische Meer. – Unter uns Kreta! – Stukas bereiten die Landung der Fallschirmjäger vor. – Bomben auf Flak-Artilleriestellungen und Befestigungen der Engländer!«
Der Opern-Fan Adolf Hitler liebte, verwagaleierte geradezu Wagner. Seine Lieblingsstücke gab er der Wochenschau zur reichserhebenden Untermalung vor: In Beiträgen der »Nationalen Kategorie« erschollen nun öfter Wagners *Meistersinger,* in der »Heroischen Kategorie« mussten Auszüge aus *Faust, Rienzi* und eben der *Walküre* zu Gehör gebracht werden, zwischenzeitlich hatten reichlich Bruckner, Liszt und Gluck für den Soundtrack des totalen Kriegs zu sorgen.

Solche Hintergründe brauchen heutige Wagner-Afficionados, zumal Politiker und Prominente, nicht unbedingt zu wissen. Was wissen sie auch sonst von der Welt, von den Zu- statt nur den Umständen, die sie alle mitschaffen helfen, beleibe nicht nur in der »Bildung«. Aber sie könnten immerhin wissen, dass die SS mitunter zu Wagnerbeschallung Juden in die Gaskammern trieb; dass der NS-Rundfunk an die Vermeldung von Hitlers »Heldentod« (»... bis zum letzten Atemzuge«) den »Trauermarsch« aus der *Götterdämmerung* anschloss, ein weiteres Wagner-Lieblingsstück des verspätetsten Selbstmörders aller Zeiten. (Zuvor hatte der neue »Reichsführer«, Großadmiral Karl Dönitz, seinen Vorgänger beweint: »In tiefer Trauer und Ehrfurcht verneigt sich das deutsche Volk.«)

Man stelle sich vor: Hitler ein Mozart-Freund.

Der Zweite Weltkrieg wäre glatt ausgefallen.

Apocalypse Now ohne Wagners Walküren, aber mit Mozarts *Notturno für vier Helikopter in D-Dur* – eine Riesenpleite.

Coppola hätte sich im Mekong ertränkt.

Hitler und gar Bach – ein Mönchlein im Stift Melk hätte sein Lebtag Fresken restauriert; ein stiller fleißiger, unauffälliger Mensch mit dem allerdings tadelnswerten Hang zu schmal geschnittenen Oberlippenbärtchen.

Schlusssatz gleich Endsieg – es lag doch alles so nah beieinander.

Die Vergangenheit ist niemals tot, sie ist nicht einmal vergangen, schrieb William Faulkner.

Theodor W. Adorno sagte, nach Auschwitz könne man keine Gedichte mehr schreiben.

Da mittlerweile in Deutschland, auf vielfachen Wunsch, die Vergangenheit ruht und man Wagner weiter hören kann, bleibt die Frage, ob man sich in dessen braunstichigem Lichte – das Genie war ganz ungeniert Antisemit – sonnen und seine Musik unbedingt zu weiteren »Aufmärschen« missbrauchen muss.

Wie man sieht, müssen es etliche hochmögende, hochverdienende, hochgebildete Menschen Jahr für Jahr.

Wer als Elitemensch nach Bayreuth wagnert, könnte dezentere Möglichkeiten finden, das blitzkriegsträchtige Festspielhaus zu betreten als über den eitelroten Teppich. Es muss ja nicht der Bühneneingang sein. Aber dann blieben wohl Smoking und Silberschuh' im Schrank, und Abendrobe und Maschmeyer erst recht zu Hause: *Finger weg, Carsten, erst noch die dritte CD der Fischer-Dieskau-Einspielung ...*

Mal so dahingeketzert: Wagner dezent statt Wagner pompös? Wagner »unplugged« – ginge das? Promis raus, Publikum rein, wäre das noch das Original, oder wäre das schon wieder Kultur und Bildung?

Schon wieder – erstmals?

Wer traut sich, nächstens in Bayreuth einfach »casual« aufzukreuzen, inwendig wie auswendig, nur der Musik, nicht des großen Auftritts halber, strictly *no* black tie? Ist der Zauber dann perdu, ist Maschmeyer dann perdu? Trifft er sich nicht nächstens, bibelfest und bußfertig, mit dem Katholiken und Ex-Ministranten Gottschalk, genau wie der sich mit dem Katholiken Wulff, und zwar bereits im Juni, einen Monat früher als zu Wagner, nämlich zur Aufführung der von Johann Sebastian Bach eigens für den Johannistag geschriebenen Kantaten *Christ, unser Herr, zum Jordan kam* und *Ihr Menschen, rühmet Gottes Liebe?* Mal ehrlich, du und ihr, fürstelnde Gloria, wellablonder Thommy, wallablonde Vroni, geldsäckelnder Carsten, seid ihr wirklich wagnerfest? Und Sie und Sie, Frau Merkel, Herr Westerwelle, Herr Guttenberg, Herr Seehofer, wann haben Sie zuletzt wirklich etwas zur Kunst beigetragen, außer nur Steuergelder?

Was man nicht alles braucht, um die »schwere« Musik Wagners *nicht* misszuverstehen: Takt, Feinsinn, Souveränität, die Fähigkeit zu tiefer Empfindung, Liebesfähigkeit – die deutsche Politik-, Wirtschafts- und sonstige »Elite« braucht all dies anscheinend nicht, um PR-wirksam ihre Bildung und ihr Kulturverständnis Gassi zu führen. Sie ist sich auch nicht zu blöde, ersatzweise zu schade, ihr Kulturhochamt gemeinsam mit der Tieffinanz zu feiern, sich in ihrem vorgeblichen Wagner-Schwelgen zu verkumpeln und dafür vom Volk Ovationen zu kassieren. Genau wie

sie bereits Schönheitschirurgen, Luxustailleure und Promifriseure vergöttert, pfeift sie auf Finanzkrise und drohenden Staatsbankrott. Geldschneider sind noch immer en vogue.
Habt etwas mehr Achtung vor Erfolg, ihr Jammerdeutschen!
Versinkt die *Titanic* auch 100-mal, es wird 101-mal irgendwelche Dummköpfe geben, die weiter ihre Unsinkbarkeit verkünden.

U statt E. Plebs und Bäh

Vorbilder aller Art und Richard Wagner und seine Stadt: Nicht RTL und ProSieben, *Bild* und Mario Barth haben Bildung in die Tonne getreten, das besorgen unsere Volks- und Kulturvertreter schon selbst. Sie baden in der Autorität, die ihnen Presse und Fernsehen mit ihren Kameras zuschießen, lächeln ihr gottschalkiges Uns-kann-keiner-Lächeln, protzen – als Männer – mit ihren weiblichen Trophäen, protzen – als Frauen – mit ihren männlichen Unabhängigkeitserklärungen, beleidigen – in tutti – mit ihrer Geltungssucht die Millionen zu Wagner-Klängen Hingemetzelten, nicht minder jene Musikenthusiasten, die sich als wirkliche Kenner allein an der Musik erfreuen wollen: Frau Ferres, wann sehen wir Sie Kunst genießen mit einem Nicht-Millionär und folglich Banausen wie Larry Fortensky?
Wagner bleibt nicht ohne Folgen.
So viel Empfindungslosigkeit, so viel Weltabgewandtheit, so viel Trampelhaftigkeit unter den Audi-VIP-Geshuttelten. Kein Wunder, dass das durchschlägt in der Gesellschaft, namentlich in der Bildung – sind größere Abiturententreffen denkbar als die Bayreuther Festspiele? Nirgends dürfte die Akademikerdichte höher sein, und doch scheint es, als würde hier nur eine Ballermannsause mit umgekehrten Vorzeichen steigen: abhotten zu einer Musik, die überhaupt nur die wenigsten Besucher verstehen. Sich

vollaufen lassen mit Prunk und Eitelkeit, all dem Weia und Weialala – frage einer die ernstgesichtigen Menschen im Orchestergraben, wie sie, Aufführung für Aufführung, gewisse Teile des Publikums empfinden.

Was man da zu hören kriegt.

Aber *leiajahei*.

Zurück in die Ränge und Logen.

Wagner – fünf geschlagene Stunden, und das ist nur der Anfang. Der ganze Ring dauert gut 16 Stunden, verteilt auf einen Vorabend und drei weitere Tage. Wer da sagt, dass Bildung überzieht, unterschätzt die Verhältnisse: Unsere Frau Bundeskanzler überzieht das Land mit einer nie gekannten Schuldenlast, der Herr Vizekanzler überzieht mit seiner höchst ungebildeten, ungehobelten Diskussion über »spätrömische Dekadenz«, und Gottschalk überzieht sowieso in jeder Sendung.

Ob darum Wagner Pflicht oder Kür ist, erschließt sich häufig selbst den eigentlichen Hauptdarstellern nicht, den Sängerinnen und Sängern.

Eine Ewigkeit müssen sie verwagaweilen zwischen dem ersten zarten Schweben und dem dann wirklich aller-, aller-, allerletzten Schlussakkord. Die Zeit dazwischen kann sich hinziehen, gut doppelt so lang wie ein Konzert von Bruce Springsteen oder dessen deutsch-rumänischer Entsprechung, Peter Maffay. Die beiden sind freilich nur Subkultur, denn singen ja von Menschen auf der Erden statt von den Sphären. Sie sind nur U statt E und damit Plebs und bäh. Tabaluga und Weialala, da liegen, wie Meister Wagner gesagt hätte, »unerlöste Welten« dazwischen.

Das mag ein Grund sein, weshalb Maffay & Co. weiterhin als Tiefkultur gelten, seine Fans – überwiegend aus der »Arbeiterklasse« – genauso. Wer vor unnummerierten Steh- und Sitzplätzen in Offen-Luft-Stadien – benannt nach piefigen Strom- und Getränkelieferanten – auftritt, wer außerdem nicht von Bund und

Land und Stadt, allenfalls von der Werbung subventioniert wird und seine Karten *frei verkäuflich* anbietet, übers neumodische, unregulierte Internet, dessen Darbietungen können keine *Aufführungen* sein.
Gottschalk bei Maffay? Niemals.
Höchstens umgekehrt: Maffay bei *Wetten, dass*. (Der häufigste Musikgast der Sendung seit 1981.)
Und Maschmeyer?
Carsten im Grönemeyer-Konzert, wo er vielen seiner ehemaligen und neuen Kunden endlich einmal in die Augen sehen könnte?
Da kennt Vroni aber bessere Hotspots.
Etwa die *Nightcap* von Hubert Burda. So heißt das weltwirtschaftliche Promi-Outlet des Verlegers alljährlich in Davos. Einmal mit Carsten *und* Bill (Clinton) in einer Spätjanuarnacht klönen und sich zum Dank für diese einmalige Gelegenheit »Hubsis« unbunte Weltvisionen anhören – *Flugzeuge im Bauch* werden auch von Schaumwellen erzeugt, nicht bloß von Schallwellen.
Musik statt Musike, Wagner statt »Gröhlemeyer«, das gibt es nur, wenn »der Bund« – zärtliche Umschreibung für »Gesamtheit der deutschen Steuerzahler« – wenn der Bund genug Geld abdrückt. 2011, im Wagner-Jubiläumsjahr, wird die Bundesregierung, wird auch das Land Bayern, wird zudem die Stadt Bayreuth wieder Millionen springen lassen. Fürs Springenlassen dürfen die Volksvertreter dann aber auch schreiten, eben über den roten Teppich. Trotzdem wird weiter allein die Festspielleitung darüber entscheiden, welcher Teil aus dem kulturhungrigen Volk Karten kriegt und wer besser nicht.
Peter Maffay und seine Fans kriegen schon mal keine, selbst wenn sie welche wollten.
Menschen mit Anstand schmerzt das nicht.
Schüler und Studenten, auch bayerische, selbst fränkische und gar Bayreuther, müssen sich aufgrund dieser elitären Freigebig-

keit etwas einschränken. 2,3 Millionen Euro für Wagner allein aus Berlin, da ließe sich allerhand Neukünstlerisches, Zukunftsträchtiges, Neo-Seelenerhebendes auf Schulhöfen und in Aulen veranstalten.

Noch sozialneidhammeliger gefragt: Könnten die Förderfreunde Ferres, Maschmeyer und Gottschalk die aus Steuergeldern finanzierte Differenz zu den tatsächlichen Kartenkosten nicht aus eigener Tasche zahlen? Werfen Filmdarstellerei, Finanzvertrieb und Wettshow nicht genug ab, sodass die Gesamtheit aller IDIOTEN das Rheingold mehren helfen muss, aber den Gralsritter Lohengrin nie befragen darf?

Dabei waren unsere Kunst-Glitterati doch selbst einmal Schüler. Sie selbst haben einmal etwas gelernt und sich ihr Teil Bildung verpassen lassen, säßen sie sonst hier?

Was hört und liest man das ganze Jahr hindurch nicht alles über diese großen Freunde der Oper und ihre flussbetttiefe Liebe zu Wagner: dass bei Merkel-Sauers, in regierungsbitteren Nächten, die Kalotten klirrten, am Kupfergraben 6 gegenüber der Berliner Museumsinsel, weil sich die Privatfrau bis drei Uhr morgens am *Ring* abarbeite, auf ihrem alten DDR-Stereo-Radio, dem *Rema andante* mit den Holzboxen und dem Quadroeffekt, auf dass keiner schlafe und sie anderntags nicht mit kopfhörerroten Ohren im Kabinett aufschlüge.

Dass Westerwelle-Mronzens sich über Selbstgekochtem Wagner-Partituren zuschmachteten, bis selbst Googles alertem Street-View die Pixel ausgingen.

Dass Guttenberg, der 2007 an der Uni Bayreuth mehr fremd- als selber promovierte *(Verfassung und Verfassungsvertrag: konstitutionelle Entwicklungsstufen in den USA und der EU)*, in Vollmondnächten mit Steffi ums Festspielhaus spuke, er im handgezupften AC/DC-Coverband-T-Shirt, sie in zünftiger Marken-Outdoor-Fashion, und beide, wie einst auf der Loveparade, ihr

Tristan-und-Isolde-Liebesduett kieksten, von Freiherr zu Freifrau: Hyper-Hyper, Wagner-Wagner.

Dass in Thomas »Siegfried« Gottschalks Opernschloss bei Remagen öfter die Neugotik schiefhinge, weil die vielen dort eingemauerten, bildhübschen Wagner-Sopranistinnen sich zur Unzeit bei *Thea* Gottschalk bemerkbar machten.

Dass schließlich so *unglaubliche* Kunstkenner wie Ferres und ihr Anhängsel – oder Maschmeyer und dieselbe – vor lauter Wagner-Begeisterung eine neue Finanzvertriebsgesellschaft auf die Beine stellen wollten: *die Meisterabzocker von Hannover.*

Am Ende entpuppt sich die Tragödie als Komödie.

Helmut Dietl *(Schtonk, Kir Royal)* sollte sich schleunigst die Rechte sichern, ehe uns ein weiterer überlanger Mehrteiler ins Haus wedelt.

Uns IDIOTEN aber fehlt buchstäblich der Zugang zu Wagner. An Wagner kommen wir nicht ran, bei Wagner kommen wir nicht rein. Die höchste aller Musikwelten, weit, weit über den Kulturwölkchen von Maffay-Grönemeyer-Springsteen, uns erschließt sie sich nur per CD, iPod und YouTube, am ehesten noch durch ARTE, ZDF Theaterkanal und 3Sat.

Oder durch *Apocalypse Now* im Jubi-Digi-Pack.

Dauert, in der Redux-Fassung, 203 epische Minuten.

Kannze nix gegen sagen.

Lugt, wer uns lauscht: die Auserwählten von Bayreuth.

So viel Kulisse und so viel Trara, und am Ende doch bloß Pappe und Blechgedröhn. Nichts, r(h)ein gar nichts haben sie uns zu sagen, die Verehrer von Wagners großer Machtmusik, am allerwenigsten über Bildung. Das Rheingold, sie bergen es nimmermehr, leis' vergurgelt's im ewigen Strom.

Wallalallalala, leiajahei.

Von den Humboldts zu Mario Barth: »Bildung« in Deutschland, wie konnte das passieren?

> Es ist ein extremes Land, mit großen regionalen Unterschieden
> in der Kultur, in der Landschaft, in der Küche.
> Auch die Bandbreite zwischen wunderbaren Menschen
> und Vollidioten scheint mir nirgendwo größer.
>
> *Küchenmeister Vincent Klink*
> *über Deutschland in* Geo Saison, *Heft 7/2006*

Was stimmt denn nun?
»Facharbeitermangel in Deutschland, Wirtschaftsminister will finanzielle Anreize für Migranten schaffen«
Aber: »Massenentlassungen trotz Wirtschaftsaufschwung!«
Und: »Zu viele Schüler – Deutschland fehlen 45 000 Lehrer!«
Wirklich, sogar pensionierte Lehrer sollen zurückgeholt werden, vor allem für Mathematik und Naturwissenschaften. (Geschichte braucht noch immer keiner, Deutsch ist auch nicht mehr wichtig.)
Laufen da lauter verschiedene Filme zur selben Zeit?
Es stimmt, die Bundesrepublik erlebt einen Facharbeiter-Engpass.
Bestens ausgebildete Menschen für knappst kalkulierte Löhne zu begeistern, so etwas sorgt für Mangel. Außerdem machen sich die geburtenschwachen Jahrgänge der 1990er bemerkbar, während die einst geburtenstarken zunehmend in Rente und Pension geschickt werden. Doch das heißt nicht, dass die Arbeit künftig wieder für alle reicht. Weil sich Deutschland seit mehr als 15 Jahren konsequent selbst auslagert, Produktionen oftmals komplett nach

Asien oder in den europäischen Osten ziehen, wird der Bedarf an »herkömmlichen« Arbeitern allenfalls gleichbleibend niedrig bleiben. Nicht einmal jedem dritten Heranwachsenden wird es vergönnt sein, in die *Human Resources* eingegliedert zu werden, in die menschlichen Betriebsmittel. Weil der Kahlschlag an Arbeitsplätzen vor allem die mit »bildungsfern« geschmähten Bevölkerungsschichten betrifft, ist künftig Spezialisierung mehr gefragt denn je.

Brauchen sich also wenigstens Gymnasiasten und Studenten keine Zukunftssorgen zu machen?

Nicht zu früh gefreut.

Mit den Heerscharen von Arbeitern, die aus Beschäftigungsverhältnissen direkt in die Abhängigkeitsverhältnisse mit »Job Agenturen« überwechselten, gingen zugleich Führungsstrukturen verloren. Wo beispielsweise eine Million Arbeiter nicht mehr gebraucht werden, lässt sich auch auf gut 250 000 männliche wie weibliche Teamleiter, Abteilungschefs, Verwaltungsangestellte, sogar auf etliche Vorstände und Vorstandsvorsitzende verzichten, mindestens. Und wer nach »Globalisierung« »Finanzkrise« sagt, hat die beiden wichtigsten Arbeitsplatzvernichter schon beisammen.

Der alte IDIOT war für Wirtschaft und Politik der hemmungslose Konsument. Er war bereit, sich für seinen durch Werbung angestachelten Genusstrieb bis an die Halskrause zu verschulden. Ja und Amen (man war noch Kirchgänger) zu möglichst allem zu sagen. Andersdenkende als Freiheitsgefährder abzutun und »nach drüben« zu schicken.

Der neue IDIOT lernt von der Schulbank auf, statt mit Genuss besser mit Zwang und Stress zufrieden zu sein, selbst wenn die Belohnung – Arbeitsplatz, Einkommen, Respekt – immer öfter oder ganz ausbleibt. Dem neuen IDIOTEN hat die ganze Welt »Herausforderung« zu sein; schließlich ist jedermann sein Kon-

kurrent. Ständig muss er darum besser sein. Genug ist niemals genug.
Der neue IDIOT kann sich zwar weit weniger leisten als der alte, trotzdem muss er sich erheblich mehr bieten lassen. »Mobil« muss er sein, was nicht heißt, dass er über ein eigenes Auto verfügt. Für ihn heißt mobil sein, sich selbst jederzeit aus seiner gewohnten Umgebung herauszureißen, um wie ein Nomade dem nächsten Jobangebot hinterherzuwandern, ganz nach Belieben der Wirtschaft und nach Ansage der Politik (»Zumutbarkeit«). Der neue IDIOT hat sich selbst den abseitigsten »Wiedereingliederungsmaßnahmen« seines Jobcenters zu fügen (in dem es jede Menge Behördenangestellte, aber keine Jobs gibt). Er muss jeden Fragebogen wahrheitsgemäß ausfüllen, der Behörde jeden noch so intimen Blick in sein Leben gestatten.
Sozialdemokratie in Deutschland, das bedeutete einmal, dafür Sorge zu tragen, dass die Zukunftschancen unserer Kinder nicht vom Geldbeutel der Eltern abhängen. Chancengleichheit war Ziel, nicht Utopie.
Christliche Unionspolitik hieß einmal, als Honoratioren immer auch an die weniger Begüterten zu denken, weil Honorigkeit ja nur ein anderes Wort für Ehrenhaftigkeit ist. Ruhe auf den billigen Plätzen war schon für wenig Geld zu kriegen. Wenigstens mit der Gießkanne betrieb man Landschaftspflege, holte nicht bei jeder Gelegenheit gleich den Unkrautvertilger raus. Und die Chefs der Deutschen Bank bezahlten sich ihre Geburtstagssause selbst, ließen sich nicht mit bis zu 30 Freunden ihrer Wahl ins Kanzleramt einladen.
Liberale Wirtschaftspolitik?
Die stand einmal für den Willen, die Freiheit *aller* zu fördern – wirklich aller, nicht nur etwa die von Hotelbesitzern, Atomkraftwerksbetreibern und den tausend anderen Nutznießern sonstiger Lobbyisten. Gelbe Innenminister namens Werner Maihofer, Ger-

hart Baum oder Sabine Leutheusser-Schnarrenberger waren es, die selbst zu RAF-Zeiten die Verteidigung der Bürgerrechte hochhielten.
Auch grüne Politiker galten einmal als Inbegriff für zivilen Widerstand.
Wo immer der Staat sich anschickte, die Waage gar zu heftig zugunsten Privilegierter ausschlagen zu lassen, ließen sie sich lieber beim Sitzstreik von der Polizei wegtragen, als nur am Sonntagabend in der ARD den Talkshow-Betroffenheitsblick aufzusetzen.
Und all die anderen, die Extremlinken, die Kommunisten, die Sozialisten, wenn auch nicht die Viel-zu-Rechten und Ewiggestrigen?
Die waren noch zu Zeiten der berühmt-berüchtigten 68er dafür zuständig, den Mainstream mit »Aktionen« aufzumischen: Pudding gegen den US-Vizepräsidenten, Widerworte vor Gericht (»Wenn's der Wahrheitsfindung dient«). Gegen den »Muff von tausend Jahren« – gemeint war der nach wie vor spürbare kaiserlich-nazibraune Untertanengeist – half Spott besser als Gewalt.
Selige Vergangenheit, unselige Gegenwart: Die politischen Farben in der Bundesrepublik sind verblasst oder haben sich zu Dunkelgrau vermischt. Das ist der größte Erfolg von »Bildung«: Fast überall im Land wird Schulbildung mit Berufschancen gleichgesetzt.
Nimm einem Ingenieur seinen Job, und was ist er?
Ein Dummkopf ohne Arbeit – andernfalls hätte oder fände er ja welche.
»Bildung« ist unerbittlich: Sie führt zum Zweck und hat gewirkt, oder sie bewirkt nichts, dann hat ihr Besitzer nie etwas getaugt.
Wer jemals zu seinem Auto »Bentley«, zu seinem Schlafzimmer »master bedroom« und zu seiner Fernsehecke »home theater« sagen will, braucht nicht Goethe und nicht Hölderlin. »Bildung«

und ihre rücksichtslose Umsetzung in die Praxis reichen aus. Dass Bildung – gern wird sie »humanistisch« genannt – den Menschen überhaupt erst begründet, wenn er, bar jeden materiellen Eigentums, vor sich selbst steht, darüber wird kaum mehr gesprochen. Der letzte Kampf der Turbo-Egoisten findet nicht *vor* der Haustür der Menschen statt, sondern dahinter: in ihrem Oberstübchen.

Die Entbildung Deutschlands hat viele Mütter und Väter, doch einige ragen heraus. So war Gerhard Schröders Verrat an den kleinen Leuten die nachhaltigste Lektion, die er *uns allen* erteilen konnte. Er lehrte uns: Der Teufel trägt nicht Prada, sondern Brioni. Merkt es euch endlich.

Die »kleinen Leute«, das waren im September 1998, bei Schröders großem Wahlsieg, die Millionen Wähler der »neuen Mitte« gewesen. Wie Tony Blair in England seinen Landsleuten, hatte »der Gerd« vielen halb weggedämmerten Kohl-Wählern eingeredet, sie hätten Besseres verdient, nämlich ihn und die Grünen. Grundsätzlich stimmte das auch; Kohls »Ich will's nochmal wissen« war als Aufbruch in eine fünfte Regierungszeit weniger als nichts.

Die neue Mitte war zu schön, um wahr zu werden.

Mehr richtiger Champagner als immer nur den von Aldi – wovon denn? Brioni statt nur Boss – wie für alle? Man wusste doch, dass die Kassen leergewaigelt waren und der Euro vor der Tür stand. Schneeballsystem-Betreiber ziehen so ihre Strukturvertriebe auf: Egal was du gelernt hast, unter mir scheffelt ihr alle Kohle!

»Aufbruch und Erneuerung« war der rot-grüne Koalitionsvertrag betitelt. Als Bildungsministerin hatte sich Schröder eine Mit-Hannoveranerin ausgeguckt, Edelgard Bulmahn, Studienrätin und von ihrem Kanzler auserkoren, gegen die nun wirklich überkommene Kulturhoheit der Länder anzukämpfen. Zuvor hatte Jürgen Rüttgers (CDU) in dem Ressort das Sagen gehabt – oder

vielmehr das Schweigen: Eine konfliktreichere Abteilung ist für eine Bundesregierung kaum denkbar. Viel Feind, aber wenig Ehr. Wem als Parteifreund auf Landesebene etwas genommen werden soll, der zahlt es Minister und Kanzler bei nächster Gelegenheit heim. Deshalb das jahrzehntelange Dahingewurstele, die tausend Kompromisse, die unzähligen Reförmchen. Frau Bulmahn durfte föhnen, aber nicht wirbeln: *Später, Edelgard, hab Geduld. Wir haben doch bereits ein »Recht auf Bildung« festgeschrieben, vielleicht machen wir eine Pflicht daraus.*
Die Bertelsmann Stiftung ist um weitere Forderungskataloge sicher nicht verlegen.
Bildung – 1998 waren SPD und Grüne in 13 von 16 Bundesländern regierungsbeteiligt. Nie war die politische Landkarte der Republik bunter, nie die Zeit günstiger für einen wirklichen Aufbruch. Schröder hätte der deutschen Geisteserziehung das Farbfernsehen bescheren können, doch er hat das ganze Land vor die Schwarz-Weiß-Glotze gepackt. Der Aufsteiger Gerhard Schröder und der Einsteiger Joschka Fischer hatten andere Prioritäten. Sie wollten Deutschland nicht schlauer, sondern »schlanker« machen. Auch ein bisschen bedeutsamer sollte es werden in der Welt, vorrangig auf dem Balkan.
Später natürlich auch im Geschichtsbuch.
Und in den Kontoauszügen seiner »Macher« – Wörter wollen einem auf die Zunge, die sich auf Synonyme für Borstenviecher reimen.
Der Rechtsanwalt auf dem zweiten Bildungsweg und der Schulabbrecher, 1998 hatten sie es tatsächlich geschafft. Sie waren »drin«, drin im Kanzleramt, das war die Hauptsache. Nur die außen vor Gebliebenen von heute und wohl noch von morgen und übermorgen denken, ihre Misere läge an ihnen selbst. Dabei haben nur zwei Straßenjungs die ganze Straße verraten.
Und nebenbei sich selbst.

Der Anti-Bildungskanzler in seinem feinen Zwirn – da sog einer gar zu genüsslich an der Zigarre, sobald eine Kamera herüberlächelte. Da vertraute man einem, der seine Arme-Leute-Bio ein bisschen zu sehr zur Schau trug: *Guckt mal, wie arm wir waren, so wenig Millionen hatten wir!*
Zweiter Bildungsweg, Mutti Putzfrau, der Halbbruder ein Kauz, eine Halbschwester, die später vor dem Verfassungsgericht gegen die Benachteiligung Alleinerziehender klagen würde, quasi gegen den eigenen, staatstragenden Verwandten. Ansonsten jede Menge Sondersendungen aus dem Gerd-Haarstudio: Ist der Kanzler nun gefärbt oder doch nur getönt? Und dabei wartete alles auf den Gipfelsturm des ewigen Aufsteigers: Hing die Hauptschule nicht »damals« schon gefährlich in den Seilen, und klagten die Universitäten über Geldmangel?
Damals – kaum ein Jahrzehnt ist es her.
Als »der Gerd« seiner selbst endlich überdrüssig geworden war, in jenem Frühjahr/Sommer 2005, da kickte er sich auf die gleiche Weise aus der Macht, wie er sich hineinkatapultiert hatte: holterdipolter, mit ziemlich viel Getöse.
Die Wahlnacht, die uns Angela Merkel und die Große Koalition bescherte, wird nicht nur Rotweintrinkern unvergessen bleiben.
Heute erinnert man sich an Schröder als den Mann, der Deutschland die Agenda 2010 und manches mehr eingebrockt hat, doch dieses Bild ist – ungewollt – lückenhaft. Schröder hatte weit Entscheidenderes auf Lager. Nur eine einzige Legislaturperiode mehr, und Angela Merkel bräuchte jetzt nicht selbst herumzueiern mit dem wohl schwierigsten Projekt, das die Bundesrepublik je zu bewältigen hatte: Wie unterkellert man eine Tiefgarage, wie senkt man das schon denkbar niedrige Bildungsniveau um ein weiteres Stück ab, ohne dass es jemand merkt?
Merkels Freunde unter anderem bei Bertelsmann (RTL) und Springer *(Bild, Welt)* geben sich alle Mühe; auch der *Spiegel* hilft,

wo er kann. Aber allein schaffen sie's nicht. Wie schon bei Schröder muss der Bürger ran. Jeder eine Schippe in die Hand, auf dass er glaubt, er hülfe beim Aufbau. In Wirklichkeit hilft er beim Tiefbau, denn es geht um »Bildung«, liebe Wählerinnen, liebe Wähler. »Bildung«, die schlechte Kopie, nicht das hehre Original. Da wird beim Buddeln jede Hand gebraucht, nicht jeder *Kopf*.
Bildung – Deutschland West hat seine Chance gehabt; der Osten eigentlich nie.
Nicht bloß leidlich demokratisch, zur aufgeklärtesten, mindestens zur aufgeschlossensten Nation Europas hätte das Land zwischen Willy Brandt und Helmut Schmidt werden können, aber das wussten, wieder einmal, Sozialdemokraten zu verhindern, die Erfinder ihrer eigenen Dolchstoßlegende.
Zu keiner Zeit durften Pädagogen mehr experimentierten als in den 1970er Jahren, als die Kultusminister sich die Klinke in die Hand gaben. Helmut Kohl schließlich hatte der seelisch-geistigen Aufrüstung der Massen nur sein Versprechen einer »geistig-moralischen Wende« entgegenzusetzen. Er hat es bekanntlich nie erfüllt, sondern übererfüllt. Deutschland West wuchs, ja wucherte um Deutschland Ost, akzeptierte um dieses Land- und Menschenfressens willen jede EU-Zumutung aus Brüssel, obendrauf – Thatcher, Mitterrand – den Euro – er, der glühendste Verfechter des einzig wahren »Bimbes«, der D-Mark.
Zum Dank wurde aus der DDR – 1990 – der »Helmut, Helmut«-Fanclub und aus Oskar Lafontaine der leibhaftige Gottseibeiuns, der Mann, der den Sozialisten doch bloß das Paradies schlechtreden wollte.
Die Sanierung der Ex-DDR war kostspielig, aber, dank Solidaritätszuschlag und Steuererhöhungen, nicht so kostspielig wie die Schaufensterrepublik, welche die jeweiligen Regierungsparteien während der Trennung zu finanzieren hatten. Zur Erinnerung: Die sogenannte hässliche Fratze des Kapitalismus durfte während des

gesamten Kalten Krieges nach Deutschland West nicht einmal herüberspähen. Das US-Phänomen der *working poor,* der in zwei, drei Jobs gleichzeitig arbeitenden Amerikaner, die trotzdem nicht über die Runden kommen, das kannte man im reichen deutschen Westen nicht, und der Osten hatte mit dem griesgrämigen Karl-Eduard von Schnitzler (»Sudel-Ede«) und seinem *Schwarzen Kanal* nur sehr begrenzte Televisionen, um den Klassenfeind über sein zukünftiges Schicksal aufzuklären.

Tatsächlich wurde nach der Vereinigung der beiden Deutschland der Turbo-Kapitalismus ganz schnell auch hierzulande Wirklichkeit. Auf wen hätte die deutsche Gesamt-Regierung nun noch Rücksicht nehmen sollen, wo es jetzt erst recht ums Geld ging? So ungehindert wie ungeniert wurde die Hinterlassenschaft der Ex-DDR via Treuhand plattgemacht, was bedeutete, dass deutsche Konzerne und einzelne Glücksritter sich die wenigen Filetstücke einverleibten. Über substanzielle Ersparnisse oder Besitzgüter verfügten die Ostdeutschen ja kaum, so dass es, außer Bargeld und Renten, nicht viel 1:1 umzutauschen gab – wo alles volkseigen war, konnte sich über die Verramschung des eigenen Landes kaum ein Einzelbürger beschweren. Alles »andere«, das bisschen Immobilienbesitz von gut zwei Millionen DDR-Bürgern, wurde per Federstrich buchstäblich erledigt: »Rückgabe vor Entschädigung« hieß die junkerhafte Formel, die den Ostboden an Ort und Stelle ließ und ihn dennoch zu seinen früheren Eigentümern, in den Westen, brachte.

Und in dieser hohen Schlagzahl ging es weiter.

Auf einmal kehrten im vereinigten Deutschland »amerikanische Verhältnisse« ein. Bis dahin hatte die Bundesrepublik unter einer Glasglocke existiert. Plötzlich kam das Thema Börse und Aktien in Mode, das jahrzehntelang – für die Masse – keines gewesen war. Zack, zack wurden Behörden wie Energieversorgung, Post und Bahn erst zu Staats-, dann zu Privatunternehmen erklärt.

Ausgerechnet ein Ex-Ossi, Manfred Krug *(Liebling Kreuzberg)*, lieh 1996 sein Gesicht für den Börsengang der Deutschen Telekom – und merkte zu spät, dass er seinen Kopf für eine milliardenschwere Kapitalumschichtung hingehalten hatte. Statt dass jeder Bürger eine satte Erlösbeteiligung am Verkauf seines doch mitgeeigneten Staatsunternehmens erhalten hätte, bekam ein jeder das auf ein paar Stücke limitierte Recht, T-Aktien »zu zeichnen«: Wenn der Nepp auch noch grinst, heißt er Börse.

Das Spiel weitete sich aus, noch mehr Geld wurde in die Luft geworfen: Der neue Markt, die Parallel-Seifenblase, entstand. Waren soeben einstige Staatsunternehmen feilgeboten worden, die immerhin laufende Geschäfte betrieben, über Personal und Anlagevermögen verfügten, so sollten auf einmal Start-ups, taufrische Unternehmensgründungen, ein Vielfaches wert sein. Sie waren meist zwar zu kurzfristig gegründet, um Gewinn, ja überhaupt Umsatz, vorweisen zu können, dafür mit blutjungen Leuten und großartigen Geschäftsideen garniert. Die Banken empfahlen trotzdem: »Kaufen!«

Wer warnte und mahnte, galt als Miesmacher.

Als die Deutschen ihre leeren Depots inspizierten, war es zu spät. Ihr Geld war nicht verloren, wie die Griechen (!) sagen. Es war nur woanders. Es nahm weiterhin vor ihnen Reißaus.

Die gesamten 1990er hindurch drehte sich das Rad in dieselbe Richtung. Die Arbeitslosigkeit stieg, aber die Schaufenster blieben voll. Das Kapital hatte sich neue Wege gesucht. Alles, was an der Uni fleißig BWL-Kurse geschwänzt hatte, schwor auf Outsourcing und Downsizing. Arbeitsplätze wurden vernichtet, Firmen plattgemacht. Die Unternehmen wollten »schlanker« werden, möglichst nur noch Geld einnehmen, aber keines mehr investieren oder tunlichst wenig im Umlauf halten. Wie Kolumbus einst das falsche Indien, nämlich Amerika, entdeckte, so entdeckten europäische und nordamerikanische Unternehmen China,

Hongkong, Singapur, Malaysia, Vietnam. Das in der Heimat unmöglich Gewordene schien nun wieder machbar: (in der Ferne) zu niedrigsten Kosten produzieren, (zu Hause) zu Höchstpreisen verkaufen. Haken an der Sache: Wenn Millionen von Menschen nicht mehr *durch Löhne* an der Wertschöpfung beteiligt sind, wie können sie sich dann *auf Dauer* den Konsum leisten?

Aber auf Dauer ist ja im Kapitalismus nichts angelegt.

Wer nur in Quartalsberichten und Jahresergebnissen zu denken gelernt hat, kann seine restlichen geistigen – und seelischen – Ressourcen unmöglich auf Sozialkram konzentrieren.

Und dann die beiden Hämmer, innerhalb von nur wenigen Monaten.

Nur absoluten Fußballfans oder Ignoranten wird der 11. September 2001 einzig als der 56. Geburtstag von Franz Beckenbauer in Erinnerung bleiben. Die beiden Türme des World Trade Centers in New York sanken, stellvertretend für die gesamte westliche Gesellschaft, auf Ground Zero, und der bis dahin unauffällig dahinregierende George W. Bush hatte sein Thema gefunden: Terrorismus lauert überall, und er trägt Burka und Sprengstoffgürtel.

Kaum 100 Tage später, am 1. Januar 2002, wurde für mehr als 300 Millionen Europäer der Euro auch als Bargeld eingeführt. Erstmals konnten die Deutschen erleben, wie sämtliche ihrer Mainstream-Medien – abgefüttert mit Euro-hurra-Anzeigen – Käufer, Abonnenten, User, Leser, Zuschauer und Zuhörer gleichzeitig für dumm verkauften. Nicht die physische Logistik der Euro-Einführung ist die eigentliche Leistung der Eurozentralbank jener Tage, die psychologische Waffenhilfe der Medien in ganz Europa ist es, die keineswegs Bewunderung, dafür höchstes Interesse verdient. Noch Jahre später belustigten sich etwa *Spiegel, Bild* oder *Stern TV* (RTL) über Otto Normalverbraucher und Erika Mustermann und die »gefühlte«, also schwer pathologisch eingebildete Kostensteigerung durch den »Teuro«. Eine derartige Gleichschaltung der Medien über einen so langen Zeitraum, das war eine neue Qualität, die freilich kaum erkannt wurde.

Nur drei Jahre später toppten Gerhard Schröder und Joschka Fischer (er soll unvergessen sein) alles bisher Dagewesene an Sozialabbau.

Mit dem Arbeitslosengeld II (ALG II), in der Öffentlichkeit gleichgesetzt mit Hartz IV, wurde der wichtigste Pakt zwischen Staat und Erwerbstätigen gebrochen. Wer bisher, zum Teil jahrzehntelang, in die Arbeitslosenversicherung eingezahlt hatte, konnte nun trotzdem im Abseits landen. Arbeitslosen- und Sozialhilfe wurden auf einem finanziell erschreckend niedrigen Niveau zusammengefasst, zudem mit etlichen Maßnahmen – Schikanen – versehen, um Leistungsempfängern »Anreize« zur Arbeitsaufnahme zu bieten. Wer als ehemals gut verdienender Langzeitarbeitsloser mit der bisherigen Arbeitslosenhilfe leidlich gut versorgt war, sah sich nun mit bis zu 60 Prozent Leistungsminderung konfrontiert: Der »Genosse der Bosse« hatte ganze Arbeit geleistet. Wie kein anderes Gesetz seit der Wiederbewaffnung (1955) hat das Vierte Gesetz für moderne Dienstleistungen am Arbeitsmarkt (Hartz IV) die Republik erschüttert – und verändert.

Kannte die Mittelschicht bis zu diesem Zeitpunkt nur die Sorge vor einem zu langsamen Karriereaufstieg, lernte sie jetzt die Sorge vor einem abrupten Sozialabstieg kennen. Hartz IV enthielt die neuesten Werkzeuge moderner staatlicher Folterknechte: Bereits ALG-II-Antragsteller, fortlaufend ALG-II-Bezieher hatten sich fortan einem permanenten Datenstrip zu unterziehen. Kontoauszüge, Bankkonten, Sparbücher – der große Bruder Staat hatte Röntgenaugen bekommen. Dazu die Extra-Marter des Ein-Euro-Jobs, der »Arbeitsgelegenheit mit Mehraufwandsentschädigung« (allen Ernstes abgekürzt: AGH-MAE).

ALG-II-Empfänger sollten, jeweils nach Entscheidung ihres sogenannten Jobcenters, Hilfsarbeiterdienste für »Entschädigungen« zwischen 1 und 2,50 Euro pro Stunde leisten – die böse alte Zwangsarbeit war zurückgekehrt. Eine Freude für die Bundesstatistiker: Ein-Euro-Jobber gelten nicht als Arbeitslose, werden also nicht in der Arbeitslosenstatistik berücksichtigt. Arbeitslose Ingenieure (es gibt sie), Bankkaufleute (allein 2005 strich die Deutsche Bank 1920 Stellen) oder Autobauer (BMW kündigte 2008 rund 7500 Mitarbeitern) – ALG II/Hartz IV ist der große Gleichmacher, der soziale Dampfhammer, die menschliche Schrottpresse.

Spätestens mit der Finanzkrise von 2008/2009 sind die fortwährenden Krisen zu einer einzigen Dauerkatastrophe zusammengeschmolzen. Wir unterscheiden kaum mehr die einzelnen Vorgänge, wir versuchen – wie in Kriegszeiten – die Phasen zwischen den Bombardements als »Ruhe« zu genießen: Opel pleite? Gut, dass man selbst bei Volkswagen arbeitet. Treibstoffe, Strom, Lebensmittel und Mieten werden schon wieder teurer? Aber der Zuckerpreis ist *seit drei Tagen* unverändert. Einerseits holt der »neue« Karstadt Schröder-Gattin Doris Köpf in den Aufsichtsrat. (Qualifikation: Der Name »Agenda 2010« soll ihre Idee gewesen sein.) Andererseits sagt Götz Rehn, Ex-Nestlé-Manager, Anthroposoph und Chef der Bio-Kette Alnatura, der *Süddeutschen Zeitung* (17. 1. 2011): *»Es geht nicht mehr darum, den Menschen zu dressieren für die Wirtschaft, sondern eine Wirtschaft zu schaffen, die sich an den Bedürfnissen der Menschen orientiert, und zwar so, dass der Umwelt kein Schaden entsteht.«*

Mensch, Bildung könnte das leisten: IDIOTEN wieder Menschen sein lassen.

Bildung: in Deutschland West heruntekonsumiert; in Deutschland Ost herunterideologisiert; in Gesamtdeutschland herunterökonomisiert zu »Bildung« – ja, Bildung könnte das Bewusstsein einer künftigen Manager- und Politikergeneration verändern, ja sämtlicher künftigen Bürger. Helmut, Gerd und Angela und alle ihre Kulissenschieber würden doch nicht gewinnen. »Nachhaltig«, wie heute so gern gesagt wird, könnte Bildung die Menschen befähigen, ihr Geld wieder zu verdienen und es nicht bloß zu »machen«. Bildung statt »Bildung«, und in Deutschland würde Kohle wieder geschaufelt statt nur gescheffelt. Bildung statt »Bildung«, und Günther Jauch geht nicht zur ARD, sondern wieder in die Grundschule. Bildung statt »Bildung«, und aus Millionärshaushalten werden Millionen von Haushalten – ganz normale, in denen wirklich jeder Bürger 60 000 Euro auf dem Konto hat. Bildung, wirkliche Bildung, könnte das schaffen.

Sie könnte sogar fertig werden mit dieser verdammten Angst, die sieben Millionen Menschen schon sehr lange und etliche Millionen mehr noch nicht ganz so lange plagt: Was – soll – bloß – werden?

Weil aber Bildung den Menschen erst denken und dann nachdenken lehrt, weil aus Gedanken schon mal Handlungen werden und Handlungen gelegentlich zu Veränderungen führen, schon deshalb darf Bildung nicht sein, jedenfalls nicht für »alle«. Deshalb ist ja »Bildung« auf dem Vormarsch: Ein Suppenwürfel ist besser als gar kein Steak. Und deshalb wird Mario Barth – gegönnt, gegönnt! – das Berliner Olympiastadion noch öfter ausverkaufen, und die Veltins Arena und die Red Bull Arena und die Commerzbank-Arena.

Humboldts waren doch eher ernste Gemüter.

Doch nur Bildung kann das eine mit dem anderen zusammenbringen: Geld *und* Bewusstsein. Dazu braucht es freilich mehr als nur gute Vorsätze.

Wenn unsere Superreichen zugleich so sehr Bildungselite sind, warum hat dann keiner je in Physik oder Chemie, Medizin oder Literatur den Nobelpreis erhalten?

Von wegen »amüsieren«:
Wir bilden uns zu Tode

> Autorität wird erzeugt durch steinerne Härte des Gesichts
> und durch die Ruhe, mit der man spärliche Worte ausspricht.
> *Lion Feuchtwanger*

Kinder werden nicht geboren. Sie werden auch nicht vom Storch gebracht. In der Bildungsforschung weiß man noch nicht so recht, ob sie vom Himmel fallen oder aus der Erde wachsen. Sie sind jedenfalls einfach so da; ihre Namen stehen irgendwann auf einer Liste, also lasst sie uns einschulen und bilden, die Kinder.
Sie heißen Hannah und Leonie, Leon und Jonas, Sophie und Alexander; früher hießen sie auch mal Jan und Julia, ganz früher sogar Monika oder Klaus.
Besser aber, sie heißen niemals Kevin, Justin, Dennis, Mandy oder Chantal. Denen prangt IDIOT schon auf der Stirn. Alle anderen müssen sich erst durchs Bildungssystem kämpfen, ehe sie sich ihren IDIOTEN abholen können.
Für ihre Master-Arbeit hat die Lehramtsabsolventin Julia Kube 2009 eine Online-Umfrage gestartet und 500 eindeutige Antworten erhalten: »94 Prozent der Grundschullehrer gehen unreflektiert mit den eigenen Vorurteilen um«, sagte Kube dem *Spiegel*. Und die Betreuerin ihrer Arbeit, die Pädagogik-Professorin Astrid Kaiser, fügte hinzu: »Die Namensfalle schnappt zu, sobald der Lehrer die Klassenliste in der Hand hält. Es zeigt sich immer wieder, dass Kevins schlecht bewertet werden. Ich würde empfehlen: Schauen Sie bei Lehrer-, Arzt- oder Pastoren-Familien, wie deren Kinder heißen, dann liegen Sie ziemlich gut.«
Empfiehlt, und auch nur im Konjunktiv, die Frau Pädagogik-Pro-

fessorin, die Ausbilderin von Grundschullehrern. Statt den künftigen HerrInnen über das schulische und damit geistige Wohl und Wehe unserer Kinder gehörig ins Gewissen zu reden (oder ihnen schlicht eine andere Berufswahl nahezulegen), rät sie Kevin & Co, sich vom Acker zu machen.

So sieht es aus 2011 mit der Bildung in Deutschland: Werdende Eltern müssen bei Akademikern nach sozial kompatiblen Vornamen spicken. Sonst können sie ihre Kinder statt in der Grundschule gleich für »Transferleistungen« anmelden. Am besten, wir schaffen auch sofort die phonetisch eng verwandte Temperatureinheit ab: Kelvin! Die taugt doch nichts; was so heißt, stammt höchstwahrscheinlich aus der RTL-/Sat1-verseuchten *Unterschicht*. Da sind Schwankungen und Ungenauigkeiten programmiert, da ist die Leistungsschwäche mit Händen zu greifen. Bitte, Fernsehen, zeigt keine Filme mehr mit *Kevin* Costner und *Dennis* Quaid! Und bitte, Radio: keine Songs mehr von *Justin* Timberlake! Bitte, Kai Wiesinger, Ihre Filmpreise zurückgeben und Ihre Frau, die Schauspielerin *Chantal* de Freitas, nirgends mehr vorzeigen – ja, man kann in diesem Land schon wieder die »falsche« Religion haben, den »falschen« Sozialstatus und auch den »falschen« Vornamen.

Bildung in Deutschland, und wir sind erst bei den Vornamen.

Wir haben doch auch:

16 verschiedene Schulbehörden.

16 Köpfe, 16 Meinungen, aber 16-mal das einmütige Credo, jeweils nur das Beste für die lieben Landeskinder zu wollen.

16 höchst verschiedene Vorstellungen davon, was das sein soll, das Beste.

Reinreden darf den Kultusministern in den Ländern keiner. Schon gar nicht eine: die Bundesbildungsministerin im fernen Berlin. Sie ist sozusagen nur die Ehrenvorsitzende der Herrscher und Herrscherinnen über Bildung mit Regionaleinschlag. Sie kann mit ihnen sprechen, aber zu sagen hat sie ihnen nichts: Bildung unterliegt der Länderhoheit, nicht dem Bund. Wir Bürger sind IDIOTEN, von klein auf, denn wir gehören, wie im Mittelalter, den Landesherren, nicht etwa uns selbst. 16 Orchester, 16 Dirigenten. 16 Partituren, 16 Bildungs-Dilettanten, denn kein einziger Virtuose ist in Sicht. Das Wort »Kakophonie«, es wurde eigens für dieses Durcheinander erfunden.

Rechne:
16 Kultusminister beziehungsweise -senatoren.
16 Bildungsetats.
16 verschiedene Genehmigungsverfahren allein für Schulbücher.
16-mal Backoffice mit viel Tamtam und Logistik: Büroleiterinnen, Sekretärinnen, Assistenten, Referenten, Praktikanten.
16-mal Dienstwagen mit Fahrer.
16-mal Herr oder Frau Wichtig.
Vergleiche:
Beispielsweise Schule in Hamburg (www.hamburg.de).
Wir lesen: Deputation, Landesschulbeirat, Elternkammer, Lehrerkammer, Schülerkammer. Aktuelle Meldungen: *Hamburger Herbststatistik 2010 – Spitzenwert der Abiturquote, Allzeittief bei Schulabbrechern*
Beispielsweise Schule in Baden-Württemberg (www.kultusportal-bw.de). Grußwort der Kultusministerin. Grußwort des Staatssekretärs. Grußwort des Ministerialdirektors.
Aktuelle Meldungen: *Der Ausbau der Bildungshäuser ist ein wichtiger Markstein in der frühkindlichen Förderung ... enge Kooperation ... bruchloser Übergang vom Kindergarten in die Schule ... erfolgreiche Bildungsbiographien ... (3. 12. 2010) – Verbraucherminister Köberle und Kultusministerin Schick: »Kinder und Jugendliche zu mündigen Verbrauchern machen« (13. 12. 2010)*

Beispielsweise Schule in Sachsen (www.sachsen-macht-schule.de)
Sächsische Bildungsagentur. Sächsisches Bildungsinstitut. Sächsische Landeszentrale für politische Bildung (SLpB). *Unser Leitbild: Wir bewegen Bildung – Bildung bewegt uns. Unsere Rolle: Dienstleister und Impulsgeber. Unser Handeln: Zielorientiert, transparent, kollegial.*
16 Bundesländer = 16-mal Schulpolitik nach Landessitte.
16-mal Verwaltungsaufwand und obendrüber, in Berlin, noch Nummer 17 – beziehungsweise 1, denn dort befindet sich das Bundesministerium für Bildung und Forschung.
Reiches Deutschland, kompliziertes Deutschland: Wir haben Grund-, Haupt- und Gesamtschulen, dazu Realschule, Gymnasium und Fachgymnasium, Berufsschule und Fachoberschule, für spezielle Fälle die Förder- oder Sonderschule (je nach Bundesland), nicht zu vergessen die Hochschulen.
So viel Bildung, so viel Wissen, und trotzdem steht Deutschland voll auf der Bildungsbremse: In Berlin soll die Hauptschule weg und eine »Sekundarschule« her; Hessen will die Mittelstufenschule einführen und Lehrpläne zugunsten von »Bildungsstandards« abschaffen; in Hamburg ringen wohlhabende Eltern per Volksentscheid die geplante »gleichmacherische« Primarschule nieder; Bayern lässt Tausende Lehramtsanwärter auf der Straße stehen, etikettiert seine ausgedünnten Hauptschulen zu Mittelschulen um – schlecht geführte Discounter machen das mit ihren Fleischwaren, wenn Verfallsdatum und Kauflust ungünstig korrelieren.
Deutschlandweit tobt ein Bildungskrieg.
Regierende gegen Bürger, IDIOTENMACHER gegen IDIOTEN.
Die Bundesbildungsministerin schwärmt von einem »Deutschlandstipendium« und streicht Studenten den Rechtsanspruch auf einen Nachlass bei der BAföG-Rückzahlung: Bisher konnten je-

des Jahr 12 000 Studienbeste je 2650 Euro sparen; ein wichtiger Leistungsanreiz gerade für wenig Begüterte. Stattdessen Vorsprung durch Einsparung: Wer Bildung als Waffe benutzt, wird mit Ausgrenzung unerwünschter Gesellschaftsschichten – nicht unter mehreren Millionen IDIOTEN – belohnt.

Ob Einführung eines Zentralabiturs, verkürzte Gymnasialzeit, Turbo-Studium, Bachelor- und Master-Abschluss, Blödsinn oder Bildungsheil, stets sind Bildungsfragen nur theoretische, denn der Bürger hat ohnehin nichts mitzuentscheiden. Das deutsche Bildungswesen ist eine Krake, ohne freilich deren angebliche Weisheit. Womöglich wäre Schülern und Studenten mehr geholfen, wenn künftig ein Orakel-Tintenfisch – wie Paul bei der Fußball-WM in Südafrika – über Wohl oder Wehe befände.
Als im Dezember (!) 2010 der Wintereinbruch deutsche Städte und Gemeinden »überraschte«, sahen viele Verwaltungen nur eine Möglichkeit, die Bürger vor Sach- und Körperschäden zu bewahren: Per Radio und Fernsehen forderten sie die Einwohner auf, möglichst nicht auf die Straße zu gehen – der Vorrat an Streugut war zu bald aufgebraucht.
Die gleiche Überraschung bei Gammelfleisch und Analogkäse, bei dioxinverseuchten Lebensmitteln, bei folterähnlichen Ausbildungsmethoden der Bundeswehr: Wie hätte man *das* wissen sollen! Deshalb ist Bildung wichtig: Sie befähigt, wenn alles klappt, den Menschen nicht nur zum Umgang mit Zahlen, Formeln und Geschichtsdaten. Alles zusammen – und ein bisschen mehr – macht ihn zum *denkenden* Menschen.
Die scheinen allmählich knapp zu werden, gerade in Politik und Wirtschaft.
In Marktl am Inn, dem gebenedeiten Geburts- und Vorzeigeort des ersten bayerischen Papstes, gibt es zwar Benedetto-Verehrer zuhauf, aber keine Hauptschule mehr. Eine göttliche Fügung

wollte es, dass zuletzt fast alle Schüler qualifiziert werden konnten für die umliegenden Realschulen oder Gymnasien. Der absolut nicht qualifizierbare Rest muss nun jeden Tag mit dem Schulbus auf Nachbarorte ausweichen: In Marktl ist der Heilige Stuhl ohne Schulbank.

Andernwärts gehen nicht die Schüler aus, sondern die Lichter. Städte und Kommunen klagen, dass an vielen Schulen bereits der Putz blättert, Mobiliar und Technik hoffnungslos veraltet sind. In Wiesbaden dagegen, im Rheingau-Palais oder in Schloss Reichartshausen, da glänzen die goldenen Wasserhähne – die Dependancen der üppig gesponserten, privaten European Business School sind wohlauf. Absolventen von privaten Schulen und Universitäten steht noch immer die Welt offen. Die Bildungselite – oder was sich dafür hält – koppelt sich ab, grenzt sich aus. Sie legt jede Zurückhaltung ab, will sich partout nicht gemein machen mit dem übergroßen Rest des Volkes, sich nicht integrieren. Deutschland bietet exquisite Möglichkeiten für einige Hunderttausende, aber volles Risiko für Millionen.

Unser Bildungswesen verslumt. Discounter oder Feinkost, dazwischen wird es eng. Mit Chancengleichheit hat das wenig zu tun, mit Besitzstandswahrung umso mehr.

Gern wirft die Kanzlerin das Wort »Bildung« in die Runde. Und genauso oft gebraucht sie den Begriff »Verantwortung«, und von da ist es nur ein Katzensprung zu dem eigentlich Gemeinten: Privatisierung, Kommerzialisierung. Bildung wird zunehmend in die Hand der Wirtschaft gelegt. Die ist, erfahrungsgemäß, nicht an der Masse, sondern an einkommensstarken Zielgruppen interessiert. Bürger sind das, die genug aus den Medien erfahren haben von »asozialen« Schulklassen voll randalierender Ausländerkinder, von Drogen auf dem Schulhof, von steigenden Arbeitslosenzahlen und sinkenden Berufschancen. Wenn bereits das Friseurhandwerk Realschulabschluss fordert, ist dann der Kanz-

lerinnenposten mit einer Einser-Abiturientin nicht bereits unterqualifiziert besetzt?
Wer da nicht alles sein Süppchen kocht.
Krise, Krise, Inflation, und schon nutzen Teile der Politik die Gunst der Stunde, um die Gesellschaft endgültig zu spalten. Seit Gut- bis Bestverdienenden eingeredet wird, gerade ihre Bevölkerungsgruppe brächte reihenweise hochbegabte Kinder hervor, die freilich bester, also kostspieliger schulischer Möglichkeiten bedürften, macht sich eine regelrechte Förderhysterie breit. Wie früher Eislaufmütter und Tennisväter, führen ehemals selbst nur durchschnittliche Schüler ihren Nachwuchs vor: Guckt mal, unsere/unserer kann schon Namen und Adresse schreiben, kennt alle Zahlen von eins bis zehn und ist erst sechs – klarer Fall von Genie.
Deutschland sucht die Superschüler nicht, es hat sie längst gefunden.
Sie stecken in den Kinder- und Jugendzimmern einer zutiefst verunsicherten Schicht von Menschen, für die Hartz IV so ähnlich klingt wie die Fettstufe eines gewissen Sauermilchkäses: Werden wir morgen noch fünfstellig fahren, sechsstellig verdienen und siebenstellig wohnen? Was, wenn nach dem deutschen Plebs nun auch noch der ausländische auf die Universitäten drängt?
Als hätte der Kino-Schockerkönig George A. Romero eine neue Zombievariante direkt von der Leinwand herunter in unsere Schulen geschickt: Alarm, die Migranten kommen, und sie haben Laptops dabei!
Geschickt machen sich Politik und Wirtschaft die diffusen Ängste der Wohlhabenden zunutze. Ihre Volks-Fata-Morgana von der Bildungsrepublik Deutschland frisst sich ebenso in die Köpfe jener, die mit ihren Steuern die eigene Chancenungleichheit überproportional hoch finanzieren: der Mittelstand. Dort sind die Abstiegssorgen freilich berechtigt, seit Arbeitsplätze zu Versatz-

stücken der Konzerne geworden sind. Die Dienste der künftigen Bildungs-Dienstleister wird mitnichten nur die nächsthöhere Schicht bezahlen können: Bildungsqualität soll einen Wert erhalten, der sich erstmals auf Euro und Cent genau ausdrücken lässt. Lernen wir gerade wieder, Menschen in zu Unter- oder Oberschicht gehörig zu unterscheiden (und uns selbst bescheiden-optimistisch dazwischen zu sehen), so kriegen wir gegenwärtig eine weitere Lektion verpasst: Bildung wird zu »Bildung«.

Wo der Staat sich aus der Klemme zieht, sollen die Bürger einspringen und gratis arbeiten, der Ehre und des guten Gewissens halber. Scheinheilig soll das Ehrenamt gestärkt, den Menschen weisgemacht werden, kostenlos – per Nachhilfe – schlau gemachte junge Menschen seien ein Bundesverdienst, nur irgendwie ohne Kreuz. Wo Privatschulen beteuern, sie bedürften ansehnlicher Gewinne, weil sie nur bestausgebildete – und entsprechend kostspielige – Lehrkräfte beschäftigen könnten, soll an anderer Stelle der gute Wille ausreichen.

Bislang kommt die Politik mit solchen Täuschungsmanövern durch.

Von der Idee der 10 000-fach engagierten hauptamtlichen »Bildungslotsen« führt der nächste Gedanke direkt zum Profit künftiger Bildungskonzerne. Was sind Aldi, Lidl, Rewe anderes als Großein- und verkäufer? Wenn Stromkonzerne einerseits Energie verkaufen, andererseits Beratungsunternehmen zur Energieeinsparung gründen, warum dann nicht den letzten Schritt gehen und sagen: Deutsche Bank, Allianz, Daimler, Bayer, Siemens – warum kontrollieren wir die Wertschöpfung »Bildung« nicht von Anfang an, zumindest ab Übergabepunkt Grundschule – Gymnasium? Wir können das besser, schneller, effizienter und sogar richtig profitabel.

Bildung in Deutschland ist ja dezentralisiert, jedes Bundesland, letztlich jede Kommune ist für sich selbst verantwortlich. Nicht zuletzt aufgrund dieser Vielstaaterei sind unsere Schulen und Universitäten regelrechte Feinde der Bildung geworden. Was sie dem Einzelnen an Wissen zu bieten haben, reicht vom Schlag Erbsensuppe mit Formfleischeinlage übers Realschulfilet aus dem Alupack bis hin zum Rindermarkjus aus der Molekularküche. Deutschland hat viele Fernsehköche, aber keinen einzigen Jamie Oliver der Bildung. Deutsche Schüler und Studenten sollen Bildungsburger futtern, kein Bildungsmenü genießen: *Seid froh, wenn's hier in Zukunft noch Döner gibt und Coffee to go.* Ein Eckart Witzigmann auf dem Bildungsministerstuhl in auch nur einem Bundesland, hätte man davon je gehört? Einer, der wirklich in der Küche steht und kocht, statt sich eitel herumreichen zu lassen und überall zu tönen: *Dosensuppe – meine Empfehlung!* Absetzen würden sie ihn, sofort. Kein Wunder, dass in den Bildungsressorts immer nur Partei-Würstchen landen. Wer in der Landes- oder Bundespolitik etwas werden will, gibt sich mit solchen Lala-Posten nicht ab: Welcher deutsche Spitzenpolitiker hat auf seinem Weg nach ganz oben das Bildungsressort durchlaufen? Google muss passen – die Realität auch.

Der große Bildungsschwindel

Mit immer mehr Bildung qualifizieren deutsche Schulen unsere Kinder für immer höhere Aufgaben – auf dem Papier. Mittlerweile mehr als 45 Prozent eines jeden Jahrgangs verheißen sie die höheren Weihen der Studienberechtigung – so viel geballte Brillanz in wirklich *jedem* Jahrgang? Sieht nicht dasselbe Bildungssystem sich außerstande, etwa Hauptschüler ausreichend auf Leben und Beruf vorzubereiten? Millionenfach produziert das deutsche Schulwesen Außenseiter, denen die Teilhabe an Ausbildung, Arbeit und Wohlstand überwiegend versagt bleiben wird. Millionenfach erwerben Schüler »weiterführende Abschlüsse«, die in Wirklichkeit nirgendwo hinführen, allenfalls in die Abhängigkeit der launischen Wirtschaft: Danke nein, jetzt nicht, nicht *so*, nicht so viele, vielleicht ein andermal.

Was wie eine Verschwörungstheorie klingt, ist ein realer Skandal: Der Unterschied zwischen gescheit und gescheitert wird immer geringer, hochgebildeten Menschen wird der Lernprozess gemacht. Erkenntnis: Man kann auch nach der Schule noch immer durchrasseln!

Bund, Länder und Kommunen sind sich uneins. Eigentlich unfassbar: Sie müssen es sein, schon von Gesetzes wegen. Ein sogenanntes Kooperations*verbot* untersagt es der Bundesregierung, sich in Bildungsfragen mit einzelnen Ländern abzustimmen. Auf diese Weise garantiert der deutsche Staat den deutschen Staaten die Bildungshoheit über »ihre« Bürger.

»Bildung für alle«?

Für ihre Kinder sollen sich die Eltern mit unzähligen Kompromissen statt einer vernünftigen Gesamtlösung zufriedengeben, nämlich: Für den eigenen Nachwuchs nur das Beste. Dazu gehört die bestmögliche Bildung. Und so setzt sich der Kreislauf in Gang: Die Standardschule leistet nur das absolut Nötigste, »bessere« Schulen kosten Geld.

Aber es ist ja für die Kinder, es geht schließlich um ihre Zukunft …

Die besten Chancen für die besten Berufe wollen wir ihnen sichern.

Aber was sind das für Berufe, denen sie mit »Bildung« entgegeneifern?

Callcenter-Agent, ist das ein Beruf? »Servicefachkraft für Dialogmarketing«, Leute! Oder eins höher: Callcenter-Leiter – ist das eine Karriere? Unternehmensberater alias Jobkiller – macht eine solche Tätigkeit glücklich? (Reich macht sie ohnehin nur Inhaber und »Partner«.) Finanzberater bei den meisten deutschen Banken – macht das Spaß, auf Geheiß der Geschäftsleitung Menschen unnütze oder sogar schädliche Finanz-»Produkte« anzudrehen?

»Bildung« erzeugt nicht Wissenslust, sondern -frust.

Nicht einmal mehr Bilderbücher wollen manche Eltern ihren Kleinen gönnen: Durch Bilder lernt man keine Sprache, vor allem nicht *Lesen*. Und das will beherrscht werden, wenn in drei, vier Jahren, von der ersten Klasse an, gleich in die Vollen gegangen werden soll.

»Tagträumen« – weiß jemand, wie man das schreibt?

Weiß jemand noch, was das *ist?*

Eltern sein ist nicht leicht in einem Land, das sich der »Bildung« verschrieben hat. Das sich Jahr für Jahr als (Vize-)Exportweltmeister feiert, aber es Jahr für Jahr nicht hinkriegen *will,* für jedes Kind einen Kindergartenplatz zu schaffen (Schulbänke gibt's genug). Stattdessen: Kopfprämien von 150 Euro für Eltern, die ihre Kinder *nicht* in den Kindergarten schicken – danke, Frau Ex-Familien- und aktuelle Arbeitsministerin Ursula von der Leyen.

Seit selbst Hochschulabsolventen nicht mehr problemlos ins Berufsleben finden, ist die Mittelschicht alarmiert: Wozu all die Abschlüsse, wenn nach Klassenzimmer und Hörsaal erst einmal die Kaffeeküche wartet, das Materiallager, der Kopierraum? Mit immer neuen Qualifikationsansprüchen, denen letztlich nur ein kleiner Teil genügen kann, lockt die Wirtschaft junge Menschen in ihr Labyrinth, und Bund und Länder stellen bereitwillig die Wegweiser auf: BILDUNG. Soziologen sehen »die Jugend« immer weiter auseinandertreiben: Wer fühlt sich eigentlich noch zu welcher Gruppe (»Generation«) zugehörig, wenn Politik und Wirtschaft den Wettbewerbsgedanken bis ins Privatleben hineintragen: unsichere Berufsaussichten, niedrige Einkommen, der Zwang zu ständiger Verfügbarkeit und totalem Einsatz (»Engagement«). Längst wird nicht mehr zwischen Beruf und Tätigkeit unterschieden; alles ist »Job«, aber für alles soll jedermann hochqualifiziert sein – ein Rattenrennen.

Unsere Kinder – von der Politik weitgehend im Stich gelassen im unteren Segment, an den Hauptschulen, auf biederes Mittelmaß getrimmt an Realschulen, zu dünkelhaften Einspur-Spezialisten verformt an Gymnasien, endkonfektioniert an den Hochschulen – laufen Gefahr, trotz guter, sogar bester Noten im Abseits von Leiharbeit und Hartz IV zu landen. Die wirklichen Cracks schielen ohnehin auf eine Karriere im Ausland. Relaxter als in Deutschland geht es fast überall zu. Meist sind andernwärts zudem die Steuern niedriger (in vielen arabischen Ländern tendieren sie gegen null), die Lebenshaltungskosten erschwinglich und *die Schulen* besser – besser im Sinne von gleichfalls entspannt.

Den redlich im Lande Verleibenden bläst die Wirtschaft den Marsch. Dies fällt ihr umso leichter, als Unternehmen sich auf Landesebene geneigte Ministerien aussuchen können. Wofür die Fugger einst Millionen verleihen mussten, reicht heute das bloße Versprechen auf Arbeitsplätze, dazu ein bisschen monetäre Landschaftspflege. Nach Belieben übt so die Wirtschaft Einfluss auf politische Entscheidungen aus, selbstverständlich auch in der Bildungspolitik.

Die ist zum Feigenblatt verkommen. Gepflegt wird in Deutschland ein Regierungsstil des Aussitzens – Schröders »ruhige Hand«, Merkels Schmollwinkel. Wer in die politische Sackgasse gerät, rudert nicht etwa zurück, sondern erklärt »mutig« seinen Rücktritt. Seit Roland Kochs (CDU) Rücktritt fällt immer mehr Landesvätern ein, dass Politik eigentlich nicht ihr Leben ist.

Nicht der Arbeitsplatzmangel an sich ist das Problem; er wird ohnedies kaum mehr bekämpft, nur noch verwaltet. Der Gebur-

tenknick, wie er in ein paar Jahren durchschlagen wird, soll es richten. Dann wird niemand sich »drücken« können vor jedweder Arbeit, denn die Alten werden, zu Minimalkonditionen, in die Rente entsorgt, während die Jungen, ebenfalls zu Minimalkonditionen, roboten dürfen – an Stellen, die nicht das Leben, sondern Politik und Wirtschaft für sie bestimmen.
Das Problem ist der Mangel an fair bezahlter Arbeit.
PISA, Bologna & Co. dienen bundesweit, europaweit als Popanze. Der Vergleichswettbewerb auf der einen sowie die Studiengleichmacherei auf der anderen Seite verfolgen den Hauptzweck, die Gesellschaften in noch größere Rivalität zu treiben: Wenn Menschen allein durch ihre Schul- und Berufsabschlüsse vergleichbar werden, braucht es Persönlichkeit und individuelle Fähigkeiten nicht mehr; die wirklich wichtigen Positionen werden fast ausschließlich durch Beziehungen vergeben.
Kalt ist es geworden in Europa. Autoritäre Systeme sind auf dem Vormarsch – wie könnte der Bereich Bildung da ausgespart bleiben?
Englands konservativ-liberale Regierung spart die sozial Schwachen kaputt, um die alten Herrschaftsstrukturen vor dem Abschmieren zu bewahren; als Trostpflaster gibt es eine royal-bürgerliche Traumhochzeit.
Im Dezember 2010 ließen spanische Behörden streikende Fluglotsen mit polizeilicher Gewalt an ihre Arbeitsplätze bringen – in Sachen Lohn- und Sozialpolitik lasse der Staat sich nicht »erpressen«.
Im Januar 2011 trat in Ungarn ein neues, pusztascharfes Mediengesetz in Kraft, das faktisch einer Zensur gleichkommt – im selben Monat trat das Land seine EU-Ratspräsidentschaft an.
Die Ungarn sind freilich nur Nachzügler. Wie man mit unliebsamen Medienvertretern umgeht, zeigen Silvio Berlusconi in Italien sowie Nicolas Sarkozy in Frankreich fast jeden Tag.

Viele deutsche Politiker sind kein Jota besser. Sosehr sie – in Wahlzeiten – den kritischen Bürger als willkommenen Wechselwähler beschwören, so sehr geht er ihnen auf die Nerven, falls er mal ernst macht mit der Kritik. Angesichts des brutalen Vorgehens der Polizei bei den Stuttgart-21-Demonstrationen gab es, parteienübergreifend, verdächtig wenig Widerworte: Wie soll denn das Land regierbar (= kontrollierbar) bleiben, wenn sich *die Bürger* in *demokratisch legitimierte* (= juristisch halbwegs wasserdichte) Entscheidungen einmischen? Mag sich der deutsche Fußballmichel noch so sehr über die FIFA-Entscheidung zugunsten des Wüstenlandes Katar (2022) ärgern, deutsche Politiker blicken mit Wohlwollen gen Persischen Golf – und mit einem Seufzen: Ach, könnte man doch ebenfalls nach Gutdünken Milliardenprojekte wie eine Fußball-WM entscheiden! Und könnte man, wie in Saudi-Arabien, in China, in den meisten asiatischen Staaten, aber auch in Polen, in Russland, in den meisten Ex-Sowjetrepubliken mit der Faust auf den Tisch hauen, und das Volk hielte die Klappe! Es gehe doch *lediglich* darum, dass Deutschland nicht den Anschluss verliert; deshalb soll die Bundeswehr künftig auch unseren Zugang zu wichtigen Rohstoffen »sichern«: Angriffskriege wie der gegen Afghanistan sind demnach als eine Art Manöver anzusehen, als militärische Einübung in den scharfen Schuss nach Rübezahls bald sieben Jahrzehnte währendem Tiefschlaf.

Ein Arbeiterjunge verheizt Sozial- und Bildungssystem

Im ersten Jahrzehnt des neuen Jahrtausends hat sich die Bundesrepublik nachhaltiger verändert als je zuvor, die Wiedervereinigung, unter verfassungsrechtlichen Gesichtspunkten betrachtet, eingerechnet. Das Sozialsystem wurde nicht etwa reformiert, es wurde demontiert. Gegen Helmut Kohl lässt sich allerhand sagen, doch nur in wenigen Fällen (zum Beispiel Gorbatschow-Goebbels-Vergleich) ist ihm der Vorwurf einer bedeutenderen Instinktlosigkeit zu machen. Zwei Dinge hätte Kohl sich kaum je herausgenommen, nämlich wie sein sozialdemokratischer Nachfolger, Gerhard Schröder, große Teile der eigenen Wählerschaft als »förderbedürftig« durch Hartz IV zu diffamieren und gleichzeitig den Spitzenverdienern die Einkommensteuer zu senken. Kein Wunder, dass »den Sozen« heute zehn Millionen Wähler fehlen.

Sodann Arbeitspolitik – wozu? Da gibt es eben welche, die haben Arbeit, aber die müssen sich halt ein wenig einschränken, ein wenig sehr sogar, weil »wir« nur mehr Vize-Exportweltmeister sind und »uns« ein weiteres Abrutschen nicht erlauben können. Mag es im Lande boomen oder nicht, die Löhne bleiben, wo sie sind, nämlich im Keller, und die Arbeitsverträge, die sind und bleiben befristet, so wie die Überstundenkonten weiterbestehen, damit *nicht noch mehr* Leute eingestellt werden müssen und Jobcenter und Qualifizierungsprogramme ihren Zweck nicht verlieren.

Ausländer-, Einwanderungs-, Integrationspolitik? Findet so gut wie nicht mehr statt. »Multikulti ist gescheitert«, höhnt es allenthalben; das hätten manche gern. Und es ist ja nicht zu übersehen: Fremde sind uns noch fremder geworden, von der Chance zum Problem. Türkischstämmige Bürger, in Deutschland geboren, fühlen sich nicht mehr sicher wie ehedem, mindestens nicht mehr geborgen. Vor unseren *afrikanischen* Grenzen schippern die Boat-People, deren Schicksal kaum jemanden rührt. (Bei *Markus Lanz* und *Kerner* saß noch niemand von ihnen.) Hitler sprach von »roten Horden«. Deutschland spricht von »Kopftuchmädchen«. »Der Muslim« ist der neue Russe – wie dringend wir ein Fach »Charakterkunde« bräuchten, wenigstens *Geschichte*.

Sodann die Geldpolitik, der Euro.

»Wir haben über unsere Verhältnisse gelebt«, bescheidet uns Angela Merkel knapp – und breitet der Finanzwirtschaft einen Rettungsschirm von der Größe beinah des doppelten Bundeshaushaltes aus: Wären im Herbst 2008 deutsche Großbanken pleitegegangen, wären auch die Barvermögen von Deutschlands Millionären und Milliardären bös gebeutelt worden; so viele Pollocks (»No. 5, 1948«, 140 Millionen Dollar) oder Picassos (»Nackte, grüne Blätter und Büste«, 106,5 Millionen Dollar) und Rubens (»Das Massaker der Unschuldigen«, 76,5 Millionen Dollar) gibt es gar nicht. Und seit nun ganzen Volkswirtschaften (Griechenland, Irland, Portugal) die Luft ausgeht und der Euro in Verruf und ins Schwanken gerät, wird eben alles, was in deutscher Nachbarschaft liegt, gleich mitgerettet: Die Welt ist nicht genug.

Die Kanzlerin zieht die Spendierhosen nicht aus, aber Bildung und Berufseinstieg wird für immer mehr junge Menschen zu einem Fallschirm mit durchgeschnittenen Leinen: *Runter kommen sie immer.*

Die Frage, weshalb die Banane krumm ist, hat die EU schon lange beantwortet, indem sie diese, nach ihren schrägen Normen, kurzerhand gerade biegen ließ. Zack, eine Verordnung; peng, so wird's gemacht. Europa zum Diktat: Nichts auf dem Kontinent, was Brüssel nicht deichseln würde. Jedes europäische Land hat sich in den letzten Jahren »modernisiert«. Die heikelsten Themen dürfen die Mitgliedsländer gerade noch selbst zur Chefsache erklären. Dann haben die jeweiligen Minister die Eselskappe. Seit Helmut Kohl wird ein Thema garantiert nicht mehr entschieden, sobald es den Titel »Chefsache« trägt.

Bildung ist Ländersache, der Mensch Nebensache

Bildung, Schule, Universitäten – ohne Aktendeckel auf dem Kanzlerschreibtisch passiert da nichts. Die Bundesrepublik schleppt sich im Fünfjahres-Rhythmus von einem Mauerfall-Jubiläum zur nächsten Gründungs-Sause. Zeitungen und Fernsehsender lassen Weihrauch wallen: Auf unsere Demokratie ist Verlass! Schäuble, Koch, Seehofer, Westerwelle – wie gern schrauben sie am Grundgesetz herum. Aber der Kollegin Schavan würde es im Traum nicht einfallen, auf Länderebene den Mund aufzumachen: Freunde, bevor ich demnächst in Pension gehe und bevor auch ihr euren Wanderpokal weiterreicht – einmal wenigstens müssen wir renovieren. Vergesst die Wandfarbe. Der Bulldozer steht draußen.

Nicht einmal die *Möglichkeit* einer Zusammenlegung der 16 Länderkompetenzen zu einer Stimme im Bund wird diskutiert. Was in Bundestag und Bundesrat funktioniert, wenn auch nur mit dem üblichen Gemauschel, gilt in Bildungsfragen als schlichtweg unmöglich. Der Bundesbürger ist eben zuvorderst ein Landeskind. Bei seiner regionalen Aufzucht bedarf es folglich der regionalen Aufsicht, der Schulaufsicht. Die Landesmajestäten verteidigen ihre Bildungshoheit mit Zähnen und Klauen. Mir san mir: Der Schwabe soll gefälligst sein Spätzle-Abi bauen, der Bayer sein schweinernes; der Sachse paukt für Leipziger Allerlei oder Dresdner Christstollen; dem Hamburger ist Lernen ohne Snuten un Poten* strengstens verboten.

Bildung nach regionaler Fasson für Menschen unter globalisiertem Diktat, anders kann es gar nicht sein, soll die Erinnerung an die deutschen Fürsten- und Königtümer nicht doch noch verloren gehen. Kern der *Agenda 2020* in Sachen Bildung ist ohnehin ein

---

* Plattdeutsch: »Schnauzen und Pfoten«; gepökeltes Schweinefleisch mit Sauerkraut, Erbsenpüree und scharfem Senf.

anderer: Wieso eines der letzten großen Geldschürfvorkommen nicht endlich auch der Privatwirtschaft zugänglich machen? Toll-Collect als Education-Collect, Schwarzfahrer runter von der Bildungsautobahn?

Eine neue Vision: Privatisieren wir Bildung, im ganz großen Stil. Schluss mit dem bisschen Nachhilfe hier, dem bisschen Privatunterricht da. Jetzt, wo den Bürgern hinreichend vermittelt wurde, was ihnen ohne »genügend« Bildung blüht, darf der Markt als vorbereitet gelten. Der Rest ist Marketing, Logistik, Qualitätskontrolle durch Eigenzertifizierung. Vorbild Gesundheitsversorgung: Dort kriegt man ebenfalls nur das, wofür man – extra, extra – bezahlen kann. Lesen, Schreiben, Rechnen, gut. Dafür wird es immer reichen. Wer mehr für seine Kinder will, das Beste, der muss mehr dafür *tun*. Warum sollte sich nicht auch der Begriff der sozialen Gerechtigkeit nach dem Vorbild des Maulkorbs namens *political correctness* umdefinieren lassen: Soziale Gerechtigkeit ist, wenn jeder seinem Kind die beste Schulbetreuung erschwingen kann, damit kein Kind – sprich: keines zahlungskräftiger Eltern – zurückbleibt. Die nunmehr wiedererstarkten deutschen Banken helfen, wo nötig, gern mit Krediten und anderen Finanzierungsinstrumenten.

Die »grüne« Weissagung der Cree ist auch eine Weissagung der Schwarz-Rot-Gelben: Erst wenn das letzte Stipendium vergeben, der letzte Arbeitsplatz besetzt, der letzte Sitzplatz im Jobcenter besetzt ist, werdet ihr merken, dass man Bildung nicht gratis haben kann, howgh!

Nicht zuletzt deshalb hat sich die Politik so sehr erschreckt über die »Wutbürger«: Wenn die schon wegen eines blöden Großbahnhofes derart loslegen, wie erst, wenn wir ihnen mit unseren *richtigen* Großprojekten kommen?

Der aus den einst um ihn gezogenen Sozialreservaten verscheuchte Bürger sieht sich ausgewildert. Keine Futtertröge mehr, wie sie

ihn einmal ruhig und zutraulich gemacht haben. Kein Schutz mehr vor kalten, nassen Tagen. Statt werbender Gurr- und Locklaute der Politiker nur Tritte und Steinwürfe: Spätrömisch-Dekadente, fort mit euch! Nun, dann möchte man zumindest die Vorzüge dieser Lebensform genießen: Um nicht vom Jäger, wie er durch den Wald reitet, als Freiwild geschossen zu werden, muss man ihm ausweichen lernen. Muss juristische, verfassungsrechtliche Haken schlagen, wo der Staat seine Staatsrechtler aufmarschieren lässt. Muss die Zähne blecken, die Krallen ausfahren, sich auf die Hinterbeine stellen, sein Revier verteidigen.
Oder auf und davon laufen, wenn nichts mehr gewiss sein soll.
Denn Sicherheit durch Bildung?
Eine Illusion, nicht nur in Deutschland. Den größten Teil der »Generation Praktikum« haben Politik und Wirtschaft bereits als Fehlfarben abgeschrieben. Der Rest dient als menschliche Resterampe: Leute, geht uns nicht auf die Nerven! Wir können euch hier nicht gebrauchen, nicht jetzt. Kommt *später* wieder. Lest ein paar Zeitschriften. Macht auf Künstler. Lasst euch von Dieter Bohlen als Superstars casten. Schreibt Sachbücher. Lernt noch ein bisschen was und bildet, qualifiziert euch. Das kann euch später keiner nehmen, aber dafür gibt euch auch keiner was – wir jedenfalls nicht. Also, tut was, aber verhaltet euch ruhig: Wer hat die Klassenaufsicht?
Zugunsten einer selbsternannten Bildungselite, in die sich die Söhne und Töchter einer Pariakaste teilen, macht die Allianz aus Politik und Wirtschaft »ihre« Menschen zu IDIOTEN. Schon deshalb fehlt es der Politik am Willen, den Bürgern die Wahrheit zu sagen: Der deutsche Arbeitsmarkt ist krankgeschrumpft worden, das Gros der »einfachen« Arbeitsplätze wurde nach China, nach Asien, in den Osten Europas exportiert. Nun rücken allmählich die Spitzenjobs dorthin, um vor Ort all die schönen deutschen Entwicklungen produzieren zu helfen, die sich hierzulande nur

noch wenige leisten können; und damit die *Inlandsbilanzen* stimmen, mussten die Löhne und Arbeitsbedingungen auf 1970er-Jahre-Niveau heruntergedreht werden.

Damit ist aber zugleich die viele Jahrzehnte gültige Übereinkunft zwischen Vater Staat und seinen Untertanen aufgekündigt: Kinder und Jugendliche unterliegen weiterhin der Schulpflicht, werden weiterhin von ihren Eltern über die gesamte Prägungsphase hinweg staatlicher Obhut überantwortet, doch der Staat sorgt nicht länger dafür, dass anschließend ein jeder, seinen Fähigkeiten entsprechend, in »Lohn und Brot« gesetzt wird.

Bund und Länder bauen das Bildungssystem um, verwenden dazu jedoch die alten groben Backsteine. Jeder Ministerpräsident, jeder Bildungsminister darf sich austoben. Die Kanzlerin wird wissen, wie man so was macht, dem Volk immer neue Fünfjahrespläne unterjubeln. Die Schulpflicht aber besteht also fort und fort, nur die bisherige »Arbeitsplatzgarantie« ist klammheimlich dahin: Maul halten, mittun, wonnig leben – das war einmal. Heute gibt es Stress und Leistungsdruck für alle, wirkliche Förderung indes nur für wenige. Das bedeutet teure Privatschulen für die Kinder des Großbürgertums und, zwangsläufig, eine karge Wissensgrundsicherung für die Kinder der Nichtbegüterten.

Zwei simple Zahlen belegen die Spaltung der Gesellschaft: 83 Prozent der Kinder aus Akademikerhaushalten studieren, bei den Arbeitern sind es gerade einmal 23 Prozent. Und selbst dieses knappe Viertel hat zu kämpfen, später auch nur leidlich bezahlte Arbeit zu finden. Bund und Länder züchten förmlich »Minderleister«, um so die Reste der Ständegesellschaft selbst in rezessiven Zeiten zu protegieren. So wird unter den Lernenden ein künstlicher Leistungs- und Prüfungsdruck erzeugt, das zynische Prinzip vom »Fordern und Fördern« selbst auf die Jüngsten, auf die Kinder, heruntergebrochen. Der Trick ist so simpel wie perfide: Man erhöhe die Menge von Lehrstoff und -tempo, verkürze indes gleichzeitig Schul- und Studienzeit. Das Ergebnis sind massenhaft gestresste Schüler, entnervte Lehrer und besorgte Eltern, während die »Elite« sich schlicht bessere Schulen leistet.

Wer hat, dem wird gegeben; wer nichts hat, bleibt »dumm«

Lautstark fordert die Oberschicht Milliardenförderung für immer neue »Exzellenz«-Offensiven. »Es gibt kein gerechteres Kriterium als Leistung«, behauptet denn auch Bundesbildungsministerin Annette Schavan kühl. Nur – Leistung muss man sich leisten können. Nicht Aids, nicht Krebs, sondern Armut ist die schlimmste Krankheit, die den Menschen befallen kann, zumeist schon bei der Geburt, selbstverständlich nicht nur in Deutschland. Ihr ließe sich beikommen, ohne weiteres, aber seit Schröder und Merkel die Armut zur Pest erklärt haben, mithin für schicksalsgegeben und unheilbar, und seit sich die von ihnen panisch gemachte Mittelschicht auf die »Unterschicht«, das »Prekariat«, eingeschossen hat, gilt: Wir leisten uns einen zweifelhaften Luxus. Wir leisten es uns, Millionen junger Menschen von Bildungserwerb beziehungsweise Bildungsausübung auszuschließen, damit – letztendlich – ein paar wenige Konzerne weiterhin die Hand auf allem haben, sie und ihre Aktionäre. Niemand hat die Absicht, eine Bildungsmauer zu errichten, beteuern dieselben Politiker, die so gern von »Bildungsferne« fabulieren: Arbeitslose sind eben nur deshalb arbeitslos, weil sie nicht beizeiten ihre Qualifikation erhöht haben. Bildung hätte helfen können, Bildung wird auch künftig helfen – fertig ist die Lebenslüge.
Dabei benötigt schon heute jeder vierte deutsche Schüler Nachhilfeunterricht (Jahreskosten: 1,5 Milliarden Euro). Wer den nicht bezahlen oder trotzdem nicht mithalten kann, darf sich sein Ar-

mutszeugnis gleich selbst ausstellen: Zur Teilnahme an einem wirtschaftlich einigermaßen gesicherten Leben nicht oder nur bedingt geeignet. Ab ins Jobcenter oder zum Zeitarbeiterverleih.
Was »Wertepäpste« wie der Ex-Schloss-Salem-Leiter Bernhard Bueb und Konsorten vor lauter »Lob der Disziplin« und der »Pflicht zu führen« übersehen: Unsere Jugend leidet nicht an zu wenig, sondern an zu viel Gehorsam. Das Mantra des wettbewerbsorientierten Lernens hat sie gründlich, wenngleich leider vergebens verinnerlicht. PISA und Bologna schaffen keinen einzigen neuen Arbeitsplatz, das müsste die hochgebildete Wirtschafts- und Politikerelite leisten. Nur traut sich das kein Pädagoge, kein Kultusminister, keine Bildungsministerin und schon gar nicht die Kanzlerin zu sagen: Persönlichkeits- und Charakterentwicklung, Gemeinschaftssinn, Freude am Lernen und überhaupt am Leben, all das ist in den neuen Bildungsstandards nicht vorgesehen.
Die Folge sind gleichzeitig *über*- wie *unter*forderte Schüler, angetrieben von verunsicherten Eltern. *Nun mach mal, du kannst doch – oder willst du etwa nicht?* Alle wollen sie nur das Beste für ihren Nachwuchs, alle fallen sie auf die trügerische Gleichung »mehr Bildung = mehr Zukunft« herein. So macht der Staat sie erst zu Komplizen und dann gleichfalls zu Opfern seiner verkorksten Bildungspolitik: Rot-Grün hat mit seiner Agenda 2010 den Arbeitsmarkt untergepflügt, nun gibt Schwarz-Gelb dem Bildungswesen den Rest. Bildung, ein Unterlassungsdelikt. Deutschland wird von der Stände- zur Zweiklassengesellschaft umstrukturiert: Sahne für einige wenige, ein paar Tropfen saure Milch für den großen Rest. Mehr denn je bestimmen Privilegierte, wer in diesem Land etwas wird oder nicht. So wird die Bildungskrise zur Krise für die Demokratie.
Nur noch ein paar Jahre. Nur noch ein paar Jahre muss sich die Politik durchs demographische Jammertal schleppen. Zu viele

Arbeitslose, zu viele Schulabsolventen, zu viele Studenten, zu wenige Jobs. Erst wenn die geschrumpften Geburtenjahrgänge aus der Zeit kurz vor und nach der Jahrtausendwende auf den Arbeitsmarkt drängen, scheint Erlösung in Sicht. Jede der zerzausten Volksparteien wird dann von sich behaupten, gleich mehrere Probleme auf einen Streich gelöst zu haben: die Ausbildungsqualität an Schulen und Universitäten, die Jugendarbeitslosigkeit (inklusive Jugendkrimininalität und Drogenmissbrauch), die Arbeitslosigkeit im Allgemeinen, das Rentnerproblem im Besonderen.

So bildet sich die Leistungskette: Glück statt Geschick, Zufälle statt Einfälle. Und natürlich Einbildung statt Bildung: eine Karriere als Anwalt, Ärztin, Chefredakteur? Bleib cool, ich habe die richtige Connection für dich. Förderer. Freunde. Vordenker. Besorg dir die nötigen Stempel, dies bisschen Papier, und ab geht's. Erfolg durch Protektion statt Bildung. Hält ein Leben lang, garantiert.

Für die einen sind die Weichen bereits gestellt, und wenn sie noch so viele Klausuren vermasseln. Auf die vielen anderen aber wartet das Abstellgleis.

Die Demographie also soll den Politikern die Pfründe retten. Nur sie allein kann das, weil Politiker in diesem Land nicht mehr viel geregelt kriegen. Die paar hunderttausend Stänkerer jeweils, ob Stuttgart 21, ob Castor-Transporte, ob Anti-AKW-Demonstrationen, die werden ausgesessen, die »Wutbürger« weggeschlichtet. Macherwerb und Machterhalt ohne besonderes eigenes Zutun, das erinnert die Regierenden von heute glatt an ihre eigene Schulzeit. Damals, im Osten, oder damals, im Westen, es war doch überall das Gleiche: sich irgendwie durchmogeln. Einer schreibt vom anderen ab. Spicken statt selber lernen, eingeflüstert kriegen oder vorsagen. Lehrer ablenken, sie anflirten, anflehen. Auf den Gong warten, einen Zufall, ein Wunder.

Auf Apophis, den Todesasteroiden.

Oder auf die Wiederkehr von Gewissen in der Politik.

We don't need no education:
Wer »Bildung« sät,
wird Hartz IV ernten

> Kompetenz und Inkompetenz bestehen immer nebeneinander. Der technische Ausdruck hierfür ist Fließgleichgewicht. Zwischen den Gegensätzen entsteht eine Art Balance: Wenn die Inkompetenz steigt und die Busse nicht fahren, kommt es zu einer Reaktion. Unter dem Druck der Fahrgäste nimmt die Kompetenz dann wieder zu, die Busse kommen pünktlicher, und irgendwann ist ein solcher Grad an Perfektion erreicht, dass die Anstrengung nachlässt. Man sollte Exzesse der Vollkommenheit vermeiden.
>
> *Der Schriftsteller Hans Magnus Enzensberger*
> 2010 *im* Zeit-Magazin

> Fast jeder kommt als Genie auf die Welt und wird als Idiot begraben.
>
> *Charles Bukowski*

Wie ungeduldig die Menschen sind: diese Schüler, diese Eltern. Schule beginnt in der ersten Klasse und endet mit dem Abschlusszeugnis – was gibt es da zu beschleunigen, was soll man daran groß verändern? Gut, man kann mal *für ein paar Jahre* eine ganze Gymnasialstufe weglassen, dann habt ihr es euch selbst zuzuschreiben, wenn's am Ende heftig wird. Die Politik legt sich doch für euch ins Zeug, 16 Bundesländer zur gleichen Zeit.

Ein Vergleich: Beim Jonglieren mit Keulen steht der Weltrekord bei neun Stück, mit Bällen bei zwölf, mit Ringen bei 13.

Die Bundesregierung jongliert bei ihren Entscheidungen mit 16 Bundesländern, und sie hat es beileibe nicht nur mit *eurer* Bildung zu tun.

Wie Bildung in Deutschland und Schule vor Ort läuft, passt euch nicht? Wer glaubt ihr, wer ihr seid? Das französische Volk gegen die Herrschaft Ludwigs XVI.? Das rumänische Volk gegen die Herrschaft Ceaușescus? Das portugiesische Volk gegen Salazar? Das ukrainische Volk gegen Janukowytsch? Das tunesische Volk gegen die Herrschaft Ben Alis? Das ägyptische Volk gegen Mubarak?

Ach so, wie das ostdeutsche Volk gegen Honecker, glaubt ihr, wie einst gegen die DDR und ihre lebenslange Bevormundung – könnt ihr nicht ein *bisschen* warten?

Deutschlands Schüler und ihre Eltern können nicht warten.

Angela Merkels »Es gibt keine Alternative« gilt immer nur für Banken und die Einheitswährung, nicht für Schulen und das Volk der Einheit. Schülern kommt man mit dem Spruch »Was du heute kannst besorgen …«. Wer dagegen im Lande mit Bildungspolitik betraut ist, lässt sich Zeit und findet tausend Alternativen: *In Bayern machen wir das eben anders als in Hamburg, aber wir sind Sachsen schon viel näher gekommen. Außerdem treffen sich bald alle Kollegen zur Bildungsministerkonferenz.*

Im Gang der Schildkröte geht es durch den Wechsel der Jahreszeiten, nicht ein einziges Fröschlein will einen Sprung wagen. Ist ein Schuljahr zu Ende, fängt eben das nächste an, danach wieder ein neues und so weiter. Die Kultusminister kommen und gehen, aber keiner von ihnen hätte je das Land von »Bildung« befreit.

Dabei wissen alle, was gespielt wird und wo es hakt: Zu viele Häuptlinge haben wir, und in den Reservaten murren die Insassen.

Lasst sie murren, denken die zu vielen Häuptlinge. Die Legislaturperiode eines Bundeslandes dauert fünf Jahre, in Bremen und Hamburg jeweils vier, viel Zeit für Politik, wenig Zeit für die Inhaber des Bildungsressorts. Man kann in Mainz eingeschult werden, dort aufs Gymnasium wechseln, in Frankfurt studieren, und inzwischen haben sich drei, vier, fünf Minister die Klinke in die Hand gegeben. Ansonsten haben sie nichts in die Hand genommen, jedenfalls nichts von Bedeutung. Sie haben sich nicht an einen großen Tisch gesetzt und gesagt: *Wir gehen hier nicht weg, bis wir dem verdammten Ding seine uralten Konstruktionsfehler ausgetrieben haben.*

Bildung in Deutschland ist wie der Autokauf bei einem sprachfixen Händler: Nein, dieser hier habe kein ESP, das brauche er auch nicht unbedingt; seine Autos seien sicher! Überhaupt, Stabilitätskontrolle werde erst im Herbst Vorschrift, aber teurer werde es dann auch. *Nehmen Sie den, der hat schöne Sitzbezüge und einen Rundum-Zierstreifen. Und die Zinsen sind gerade besonders günstig.*

Die Zeit vergeht, aus Kindern werden Schüler, eventuell Studenten, dann Berufseinsteiger – vielleicht. Aber sonst, in der Bildung?

Nichts ändert sich. Wie kommt es, dass schon unsere Eltern nicht glücklich waren in der Schule und mit der Schule, wir ebenso wenig, geschweige denn unsere Kinder es sind? Wir erwarten keine Ganzjahres-Kindergeburtstage; Schule muss nicht Spaß machen. Aber Freude muss sie machen, unbedingt. Schule braucht nicht Genies zu züchten, verhindern soll sie sie allerdings auch nicht. Nicht möglichst viele Einserschüler zu produzieren darf ihr Ziel sein; möglichst viele *neugierige, selbstbewusste* Schüler muss sie hervorbringen, die wollen dann von selbst lernen, für den Rest ihres Lebens; da braucht sie niemand zur Dauerqualifizierung aufzurufen. Nicht gehetzte, »verschulte« Studenten erfinden uns die Welt neu; forsche Forscher sind es, die das tun, gleich auf welchem Gebiet.

Wieso scheitern Bildungsminister immer an demselben »Problem«, nämlich ihre vieltausendseitigen Bedienungsanleitungen in den Papierkorb zu schmeißen und Bildung nach ein paar weni-

gen Regeln zu gestalten? Wenn bei Prüfungen der Gong ertönt, ist Schluss: Arbeiten abgeben!
Die Damen und Herren der Bildung machen einfach weiter, ohne Ergebnis.
Wenn Jongleure mit ihren vielen Keulen, Bällen und Ringen nur für einen Moment anderes im Sinn haben als ihre Wurfgegenstände, wird es nichts mit dem Weltrekord, nicht einmal mit der nächsten ausverkauften Vorstellung. Die deutsche Bildungspolitik hingegen leistet sich das teuerste »mañana«: Sie wirft höchstens mal einen Ball in die Luft und wartet dann ab, was passiert. Sie verzögert und verschiebt die wichtigen Bildungsveränderungen um Jahr und Tag:

- Wir brauchen endlich ein einheitliches, Gemeinschaft und Zusammenhalt gewährleistendes Schulsystem. Schluss mit der eitlen, teuren und ineffektiven Vielstaaterei auf Kosten heutiger und künftiger Generationen. Die Bundesländer müssen nicht gleich die Föderation abschaffen. Sie brauchen sich »nur« auf einheitliche Bildungsstandards und ihre Benotung (wenn's denn sein muss) zu einigen.
- Bildung darf nicht noch mehr »privat« werden. Bund und Länder müssen *jede* Anstrengung unternehmen, damit Chancengleichheit im Schulalltag hergestellt wird. Zu wenig Mittel für mehr und besser ausgebildetes Personal? In einem derart durchökonomisierten Land wie der Bundesrepublik ist das keine Ausrede, sondern eine Schande: Rettet eine Bank weniger, und die Rettung der Bildung ist locker drin.
- Macht Platz an den Futtertrögen: Nicht die Herkunft der Absolventen soll entscheiden, wer die besten Arbeitsplätze kriegt, einzig die Qualifikation muss den Ausschlag geben. Hört auf, das Land zur Erbmonarchie des Geldadels zu machen, sonst verlieren wir es *alle*.

- Nehmt den Fuß vom Gas, schleunigst. Was soll das alberne Gehetze, durch das ihr »den Anschluss an die Weltwirtschaft« zu halten glaubt? Wie ein gutes Nachrichtenmagazin müssen wir unsere Themen selbst setzen, nicht anderen nacheifern. Ein Schuljahr mehr oder weniger macht nicht nur einen Unterschied, es kann für viele den Ausschlag geben.
- Entschlackt die Lehrpläne, die »Standards«. Niemand von euch Bildungsexperten – der Autor behauptet: *kein einziger* – hat je für längere Zeit in einem »richtigen« Beruf gearbeitet, mit Händen und Füßen etwas produziert. Soll heißen: Was die vertüftelte deutsche Bildungsmaschine zustande bringt, ist geistiger Fertigschmeck. Was daran »schmeckt«, sind künstliche Aromastoffe, die Bildung nur vorgaukeln: künstliche Exzellenz (die besten Noten), künstliche Qualifikation (der beste Abschluss), künstliche »bessere« Berufschancen. (Warum stehen Frauen bis heute keinen »Lenkungsausschüssen« vor, warum können sie nicht Chefredakteurinnen werden bei *Spiegel, Stern, Bild* & Co.?)
- Mit »gesunder« Ernährung für Herz und Hirn haben eure Vorstellungen von Deutsch, Mathe, Naturwissenschaften (und übrigens auch Geschichte) das wenigste zu tun. Statt noch mehr abfrag- und bewertbaren Wissens brauchen wir mehr Gelegenheiten für Staunen und Erkennen, für Begeisterung und nicht zuletzt für Zweifel.

Wir brauchen außerdem mehr Raum für Muße im Unterricht, für lernzweckfreie Gespräche. Wir brauchen Geduld. Vor allem brauchen wir mehr guten Willen und wirkliche Ergebnisse.
»Bildung« allein reicht nicht, denn sie schafft nur noch mehr IDIOTEN. »Bildung« ist ein gefährlicher Irrtum, denn sie wiegt die IDIOTEN in Sicherheit.
»Bildung« – nur ein Irrtum?

Eine Schülerhymne und die Folgen

Es war das Missverständnis des Jahres, wenn nicht des Jahrzehnts.

Im November 1979 veröffentlichte die britische Rockbank Pink Floyd ihr Konzeptalbum *The Wall,* das von dem Sänger und Bassisten Roger Waters überwiegend allein geschrieben worden war. Innerhalb weniger Wochen wurde die Singleauskopplung *Another Brick in the Wall (Part 2)* weltweit zum Hit, zur Schülerhymne.

Bereits die erste Verszeile klang herrlich nach Anarchie: *We don't need no education.* Die vermeintliche Totalabsage an jede Form von Unterricht wurde, nicht nur im deutschen Sprachraum, eins zu eins verstanden als »Wir brauchen keine *Erziehung*« – Roger Waters hatte eine Doppelsinnigkeit vertont: Um die Mehrfachbedeutung des englischen Begriffs »education« zu übersetzen, bedarf es ein wenig von dessen *ebenfalls* gemeintem Inhalt, nämlich *Bildung.* Schon die doppelte Verneinung als grammatikalische Unkorrektheit (»We *don't* need *no* ...«) verkehrt die Aussage ironisierend ins Gegenteil: Siehst du, wir *brauchen* Bildung.

Um diese Doppelbödigkeit ging es Waters, geht es ihm bis heute, mehr als 30 Jahre nach dem Welterfolg. Bewusst hatte er damals die anklagenden Zeilen von einem Londoner Schülerchor einsingen lassen. Im Slang des nördlichen Stadtteils Islington klingt der Ruf nach Paukerverzicht noch mehr nach Hohn. Derb artikulierende Schüler fordern von ihren Lehrern, »die Kinder in Frieden« zu lassen: *Hey teachers, leave them kids alone.* Wenn Bildung nur um den Preis von Herabwürdigung, als *dark sarkasm in the class room,* und von *thought control,* Gedankenkontrolle, zu haben sei, verzichte man lieber auf ihre Weihen.

Die Musik: ein für Pink Floyd unüblich simpler Bum-tschak-Rhythmus von Nick Mason, eine discohafte Stakkato-Gitarre von

David Gilmour und eine zweite, düster verzerrte im Hintergrund, ein Bass-Riff, monoton wie Frontalunterricht, und darüber die raunende Stimme von Roger Waters: *All in all it's just another brick in the wall.*

Alles in allem sind Schule und Lehrer nur ein weiterer Stein in der Mauer – jener Mauer, die den Menschen von Kindesbeinen an umgibt, die mit den Jahren immer höher wächst und ihn zuletzt in Frust, Komplexen und Selbsthass einschließt. Wir brauchen keine »Erziehung«, keine »Bildung« – ein Rocksong als subversiver Appell an kindlich-jugendliche Rebellen: Lasst euch nichts gefallen, kämpft! Verliert ihr diesen Kampf *jetzt,* verliert ihr ihn für den Rest eures Lebens!

»Bildung« ist die Ohrfeige ins Gesicht jener, die sich richtige Bildung nicht leisten können – und es auch nicht sollen. Selbst für hochgebildete Menschen klappt es ja immer seltener mit der ersehnten, von Staat und Wirtschaft als so verlockend in Aussicht gestellten Karriere. Mal fehlt am Ende ein Abschluss hier oder »ausreichend« Berufserfahrung da; mal ist es das Alter (zu jung, zu alt), mal die Qualifikation (»Sie sind überqualifiziert«).

Dann sind da die vielen Mitbewerber um ein und dieselbe Position; Menschen, die sich »notfalls« mit einem Tausender pro Monat weniger zufriedengeben, trotz des erwarteten Einsatzes für die Firma rund um die Uhr. Es gibt keine Jobgarantie, dennoch tut »Bildung« so, als gäbe es sie.

»Bildung« steht synonym für beruflichen Aufstieg.

Sprachen, Mathematik, Naturwissenschaften – das bringt euch voran.

Malen, Musizieren, Nachdenken, *Kultur* – alles schön und gut, aber lässt sich damit Geld verdienen? Der Arzt, der Jurist, der Techniker, der Wissenschaftler – *das* sind Berufe, dazu braucht man »Bildung«. Philosophie, Germanistik, Anthropologie. Was kann man damit werden – *Lehrer?*

»Bildung« steht synonym für »systemrelevant« . Du erscheinst uns wichtig, zumindest bedeutsam, eins weiter. Du – wir sind leider schon komplett: *Der Triangelspieler im Orchester hat bei dieser Sinfonie exakt vier Einsätze, wir haben mitgezählt. Warum macht er sein »ting-ting« nicht gleich zu Anfang und geht dann nach Hause; ist der Mann nicht verzichtbar? Und der ganz vorn, auf dem Podest, der spielt nicht mal ein Instrument, hat auch das* Stück *nicht komponiert, wozu überhaupt Dirigenten? Theoretische Bedeutungszusammenhänge, komplexe Wahrnehmungsweisen – Vorfahrt haben die produktiven Berufe.*
Wir müssen schließlich Geld verdienen.

Ein Bildungs-Forderungskatalog für die nächsten hundert Tage

Nichts hat Hartz IV bewirkt, außer das Land zu verheeren. Endgültig wurden die Bürger zu IDIOTEN gemacht.
Mit den umstrittensten »Sozialreformen« aller Zeiten haben die vormaligen SPD-Granden ihre Partei genauso verraten wie – potenziell – jeden einzelnen Bürger Deutschlands. Gerhard Schröder, Wolfgang Clement, Frank-Walter Steinmeier und Franz Müntefering, nicht zu vergessen die dienstfertigen Abnicker von den Bündnis-Grünen, Jürgen Trittin und Joschka Fischer, gleichfalls die »konservativen« Abnicker von CDU und CSU, Angela Merkel und Edmund Stoiber. Sie alle, parteienübergreifend, haben ja gesagt zu Hartz IV. Sie alle machten auch die Bundeswehr zum Südasien-Korps und schickten Tausende »Bürger in Uniform« nach Afghanistan. Sie alle gehen nicht in Sack und Asche; keiner spricht von »Fehler«, niemand zeigt Reue. Sie haben ihre Zukunft hinter sich gelassen.
Die IDIOTEN MADE IN GERMANY haben sie noch vor sich.

1998 macht die von Helmut Kohl mal als »rote Traktatehändler« bezeichnete Bertelsmann Stiftung dem Gespann Schröder/Fischer ein Geschenk. Ein ziemlich rabenschwarzes Geschenk; Kanzler und Vizekanzler erhalten zum Amtsantritt, neben den üblichen Honneurs, ein Konzept, das den reichlich anmaßenden Titel *Wirtschaftspolitischer Forderungskatalog für die ersten hundert Tage der Regierung* trägt. Mit dem Rückenwind ihres stürmischen Wahlsieges, heißt es darin, solle Rot-Grün mittelfristig die Sozialsysteme reformieren, sie der bedrohlichen Kassenlage wegen noch wirtschaftsfreundlicher gestalten; zugunsten von mehr »privater Initiative« müsse der Staat die Alimentierung von Arbeitslosen und sozial Schwachen drastisch zurückfahren, ihnen aber gleichzeitig, mithilfe eines Pflichteninstrumentariums, mehr Antrieb verleihen, sich selbst zu helfen (»Fordern und Fördern«) – und wer sich nicht selbst helfen wolle, müsse sich eben, auf finanziell niedrigstem Niveau, zu bescheiden lernen.

Nie zuvor hat sich das milliardenschwere Unternehmerehepaar Reinhard und Liz Mohn zu mehr Hochmut verstiegen als mit jenem »Forderungskatalog«. Dabei umfasst dieser, der Titel droht es an, nur *die ersten hundert Tage*. Ungewählt und doch bestallt, nicht im Parlament und dennoch am Drücker: Die Bertelsmann Stiftung hat ein bisschen nachgedacht, und Schröder und Fischer zahlen ein bisschen zurück: Danke – für die freundliche Unterstützung der Bertelsmann-Medien im Wahlkampf?

Weniger Armut und gerechte(re) Verteilung der Einkommen verhieß die gleiche Bundesregierung ein paar Jahre später den Bürgern. Aus der Verheißung wurde eine ganz andere Realität, eine regelrechte Sozial-Apokalypse: Mehr Armut als je zuvor gibt es heute im »reichen« Deutschland, mehr Zurücksetzung, ja Diffamierung (»Prekariat«), mehr Druck auf die in ihren Rechten (zum Beispiel Kündigungsschutz) beschnittenen Erwerbstätigen, es gibt auf Tiefststände gedrückte Löhne, dafür mehr unbezahlte

Überstunden als je zuvor, mehr Zeitarbeit, mehr befristete Arbeitsverträge, mehr unbezahlte Praktika, die De-facto-Zwangsarbeit namens Ein-Euro-Job. Das ist die Gesellschaft, für die gegenwärtig Schulen und Universitäten den Nachwuchs zurechtbilden, zurechtbiegen. Mit Hartz IV haben die zustimmenden Parteien den Sozialstaat umgedreht, ihn zum Gegner der Bürger gemacht, zum Inbegriff von Zukunftsangst und Willkür.

Im Kalten Krieg konnte man »den Russen« (oder, von der anderen Seite aus, »die Imperialisten«) förmlich anrücken sehen. Aber eine Agenda? Wer ist das, wer soll das sein, wer vergreift sich da an uns und unseren Kindern? Ein von Putin angeworbener, also gekaufter Ex-Kanzler? Sein heute *noch mehr* Wirtschaftsinteressen verschriebener Ex-Vize?

»Privatleute«, Unternehmer – die Bertelsmann Stiftung und ihre »Strategy Consultants« von Roland Berger?

Die Rabenväter und -mütter der Agenda 2010 ficht das nicht an. Schröder, Kompagnon und Konsorten nicht, weil sie alle längst ihre Pensionen verzehren und ihnen der Mitgliederschwund (400 000 Austritte seit 1998) sowie elf Millionen verlorene Wähler schnurz sind; Schwarz-Gelb nicht, weil ja die jetzige Regierungskoalition die »Vorteile« des Desasters in vollem Umfang geerbt hat: »Aufschwung«! Die Kanzlerin regiert eine gedrückte, verängstigte Arbeiterschaft, eine in ihren Forderungen zur Räson gebrachte Mittelschicht, insgesamt: eine mithilfe geschickter Medienbeeinflussung gegen sieben Millionen Menschen – Empfänger von »Transferleistungen« – aufgehetzte Bevölkerung.

In einem solch negativen Klima kann man von Bildung nicht anders sprechen als von »Bildung«.

Last man standing Sigmar Gabriel (SPD) und seine ihm aus Nordrhein-Westfalen zuhilfe gespülte Parteivizin Hannelore Kraft sind nicht zu beneiden. Wie die jüngste Vergangenheit nicht verleugnen und trotzdem den Pestgeruch von Hartz IV loswerden? Wie vor alten und neuen Genossen drumherumreden, dass Schröder seinerzeit nicht nur den Bossen den Gerd gemacht hat, sondern gar schwärzer gehandelt hat, als CDU/CSU es sich kaum je getraut hätten?*

Die Agenda 2010 beziehungsweise Hartz IV haben nicht allein die Gegenwart der Bundesrepublik entscheidend verändert. In kaum geahntem Maß beeinflussen ihre Auswirkungen längst die Zukunft des Landes, eines jeden Einzelnen. Aus der »Wissensgesellschaft« ist die »Bildungsgesellschaft« geworden, aus dem X ein U: zertifizierbares Faktenwissen, gruppiert um die elementaren Kulturtechniken Schrift-, Bild-, Zahlenbeherrschung. Mehr soll künftig nicht als »Bildung« gelten müssen. Weil Fakten sich verändern und weil die Masse der erwerbstätigen Menschen lenkbar bleiben soll, wird »Bildung« zum lebenslangen Konzept erklärt. Einmal Schul-, Berufs- oder Universitätsabschluss reicht nicht mehr. Der Bürger soll sich ständig »weiterbilden« – ohne Weiterbildung (und ohne immer neue Zertifikate) keine oder schlechter bezahlte Arbeit. Idealerweise wird der Erwerb von »Bildung« in Zukunft noch weniger, am besten gar nicht mehr durch den Staat bezahlt, gefördert und bewerkstelligt. Die Wirtschaft, die »private Hand«, könnte doch Angebot und Nachfrage regeln.

Triangelspieler und Dirigent können sich auf etwas gefasst machen.

Hey, teachers, leave us kids alone: Selbstverständlich hat die Agenda 2010 auch der »Bildung« den Nährboden bereitet. Nicht einmal zehn Jahre hat es gedauert, um dem Volk begreiflich zu machen, was die Wirtschaft künftig von ihm verlangt: bedingungslosen Dauereinsatz. Wo der Mensch überhaupt noch arbei-

---

* Unter Helmut Kohl betrug der Spitzensteuersatz 53 Prozent, nach Rot-Grün 42 Prozent.

ten *darf* (nach *Wollen* fragt schon niemand mehr), muss er sich als spezifisch »gebildet« legitimieren. Diese Legitimierung hat, konsequenterweise, einem internationalen Standard zu entsprechen, am besten eigens aufgestellten Normen nach ISO. Weil »Bildung« nicht nur vermittelt, sondern in erster Linie *erworben* wird, muss sich der Bildungsbürger daran gewöhnen, für sein Fortkommen – desgleichen seiner Kinder – in die Tasche zu greifen. Vielleicht wird Günther Jauch statt *Wer wird Millionär?* bald *Wer kriegt ein Stipendium?* moderieren.

Der Preis wird die Qualität von »Bildung« bestimmen. Das Spektrum stellt sich dar wie folgt:

- Einstiegsmodell für den sekundären Bildungsbereich ist die anspruchslose, aber billige Dacia-Sandero-Basis-Bildung (Hauptschule beziehungsweise sämtliche umbenannte Grundformen wie Mittel- oder Werksrealschule);
- sodann die Opel-Astra-Bildung (Mittlere Reife wie bisher, allerdings ohne Sonderausstattung);
- die bewährte VW-Golf-Bildung (Abitur als die eigentliche geistige Grundmotorisierung, »da weiß man, was man hat«);
- in der Oberklasse zum einen das Bachelor-Studium »light« (schon 7er BMW, aber nur mit leistungsabstandhaltendem Sechszylinder-Motor), zum anderen das Dipl.-Ing.-killende Master-Studium (die S-Klasse von Mercedes-Benz mit dem Zwölfzylinder);
- und für obendrauf und obendrüber schließlich der Porsche-Boxster-Doktor beziehungsweise – Krönung! – der Porsche-911-(991-)Professor.

Freilich, ein Leben in Saus und Braus garantiert weiterhin nur die richtige Herkunft, die richtige »Förderung«, die richtige Berufswahl, die richtigen Beziehungen, das richtige Geschlecht (Frau

Bundespräsidentin? Das kann dauern), der richtig volle Geldbeutel. »Bildung« im Olymp der automobilen Vorbilder bleibt einer auserwählten Klientel vorbehalten (Bugatti Veyron Super Sport, Kaufpreis: 1,65 Millionen Euro plus Mehrwertsteuer).
Aber selbst für »Bildung« zahlen, in noch mehr privaten, also kommerziell betriebenen Schulen?
Warum nicht. Der Staat trägt schließlich auch nicht die Kosten für das »Seepferdchen« und höhere Schwimmabzeichen. Zahlt nicht für die Fahrschulausbildung (Führerschein). Kommt nicht für den Jagdschein auf (Jägerprüfung). Für den Privatpilotenschein (PPL). Für die Superlizenz (FIA-Rennlizenz für die Formel 1). Für einen Weltraumflug mit Richard Bransons *Virgin*-Spaceline. *Immer hübsch auf dem Teppich bleiben.*

Was wäre, wenn wir plötzlich alle »gebildet« wären?

Es klingt wie Science-Fiction: Alle Menschen werden Brüder, und alle IDIOTEN dürften schlau genug werden, richtige Bürger zu sein. Überall durchblicken, überall mitreden, seinem Landtagsabgeordneten Zunder geben können; Demos, Bürgerentscheide und Volksabstimmungen organisieren – das volle Programm.
Seit etwa Mitte 2010 haben die Medien ihre Berichterstattung über Bildungsthemen verstärkt. Aus Zeitungen und Zeitschriften knallen uns die neuesten PISA-Zahlen entgegen, Statistiken, Tortendiagramme; wer soll das alles »lesen«? In den Talkshows sitzen zwar weiter die immer gleichen Prominenten, aber sie sprechen jetzt wenigstens nicht über ihre aktuellen Filme, CDs, DVDs und Bücher, nicht einmal über ihre jüngsten Scheidungen. Um Bildung geht es, um Schule und Defizite, und dass es *so* nicht weitergehen kann. Nach den Ursachen für die Zustände wird wenig gefragt; die Dinge sind halt, wie sie sind. Der Zuschauer

spürt: Verdammt, schon wieder ein Problem. Allerdings sogar ein echtes, richtiges. Er braucht sich bloß seine eigenen Kinder anzusehen.

Bald sind sich *alle* einig: Mehr Bildung wäre eine tolle Sache, mehr Disziplin ebenfalls.

Doch die Sache hat einen Haken.

Es darf eben nur »Bildung« sein. Politik und Wirtschaft halten wenig von »klassischer« Bildung. Zu viel Individualismus, zu wenig Angepasstheit. *Wir sind auch »ohne« etwas geworden.* Kritisches Denken, selbstbestimmtes Handeln. Streben nach Einsicht, Hoffen auf Erkenntnis – daraus erwächst nur Aufbegehren. Etwa dieser fatale Drang nach Selbständigkeit, der uns Aufklärung sowie die Revolution von 1848 eingebrockt hat. Wehret den Anfängen.

Bund und Länder wissen, was sie an ihren karrierebewussten Studenten haben.

Umgekehrt genauso?

Die Neuregelung von Arbeit und Sozialem nach Hartz IV, der Totalumbau des Bildungssystems, wie wir ihn bisher nicht kannten und nicht für möglich hielten – der bildungspolitische Forderungskatalog für die ersten hundert *Jahre* der Regierung von Bertelsmann und der ihr unterstellten BRD-Regierungen ist sicher längst geschrieben.

»Bildung« etabliert sich als die neue kulturelle Leitwährung, als offizielle, gesellschaftlich akzeptierte Entmündigung sich demokratisch wähnender Menschen, lernbegieriger junger Menschen. Worin asiatische Diktaturen spitze sind, das soll endlich auch uns bedauernswerte PISA-Mittelfeldspieler stark machen. Nur deutlich mehr Gehorsam, Selbstverleugnung und Entsagung, eben die ganze Palette des schon überwunden geglaubten Puritanismus kann uns *gerade noch rechtzeitig* stark machen fürs Leben – stark, indem wir uns freiwillig schwächen. Alles in allem ist »Bildung«

nur ein weiterer Stein in der Ringmauer, hinter der nur die kommerziell-industriell verwendbare Befähigung der Masse zählt. Bildung, die Herausarbeitung und Verdedelung individueller Geisteskräfte, hat darin nichts zu suchen; sie wird in die Biotope der Geisteswissenschaften abgeschoben: kein *Must have,* allenfalls ein *Nice to have.*

»Bildung« soll über uns kommen, weil schon die Konzepte »Wohlstand für alle«, »Geistig-moralische Wende«, »Wiedervereinigung« und zuletzt »Agenda 2010« (Frau Merkel hat sich erst gar nicht an einem Regierungsmotto versucht) nur Glücks-Placebos waren. Die Wahl des neuen Herrschaftsinstruments fiel auf die wirksamste, wenngleich am meisten *nötig* erscheinende Knute: »Bildung« macht gerade die am schwächsten, die sie am meisten stärken sollte.

»Bildung« folgt dem Viel-gut-billig-Prinzip. Zwischen Kinderschnitzel und Seniorenteller soll das gesamte Leben aus fortwährendem Streben nach rasch verfallendem Instant-Wissen bestehen. Berge von geistigen Sättigungsbeilagen schaufelt man in sich hinein und kriegt seinen Hunger doch nie gestillt. Nähr- und Brennwert von »Bildung« sind einfach zu niedrig.

»Bildung« ist das Rettungsboot des Industriedampfers Deutschlands, aus dessen Rumpf ein jeder für sich selbst den Korken ziehen soll.

»Bildung« fordern uns ausgerechnet jene ab, die selbst zumeist zu den Ungebildetsten gehören. Wer nur ein einziges Modern-Talking-Album gehört hat, spricht ja schon Oxford-Englisch im Vergleich zu Guido Westerwelle und Günther Oettinger. (Joschka Fischer, lobende Erwähnung, scheint sogar ein *zweites* Modern-Talking-Album gehört zu haben: »I am not convinced!«)

Kreativität, Innovations- und Schaffenskraft, Optimismus, Weitblick – wer Bildungspolitiker mit solchen Eigenschaften kennt, möge sich melden. Die Reform-Reform-Reformer haben ihre

eigene Formel aus Drill und Faktenwissen zum Allheilmittel ausgerufen. Als Antwort auf das verzweifelte Wie-soll-es-weitergehen der Bürger rufen sie: »Bildung!«
»Abrakadabra« wäre ehrlicher. In Zukunft werden Lernziele erreicht, indem sie verfehlt werden.
»Bildung« ist nicht Bildung. Zum Zwecke der Gleichmacherei und der Einebnung individueller Unterschiede ist sie den Menschenfreunden unter den Lehrern, Pädagogen, Erziehern und Psychologen entrissen worden. Das elegante Florett wird umgeschmiedet zur derben Stichwaffe, zum Stilett. Mit ihm lässt sich besser ins Herz eines jeden Einzelnen treffen, denn die Chance, mit »Bildung« aus dem Reservat der ewig Lohn- und Gehaltsabhängigen ins Freigehege der Boni-Selbstbegüterten wechseln zu dürfen, ist kaum größer als bei »6 aus 49«. Zudem müsste man mit der Lottofee eng verwandt sein.
»Bildung« rammt dem Menschen mal Schnuller, mal Trense zwischen die Zähne. Stumm werden soll er vor der Achttausenderhaftigkeit seiner Existenz, statt als geistiger Freikletterer Herr seines Schicksals zu sein. Ganze Gebirge von Hindernissen türmt »Bildung« vor dem Menschen auf, um ihn auf unsinnigste Ab- und Umwege zu zwingen: zum Gipfelkreuz da lang. Nein, dort hinauf!
Kein Ingenieur, kein Facharbeiter, nicht einmal ein Verwaltungsangestellter darf sich in solche Massive wagen ohne Sauerstoffflaschen voll flüssigem Geld.
Bursch, pass auf!
»Bildung« will, dass wir uns eine Lindwurmhaut aus Fakten und Zahlen zulegen, wo ätherisches Bildungsfluidum gesünder und vor allem nötiger wäre. Die Begabung zur Transzendenz müsste gefördert werden, um aus dem Datengeschwirr unserer Tage noch rechtzeitig das Entscheidende herauszuspüren. Mit den Presswerkzeugen von »Bildung« ist das nicht zu machen.

»Bildung« will kettenzahme Dickhäuter, die die Qual des »Lernens« lieben lernen.

Dabei bräuchten wir, im Gegenteil, mehr Dünnhäuter: empfindsame Kluge, die ein Gespür für komplexe Zusammenhänge entfalten und damit Kreativität. Stures Auswendiglernen ist weder praktisch noch demokratisch. Es ist nicht einmal ökonomisch.

Statt über »PISA« und »Bologna« müssen wir verstärkt über Berlin und Kabul sprechen – und mehr darüber nachdenken –, gerade mit angehenden Volks- und Betriebswirtschaftlern: Wieso *nützt* Gerechtigkeit allen? Was ist ein schlecht bezahlter afghanischer Kartoffelbauer gegen einen gut bezahlten afghanischen Opiumanbauer?

Und wir müssen uns zusammentun, uns vermischen, endlich.

Oben mit unten, links mit rechts, Vorderseite mit Rückseite, damit diese willkürlichen Unterscheidungen aufhören: Frauen *können* einparken; Männer stammen nicht nur vom Mars, sondern auch von der Venus; die Dummen lümmeln durchaus nicht in den hinteren Reihen, und die Schlauen sitzen keineswegs immer nur vorn.

Wir dürfen uns durch »Bildung« nicht noch weiter separieren, noch weiter auseinanderbilden lassen. »Bildung« will uns schrumpfen, nicht wachsen sehen. Statt Geistesriesen sollen wir Geisteszwerge werden, wo wir, nach Jahrtausenden, endlich wenigstens auf der Höhe von Zehnjährigen angekommen sind. Von dort unten sollen wir mit noch mehr Demut aufsehen zu den Bedeutsamen, die das Land weiterhin ungestört unter sich aufteilen wollen. Wirkliche Bildung verbieten sie ja nicht, sie erschweren nur einfach den Zugang zu ihr.

Wir haben den Würfel des Herrn Rubik in Reih und Farbe gebracht, Tamagotchi-Tierchen gehegt, Pokémon-Bildchen gesammelt, den Ententanz gewatschelt und *Schnappi das Krokodil* gesungen; wir haben Bruno den Problembären beweint und uns für

Knut den Eisbären die Augen aus der Birne gestarrt; auf Paul, das WM-Kraken-Orakel, haben wir 2010 Wetten abgeschlossen und zuletzt, mit unserer Affenliebe für ein schielendes Opossum aus dem Leipziger Zoo, Heidi Klum eine Vornamensänderung nahegelegt: WIR SIND IDIOTEN MADE IN GERMANY!

Wir sind es, und »Bildung« ist das neue kollektive Fließband, und ein jeder von uns Lernenden darauf ist Charlie Chaplin in *Moderne Zeiten*. Totrackern sollen wir uns mit letztlich nutzlosem »Wissen«. Keine Gewerkschaft schreit Halt, sie fordern sogar mehr von diesem Stoff. Abhängig sollen wir alle werden von dem synthetischen Zeug, nur den Flash bleibt diese Dröhnung light uns schuldig. Erst nach dem offensichtlichen Scheitern dieser Umerziehungswelle wird »Bildung« uns so peinlich berühren wie einst unser Jubel über den Cyberhandschuh, den Neuen Markt und die New Economy. Wie haben wir uns ins Bockshorn jagen lassen mit dem »Millennium Bug«! Die gesamte westliche Welt ist seinerzeit auf die Panikmache zum Jahrtausendwechsel hereingefallen (der ja gar nicht 1999/2000 stattfand, sondern erst 2000/2001).

Und jetzt die Furcht, ohne PISA passé zu sein.

Celebrity-Kultur trifft auf Bildungs-Unkultur

»Bildung« ist eine kommerzielle Forderung nicht an, sondern *gegen* die Bürger. Sie ist der Ausfluss einer heimlichen Furcht und Kränkung der Superreichen: Wenn jeder so straßen- wie naseweise Smudo, Sido oder Bushido, ganz ohne *unsere* »Bildung«, Millionen scheffeln kann, wie lange dauert es dann, ehe ihre vielen Anhänger die Einser-Schüler, die Summa-cum-laude-Absolventen aus den Kasinos herauszerren, bis die wenigen noch Unverbildet-Ungebildeten ans Ruder kommen – zum Weltverschwörungstheoretiker könnte man über »Bildung« werden.

»Bildung war in der Nachkriegszeit ein Aufstiegsmittel«, erklärt der Künstler und Medientheoretiker Peter Weibel (*Welt* Online, 18. 10. 2010). »Heute steigt man auch ohne Bildung auf, durch Popmusik oder Castingshows, Filme oder Sport. Fußballer verdienten früher nichts. Am Ende waren sie vielleicht Autohändler oder Tankstellenbesitzer. Heute sind sie Multimillionäre, halten sich Frauen als Trophäen und sind ständig in den Medien. Die Jugendlichen lernen, man kann reich und berühmt und geliebt und geehrt werden, auch ohne Bildung. Celebrity-Kultur ist der Feind der Bildung. Denn in der Celebrity-Kultur werden nicht Kompetenz und Wissen, sondern Defizite und Fehlverhalten belohnt. Wer Drogen nimmt, betrunken abstürzt et cetera, der wird in den Medien gefeiert. Kein Nobelpreisträger der Chemie kommt auf das *Spiegel*-Cover, aber ein jugendlicher Amokläufer. Die Jugendlichen lernen schnell, sie sind ja nicht blöd. Es zeigt ihre Intelligenz, dass sie auf Bildung verzichten. Je bizarrer und gaga, desto besser und erfolgreicher – das lernen sie von der Popkultur. Wie sagte noch Zlatko vor zehn Jahren in Big Brother: ›Shakespeare? Kenne ich nicht!‹ Und alle waren begeistert. Die Bildungskrise werden wir nicht durch Bildung lösen.«

Im Augenblick sind die faulen, undisziplinierten, zu wenig bildungswilligen Menschen dran, die jungen IDIOTEN. Als Nächstes werden es wieder die alten sein, zumal sie auch an allem schuld sind. Denn das ist wichtig für die Politik: Die beklagten Missstände dürfen tunlichst nicht kurzfristig zu beseitigen sein, und die Betroffenen sollen sich jeweils nicht wehren können. Handlungsziel: Aufschub um jeden Preis. Eine Generation Zeitgewinn. Mindestens.

Nehmen wir an, in Deutschland würde die Kraftanstrengung unternommen, ein Drittel der – offiziell zugegebenen – Dauerarbeitslosen tatsächlich zu »qualifizieren«, rund eine Million Menschen. Nehmen wir weiter an, alle diese Menschen würden, über die Demütigungen und Albernheiten der üblichen »Qualifizierungsmaßnahmen« hinaus, massenhaft vom Ehrgeiz gepackt; sie würden das Abitur nachholen. Anschließend würden diese Bildungsfleißigen die Hochschulen stürmen, und etliche Semester später hätten sie alle unglaublich viel Ingenieurs-, Jura- und IT-Wissen gesammelt – würde dadurch nur eine einzige Überstunde entfallen? Würden mit der Bildungsschleuse sich auch die Kassen der Arbeitgeber öffnen, um für diese weitere Million nunmehr Hochqualifizierter eine Million neuer Arbeitsplätze zu schaffen? In einem auf Export und Wachstum fixierten Industriestaat schaffen mehr Arbeitnehmer keineswegs genug Nachfrage, um selbst die Lohnkosten abzudecken. Die Nachfrage müsste also aus dem Ausland, wiederum aus dem Export, kommen – nur wie? Brauchen unsere weltweiten Abnehmer wirklich so viel mehr neue Maschinen, Fertigungsanlagen, Hoch- und Tiefbauten sowie Luxusgüter, dass zumindest *die Bundesrepublik* dadurch ihr Langzeitarbeitslosen-Problem lösen könnte? Denn unsere Nachbarländer würden natürlich sofort auf unser Bildungswunder reagieren und ihre eigenen *Bildungsanstrengungen* verstärken.

Manche hoffen auf bahnbrechende Erfindungen. Nur solche, wird behauptet, könnten ein neues Wirtschaftswunder hervorbringen. Aber stimmt das?

Deutschland wäre mit einem neuen solchen »Wunder« wieder nur kurzfristig gedient. Logischerweise stünde an dessen Ende ein neuer Abschwung nebst den bekannten Folgen: Überproduktion, nicht ausgelastete Kapazitäten, zu viele Mitarbeiter. Wirtschaftszyklen wiederholen sich, aber sie kennen kein Erbarmen. Also erneut plattmachen und rausschmeißen. Und erneut sich »bilden« und »weiterbilden«, damit …

Täglich grüßt das Murmeltier.

Was wir am meisten brauchen, ist Kontinuität.

Nicht dieses ständige Konjunktur-Jogging, für dessen Risiken längst nicht mehr »nur« die jetzigen Arbeitnehmer mit ihrer Existenz bezahlen, sondern mittlerweile auch nachfolgende Generationen. Durch Zwangs- und Turbobildung, wie sie zurzeit an deutschen Gymnasien und Universitäten die Norm ist, bringt das Land eben nicht den Typus Gebildeter hervor, den wir wirklich brauchen: charakterstarke, experimentierfreudige, verantwortungsbewusste Talente – junge Menschen, die flexibel und mobil nicht im Sinne modernen Job-Nomadentums sind, sondern in geistiger, kreativer Hinsicht. Nicht noch mehr Multitasker brauchen wir (= mit nutzlosen Tätigkeiten eingedeckte Dauer-Malocher), vielmehr Multibegabte müssen wir hervorbringen. Menschen, die in der Lage sind, aufgrund ihrer *unverbildeten* Sichtweise Ursache und Wirkung von Problemen zu erkennen. Menschen, die ihrerseits Menschen befähigen können, an Lösungen zu arbeiten. Menschen, die geistig anspruchsvoll genug sind, um ohne die neuen alten Klassendünkel auszukommen, um ohne Angst vor der Zukunft arbeiten zu können.

So wie Politik und Wirtschaft in Deutschland seit Jahrzehnten Wohnen und Arbeiten räumlich trennen und Millionen Menschen das verkehrsintensive Pendeln aufzwingen, so wird willkürlich zwischen *Bildung* und *Qualifikation* unterschieden. Alles wissen sollen die jungen Menschen, aber keineswegs alles können. Dem Gerangel um schulischen Aufstieg folgt unterbrechungsfrei das Gerangel um die höchste »Qualifikation«. Damit lässt sich prima von der Tatsache ablenken, dass Spitzenjobs nach wir vor unter der Hand vergeben werden, denn gleich und gleich gesellt sich gern. Dass solch karrierefförderndes, ja -bedingendes Vitamin B nicht frei erhältlich ist, versteht sich von selbst. Der richtige Stallgeruch toppt den Schweiß der größten Bildungsanstrengung; jedes »Scheine«-Leporello wird vom Persilschein der richtigen Bekannten ausgestochen. Schon deshalb ist »Bildung« keine selbsterfüllende Prophezeiung, sondern ein Endlos-Kanon: Mit

besten Noten und vorbildlichen Zeugnissen kommt man zwar vorwärts, steigt aber nicht auf. Um dem Horizontale-/Vertikale-Dilemma zu entschlüpfen, qualifiziert man sich weiter, mit aller Kraft. Doch ohne entsprechende Protektion werden wir überwiegend »Bildungs-Singles« bleiben.
Spitzensportler im Hamsterrad.
IDIOTEN MADE IN GERMANY.
Sehnsuchtsweckung mit Täuschungsgarantie: Nicht Can-Can wird wieder modern, bloß Can-the-can.

Linksrum, rechtsrum
für Schule und Wirtschaft:
Wortfeld »Disziplin«

> Ich google ganz selten mal, ich twittere nicht, ich bin nicht bei Facebook. Ich lehne das alles ab. Ich finde das alles total schrottig und verfluche den Tag, an dem dieser ganze Dreck kam. Es lenkt vom Wesentlichen und vom sozialen Miteinander ab. Das ist für mich totale Zeitverschwendung.
>
> *Anke Engelke in einem Interview*
> *mit dem Medienmagazin* DWDL.de

> Freiheit ist, nicht tun zu müssen, was man soll.
>
> *Jean-Jacques Rousseau*

Der Regeln sind nur wenige und ganz einfache.
Tu, was du tun musst. Trete an, jeden Tag. Sei pünktlich, lass die anderen nicht warten. Halte dein Zeug beisammen, halte dich selbst beisammen. Hör dir alles an, schau dir alles an, behalte jedoch die Hand immer schön selbst am Lichtschalter. Lass dir was erzählen, aber nichts einreden. Lass dir auch nichts einflüstern, und flüstere anderen nichts ein. Laut und deutlich sprechend, wirst du besser gehört, wenn auch nicht unbedingt verstanden. Häng ab, aber häng nicht durch. Sieh zu, dass du's mit dir selbst auszuhalten lernst; eine bessere Gesellschaft wirst du im Leben nicht finden. Frag und frag und frag, doch erwarte nicht, allzu viele brauchbare Antworten zu kriegen. Frag dich jeden Morgen und Abend: Tue ich genug, um kein Arschloch zu sein?
Wenigstens eine gute Antwort pro Tag wäre kein schlechter Schnitt.

Halt! Die einen rufen »Spielverderber« – ihnen ist diese Aufzählung zu dicht. Was denn noch alles, die Schule ist anstrengend genug. Die anderen rufen »Jugendverderber« – ihnen ist die Liste schlichtweg zu kurz: Pfadfinderromantik! So lernen die jungen Leute nie etwas, auf jeden Fall zu wenig. Das Leben ist kein Zuckerschlecken – wo bleibt die *Disziplin?*

Warum ist die sich ständig als reich brüstende Bundesrepublik nicht längst ein Paradies, und zwar für *alle?* Laut Statistik hat jeder von uns 60 000 Euro auf der hohen Kante, wobei erst mal zig Millionen leer durchzählen, ehe die ersten rufen: Stimmt, es ist sogar ein bisschen mehr. Warum führt nicht ein Zehntel von all dem Zeug, das an unseren Schulen und Universitäten gelehrt wird, zum »Glück«, zu »Erfolg«, weshalb haben wir überall um uns her Schaufenster, aber viel zu wenige Spiegel?

Wahrscheinlich, weil die Menschen dann auch reinblicken würden. Statt lauter Super-Gebildeter würden sie IDIOTEN zu sehen bekommen. Wahlsonntags-Demokraten. Nach bewährten, vormilitärischen Grundsätzen zusammengestauchtes und mit »Information« zugespamtes Volk: die Erwachsenen mit ihren Handtaschen voll Lebenskehricht, die Alten mit viel zu schweren Koffern, die ihnen keine Pflegeversicherung tragen hilft. Und erst die jungen Leute, unsere »Zukunft«: weder Handtasche noch Koffer, nur ein Säckchen, gefüllt mit Frust und Stress. Das klebt, das pappt, das kriegst du nicht wieder ab. Denn unsere Bildungsgötter und ihr fügsames Bodenpersonal wissen: Ohne – mindestens – psychische Gewalteinwirkung ist Verformung nicht zu haben; das lehrt schon die Physik. Das junge Volk, es schüttelt sich, es rüttelt sich. Aber das Säckchen hinter sich zu werfen, das getrauen sich nur die wenigsten. Es wurde ihnen schon alles Nötige hineingepackt: Treu und Redlichkeit. Ein sturer, unbeteiligter Blick anstatt eines wachen Auges. Bürgergehorsam statt Zivilcourage. Ein Hab-zwar-keinen-Bock-aber-wenn's-unbedingt-sein-muss als

Leatherman, als Allzweckwerkzeug. Ersetzt keinen Hammer, der öfter benötigt würde, hilft aber beim Zusammenschrauben der paar Spanplatten, mit denen wir unsere Existenz möblieren sollen. Es ist schon alles drin im Säckchen der jungen Leute. Alles, was Herrscher ihren Beherrschten zu geben haben. Wehe dem, der sein Säckchen »verliert«.

Bildung sollte ein offenes Tor sein. Tatsächlich ist sie eine Mauer – wie eh und je. An ihr kann man sich den Kopf einrennen, aber eben auch die Hörner abstoßen. Klassenfotos sind unerbittlich. In der Grundschule – der ersten, zweiten, sogar noch in der dritten Klasse –, da lachen sie immer alle. Spätestens ab der Vierten weicht das Lachen einem Lächeln: Der Ernst des Lebens dauert schon so lange. Danach überwiegend Gegrinse: *Ich* hab mein Übertrittszeugnis in der Tasche, und du?

Wäre Bildung in Deutschland nicht so schwer, könnten die Schultaschen der Kinder leichter, vielleicht sogar überflüssig sein. Jeden Tag schießen wir Milliarden E-Mails durch die Glasfasern, wir loaden up und loaden down, wir simsen und flatraten. Aber niemand kann erklären, weshalb unsere Kinder auf ihrem Schulweg bepackt sind wie Neil Armstrong auf der Apollo-11-Mission: 21 Kilo Mondgestein brachte er 1969 mit auf die Erde. Wer es sehen will, braucht nur in den Schultaschen seiner Kinder nachzusehen. Es fehlt kein einziges Gramm.

Noch schwerer als die Bücher sind deren Inhalte: Bildung hat Gewicht. Da fräsen sich junge Gehirne nicht so einfach durch, das weiß die Schule. Würde sie Kinder und Eltern nicht piesacken mit Noten und Beurteilungen, den willkürlichsten Waffen seit Erfindung von »Ich hab heute Migräne« oder »Ich hab noch im Büro zu tun«, die Kinder würden Ptolemäus einen alten Mann sein lassen und Algebra einen verhuschten Mädchennamen.

Lernen ohne »Disziplin«

Was nicht passt, wird passend gemacht; was nicht schmeckt, wird trotzdem gegessen: Disziplin! Die Schule tut ganz unschuldig. Es geht nicht um ein paar weitere Pfund – mehr oder weniger – nutzloses Wissen; um den Akt der Unterwerfung geht es: Friss oder stirb. Im Unterricht heißt es, mithalten können oder nicht. Höherer Abschluss oder nicht. Sein oder nicht sein.
IDIOT, FACHIDIOT, VOLLIDIOT.
Wenn alles mal vorüber sein wird, wenn Schule und überhaupt jede Art von Ausbildung ein paar Jahre zurückliegen werden, dann wird Lernen wieder wie von selbst gehen. Quantenphysik als Hobby, alte Sprachen oder neue, der eigene Garten? An irgendeiner Sache entzündet sich das durch »Bildung« schon halb ausgetretene Flämmchen, und alle, denen Begriffsstutzigkeit und Schlimmeres nachgesagt wurde, finden sich plötzlich im Orbit wieder: Schwebend leicht die Erde umkreisen und sie erforschen, hinauszujagen ins Weltall, freiwillig, ohne Zwang, mit größter Aufmerksamkeit und höchster Konzentration – Ground Control, ich schalte jetzt ab. Roger.
Bildung ohne Disziplin, wie die Schule sie verlangt – eine Unmöglichkeit?
Wessen Begeisterung für eine Sache geweckt wurde, der lässt nicht locker, bis er alles darüber weiß, sein »Ding« perfekt beherrscht. Das geht freilich nicht mit allem. Mit dem Fleiß der Benediktiner geht man nur zu Werke, wenn man von seinem Tun überzeugt ist. Begeisterung schlägt den zündenden Funken, ja. Aber wie wenige Lehrer wissen, wie das geht, »Feuer machen«?

Der Vize-Exportweltmeister hat das ungerechteste Schulsystem

Wir sind nicht alle gleich, aber wir werden alle gleichgemacht, fast alle. Ein Schulsystem kupfert von dem anderen ab, obwohl Abschreiben ja eigentlich verboten ist. Doch kaum irgendwo sonst auf der Welt ist Bildung so wenig aufseiten des Volkes wie in Deutschland, gar aufseiten des unter schwerem Finanzstress stehenden Teils. Wer hat, der hat; du bist, woher du kommst, da bleibst du besser auch – guck mal in dein Zeugnis.

Der frühere Studienrat und Gesamtschullehrer Rolf Jüngermann weiß, wohin uns die ständigen Appelle an die Disziplin geführt haben. »Deutschland hat das weltweit ungerechteste Schulsystem«, sagt er in einem Interview mit dem Online-Magazin *Telepolis* und räumt mit der Illusion auf, es entschieden über Bildungserfolg oder -misserfolg allein Intelligenz und die Fähigkeit zur Disziplin. Jüngermanns Beispiel ist das Gymnasium: »Schüler mit dem ›richtigen Auftreten‹, die jener klammheimlichen Idealfigur eines deutschen Gymnasialschülers nahekommen – ›dem kultivierte(n) Sohn aus gutem Hause, der sein Wissen mühelos erworben hat und, seines Heute und Morgen gewiss, mit distanzierter Eleganz auftreten und das Risiko der Virtuosität eingehen kann‹ (Bourdieu/Passeron 1993, S. 42) –, diese werden mehr oder weniger offen und bewusst versorgt – mit Zuspruch, verständnisvollem Umgang, Insiderwissen, guten Tipps und guten Noten.«

Disziplin – nach der ersten PISA-Studie aus dem Jahr 2000 stand die deutsche Bildungswelt kopf: Wie bitte, nicht mal richtig lesen und schreiben konnte knapp ein Viertel der 15-Jährigen; Probleme beim Verständnis von Texten, in der Heimat Goethes, Schillers, Manns und Bölls?

Sofort waren die Elitebewahrer zur Stelle. Sie sonderten Bücher und Kommentare zur Schieflage der Bildungsnation ab, welcher letztlich nur mit einer ganz bestimmten deutschen Kerntugend beizukommen sei – Disziplin. Statt sich selbst kritisch zu befragen, wie – endlich – das überkommene deutsche Schulsystem verändert werden müsste, statt – endlich – den die gesellschaftliche Entwicklung entscheidend hemmenden Selektionsgedanken zugunsten einer – ausschließlich bei den Reichen vermuteten – »Elite« aufzugeben, sollte das Volk, wieder einmal, verstärkt an die Kandare genommen werden: Von »Disziplin« ist es nur ein kleiner Schritt zu der Forderung nach einer Wiederauflage von »Zucht und Ordnung« – als ob der daraus resultierende Kadavergehorsam nicht zweimal im letzten Jahrhundert die Welt und das eigene Land verwüstet hätten.

Zu nichts taugt die Forderung nach »Disziplin« besser, als mit ihr die immer schneller wachsende Kluft zwischen Arm und Reich scheinbar »pädagogisch« zu begründen: Ohne Fleiß nun mal kein Preis; wer sich auf die faule Haut legt, kann's ja zu nichts bringen. Weil die Eltern der sozial Schwachen sich vor lauter Problemen, Enttäuschungen und Niedergeschlagenheit nicht genug für Bildung ins Zeug legen, bleiben ihre Sprösslinge eben faul – faul und *dumm*. Und dann dieses ewige Gejammer, dass fünf Euro ALG II pro Monat keine rechte Erhöhung seien, ein ganzer *Geldschein?* Reicht es denn nicht, dass die *Klugen* den Lebensunterhalt der *Dummen* mitfinanzieren?

Auch diesem Selbstlob erteilt Rolf Jüngermann eine Abfuhr: »Leistungs- und Elitedenken beruhen vor allem auf Blindheit gegenüber der sozialen Ungleichheit der Bildungschancen. Zwar können die Schulen und die dort tätigen Lehrer auf Dauer nicht gerechter sein, als die herrschenden gesellschaftlichen Verhältnisse und die daraus erwachsenden rechtlichen Regelungen es erlauben, jedoch macht es einen entscheidenden Unterschied, ob man sich den herrschenden Gewaltverhältnissen widerstandslos fügt, womöglich gar zu deren Apologeten und Ideologen wird, oder aber diese radikal kritisiert und bekämpft, auch wenn man im beruflichen Leben daran gefesselt bleibt.«

Wie der Vater, der seine Kinder schlägt, weil er nur das Beste für sie wolle, so beharrt das deutsche Bildungswesen auf »Disziplin«. Kleinmachen, was groß werden könnte, beizeiten zurück in den Boden pressen, was einem einst über den Kopf wachsen könnte. Eine Klemmi-Republik sind wir geworden, eine Angst-Republik, voll mit »gebildeten« Menschen, die am Drücker sitzen und nervöse Finger haben. »Disziplin« hat aus ihnen lebensunfrohe Gestalten gemacht, die nur noch etwas zu verlieren, aber nichts mehr zu gewinnen haben: die 1930er Jahre sind zurück.

Wie »Disziplin« über Leben oder Tod entscheidet

Selbstzucht statt Selbstsucht – selbstbestimmte Disziplin ist etwas Feines.

Sich die Lufthoheit über den eigenen Charakter erobern und, wo immer möglich, zu behalten, *das* ist Elite. Allein dieser anzugehören, sollte einem jeden Menschen offenstehen, selbstverständlich nicht nur in Deutschland. Ausgerechnet jene, denen beim vierten Buchstaben des Alphabets »dienen« oder »Disziplin« einfällt, anstatt eines freiwilligen »Dranbleibens«, ausgerechnet jene bestimmen über das Los junger Menschen.

Zu F wie Freiheit fällt ihnen wenig ein, dafür noch viel mehr zu ihrem Lieblingsbuchstaben: D wie Druck. D wie Dressur, D wie Duckmäusertum. D wie Dich-kriegen-wir-auch-noch-klein. Sie drucksen herum, sie deuten und sie dehnen, denn ihre »Disziplin« meint ja vielmehr »Disziplinierung«, meint Bestrafung, eine aufs Maul, Freundchen. Raus aus meiner Klasse, runter von unserer Schule, zurück in deinen Koben.

Danke – Durchschnitt drei, du Dämlack.

Wie aber kommt es, dass ausgerechnet die undiszipliniertesten Schüler später oft mit waffenstarrenden Jagdflugzeugen durch die Lüfte brausen?

Der frühere Deutschlehrer des Autors, Georg H., der nie auf Disziplin zu pochen brauchte, weil er Souveränität besaß, eine natürliche statt einer von Amts wegen verliehenen Autorität, erzählte die Geschichte so:

»Unsere Ausbildungszeit wurde nochmals verkürzt. Der Druck war schwer erträglich. Tags die Amerikaner, nachts die Engländer. Anfang 1944 gab es kaum mehr ruhige Ecken für den Flugunterricht, wir wichen aus nach Böhmen. Auch bei unseren Ausbildern lagen die Nerven blank. Blindflug? Geschenkt. Trainieren auf verschiedenen Baumustern? Dass wir alle fliegen konnten, sogar richtig gut, wurde vorausgesetzt. Die Schwierigkeit war das Schießen in der Luft. Fliegen und schießen und auch treffen – damals eine Wissenschaft, die weitgehend vom Piloten abhing. In Friedenszeiten hattest du Monate, um das zu lernen. Jetzt sollten Wochen reichen. Vor allem musste man lernen, seine Augen überall gleichzeitig zu haben, einen 360-Grad-Blick zu entwickeln. Bei der Kurbelei mit feindlichen *und* eigenen Flugzeugen, die uns erwartete, würde kein Fehler verziehen. Oberste Regel daher: Disziplin! Keine Eigenmächtigkeiten, keine Experimente. Und doch keine Übung, nach der man nicht uns paar sehr selbstbewusste Fähnriche und Oberfähnriche zusammenstauchte: Was das kostet, allein der Sprit, die Munition, die Ersatzteile! Ob uns bewusst sei, welche Opfer dafür gebracht würden! Schluss mit diesen Mätzchen. Tiefflug nur nach Ansage, und Kunstflugfiguren nie auf eigene Faust, schon gar nicht *feuernd!* Die meisten fügten sich, ich genauso. Bald hatten wir aber raus, dass unsere Ausbilder eine Schwäche hegten für die ›Scherzbolde‹. Außer Arrest und Wochenendsperre ist denen nie was passiert. Ein paar Monate später, im Einsatz, wusste ich, warum: Als Hundertprozentiger lebt man nicht lange. Wer Kampfeinsätze streng nach Vorschrift flog, wurde zur Zielscheibe und brachte nichts ›nach Hause‹. Die besten in der Ausbildung flogen Einsatz auf Einsatz, schossen aber kaum jemals einen Gegner ab. Nicht gerade das, wofür man Jagdflieger wird. Vor lauter Genauigkeit kamen die Hundertprozentigen einfach nicht zum Schuss. Die Wilden dagegen, die Schrägen, die machten zwar häufig Bruch, mussten auch mal ›aussteigen‹, kamen mit zerschossenen Rümpfen und kleingesägten Propellern zurück. Aber sie machten Beute. Sämtliche Experten*, so lernte ich, waren Einzelgänger, durch die Bank. Nette, eigenwillige Typen. Allenfalls nach außen hin angepasst. In der Luft mussten ihnen die Kameraden Deckung geben, ansonsten bestimmten sie das Handeln, meist gegen jede Vorschrift, oft auch gegen den gesunden Menschenverstand. Sie improvisierten, ließen sich etwas einfallen. Kein Lehrbuch kannte ihre Tricks; sie hatten sie selbst gerade erst erfunden und gleich wieder vergessen. Die Führung sah das nicht gern, duldete es aber. Hauptsache, Abschüsse. Das Interessanteste war: Alle diese Virtuosen waren anfangs schwer von Kapee. Durch die Bank begriffsstutzig. Nicht, dass sie dumm gewesen wären. Sie hatten nur jeweils ihre eigene ›Theorie‹. Deshalb sah es anfangs so aus, als ob sie es nie schaffen würden. Das ging so weit, dass manche zu Transport- oder Bomberpiloten umgeschult werden sollten. Während die meisten schon weit fortgeschritten waren, dauerte es bei ihnen eine Ewigkeit, bis sie den Bogen endlich raushatten. Keiner fiel als angehender Held auf, keiner ›ließ hoffen‹. Es war wie in der Schule: So gut wie nie sind die Klassenbesten später auch die Lebensbesten. Die komischen Käuze, auf die müsste man achtgeben. Irgendwann fiel dann aber auch bei den ›Individualisten‹ der Groschen. Von da an wurde aufgeholt und auch gleich überholt.

---

* Jagdflieger-Jargon für Piloten mit hohen Abschusszahlen.

Sie waren schon deshalb erfolgreich, weil der Gegner genauso viele Streber in seinen Reihen hatte. Auch deren Flugmanöver waren vorhersehbar, berechenbar, was vielen den Tod brachte. Dabei waren unsere Asse, genau genommen, gar nicht so undiszipliniert. Sie waren zäh, immer bei der Sache. Gaben auf sich acht, tranken kaum, achteten auf genug Schlaf. Checkten ihre Maschinen höchstpersönlich vor jedem Einsatz, kannten jede Schraube. Zwiebelten die Warte, wenn irgendwo auch nur ein Kabel heraushing. Aber sie pfiffen aufs Reglement, wollten sich nicht bezähmen lassen, jedenfalls nicht über das notwendigste Maß hinaus. Sie bezähmten sich selbst. Das war der eigentliche Grund für ihre Erfolge. Und noch etwas. Die meisten von ihnen überlebten den Krieg, trotz ihrer vielen Kampfeinsätze, und sie wurden steinalt, während so viele andere bald starben. Mir selbst war wohl schon zu viel Disziplin eingebleut worden. Ich habe überlebt, sogar ein bisschen was mit nach Hause gebracht. Aber ›Experte‹ bin ich nie geworden.«

Wäre es nicht so schrecklich und so traurig, man müsste lachen: Hitlers Elitetruppe, seine stolzen Luftwaffen-Asse, alles schräge, undisziplinierte Vögel. Hans-Joachim Marseille, der »Stern von Afrika«: 158 Luftsiege. Erich Rudorffer: 13 Luftsiege an einem einzigen Tag, binnen 17 Minuten. Erich Hartmann: mit 352 Abschüssen der erfolgreichste »Experte«. Effizientester Kampfpilot: Günther Scheel mit 71 Abschüssen in 70 Einsätzen.

Würde sie endlich ihre Hausaufgaben machen, die nach wie vor rüstungsverliebte, eroberungswütige, Verzeihung: *exportorientierte* deutsche Wirtschaft, sie könnte aus ihrer eigenen Vergangenheit lernen. Zwang bringt gute Resultate, aber kaum sehr gute, schon gar nicht auf Dauer. Zwang klammert den »Zufallsfaktor« aus, den aus sich selbst heraus motivierten, leistungsbereiten Menschen. Zwang schadet den Menschen und den Geschäften: Verdammt, Frau Minister, wir haben es uns anders überlegt.

Schluss mit dem Quatsch um Disziplin und Regeln. Wie sollen wir die Chinesen abschie ... ähem, überrunden, wenn wir die jungen Leute bieder und brav ins Cockpit, nein, vor den PC setzen? All die Langweiler, die Sie letztens geliefert haben, produzieren nur topfebene Produktions- und Verkaufskurven. Ab sofort wollen wir »verrückte« Absolventen. Ungehorsam sollen sie sein, widersetzlich, eigensinnig, eckig und kantig, kurz und gut: freidenkend. Machen Sie etwas, *irgendwas,* das ist ein Auftrag!

Mit nur einem einzigen Blick eine ganze Klasse beherrschen, 22 pubertierende, zur Aufsässigkeit entschlossene Menschen – kaum ein Verdienst der Ausbildung in Hitlers Wehrmacht oder Görings Luftwaffe, deshalb kein Loblied auf »Disziplin«, vulgo: militärische Zucht. Es gab und gibt auch Rennfahrer, die im pädagogischen Sinne als »disziplinlos« anzusehen sind und trotzdem – sicher gerade deshalb – spektakuläre Erfolge buchstäblich einfuhren: Rudolf Caracciola (Abitur). Bernd Rosemeyer (Abitur). Wolfgang Graf Berghe von Trips (Abitur). Jochen Rindt (Abitur *und* Fellmantel *und* Nina Rindt). Nicht zu vergessen der härteste aller »Undisziplinierten«, Niki Lauda, Selbstzuchtmeister und Kaltschnäuzer par excellence: Matura nicht geschafft, Mechanikerlehre geschmissen, Vermögen hingeschmissen, aber dreimal Weltmeister und später Luftfahrtunternehmer. Und heute, Jahrzehnte später? Mit einem deutlichen Stich ins Konventionelle: Michael Schumacher (Mittlere Reife). Sebastian Vettel (Abitur) – ob er bei 300 Kilometern pro Stunde an Zucht und Ordnung denkt?

Die wenigen Lehrer, die das können, ihre Schüler nicht nur zusammenhalten, sondern ihnen bei ihrer Entfaltung, beim ersten Ausfalten ihrer Fittiche zu helfen, auf dass sie fliegen und nicht bloß flattern lernen, diese wenigen waren schon immer jene, die sich das Individualisten-Gen bewahrt hatten. Natürliche Autorität, sich hinstellen und erst mal gar nichts sagen, und trotzdem

lacht keiner oder gluckst, und niemand zieht eine Grimasse? Wenn der Bund, wenn die Länder nur wollten, würden Lehrer auf dieses Qualitätsziel hin ausgebildet. Führungsstärke, wie sie später die Wirtschaft händeringend für ihr Top-Positionen sucht, aber kaum findet, sie würde deutschen Lehrern das so sehr vermisste Sozialprestige ihres Berufsstandes bescheren – eine Selbstverständlichkeit in fast jedem anderen Land der Welt.
Disziplin also.
Damit wir uns nicht missverstehen: Selbstüberwindung aufbringen, den »inneren Schweinehund« besiegen lernen, Durchhaltevermögen entwickeln, sich über lange Zeit Mühe für ein Ziel geben, sich anstrengen, durchbeißen, Engagement zeigen, Selbstorganisation und Zusammenarbeit üben, Verantwortung übernehmen, gegen dies alles ist nichts zu sagen. Doch dabei geht es in hohem Maß um *Freiwilligkeit,* und die beruht auf Einsicht, nicht auf Zwang. Dass die sublimierte »Disziplin« an unseren Schulen kaum an militärische erinnert, an diese unverhüllte Forderung nach Unterwerfung, liegt nur an der Zeit. Während Soldaten, speziell in der Grundausbildung, innerhalb weniger Monate regelrecht abgerichtet werden, kann die Schule sich Zeit lassen. Ein Jahrzehnt oder mehr Verweildauer stellt sicher, dass die Bildungserziehung eine nachhaltige sein wird. Egal, mit welchen Zeugnissen man seine Schulzeit abschließt – etwas Bestimmtes lernt jeder: Autorität will anerkannt werden.
In *Fame – Der Weg zum Ruhm,* dem Serien-Vorläufer aller Casting-Shows (USA, 1982–1987), erkundigt sich ein schüchterner Musikstudent bei seinem Lehrer, weshalb dieser immer so »hart« mit ihm sei. Er bekommt zur Antwort: »Ich werde dann aufhören, hart mit dir zu sein, wenn du anfängst, hart mit dir selbst zu sein.« Wenn du tust, was wir von dir erwarten.

Klug durch »Disziplin« – oder dank Statistik

Wer nach mehr Disziplin an unseren Schulen ruft, will charakterlich unabhängige Lehrer ebenso wenig wie charakterlich unabhängige Schüler. Vielmehr haben diese Rufer genug von gewissen Bundesländern, in denen die Schüler ihren Abschluss vermeintlich »geschenkt« kriegen.

2010 feierte sich Hamburg für seine sensationelle Abiquote von 49,3 Prozent; den doppelten Abi-Jahrgang bereits herausgerechnet. Damit erlangte jeder zweite hanseatische Schulabgänger das Reifezeugnis, voraussichtlich weitere zehn Prozent werden es auf dem zweiten Bildungsweg noch erwerben. Schon lästerte das *Hamburger Abendblatt,* im Stadtstaat werde das Abitur allmählich zum Regelabschluss.

So viel Grips im Norden der Republik, und andernwärts wächst nur Stroh? Bayern und Baden-Württemberg etwa, Deutschlands schulstrengste Länder, dümpeln bei jeweils um die 20 Prozent. Was sagt uns das?

Das sagt uns, dass die 16 deutschen Bildungsfürsten jeweils recht willkürlich über die Zukunftschancen ihrer Landeskinder entscheiden, ganz wie man es von Potentaten und Despoten kennt. Die Kultusminister in Bayern und Schwaben verzichten nämlich bewusst auf eine vergleichbar hohe Abiturquote; ihnen ist die Einhaltung ihres speziellen Reinheitsgebotes bei der Reifeprüfung wichtiger als Lob für süddeutsche Freisinnigkeit. Lieber lässt man sich von seinen Kultusministerkollegen ein wenig am Ohrläppchen ziehen, hält aber, wo immer möglich, den Deckel des Schatzkästleins geschlossen.

Das Abitur als Eintrittskarte in die höhere Gesellschaft darf nicht an »Unberufene« sozusagen verschenkt werden. Wer über die Erlaubnis zum Hochschulzugang verfügt, darf auch studieren und wird dereinst – potenziell – anderen etwas wegnehmen. Etwa den

Einheimischen: In Brandenburg besitzt beinahe jeder dritte Abiturient einen ausländischen Pass, in Bayern nur jeder 15., im Ländle sogar nur jeder 27. Schüler.
Im Süden der Republik haben allerdings nicht nur Zuwanderer schlechte Karten.
Wie nirgends sonst in der Republik tun sich hier auch deutsche Kinder aus einkommensschwachen Familien schwer. Von Anfang an, klagen Eltern, werde massiver Druck auf »bestimmte« Schüler ausgeübt, an die Hauptschule zurückzukehren oder auf die Realschule zu wechseln – Bildung als Selektionsinstrument. Doch weniger um die Auswahl der Intelligentesten geht es. Die Deutschen – die Bayern, die Schwaben – sollen tunlichst unter sich bleiben, speziell die Reichen, die Wohlhabenden, die Bessergestellten.
Wer an den willkürlich aufgestellten Bildungshürden scheitert, hat schlicht den Anforderungen nicht genügt, es offensichtlich auch an Lerndisziplin fehlen lassen – ist das nicht »typisch« für Kinder aus »Migranten-« oder »sozial schwachen« Familien? Kennt man es so nicht aus den Medien, insbesondere aus dem Fernsehen?
Nichts macht es Schulen leichter, missliebige Schüler abzuqualifizieren oder gar loszuwerden, als »Disziplin«. Die Spannbreite dieses Begriffs eröffnet der Willkür enorme Möglichkeiten. Im Zusammenwirken mit Zensuren – bedingt nicht eins das andere? – kann man jedem jungen Menschen beliebig leicht entgegenhalten: Für diese Schule bist du nicht geeignet. Meist kann das Gegenteil kaum bewiesen werden. Wer nicht reinkommt, bleibt draußen; wer rausfliegt, bleibt oftmals ebenfalls draußen – angesichts der beruflichen Konsequenzen gilt das für den Rest seiner Tage.
Wer sagt, den Deutschen sei nach zwei Weltkriegen und einem wahren Irrlauf durch Staatsformen der Sinn fürs Militärische aus-

getrieben worden, irrt. Die meisten Abläufe des deutschen Schul- wie Alltagslebens folgen noch immer militärischen Prinzipien. Züge fahren – wenn es keine der Deutschen Bahn sind – Punkt 7.59 Uhr ab oder treffen um 23.59 Uhr ein. Läden öffnen und schließen synchron, zu genau festgelegten Zeiten. Bis in die kleinsten Verästelungen der letzten Lebensäußerung gibt es Vorschriften, zusätzlich zu Gesetzen und Verordnungen. Die spinnen, die Deutschen.

Vier Jahre Schule, und du kannst ein Gewehr bedienen

Nicht zufällig gleicht die Bürokratie von Bund, Ländern und Kommunen – und folglich von Schulen – militärischen Hierarchien. Militär, das ist die von wenigen gewollte Zusammenballung der vielen, welche die Staatsinteressen notfalls mit Gewalt durchsetzen sollen. Dabei verlässt sich kaum ein Staat, auch nicht der deutsche, auf den stets kampflustigen Patriotismus der Seinen. Ohne Zucht und Ordnung läuft die Chose nicht; Disziplin muss herrschen, wenn es im Frieden mit dem Krieg etwas werden soll. (In der ohnehin schwer defensiven Fantasie von Militärs ist ein Zustand von Frieden *ohne Waffen* schlechterdings nicht vorstellbar.)
So misstraut der Staat seinen Bürgern auch und gerade dann, wenn die gesündesten, »wehrfähigen« unter ihnen die Zivilkleidung ab- und den »Rock«, die Uniform, anlegen. Davonlaufen, sich drücken, das gilt nicht. Statt Rücksicht auf den jedem Menschen eigenen Fluchtinstinkt sowie auf die Grundtugenden Mitgefühl und Hilfsbereitschaft zu nehmen, setzt *jede* Armee auf Disziplin. Die bedeutet eigentlich Selbstzucht, Selbstregulierung der eigenen Triebe und ist, wenn man den Menschen lässt, eine wunderbare Sache: Das Individuum erkennt und anerkennt *aus*

freien Stücken die Notwendigkeit lustfreien Tuns. Zum Zweck eines *ersehnten* Ziels lernt es seine Triebe, Impulse, Wünsche, Ängste zu unterdrücken. Friedrich der Große, heißt es, vergaß beim Räsonieren über Manneszucht sogar seine geliebte Querflöte.

Überhaupt gilt der Alte Fritz als Inbegriff von Disziplin, ja ihrer höchsten, sprichwörtlichen Form, der preußischen Disziplin. Seinerseits von einem despotischen und sadistischen Vater gequält, sah der junge Feldherr wider Willen in der Schinderei des Einzelnen die Chance zur Selbstbehauptung des Staates – seines Staates. Gewiss, in ihm sollte ein jeder nach seiner Fasson glücklich werden. Doch vor dem Glück warteten Kriege.

Maschinenhaftes Selbstquälen, hatte nicht erst Friedrich erkannt, vertreibt zuverlässig jeden anderen Gedanken. Es macht eingeübte Abläufe zu jederzeit abrufbaren Routinen, zu Programmen. Disziplin schaltet das Gehirn aus und lässt Reflexe wie von selbst zur Ausführung kommen, wann immer »es« so weit ist, also weniger im Ideal- als im *Ernstfall.* Wer einmal jahrzehntelang dem – subtilen – Linksrum-Rechtsrum der modernen Wirtschaft gehorchen soll, muss dieses Gehorchen lernen, indem er eingepaukt kriegt: Reiß dich am Riemen. *You're in the Army now,* in der Armee der Lebens- und Berufsanwärter. Die Schule mit ihrem meist wenig lusterzeugenden Unterricht und ihrer Palette von Sanktionen, beides gestreckt über den langen Zeitraum der Rest-Kindheit sowie über die gesamte Jugend und Pubertät, bringt den Schülern als wichtigste Kulturtechnik auch die Disziplin bei – Selbstzucht nach *ihrem* Verständnis.

Wissen wir, zu welchen Persönlichkeiten unsere Kinder reiften, wenn wir sie selbst oder in kleinen Runden bei vertrauenswürdigen Freunden unterrichten dürften? Bis auf weiteres werden wir es nicht erfahren; Homeschooling, Heimunterricht, verbietet der Bildungsmonopolist Deutschland seinen Bürgern. Wer dagegen verstößt und zum intellektuellen Schwarzbrenner wird, wer für seine Kinder das Schulbuch selbst in die Hand nimmt, muss sich auf empfindliche Strafen gefasst machen. Es drohen Sanktionen von Geldbußen bis hin zum Entzug der Erziehungserlaubnis. Denn wer seine Kinder nicht vertrauensvoll in die Obhut bewährter staatlicher oder staatlicherseits anerkannter Anstalten geben will, kann eigentlich nicht ganz bei Groschen sein, oder?

Um jeden Preis wollen Bund und Länder die Errichtung von »Parallelgesellschaften« verhindern. Als mahnendes Beispiel werden gern obskure Sekten angeführt, womit für den Bürger wieder Klarheit herrscht: Gut, dass es sie gibt, die allgemeine Schulpflicht der Länder. Wofür sonst, wenn nicht – »notfalls« – gegen die eigenen Bürger hat die Legislative die Instrumente der Judikative sowie der Exekutive geschaffen, die pädagogischen Selbstversorgern schnell den Garaus machen? Die Folge ist, dass Deutschland die rigidesten Schulgesetze Europas hat – und durchsetzt.

Auch Friedrich der Große pflegte nicht lang zu fackeln.

Von seinem – anfangs – kleinen und armen Bauernvolk verlangte der Despot, ihm möglichst viele Landeskinder, bevorzugt Söhne, zu gebären. Die sollten in Friedenszeiten hart arbeiten und in Kriegszeiten hart kämpfen. Beides aber musste gelernt, somit gelehrt werden. Das Munitionieren etwa eines friderizianischen Vorderladers verlangte nur ein Mindestmaß an Intelligenz, dafür ein Höchstmaß an Geschicklichkeit. Das Exerzieren von Schützenformationen der Infanterie wollte ebenfalls geübt und *verstanden* sein. So entstand der Drill, das Kasernenleben; so entstand das Prinzip des ortsgebundenen Lernens unter staatlichem Regiment.

Der Umgang mit der damaligen Standardwaffe, dem Steinschlossgewehr, war kompliziert, das Hantieren mit Ladestock und Papierpatronen, mit Kugeln, Zündpulver, Treibladung und Abdichtung gefährlich, zumal unter Gefechts- und den oftmals widrigen Wetterbedingungen. Das Schießen selbst wurde ergänzt durch den Nahkampf mit dem gefürchteten Bajonett. Neben reichlich Kaltblütigkeit erforderte dies zusätzliches Geschick, ebenso technisches wie handwerkliches Verständnis. Inspiriert vom humanistischen Ideal der Aufklärung und getrieben von der Notwendigkeit, das Land binnen weniger Jahrzehnte zu vergrößern, sann der heute überwiegend als musisch gerühmte Monarch auf die Verstetigung der Geisteskräfte seiner langen wie kurzen »Kerls«.

1763 wurde das preußische Volksschulwesen (»Generallandschulreglement«) eingeführt, »auf dass ein Jeglicher Lesen, Schreiben, Rechnen lerne«; zum Nutzen der Bevölkerung im ruhm- und bedürfnislosen Zivilleben, als Grundvoraussetzung für die Kriege der Zukunft. Gerade im männlichen Teil des Volkes galt es, Hirnschmalz zu entwickeln für die »moderne« Kriegsführung. Der männliche Untertan nach Friedrichs Verständnis war wohl Mensch, hatte aber als Kampfmaschine zu dienen und musste als solche mit entsprechender »Software« gefüttert werden, mochte er sich auch dereinst, im Überlebensfall, darüber beklagen:

Und werden wir dann alt, wo wenden wir uns hin?
Die Gesundheit ist verloren, die Kräfte sind dahin
Und endlich wird es heißen: Geh, Vogel ohne Nest!
Geh, Alter, nimm den Bettsack, bist auch Soldat gewest?
(*O König von Preußen,* um 1800)

Das war das eigentlich Moderne an Friedrichs Militärwesen: Er erweiterte und verbesserte Material, Taktik und Strategie in nie gesehenem Maß, doch hauptsächlich »investierte« er in den Faktor Mensch – in den Faktor Soldat. Disziplin war die legitime Brutalität gegen das eigene Volk, selbstverständlich auch in den Hunderten von Friedrich geschaffenen Schulen. »Geweste« Unteroffiziere wurden als Lehrer verpflichtet, und los ging's: Geistig

leidlich Taugliche reiften rasch zu einfachen Fußsoldaten, gute Rechner kamen zur kniffligen Artillerie, während der junge Adel, von Privatlehrern unterrichtet, bei der Kavallerie begann, schon aus Kostengründen – das spätere gesamtdeutsche, dreistufige Schulsystem warf seine Schatten voraus.
Mit der preußischen Schulpflicht wurde zugleich das Klassenbuch erfunden. Weniger gedacht als Verzeichnis von Lehrstoff und Lernerfolgen, dokumentierte es sorgfältig die tagesüblichen Züchtigungen: Name, Alter, »Vergehen«, Zahl der auferlegten Hiebe. Wer sich dem gewaltregierten Lernen zu entziehen suchte, wurde nicht nur geächtet, Schulschwänzer wurden drakonisch bestraft. Im vollständig militärisch ausgerichteten Preußen standen sie Deserteuren gleich – ähnlich heute in Bayern und Baden-Württemberg, wo Schulverweigerer kurzerhand von der Polizei apportiert werden.

»Disziplin« hält die Wissenshungrigen von den Trögen fern

Zu keiner Zeit, auch nicht in der »weisen« Antike, waren Herrscher besonders an der geistigen Entwicklung ihrer Untertanen interessiert. Immer schon war Wissen Macht, die man besser nicht mit zu vielen anderen teilte, schon gar nicht mit dem gemeinen Volk. Im Altertum malochten die Sklaven und niederen Staatsangehörigen, während es den Bürgern oblag, ihre Söhne und Töchter zwecks Wissensvermittlung vertrauenswürdigen Personen zu überantworten, selbstverständlich gegen Bezahlung (»Lehrgeld«). Gewöhnlich führte nur der Krieg zum seit jeher wichtigsten »Asset« privater Vermögensbildung: eigenem Grund und Boden. Der römische, hochdisziplinierte Legionär sollte seine 25 Jahre Militärdienst abreißen, auf dass er, mit viel Kriegsglück, am Ende seiner Armeezeit die ihm versprochene Ackerscholle in Empfang nehme, ähnlich den Rittergütern im Osten, die Hitler allen Ritterkreuzträgern versprach: Eisen für Gold, Unterwerfung für Leben, Blut für Wohlstand, »Disziplin« für »Bildung« – vier Wochen Sendepause bei RTL, vier Wochen keine *Bild*-Zeitung, vier Wochen kein *Spiegel Online,* und wir könnten manche Parallelen zu einst wieder klar erkennen.

Als die Wehrmacht 1939 per »Blitzfeldzug« Polen besiegt hatte, gab Adolf Hitler eine Anweisung heraus, wonach polnische Schüler nicht weiter als bis 500 zählen lernen sollten. Für einfachste Arbeiten sollte diese »Bildung« genügen. Gleichzeitig ließ er die Intelligenzia des Landes verhaften, deportieren, foltern, ermorden: Kein Pole sollte künftig schlau genug sein, um sich gegen deutsche Herrenmenschen aufzulehnen.

Zu diesem Zeitpunkt hatten sich freilich schon etliche der polnischen Jagdpiloten aus dem Staub gemacht. Statt ihrer bereits bei Kriegsbeginn veralteten Pulawskis flogen sie bald moderne Hurricanes und Spitfires ihrer englischen Verbündeten. Ein knappes Jahr später, im Sommer 1940, in der Luftschlacht um England, schickte so mancher Pole deutsche Messerschmitts oder Heinkels zu Boden. Die Verachtung Hitlers für das polnische Volk mobilisierte den Kampfgeist gerade der bestausgebildeten Schichten Polens.

Ähnlich des »Führers« Vorbild und Verbündeter, der italienische Faschistenführer Benito Mussolini. Bei seiner Machtergreifung hatte der »Duce« auf einen besonders zuverlässigen Verbündeten gesetzt: den Analphabetismus. 70 Prozent der Italiener – Bauern, Arbeiter, Arme – konnten seinerzeit nicht schreiben. Mussolini verheizte seine Landsleute in erfolglosen Kriegseinsätzen wie in Abessinien (dem heutigen Äthiopien), in Nordafrika, in Russland (an der Seite der Wehrmacht), zuletzt auf eigenem Territorium gegen alliierte Truppen.

Der portugiesische Diktator António de Oliveira Salazar wollte für das Gros seines geknechteten Volkes gar keine Bildung mehr zulassen. Disziplin war ihm wichtiger. Nur widerwillig stimmte er zu, für die Mehrheit wenigstens eine auf vier Klassen beschränkte Volksschule bestehen zu lassen – unter den Folgen dieser Bildungsverstümmelung zugunsten blinden Gehorsams leidet das ärmste Land Westeuropas bis heute.
Bald könnte es wieder so weit sein.
In Deutschland hetzen politische Kräfte unverfroren gegen »dumme« und »faule« Hauptschüler, die mangels ausreichender Rechen-, Lese- und Schreibkenntnisse kaum in ein reguläres Arbeitsverhältnis zu integrieren seien, aber als Zukurzgekommene durchaus für Wahlerfolge herhalten können. Gehetzt wird gleichzeitig gegen »faule« Studenten: *one size fits all.*
Betrachtet man das Wirtschaftswachstum der Bundesrepublik von der Wiedervereinigung bis heute, wird deutlich, was gespielt wird: Mit immer weniger (Vollzeit-)Arbeitskräften, die immer schlechter bezahlt werden, erbringt das Land eine fortwährend steigende Wirtschaftsleistung. Das ökonomische Prinzip wird so konsequent wie erbarmungslos umgesetzt: Mit immer weniger Menschen und immer niedrigeren Löhnen immer mehr Umsatz und Gewinn – wer glaubt da noch an die Ernsthaftigkeit der gebetsmühlenhaften Politikerforderung »Bildung, Bildung, Bildung«? Wozu »Disziplin«, wenn nicht zum Stillhalten?
Ex-»Mister Tagesthemen« Ulrich Wickert (Jahrgang 1942) erzählte dem Sender *Radio Eins,* wie er zu Beginn der Wirtschaftswunderzeit unter den drakonischen Strafen seiner Lehrer zu leiden hatte. Halbstündiges Knien vor dem Lehrerpult (auf der Fußbodenkante, das schmerzte mehr) und Schläge mit dem Rohrstock waren als Disziplinierungsmittel an der Tagesordnung: »Wir empfanden unsere Lehrer als Gegner.« Derart verankert war die Schulpflicht in allen Köpfen, dass Eltern für gewöhnlich nicht ge-

gen diesen Sadismus protestierten: Disziplin *in Maßen* schade nicht.

Körperliche Ertüchtigung mit den fein aufgefächerten Mitteln der Züchtigung ist freilich keine Erfindung königlicher und kaiserlichen Armeen, auch nicht der Reichswehr, nicht der Wehrmacht, nicht der Bundeswehr und schon gar nicht des Kino-klischeehaften US Marine Corps. Hart kämpfen in Uniform oder Montur, Anzug oder Kostüm kann nur, wem entsprechend lang das Gehirn weichgekocht wurde, wem beim Sturmangriff nicht Angst und Entsetzen aus allen Poren dringen. Wer zu dieser nur mit Brutalität herbeizuführenden Transzendenz nicht in der Lage ist, wer vor dem Feind oder dem Konkurrenten ausbüxt, kneift, die Flinte ins Korn wirft, den trifft, wenn nicht die Kugel eines Erschießungskommandos, so doch die Verachtung des eigenen Volkes: Feigling, Verräter; Schulschwänzer, Versager!

Noch bis kurz vor der Jahrtausendwende wurden in der Bundesrepublik Deserteure des Zweiten Weltkriegs überwiegend als Verräter angesehen. Suspekt erschienen auch die nur zögerlich rehabilitierten »Verräter« des 20. Juli: dolchstoßende Junker. Last-Minute-Nationalisten. Pommer'sche Separatisten. Ostpreußische Defätisten. (Der Englischlehrer des Autors, ebenfalls WK-II-Offizier: »Schwur ist Schwur, den kann man nicht einfach brechen.«) Und Einzeltäter wie der Hitler-Attentäter Georg Elser galten ohnehin als Sonderlinge, während die widerständigen Studenten der Weißen Rose nur der Sophie-Scholl-Bonus vor der Verachtung bewahrte: deutsches Mädel, Seitenscheitel, die Eltern untadelige Arbeiter. Hätten sie alle »diszipliniert« gedacht und gehandelt, der Hitler-Brut wäre überhaupt kein Kontra entgegengesetzt worden.

Trotzdem bleibt in der Festung der deutschen Bildungsbürokratie sowie in ihrem Vorhof, der Pädagogik, »Disziplin« eine Grundanforderung. Wie »Bildung« muss sie in Anführungszeichen gesetzt werden, um ihren Missbrauch durch Staat und Wirtschaft deutlich zu machen. »Bildung« ist dem durchregulierten Volk zu streng festgelegten Zeiten zu vermitteln, um genau zu sein: parallel zu den im Lande üblichen Geschäftszeiten. Die Eltern zum Broterwerb, ihre Kinder zum Wissenserwerb. Nur im Kollektiv sowie an möglichst staatlichen oder vom Staat kontrollierten Einrichtungen darf »Bildung« verabreicht werden. Die Dosen sind dabei per Lehrplan genauestens festgelegt, weil dem Einzelnen ja nie zu viel auf einmal zugemutet werden soll. Der Vorgang des Gebildetwerdens – niemand spricht von Bildungs-Do-it-yourself – hat nach Möglichkeit ein passiver zu sein. Die zur jeweiligen Verabreichung vorgesehenen Kenntnisse sind von den Lehrkräften zu portionieren und den Schülern über einen quälend langen Zeitraum – neun bis 13 Schuljahre – zu verabreichen, auf dass die Einzelkenntnisse sich zu zertifizierbarem Wissen, zum sogenannten Bildungsabschluss verdichten.

Dabei wäre das meiste, was die Schule für lehrwürdig hält, ohne Lernstress in bedeutend kürzerer Zeit vermittelbar. Deutsche Bildung erinnert an die Tour einer Oldie-Band, die ihr Publikum bis weit in die zweite Konzerthälfte mit Songs von ihrem jeweils »neuen« Album quält, um dann, kurz vor Schluss, endlich mit den alten Krachern herauszurücken: *Don't bore us, get straight to the chorus.*

Aber Schule muss dauern, und sie muss schmerzen, schon des Erwerbs von Disziplin halber. Das künftige Erwerbsleben währt noch viel länger, verläuft zumeist noch härter – die Schulbehörden wissen, warum sie junge Menschen bis möglichst übers Ende der Pubertät unter Verschluss halten. Dummerweise wissen junge Leute oft nicht, wohin mit ihrer Energie. Besser, sie richten diese nicht, wie die Proteststudenten der 68er, gegen den Staat: *Bleibt doch noch ein bisschen.*

Ausgerechnet jetzt, wo die Schule »suckt« wie nie zuvor, nimmt sie den jungen Menschen am härtesten ran. Disziplin, Disziplin: frühes Aufstehen, weil früher Unterrichtsbeginn. Immer mehr und immer schneller rangeklotzter Lehrstoff, voll Hammer, und weil auch die Hausaufgaben nicht weniger, sondern mehr werden, ebenso die Klausuren. Gnade!

»Bildung« und »Disziplin«, der geistige Landraub

Nein, keine Gnade, schließlich geht es im Zeitalter der Globalisierung um die Wurst, jeden Tag. Wer jetzt, im Finale um die besten Abschlussnoten, nicht Härte gegen sich selbst zeigt, ist anschließend, auf dem Berufsmarkt, so gut wie verloren. Die Schule sagt: Pubertät hin, Hormonexplosion her, bloß nicht noch mehr Fehlzeiten und Ausreden. Müde, schlapp und »irgendwie daneben« sind keine objektiven Krankheitsbilder. Manche Hirnforscher aber sagen: Die Schule ist rücksichtslos. Nie wieder hätten Jugendliche so viel Schwung, nie wieder zeigten sie so viel kreatives Potenzial, handelten sie derart risikobereit wie in der Zeit der beginnenden Geschlechtsreife. War Lernen bisher schon nicht angenehm, wird es nun vollends zur Quälerei.
In einem Gespräch mit der *Welt* am 22. 9. 2008 forderten der Kinderpsychiater Professor Gunther Moll vom Universitätsklinikum Erlangen sowie der dortige Forschungsleiter, Professor Ralph Dawirs, das Abituralter auf 14 Jahre herabzusetzen. Professor Moll: »Die Hochschullaufbahn kann mit 14 beginnen, die jungen Erwachsenen sind dann so weit, dass sie das problemlos können. Wenn sich diese Wege öffnen, wird sich unglaublich viel in unserem Land bewegen. Man kann Universitäten nur in Schwung bringen, wenn junge Erwachsene, also 14-, 15-Jährige, zu studieren beginnen. Das trifft natürlich auch auf Berufsausbildungen und alles andere zu.«

Natürlich.
Und: *Alles andere.*
Politik und Wirtschaft wollen über solche Vorschläge nicht einmal reden. Je später unverbrauchte junge Menschen ins Berufsleben eintreten, desto besser. Das hält die Arbeitslosenquote niedrig, weil bekanntlich nicht für jeden eine Berufsausbildung möglich ist, gar nicht möglich sein soll: Wohin mit 82 Millionen gebildeten Deutschen? Auf den Mond, auf den Mars?
So wie man die Alten bis zum vollendeten 67. Lebensjahr im Arbeits- oder Vermittlungskreislauf halten möchte, sollen die Jungen möglichst lange aus ihm herausgehalten werden. Auf Schulbeziehungsweise Universitätszeit folgen die schon Alltag gewordenen Verzögerungsspiele mit karg bis nicht bezahlten Praktika und Trainee-Programmen.
Der Neurobiologe Dawirs: »Die Jungen werden in Parallelgesellschaften weggepackt, ferngehalten von den Futternäpfen und dürfen nicht mitgestalten. Das ist die Krise. Wir verschenken dadurch viel Potenzial, denn wir brauchen die Qualitäten dieser jungen, dynamischen, risikobereiten Erwachsenen. Sie müssen mitgestalten, so, wie sie es Millionen Jahre lang gemacht haben ...
Wenn man sich die Vita von gestaltungsfähigen Persönlichkeiten anschaut, stellt man oft fest: Die waren in der Schule nicht immer die Besten. Einserkandidaten werden in der Regel keine Führungspersönlichkeiten. Das werden eher Mitläufer, die sogenannten Angepassten, die wir ja auch brauchen. Entscheidungsträger brauchen aber den Mut, auch Abweichendes und Neues vor anderen durchzusetzen. Diese Bereitschaft müssen sie biologisch im Gehirn entwickeln. Das geschieht in der Pubertät, sie ist ein Produkt der Kultur-Evolution. Und solche pubertären Fähigkeiten liegen heute im Grunde brach, sie sind nicht gefragt. Das längere Leben ist uns dazwischengekommen.«
Die Bildungsheuchelei hat kein Ende.

Das Lernen durch Disziplin hat das Lernen durch Eifer ersetzt. Dabei wäre Eifer leicht zu erwecken. Es müsste Lehrern nur gestattet sein, Rücksicht auf einzelne, insbesondere »sozial schwache« Schüler nehmen zu dürfen. Lehrer müssten sich diese Notwendigkeit selbst gestatten, sich die Freiheit nehmen, ihren Beruf ohne Gemauschel mit der Schulbehörde auszuüben – trauen sich das Staatsdiener?

Sie haben eben nicht Rücksicht zu üben, sondern ein Programm zu exekutieren. Irgendwann hat irgendwer festgelegt, was im jeweiligen Schuljahr zu welchem Zeitpunkt zu unterrichten ist, basta. Darüber hat der Lehrer Rechenschaft abzulegen, denn sein Lehrerfolg bemisst sich nach dem Klassendurchschnitt, nach der Vorgabe, seinem persönlichen Soll. Welche Schüler er dabei fördert oder womöglich zurücksetzt, bleibt ihm überlassen – sein einziger Spielraum. Ansonsten hat auch er zu gehorchen: Disziplin beginnt bei den Disziplinierenden. Wer verbeamtet ist, hat dem Staat Gehorsam geschworen, nicht dem einzelnen Bürger.

In der Bildungskette sind Lehrer Befehlsempfänger. Von ihren Schülern fordern sie, mehr oder weniger offen, den gleichen Grad von Unterwerfung – *Einsicht in die Notwendigkeiten*. Einmal in den Köpfen der Schüler installiert, läuft die Disziplin-Software unentwegt. Umarme mich, knuddle mich; Schule, sei lieb zu mir, das verlangt niemand. Aber »Disziplin«?

In David Leans mit sieben Oscars prämiertem Wüsten-Epos *Lawrence von Arabien* (GB 1962) zeigt sich der Unterschied zwischen Soldaten- und Kriegertum aufs deutlichste – der Unterschied zwischen »Disziplin« und Vernunft.

Kriegsrat in Fürst Faisals (Alec Guiness) Zelt, dem Führer der arabischen Stämme, die gegen die türkische Herrschaft rebellieren. In Gegenwart von Lieutenant T. E. Lawrence (Peter O'Toole) und Sherif Ali (Omar Sharif) fordert das Stammesoberhaupt von Colonel Brighton (Anthony Quayle), dem Verbindungsoffizier seiner englischen Verbündeten, moderne Waffen – Artillerie, nicht nur Gewehre. Eine Bewaffnung muss her »wie die türkischen Kanonen vor Medina«.

Brighton windet sich: »Träume bringen Sie nicht nach Damaskus, Sir, aber eiserne Disziplin!« Und setzt an, Faisal zu erklären, wie Großbritannien zur Weltmacht geworden ist: »Sehen Sie, Sir, Großbritannien ist ein kleines Land, viel kleiner als Ihres. Es hat eine verhältnismäßig geringe Bevölkerung. Es ist zwar klein, aber es ist groß. Und wodurch?«

Ali fährt dazwischen: »Weil es Kanonen hat.«

»Weil es Disziplin hat!«, beharrt Brighton.

»Weil es eine moderne Flotte hat«, stellt Faisal klar, »mit deren Hilfe die Engländer gehen können, wohin sie wollen, und zuschlagen können, wo sie wollen. Und das macht sie eben groß!«

Noch deutlicher wird eine andere Szene, im letzten Drittel des Films.

Nach dem partisanenartigen Überfall auf einen türkischen Eisenbahnzug plündern die Beduinen-Krieger Auda Abu Tayis (Anthony Quinn) die Waggons. Anschließend machen sie sich mit reicher Beute auf den Heimweg.

Colonel Brighton fordert die Freischärler zum Weiterkämpfen auf, doch Auda Abu Tayi denkt nicht daran: »Wenn Lawrence hat, was er will, geht er nach Hause. Wenn du hast, was du willst, gehst du nach Hause.«

Brighton, wütend: »Nein, das tue ich nicht, Auda!«

Auda, an Willensfreiheit gewohnt: »Dann bist du ein Dummkopf!«

Seltsam, dass für das Volk immer am besten sein soll, was am meisten schmerzt und am wenigsten Freude macht.

Freischwimmer oder Jodel-Diplom:
Wie schlau dürfen wir noch werden?

»Irjendwann kommt der Punkt, da bist du so mürbe und so fertisch und die Versuchung iss so groß, dann nimmst du's, und dann hab isch disch. Dann jehörst du mir, und dann biste mein Knescht. Isch mach mit dir, wat isch will. Jejen meine Kohle hast du doch jar keine Schangse.«

Mario Adorf als rheinischer Klebstofffabrikant in Helmut Dietls/Patrick Süßkinds TV-Serie Kir Royal *(1986)*

Im August 1966 veröffentlichten die Beatles ein ungewöhnliches Stück.
Sie sangen das Lied nur, spielten keine einzige Note selbst; die Begleitung besorgten vielmehr strenge Bratschen, Violinen und Violoncelli.
In *Eleanor Rigby,* zwei Minuten, sechs Sekunden kurz, geht es um die Einsamkeit des modernen Menschen: *All die einsamen Menschen, wo kommen die nur her? All die einsamen Menschen, wo gehören die bloß hin?**
45 Jahre nach *Eleanor Rigby* sind diese Fragen weiterhin offen. Der Katalog muss sogar erweitert werden: Alle die IDIOTEN, über die wir uns jeden Tag ärgern, wo kommen die her? Alle die IDIOTEN, die uns das Leben sauer machen, die über unser Schicksal bestimmen, uns um Lebensfreude und Möglichkeiten bringen, sich in unserem Namen mit anderen Völkern anlegen, uns zu Wahlzeiten ins Gesicht heucheln und uns dazwischen ganz

---

* Der zweite Song der 45er Single, beides »A«-Seiten, gilt als lebenszugewandter, Kritiker sagen »haschischzugerauchter«: *Yellow Submarine* – leben wir nicht alle in einem gelben Unterseeboot?

ungeniert betrügen, die mit ihrem Kredit-, Währungs- und Spekulationsgezocke unsere Existenz bedrohen und den Planeten ausrauben, wer, wer, wer hat sie alle bloß dazu gemacht, zu *solchen* IDIOTEN?

2011 wird Deutschland wieder mehr als 100 Milliarden Euro aufwenden, um seine Bildungsmaschine am Laufen zu halten. Dass sie kaum dem Menschen, sondern dem Großkapital dient, ist kein Zufall. Nicht die freie Entfaltung von Intelligenz und Talenten tunlichst eines jeden Bürgers ermöglicht diese Maschine, ihr Zweck liegt im genauen Gegenteil.

So früh wie möglich werden unsere Kinder in Strukturen eingewiesen. Von klein auf hat Hänschen zu lernen, was Hans vielleicht nimmermehr lernt, nämlich dass Materielles vor Ideellem zu kommen habe, dass Egoismus und Wettkampfgeist die Seele beflügelten, dass hemmungsloses Konsumieren und die damit verbundene Selbstkorruption Triebfedern des Fortschritts seien.

»Gier ist gut!«, frohlockt Gordon Gekko alias Michael Douglas in dem Börsenthriller *Wall Street* (USA 1987). Zur Erinnerung: Das war nur *Fiktion*. Die Finanzkrise indes war – und ist mit ihren Auswirkungen – Realität. Wohin mit Tausenden allein in Deutschland auf Gier und Egoismus hin *gebildeten* Investmentbankern? Wo gehören sie jetzt hin?

Angesichts drängenderer Fragen nicht unser wichtigstes Problem.

IDIOT! – Über wen haben Sie sich zuletzt geärgert? Wer hat Sie letztens derart in Rage gebracht, Sie Zeit und Nerven gekostet, dass Sie für einen Augenblick den gebildeten, herzensguten Menschen vergaßen, der Sie eigentlich sind? Sagen Sie nicht: der Klempner war's; er hat genervt mit seiner überhöhten Rechnung – was sind seine paar Euro fünfzig gegen die jüngsten »Kostenanpassungen« Ihrer Krankenkasse, Ihres Energielieferanten, Ihrer Arbeitslosenversicherung?

Sagen Sie ebenfalls nicht: der Grieche an der Ecke.
Wir wissen, Dimitrios' Heimatland ist nicht zuletzt deshalb pleite, weil unsere Banken es vollgepumpt haben mit überflüssigen Krediten, die zur Anschaffung überflüssiger Rüstungsgüter und zum Erhalt etlicher überflüssiger Politiker dienten. Dafür müssen die Hellenen unseren Banken nun noch höhere Zinsen zahlen, denn ihr Land ist kaum mehr kreditwürdig. Dimitrios gibt hierzulande nur weiter, was ihm von »unserer« Brauerei und »unserer« Markthalle sowie vom Finanzamt abknöpft wird.
IDIOTEN nennen Sie die Leute in Ihrer Autowerkstatt, weil die jenes nervige Geräusch irgendwo in den Armaturen nicht wegkriegen. Aber denken Sie an Ihren Hausarzt, an Ihren Rechtsanwalt, an Ihren Steuerberater – alles studierte, gebildete Leute. Aber ihre Heil- und Beratungserfolge, ihre Gebührensätze!
Ähnlich verhält es sich mit den vielen anderen Abkassierern in Ihrem Leben. Alles, was Sie verdienen, besitzen, geerbt haben oder geschenkt bekommen, müssen Sie mit immer mehr Unbekannten teilen. Sie sitzen in einem der reichsten, zugleich gierigsten Länder der Welt und stellen fest: Dies ist ein Netz, aber die Spinne sind andere. Ihr einziger Trost: Die Leute, die nach Ihrem Mammon fingern, sind durchweg wahnsinnig gebildet. Denn fast alle Ärgernisse im Leben werden mittlerweile von Menschen verursacht, die Abitur haben. Mindestens. Die meisten haben auch noch studiert, etliche promoviert, tragen stolz akademische Titel und Würden vor sich her. Ein paar Ebenen über Dimitros, den Autoschraubern, dem Hausarzt, dem Rechtsanwalt und dem Steuerberater geht fast nichts mehr ohne den Namens- und Bildungszusatz »Doktor«. Supergescheit trifft Supermächtig – und hat hoffentlich jede Zeile der Dissertation auch wirklich selbst überlegt und selbst geschrieben.
Ein Blick auf die Kabinettsliste von Schwarz-Gelb: Frau Dr. Angela Merkel, Herr Dr. Guido Westerwelle, Herr Dr. Wolfgang

Schäuble, Frau Dr. Kristina Schröder, Herr Dr. Philipp Rösler, Herr Dr. Thomas de Maizière, Frau Dr. Ursula von der Leyen, Herr Dr. Norbert Röttgen, Herr Dr. Peter Ramsauer, Herr Dr. Hans-Peter Friedrich.*
Nicht zu vergessen Frau *Professor* Doktor Annette Schavan, unsere Bundesbildungsministerin.
Dem Gedöns ihres Ministeriums zufolge will sie Arbeitslosigkeit mittels Bildung ausrotten, doch dank des von ihr so unauffällig verwalteten Bildungs- und Forschungsetats sind wir gerade mal so sehr gebildet, dass sich Deutschland im PISA-Ranking nur auf mittleren Plätzen findet – sofern es überhaupt wünschenswert ist, in solchen Listen aufzutauchen; dazu später mehr.
Weiters ein Blick auf die »hipsten« Unternehmen unserer Zeit: Google, Yahoo, Twitter, Skype, YouTube, MySpace, Facebook – alle nicht von Deutschen erfunden, gegründet und betrieben, aber natürlich auch von Deutschen freudigst genutzt. Suchmaschinen, Kurzmitteilungsdienst, Telekommunikation, Video- und Kontaktplattform – wir haben genug 27-Jährige, die es mit Mark Zuckerberg aufnehmen könnten. Sie dürfen es nur nicht, weil sie gefälligst – obwohl auf der Höhe ihrer Geisteskräfte – in der deutschen Industrie Fronarbeit leisten müssen; wofür hat man sie schließlich studieren lassen?
Wir verfügen auch über genug Ingenieure, die uns im Handumdrehen ein wirklich umweltfreundliches, sogar attraktiv aussehendes, vor allem bezahlbares Auto auf die Räder stellen könnten. Doch die deutsche Automobilindustrie saugt uns den Großteil der Intelligenzia von den Universitäten, um ihren antiquierten

---

* Wie in dieser geballten Doktorenschaft etwa der Diplom-Verwaltungswirt (FH), aber Nicht-Doktor Dirk Niebel Entwicklungsminister werden konnte? Weil Protektion bei Politikern niemals vermutet werden darf, wird es wohl so gewesen sein, dass der Ex-FDP-Generalsekretär, Ex-Fallschirmjäger (wie Jürgen W. Möllemann) und Hauptmann der Reserve einfach mittenrein gesprungen ist: »Glück ab«, wie man bei der Truppe sagt.

Zerknalltreiblingen ein zusätzliches Grämmchen CO_2 auszutreiben. Der Rest nimmt den Kampf mit dem deutschen Steuer- und Rechtssystem auf oder heuert bei Roland Berger oder McKinsey an, wo weibliche wie männliche Angeber endgültig lernen, wie man Firmen plattmacht. Oder sie werden Wirtschaftsprüfer bei KPMG oder Anwälte bei Linklaters. Dann schreiben sie sogar, wie 2009 unter Kurzzeit-Wirtschaftsminister zu Guttenberg, unsere Gesetze.

Jonathan Franzen gegen Cornelia Funke

Und so läuft es in so gut wie allen Bereichen unserer Gesellschaft.
Die Welt, die uns, dank »Bildung«, zu Füßen liegen sollte, ist uns über.
Der Punkt, an dem die meisten von uns so mürbe und so fertisch sind und die Versuchung so groß iss, wird immer früher erreicht.
Das bisschen Geld, dieses bisschen Illusion von Sicherheit – wir nehmen beides, und dann hamm sie uns. Dann jehören wir ihnen, dann sind wir ihre Kneschte. Sie machen mit uns, wat sie wollen, denn jejen ihre Kohle haben wir keine Schangse.
Vergleichen wir uns abermals mit unserem wichtigsten transatlantischen Verbündeten.
Die USA hat eine nationale Luft- und Raumfahrtbehörde, die NASA, mit rund 18 000 Mitarbeitern. Sie brachte bereits zwölf Menschen auf den Mond.
Wir haben die ESA, die Europäische Weltraumorganisation, die die Menschen ihrer 18 Mitgliedstaaten, unter anderem uns Deutsche, nur auf die Palme bringt: kostspielig, aber Lichtjahre vom Mond entfernt.
Die Amerikaner haben den Schriftsteller Jonathan Franzen *(Frei-*

heit, Die Korrekturen), der unter seinen Landsleuten nicht unumstritten ist, es aber aufs Cover des *Time Magazine* geschafft hat. Wir haben Cornelia Funke *(Tintenherz, Tintenblut, Tintentod)*. 2005 wurde sie, ebenfalls von *Time,* zu den »100 weltweit einflussreichsten Persönlichkeiten« gewählt. In Deutschland kann Funke weiter darauf warten, für ihre phänomenalen Bucherfolge von einem Magazin auf den Titel gehoben zu werden. Schließlich haben ihre »Kinderromane« nichts mit Bildung zu tun, genau wie *Harry Potter.*

2010 haben die Amerikaner ihrer von Jürgen Schrempp und Dieter Zetsche totgedaimlerten Marke Chrysler das Emblem von Lancia, dieser ähnlich vitalen Italo-Marke, an die Kühlermasken gepappt. Die US-Autos sind dadurch kein bisschen südländisch-raffinierter geworden, dafür kriechen sie weitere fünf, sechs Jahre dem Ende ihrer Produktionszyklen entgegen.

Wir in Deutschland, überhaupt in Europa, halten nichts von solchem Pragmatismus, solchem »Badge Engineering«. Unsere Patentämter wähnen uns noch immer ingeniös, weil wir ständig neue Varianten von Eiscremeportionierern oder beheizbaren Getriebeschalthebeln »erfinden«. Oder weil wir unsere Markennamen inzwischen fast regelmäßig einem Facelift unterziehen. Beispielsweise heißen die Kampfflugzeuge, Drohnen und Raketen der Rüstungssparte von EADS ab sofort *Cassidian*.

Auch dafür muss man studiert, am besten promoviert haben.

Die auf vielen Kriegsschauplätzen der Welt zu besichtigende Paranoia der Amerikaner kontrastiert mit der deutschen Scheu vor dem eigenen Schneid: *Ist das ein Gewehr? Drückt man hier ab?* Dies, obwohl der durchschnittliche Amerikaner als nicht besonders gebildet gilt, ihren sämtlichen *degrees, bachelors und masters* zum Trotz. Wenigstens hierüber können deutsche Bildungspolitiker noch lachen, denn sie kontern mit BAföG, zinspflichtigen KfW-Studienkrediten sowie mit dem Bildungskreditprogramm der Bundesregierung: Bildung soll am Geld nicht scheitern.

So schallt und hallt die Bundesrepublik nur so von Bildung, von Appellen an Mütter und Väter, möglichst schon vor der Geburt mit der Geistesausformung ihrer Kinder zu beginnen. Doch nicht ein Volk von Dichtern und Denkern, schon gar nicht eines der Individualisten und Freidenker sollen wir wieder werden. Als Volk von Facharbeitern, Ingenieuren und IT-Cracks wünscht man sich uns; allein so könnten die Teufel Hartz IV und »Minuswachstum« gebannt werden. Ansonsten müssten wir uns auf den Import höchst fremdländisch aussehender Menschen gefasst machen, und Thilo Sarrazin müsste noch mehr Statistiken wälzen.

Immer mehr »Bildung« und immer »Qualifikation« *für alle* – das bedeutet im Umkehrschluss, dass möglichst niemand mehr Fliesenleger, Dachdecker, Maurer oder Müllfahrer werden soll, ebenso wenig Landwirt, Koch oder Bäcker, Friseur oder Verkäuferin, schon gar nicht Pfleger, Kita-Betreuerin, Kindergärtnerin oder Schneiderin. Übrigens auch nicht DJ, Rockgitarrist, Filmemacher, Maler, Philosoph oder Schriftsteller – aber was machen Sie, Frau Bildungsministerin, Sie und Ihre Kollegen in den 16 Bundesländern, wenn die erwähnten Landwirte, Köche, Friseure, Verkäuferinnen und so weiter plötzlich der Bildungs-Ehrgeiz oder die Bildungs-*Panik* packt? Was, wenn die sich alle »bilden« wollen? Steht ihnen ja zu, will ja niemand zurückbleiben, hört man ja ständig reden von »Aufstiegschancen« und »Wohlstandssicherung«. Was also, wenn das Volk Sie, Frau Schavan, beim Wort nimmt und keinen Bock mehr hat, »ungebildete«, nicht zukunftsfähige Arbeiten zu verrichten?

Irgendjemand muss doch all das Klein-Klein erledigen, die vielen mies bezahlten Jobs verrichten, die Drecksarbeit für uns machen. Eine Zeitlang könnten wir uns vielleicht mit ungelernten Hilfsarbeitern *aus dem Ausland* behelfen. Aber irgendwann kommt der

Punkt, da sind wir so mürbe und so fertig und ist die Versuchung so groß, dann haben sie uns, die Maurer, Bäcker und ihresgleichen. Dann sind wir es, die *ihnen* gehören, dann sind *wir* die »Kneschte«, und sie machen mit uns, was sie wollen.

Bloß gut, dass wir für ihre Bildungs-Schangsen gar keine Kohle haben.

Liebe Frau Bundesbildungsministerin, von Ihrer – fraglos perfekt gehosteten – Website kann leider niemand abbeißen, aber Hauptsache, wir haben genug IT-Experten. Aus Ihrem gewiss fortschrittlichst konstruierten Dienst-Mercedes (ein E 350 »Bluetec«, wie wir wissen) quellen die Abgase nur mehr in umwelt- und marketingfreundlichem Hellblau hervor, doch wenn wir alle Ingenieure werden, bleibt die Kiste ungewaschen, ungesaugt und unbetankt, und selbst fahren werden Sie auch nicht wollen.

Weiters, Frau Schavan, sei nicht nur diesem Buch, sondern ebenso Ihren Publikationen, welche Titel tragen wie *Schule der Zukunft. Bildungsperspektiven für das 21. Jahrhundert* oder *Gott ist größer, als wir glauben. Visionen für Kirche und Welt,* Erfolg gewünscht.

Nur: Wer hat denn Ihre Bücher gestaltet? Wer hat sie gedruckt, gebunden, verpackt, ausgeliefert, in die Regale gestellt, verkauft und *gekauft* – waren das alles Abiturienten, Hochschulabsolventen, *Bildungsgewinner?* Oder denken Sie, die vielen an der Prozesskette beteiligten, leider nichtakademischen Heinzelmännchen entlarvten sich durch ihre bodenständige Arbeit als *Bildungsverlierer?* Warum tun Sie und Ihre 16 Kultuskollegen ständig so, als sei Arbeit von Hand Arbeit für Tand?

Wenn jemand in einer Stadt den Stecker zieht, lesen sich Zehntausende Hochschulabsolventen nur noch gegenseitig ihre Diplome vor, sofern draußen die Sonne scheint. Währenddessen geht die Arbeit weiter: Die Hunderttausende, die nach wir vor ihren Dienst verrichten, und der eine, der den Stecker wieder reinsteckt, die haben nicht mal Abitur – wo kommen die alle nur her, wo gehen die alle nur hin?

Weil Sie, Frau Ministerin, zudem bekennende Katholikin sind, hier ein Zitat aus der Bibel. Paulus und die Korintherbriefe 1, Vers 12: »Ich weiß, wie eifrig ihr euch um die Gaben bemüht, die uns durch Gottes Geist gegeben werden. Aber dabei muss es euer Ziel sein, vor allem die Gaben zu bekommen, die eine Hilfe für die ganze Gemeinde sind.«

Die *ganze* Gemeinde, Frau Schavan, die ganze!

Nicht bloß ein Drittel, nicht nur ein Viertel.

Gaben und Hilfe für die *ganze* Gemeinde, für *alle* Bürger.

Überhaupt, als ehemalige Kultusministerin von Baden-Württemberg, als vormalige Bewerberin für das dortige Ministerpräsidentenamt, sollten Sie am besten wissen, wie schmerzhaft mitunter Schulbildung und Charakterbildung auseinanderklaffen. Da mag, um ein Beispiel zu nennen, etwa ein Politikerkollege das Gymnasium in Korntal-Münchingen besucht und Rechtswissenschaft und Volkswirtschaftslehre studiert haben. Dennoch passiert es, dass ein so hochgebildeter Mensch keinen einzigen englischen Satz herausbringt (Schwäblisch ist kein Englisch); mehr als eine halbe Million Menschen haben sich schon bei YouTube über »Psycholotschie« und »Inter-infa-infra-Straktscher« amüsiert.

On si asser händ, Frau Schavan, kämpfen Sie dafür, dass auf deutschen Schulen und Universitäten die Hirne künftig noch mehr anschwellen, nicht aber die Herzen. Sie streiten dafür, dass Zahlen das Wichtigste bleiben, was über Menschen gesagt werden kann, und Sie bewirken, dass das wahre Rückgrat unserer Gesellschaft, das freilich schon arg geschrumpfte Heer der Arbeiter, durch Ihre unablässige Forderung nach immer mehr »Bildung« diffamiert wird. Sind Menschen ohne Studium, ohne Abitur oder Mittlere Reife wirklich »ungebildet«? Ist das, was diese Menschen in ebenfalls mindestens neun Schuljahren gelernt haben, rein gar nichts wert? Sind Ihre angestrebten Super-Duper-Gebildeten ihnen allen wirklich überlegen, und dürfen sie – dürfen Sie, Frau Ministerin – sich derart über den *Großteil* des Volkes erheben?

POS und EOS in der alten DDR

Sie, Frau Ministerin, setzen Sie sich dafür ein, dass Wissenserwerb und Kenntnisvermittlung aus den Händen des Staates zunehmend in die Griffel des Kommerzes geraten. Bitte fragen Sie gleich beim nächsten Arbeitstee mit der Frau Bundeskanzlerin diese nach dem Bildungssystem in der ehemaligen DDR. Das wurde, zwischen 1963 und 1989, von ein und derselben *Ministerin für Volksbildung* geleitet, von Margot Honecker, Gattin des Staatsratsvorsitzenden Erich Honecker.
26 Jahre im Amt – wir geloben, Geduld auch mit Ihnen, Frau Schavan, zu haben.
Margot Honecker besuchte während der Nazi-Herrschaft die Volksschule. Sie war Mitglied beim Bund Deutscher Mädel, arbeitete als kaufmännische Angestellte und Telefonistin und sollte später, dann bereits in der SED, als Stenotypistin und Sekretärin tätig sein. (Erich Honecker übrigens sollte Dachdecker werden, brach jedoch seine Lehre ab.)
So viel Lebens-, Weltkriegs- und Nachkriegserfahrung reichten Frau Honecker aus, um bald ein ganzes Schulsystem zu begründen, zugegeben: in einem verlogenen, diktatorischen Staat. Jedoch brachte auch dieses System nicht ganz unbedeutende Persönlichkeiten hervor, mehr gar, es steht wohl außer Zweifel, dass sich zumindest eine dieser Persönlichkeiten aufgrund der Qualität jener Ausbildung gerade heute zu herausragendem Wirken, nun ja: befähigt sieht.

Angela Merkel, damals noch Angela Kasner, besuchte in der DDR die damalige Polytechnische Oberschule in Templin. Die POS war eine Gemeinschaftsschule, in welcher der Klassenverband *über sämtliche acht* beziehungsweise *zehn Schuljahre* hinweg Bestand hatte; ein für bundesdeutsche, gar hamburgische Verhältnisse unfassbar egalitäres Schulmodell. Man stelle sich vor: keine Selektion, keine Separation. *Alle* Schüler bekamen gleichermaßen Zugang zu oberschulischer Bildung.

An der Erweiterten Oberschule (EOS) machte die Jungpionierin, Wikipedia weiß es, 1973 ihr Abitur mit dem beeindruckenden Notendurchschnitt von 1,0. Obligatorischer »Wehrunterricht«, wie für DDR-Schüler in der neunten und zehnten Klasse, mit Waffenausbildung an Luftgewehren und Maschinenpistolen (!), ist absolut inakzeptabel.* Aber dass die einmal gefürchtetste Politikerin Deutschlands – was Nicolas Sarkozy betrifft – so ganz mit ihresgleichen, den bunt zusammengewürfelten Kindern von Arbeitern und Bauern und anderen Werktätigen, auf ein und dieselbe Schule ging, Jahr für Jahr und ohne Dünkel, ohne jede, wie zu denken ist, Bevorzugung oder Benachteiligung und ohne die Krätze zu kriegen oder das Dummerjan-Syndrom, dass also die Schülerin Angela Kasner binnen dieser zehn Jahre nicht ein Jota ihrer intellektuellen Fähigkeiten verlor, das eben sollte Ihnen, Frau Bundesbildungsministerin, zu denken geben. Oder wollte irgendwer behaupten, das DDR-Abitur sei schon aufgrund dieses buchstäblichen Klassenmixes weniger wert gewesen als unsere Abi-Lotterie heute, in einem unserer 16 deutschen Kombinate, pardon: Bundesländer?

Angela Merkel heute, als Europas »Madame Non«, man kann sie mögen oder nicht, dem vereinten Deutschland könnte sie weit

---

* Angela Merkel, zwischen Schulbänken verschanzt, im scharfen Schuss? Undenkbar, weil Margot Honecker dieses Fach erst 1978 einführen ließ.

mehr denn nur als Kanzlerin dienen. Die ehemals bis zum Doktor gebildete Gesamtschülerin, sie wäre geradezu Vorbild für eine Hinwendung unseres großkopferten Bildungssystems zu mehr, zu überhaupt Bildungsdemokratie: Tommy-Hilfiger-Jugend, bau endlich auf; Einkommensklassen aller Bundesländer, vereinigt euch! Schließlich kann eure/unsere eigene Bundeskanzlerin ein Lied singen von den Vorteilen schulischer Gemeinschaft:
Kein Zwang und kein Drill
Der eigene Will
Bestimme dein Leben fortan ... *
Frau Schavan, Frau Ministerin, von Wessie zu Wessie: Lassen Sie nicht länger zu, dass in unserem vereinten Deutschland weiterhin so getan wird, als verhindere die Gemeinsamkeit sämtlicher Schichten den schulischen Erfolg der »Intelligenten«. Brillanz setzt sich durch, nur keine Angst. Auch Angela Merkel hat sich durchgesetzt. Ladungsfähige Zeugen: die Herren Friedrich Merz, Roland Koch und Christian Wulff (zurzeit als Bundespräsident tätig). Wir sollten aufhören, so zu tun, als bräuchten wir in Zukunft nur noch Astrophysiker und Nuklearmediziner.
Oder, wie anscheinend in Hamburg, Bugatti-, Schaumwein- und Juwelenhändler.
Gerade die Herren – weniger die Damen – Doktoren und Professoren in Politik und Wirtschaft beteuern immer, wie sehr sie auf Bildung achteten.
In Wirklichkeit *ächten* sie oft Arbeit und Arbeiter, indem sie sich selbst als »Bildungselite« vergöttern. Einmal mehr irrt der Dr. rer. pol. Thilo Sarrazin: Nicht Muslime und Arbeitslose »schaffen Deutschland ab«. Die ohnehin schon Privilegierten sind es, die sich und ihre Nachkommen plemplem machen, höchstselbst! Sie stecken junge Menschen in Kästchen, verhindern mit ihrer Ver-

---

* Aus dem Lied *Jugend erwach (Bau auf, bau auf)* der Freien Deutschen Jugend (FDJ).

mischungsphobie den »Goofy-Faktor«, nämlich die soziale Vielfalt, jene zur ständigen Erneuerung eines jeden Organismus nötigen »Zufälle«; sie erzeugen und unterscheiden – natürlich »streng wissenschaftlich« und statistisch absolut »beweisbar« – Bildungsgewinner und Bildungsverlierer; sie kappen, gottgleich, die Chancen von Schülern und Studenten; sie entlohnen »niedere« Arbeiten nur mit niedrigsten Löhnen; sie reden Almosenempfänger als »Prekariat« schlecht und tun schließlich so, als würden etwa Allianz und Siemens, BMW und Deutsche Bank *nicht* davor zurückschrecken, ein paar tausend *Akademiker* auf die Straße zu setzen, nur weil's mal eben der Bilanz guttut.

Angela Merkel, die einzige ostdeutsche Politikerin im schwarz-gelben Kabinett (geboren 1954 in *Hamburg*), ist Kanzlerin dieser Republik, nicht nur von deren Akademikern. Solange wir *sämtlichen* von ihr Regierten kein Enthüllungsbuch über skandalöse Verhältnisse im DDR-Bildungssystem zu lesen kriegen (vergleichbar den Zuständen etwa an der westdeutschen Odenwaldschule), so lange muss vermutet werden, dass, ausgerechnet, Margot Honeckers sozialistische Einheitsschule dem kapitalistischen, nein: westdeutsch-demokratischen Schulsystem *überlegen* war. Die Menschwerdung beginnt nicht erst mit einem Hochschulabschluss; die Veredelung des menschlichen Geistes beschleunigt der Erwerb akademischer Grade und Titel allenfalls um Millimeter. Und dann ist da noch die Sache mit der Gleichheit, Grundlage jeder Religion und, nebenbei, unseres Grundgesetzes. Nach der christlichen Überzeugung der evangelisch getauften und erzogenen Frau Merkel sowie derjenigen der katholischen Frau Schavan sind wir allesamt Schäfchen Gottes. Schäfchen, und nicht irgendjemandes Lammkoteletts.

Elfriede und Elisabeth.
Zwei Frauen beherrschen die Nation

Überhöhung auf der einen, Stigmatisierung auf der anderen Seite: Warum können die Mächtigen und Einflussreichen, die Wohlhabenden und Reichen in der Bundesrepublik sich nicht mehr so unauffällig ihrer Privilegien erfreuen wie die meisten ihrer Vorgänger Jahrhunderte hindurch, bis etwa um die Zeit des Amtsantritts von Gerhard Schröder? Wie wenig Herzensbildung steckt in jenen, die zur Glückhaftigkeit ihres weichgepolsterten Daseins auch das ständige Gezeter über Geringverdiener und Mittellose brauchen – wird etwa Champagner seit gut einem Jahrzehnt mit Hängolin versetzt? Langweilt die jüngste Farbpalette von La Perla, öden Kudamm, Kö und Zeil, Maximilianstraße und Neuer Wall so sehr, dass Groß & Kotz gegen das Fußvolk treten müssen?

Elfriede Riewerts ist die Tochter eines Gärtners und einer Hauswirtschafterin; sie selbst arbeitete als Kindermädchen – vorbei.

Heute verneigt man sich vor ihr als der mächtigen Frau Friede Springer, Witwe Axel Springers und Erbin seines Medienimperiums, falls man ihrer, als Normalsterblicher, jemals ansichtig wird.

Oder: Elisabeth Beckmann.

Mitnichten ist sie die Schwester des gefühligen ARD-Befragers Reinhold Beckmann aus dem plattdeutschen Twistringen. Nein, sie stammt aus dem westfälischen Wiedenbrück, aus dem heraus sie als Zahnarzthelferin und Telefonistin in die nicht allzu ferne Welt zog. Nur bis nach Gütersloh kam Elisabeth – sie, die bis zu dessen Tod in Scheinehe mit dem Kinderbuchautor Joachim Scholz gelebt hatte, ehe sie einen gewissen Reinhard Mohn heiratete und sich in dessen schon Jahre zuvor gegründete Bertelsmann Stiftung einbrachte, sozusagen in den Geldspeicher.

Ganz burschikos kennt man mittlerweile besagte Aufsteigerin als *Liz Mohn*.

Die Bildungselite Deutschlands reißt sich darum, von Liz zum Rosenball eingeladen zu werden; Walzer linksrum, daran darf vielleicht ein Günther Jauch denken (auch er Westfale und *kein* Doktor), nicht aber jeder dahergelaufene Akademiker. Das Kieler Institut für Weltwirtschaft preist die auf Bildung sehr erpichte Stiftungsvorsitzende als »Vordenkerin einer weltoffenen marktwirtschaftlichen Gesellschaft«, und zusammen mit der Kanzlerin – und ihrer Freundin Friede – entwirft sie, Vision um Vision, die Zukunft unseres Landes: Walzer rechtsrum!

Schreibt es an alle Tafeln:

Eine Zahnarzthelferin und ein Kindermädchen.

Eine Ex-DDR-Physikerin.

Deutsche Berufswege.

Zwei Frauen, die ihren Weg an die gesellschaftliche Spitze ganz ohne Studium, ja selbst ohne Abitur, *nicht mal mit Mittlerer Reife* schafften; dazu eine Akademikerin, deren Herkunft noch mehr bekrittelt würde, wäre sie in Deutschland nicht die Nummer zwei.* Zu reich und/oder zu mächtig sind die Damen (und zu gut untereinander bekannt), um sich offen an ihnen zu reiben. Frauen, die jenseits *und* diesseits von Gut und Böse sind; Frauen, die sich dem herkömmlichen, insbesondere westdeutschen Bildungsbegriff entziehen: Frauen aus der Vor-*Manolo-Blahnik*-Ära. (Gewiss, männliche Aufsteiger aus dem Arbeitermilieu beziehungsweise aus der Vor-*John-Lobb*-Ära ließen sich ebenso finden.)

Frauen sind Friede Springer und Liz Mohn, die es, den heutigen Bildungsschreiern zufolge, an der Spitze gar nicht geben dürfte.

Es gab und gibt sie aber.

Der unstudierte Realgymnasiast Axel Cäsar Springer heiratete

---

* Protokollarisch ist der Bundespräsident die Nummer eins und damit Staatsoberhaupt.

ganz einfach seine Angestellte, heiratete ein Kindermädchen.
»Nicht mal seine Sekretärin«, wie seinerzeit gelästert wurde. In fünfter Ehe war dem Zeitungszar mehr an schlichter Herzensstatt an demonstrativer Geistesbildung gelegen; der Unterschied zeigt sich ohnehin immer erst »danach«. (Dem Springer'schen Kindermädchen-Beispiel folgten übrigens Ferdinand Piëch und Michael Jackson.)
Der Stiftsgymnasiast und Luftwaffenleutnant Reinhard Mohn beschied sich ebenfalls, nämlich mit einer Zahnarzthelferin. Für *Bild*-Chef Kai Diekmann musste es schon eine richtige Zahnärztin sein: Katja Kessler, erst Diekmanns Klatschkolumnistin bei *Bild*, dann seine Gattin, promovierte über *Eisenaufladung und Antioxidantienstatus bei Patienten mit homozygoter β-Thalassämie unter Gabe des Chelators Deferiprone* – ein Wahnsinnsthema. Superkalifragilistisch-expialligorisch. Da haben aber der Burschenschafter Kai (Franconia Münster) und der Studienabbrecher Diekmann intellektuell ein schönes Stück nach oben geheiratet.

Aber: Das Kindermädchen und die Zahnarzthelferin.
Die *Ich + Ich* der deutschen Medienwelt.
Zwei vom selben Stern.
Aus den Niederungen des arbeitenden Volkes sind Elfriede und Elisabeth in ungeahnte wirtschaftliche Höhen aufgestiegen. So ging das mal in Deutschland, bis vor gar nicht langer Zeit, als die Großkopferten noch lässig und darum die Schichten durchlässig waren. Nicht Quali und nicht Abi, weder *summa* noch *cum laude*. Und Angelina Jolie oder Jessica Alba brauchte frau auch nicht zu sein. Einfache Berufe aus dem Volk genügten vollauf – wer wird Millionärin, Milliardärin?

Prof. Dr. Jesus Christus

Ich + Ich, Friede und Liz – die Proletarierinnen von einst residieren im Macht-Penthouse der Republik. Dem Großbürgertum, das sich nicht an das Matriarchen-Duo heranwagt, dem pfeifen sie was. Leider auch dem Rest von uns 82 Millionen, denn Friede und Liz beherrschen ja einen Großteil der deutschen Zeitungs- und Buchverlage, des Fernsehens, des Radios, der Online-Portale.

Vor allem haben sie das Ohr der Kanzlerin.

So soll es sein, so kann es bleiben.

So haben Axel Cäsar und Reinhard es sich gewünscht – passt bloß auf, Groß & Kotz, über wen ihr als Nächstes lästert. Jesus Christus, den ihr bei *Bild* gar so oft erwähnt, er war auch Lower Class, schon vergessen? Nach euren Maßstäben war er Bildungsverlierer, ein Ausbildungsabbrecher wie Kai, nur Azubi bei seinem Ziehvater Josef, einem windigen Bauhandwerker. Unehelich geboren, auf der Flucht seiner Eltern vor der Staatsmacht. Finanziert – »beschenkt« – wurde dieser Jesus von gleich drei muslimischen Oberhäuptern, wie die Ermittlungen zeigen, persischen oder chaldäischen Sterndeutern namens El Kaspar, Bin Melchior und Laden Balthasar – ziemlich prekäre, folglich staatsfeindliche Verhältnisse.

Abhören, abführen, kreuzigen.

Was, Kai Diekmann, wenn Mutter Maria auf Frau Schavans Verheißungen von »Bildung« reingefallen wäre? Wenn sie ihren einzigen Sohn in die Schulpresse gesteckt und anschließend auf die Uni geschickt hätte, BAföG, Studentenkredite und so fort? Zöllner wäre er dann vielleicht geworden, nach heutigem Begriff Steuereintreiber; ein nicht nur im Altertum – warum nur? – wenig geachteter Beruf. Oder man hätte dem Schlaukopf beizeiten das Denken abgewöhnt, indem man einen Juristen aus ihm gemacht

hätte, womöglich auch einen Pharisäer, mithin Schriftgelehrten. Dann hätte Jesus zwar ebenfalls im Tempel gesessen, aber auf der anderen Seite, nach christlicher Lesart der falschen: nämlich als einer jener, denen er als Erlöser so streetwise wie naseweis ins Gewissen reden sollte.
Als ein zwölfjähriger Roger Willemsen.
Mensch, Kai und Katja und alle ihr anderen in den 430 000 deutschen Millionärs- sowie in den 53 Milliardärshaushalten*! Stellt euch vor, Jesus Christus wäre allen Ernstes »gebildet« gewesen. Karriere hätte er gemacht, wie ihr, Kohle hätte er anlegen müssen, jeden Monat, auch wie ihr. Aber die *Volksbibel* von *Bild* hätte es nie gegeben. Der Mann hätte wohl Besseres gewusst, als am Kreuz zu sterben für Lügner und Heuchler, für Sünder, wie wir alle sie doch sind.
Jede Wahrheit braucht einen Mutigen, der sie ausspricht.
Prof. Dr. Jesus Christus – wann immer Europas größte Tageszeitung gegen Randgruppen hetzt, also beinah täglich und beinah gegen die gesamte deutsche Bevölkerung, wann immer sie das tut, würde sie lediglich fies sein statt auch noch unchristlich. Jesus ein Burschenschafter mit abgeschlossenem Studium, beziehungsweise wie Kai mit abgebrochenem, und es hätte nie ein Neues Testament gegeben. Wer hätte sich schon die Mühe gemacht, die Histörchen eines Chefredakteurs niederzuschreiben und durch die Zeit hindurch zu verkünden? »Wir« wären dann auch niemals Papst geworden, und auf dem Gelände des Vatikans befände sich nur eine weitere von Berlusconis Lusthöhlen.
Bild und Bildungs-Freunde, vergöttert nicht länger eure It-Töchter und -Söhne, indem ihr die Kinder des Plebs zum Mob erklärt. Schmeißt nicht gar so freizügig umher mit eurer Verachtung für die da unten und die dazwischen. Ihr könntet »bildungsferne«

---

* Laut einer Studie der US-Unternehmensberatung Boston Consulting von 2010.

Milliardärinnen treffen. Eure eigenen Chefinnen. »Völlig verunterschätzte« (George W. Bush) Imperialistinnen. Legitime Konzernerbinnen. Illegitime Gesellschaftsveränderinnen. Und mit eurer unüberwindlichen Ossi-Abneigung zudem Frau Angela Merkel: *Es war nicht alles schlecht in der DDR, Frau Bundeskanzlerin* – wahrscheinlich das vergiftetste Kompliment, das man der Hausherrin in Berlins Willy-Brandt-Straße 1 machen kann.
Bekanntlich ist nicht alles Gold, was glänzt. Nicht jedem, dem ein Dr. oder Prof. vorauseilt, hinkt Gediegenheit hinterher.*
Beispiel Finanzwesen.
Die Deutsche Bank hat als Vorstandschef ihren Dr. Josef Ackermann.
Als solchen hatte die HSH Nordbank, jedenfalls bis April 2010, ihren Dr. Dirk Jens Nonnenmacher. Das heißt, sie hatte sogar etwas mehr, hatte gar den *Professor Doktor* Dirk Jens Nonnenmacher (Branchenspott: »Dr. No«). Der war, wenigstens seinen Abschlüssen zufolge, ein blitzgescheiter, gebildeter Kerl. Als studierter Mathematiker konnte er wirklich gut rechnen, hatte promoviert über die *Theorie der mehrdimensionalen Perron-Integrale mit Ausnahmemengen*. Gegen ein solches Kaliber kommt ein Ackermann, lediglich Wirtschafts- und Sozialwissenschaftler, nicht an. Dazu Nonnenmachers gar so schicke Habilitation, sein vieles Gel im Haar, sein viel zu vieles Geld in der Tasche (unter anderem aus einer Sonder-Bonuszahlung in Höhe von 2,9 Millionen Euro), freilich auch die zahlreichen Vorwürfe schwerer Pflichtverletzungen, die Ermittlungen der Hamburger Staatsan-

---

* Im Sommer 2009 interessierte sich die Kölner Staatsanwaltschaft für gut 100 deutsche Professoren. Der *Focus* und die *Neue Westfälische* berichteten von Ermittlungen gegen das Institut für Wirtschaftsberatung in Bergisch Gladbach. Gegen Bestechungsgelder zwischen 4000 und 20 000 Euro sei Akademikern zu Doktortiteln verholfen worden. Betroffen waren auch Hochschulen in Frankfurt, Tübingen, Leipzig, Rostock, Jena, Bayreuth, Ingolstadt, Hamburg, Hannover, Bielefeld, Hagen, Köln sowie die Freie Universität Berlin.

waltschaft »in Richtung Untreue und Bilanzfälschung«, folglich seine Amtsenthebung, seine umstrittene Abfindung.
Eine Laufbahn wie aus dem Buch – aus dem Strafgesetzbuch.
Ob Physikerin oder Mathematikprofessor: Deutschland wird – sehr gelegentlich – von brillanten Köpfen regiert, verwaltet und bewirtschaftet. Aber auch – eigentlich ständig – betrogen, benutzt, belogen und ausgeplündert. Das Land sowie die gesamte westliche Welt in die größte Finanzkrise seit 1929 zu stürzen, dieses Verbrechen bewirkten *ausschließlich* Bildungsgewinner jenes Formats, wie es unsere Bildungspolitiker ständig fordern. Hochgelobte Intelligenzbolzen, Leute mit klingenden Titeln, Blitzaufsteiger, gesichts- und gewissenlose Krawattenträger – soll sich wirklich, Frau Schavan, die Mehrzahl unserer jungen Menschen nach diesen Vorbildern gestalten?
Für uns mögen etliche dieser Hochgebildeten Dummköpfe sein. Umgekehrt sind für die meisten von ihnen *wir* IDIOTEN. Wir bescheiden uns ja mit Brosamen, wo sie hemmungslos abkassieren. Wir vielen lassen diese wenigen bis an den Rand der Staatspleite Dummheiten und Charakterlosigkeiten begehen; sind schließlich alles studierte Leute. Wenn sie endlich doch vom Hof gejagt werden, die Nonnenmachers, die Zumwinkels, die Middelhoffs, lauern ihnen an der nächsten Wegkreuzung ihre Kumpane von den Medien auf. Sing dein Lied bei uns: Exklusiv-Interview, Exklusiv-Honorar!
Nur deshalb lässt sich solche Lektionen kaum jemand eine Lehre sein. Ein ganzes Volk schon gar nicht.
Millionen junge Leute werden mit der abgeflachten »Bildung« auf dasselbe Gleis gesetzt. Sollen für Faktenwissen ihr Kurzzeitgedächtnis an- und ihr Langzeitgedächtnis ausschalten. Derselben Spur folgen und ähnliche Karrieren machen, um uns IDIOTEN zu verwirtschaften.
Frau Schavan, Sie sind Herrin über einen 10,8-Milliarden-Etat.

Sie kürzen das BAföG und fördern die Privatisierung der Bildung, aber Sie lügen nicht, wenn Sie sagen: »Wir wollen, dass dieses Land eine Talentschmiede ist.« Mit Bedacht sagen Sie »ist« und nicht »wird«, denn »Talentschmiede« klingt bei Ihnen wie »Erbhof«: Was schon der feudalkapitalistische Vater besessen, soll auch dem Sohn oder der Tochter zugutekommen.

Sie sagen, das stimmt nicht?

Nun, Helmut Ricke war von 1990 bis 1994 Vorstandsvorsitzender der Deutschen Telekom. Einer seiner beiden Söhne, Kai-Uwe Ricke, folgte ihm von 2002 bis 2006 in diesem Amt.

Oder Martin Blessing. Seit 2001 ist er Vorstandsmitglied, seit 2009 Vorstandsvorsitzender der Commerzbank, der zweitgrößten Bank in der Bundesrepublik. Martin Blessing ist der Sohn von Werner Blessing, von 1981 bis 1987 im Vorstand der Deutschen Bank tätig. Dessen Vater wiederum, Karl Blessing, war Präsident der Deutschen Bundesbank (1957–1969). Martin Blessings Gattin indes, Dorothee Wieandt, Tochter des ehemaligen Vorstandsvorsitzenden der Bank für Gemeinwirtschaft, ist Partnerin bei Goldman Sachs, und ihr Bruder Axel Wieandt – Martin Blessings Schwager – war 18 Monate lang Vorstandsvorsitzender der Skandal-Pleitebank Hypo Real Estate: *Abraham zeugte Isaak, Isaak zeugte Jakob (...), Jakob zeugte Joseph, den Mann Marias, von welcher ist geboren Jesus, der da heißt Christus ...*

Gerät Bildung durch weitere Abschottung exklusiv in die Hände der oberen Zehntausend und wird dagegen »Bildung« weiter zum Surrogat für den Rest der Bevölkerung gemacht, werden wir künftig derlei Karrieren öfter sehen. Gegen die Übernahme des Chefsessels in einem familieneigenen Unternehmen ist ja nichts zu sagen. Gegen die Quasi-Familieninbesitznahme bestehender oder ehemaliger Staatsunternehmen sehr wohl. »Überkreuzbeteiligungen« wie im Fall Blessing mögen von besonderen Neigungen innerhalb gewisser Familien zeugen. Weit mehr zeugen sie

von der Abschottung noch gewisserer Kreise gegen Neulinge, Aufsteiger und andere Fremdlinge. Von wegen Durchlässigkeit in deutschen Führungsspitzen – »Bildung« ist eben nicht Bildung: geschlossene Gesellschaft; wir müssen draußen bleiben.
In den USA beerben sich längst Familienclans in Staatsämtern.
Die Kennedys teilten sich Präsidentschaft und Ministerämter, die Bushs stellten bereits zweimal den Präsidenten; George W.'s Bruder Jeb – *J*ohn *E*llis *B*ush –, Ex-Gouverneur von Florida, wartet noch auf seine Chance. (Damals, bei der Stimmenauszählung nach den Präsidentschaftswahlen 2000, war »sein« Bundesstaat entscheidend für die zweite Amtszeit seines Bruders.)
Oder Bill und Hillary Clinton.
Sie halten Tochter Chelsea in Personalreserve (»First Cat« Socks verstarb bereits im Februar 2009), während die Nichte von John F. Kennedy, Maria Shriver (verheiratet mit Arnold Schwarzenegger) mit zwei Söhnen und zwei Töchtern kontert.
Die USA »God's own country«?
Eher das Land von ein paar verschwisterten, verbrüderten und vervetterten Großfamilien. Ein paar weitere Jahre mit weniger Bildung und mehr »Bildung«, und Deutschland ist reif für ähnliche Verhältnisse.
Denn obrigkeitshörig, wie wir IDIOTEN gehalten werden, glauben die meisten von uns nach wie vor an das Märchen von Wohlstand durch Bildung. Nicht mehr »Arbeit macht frei«, wie die Nazis zynisch über die KZ-Portale schrieben, mangels Arbeit soll nun Bildung uns frei machen, die Fron staatlich verordneten und künftig von der Bildungswirtschaft organisierten Paukens.
Uns wird nur die Wahl bleiben zwischen Freischwimmerzeugnis und Jodel-Diplom, denn die wenigen interessanten Uni-Ränge werden von der »Elite« und deren Kindeskindern besetzt. Für uns IDIOTEN ist lediglich Placebo-Bildung vorgesehen, die Erkenntnis, Einsicht und geistige Selbstbestimmung gar nicht mehr vor-

sieht: noch weniger Geschichte, noch weniger Kultur, Deutsch auf Viertklässlerniveau, kurzum: »Bildung«, die jungen Menschen die Fähigkeit zu logischem, abstraktem, systematischem Denken nur bedingt antrainiert.
Ah, seht euch all die gebildeten Leute an. Seht euch bloß all die gebildeten Leute an – wo gehen die nur hin?

Lebens- statt Wissensschule: Menschen mit Persönlichkeit, Herz und Charakter – wozu?

> Er glaubt ganz naiv, dass er einer ganz besonders begabten und bevorrechtigten Menschenklasse angehöre, der das Leben und die Probleme des einfachen Mannes als Rohmaterial für glänzende Karrieren überantwortet sind.
> *Der Schriftsteller H. G. Wells über Winston Churchill*

Den Himmel auf Erden?
Hätten wir haben können; könnten wir noch immer haben. Jawohl, hier in der Bundesrepublik. Vorausgesetzt, Bildung hätte nicht schon vor mehr als einem halben Jahrhundert so wenig zu tun gehabt mit Persönlichkeitsbildung, mit Hilfe zum Heranreifen von Herz und Charakter, und Schule wäre mehr gewesen als Trivial Pursuit. Wer findet, das eine habe mit dem anderen nichts zu tun, Charakter und dergleichen sei, gewaltengetrennt, allein Aufgabe des Elternhauses, die Schule könne das nicht leisten, der weine, klage, trauere mit bei folgenden hochgebildeten, charismatischen, *vielversprechenden* Politikern, die leider, leider – erkennen Sie die Melodie?
Da ist jener spitznasige, linksherzige Populist, der um einen ersteigerten Originalbrief Talleyrands (o Vorbild!) echte Tränen vergoss, aber einst, als Finanzminister, nicht zögerte, *seinem* Kanzler L.M.A.A. beziehungsweise eben gar nichts zu sagen und einfach »emeritierte«: deutsch-französisches Hartholz, aus dem sich glatt zwei Parteien schnitzen ließen, ein an sich selbst verhinderter Vollblut-Politiker.
Da ist, nicht weit von Ersterem entfernt, dieser fast zu übersehen-

de, jedoch keinesfalls zu überhörende Spitzenrhetoriker, der sich so gern als der Anwalt der kleinen Leute gibt, sich dennoch viel lieber nur mit großen Leuten zeigt. Über seinem hochglanzpolierten Schlaukopf schwebt beständig eine dunkle Wolke, gefüllt mit Stasi- und IM-Vorwürfen. Regnet sie nieder, ist die Republik um ihren eloquentesten Zwischenrufer ärmer, dafür um eine ersparte Erfahrung reicher.

Da ist dieser erzengelhaft barocke Mensch in Rot, sympathischer Sohn eines Kommunalbeamten und einer Krankenschwester, vormaliger Berufsschullehrer und Freund poppiger Klänge, mithin Kenner des Volkes. Boss will er werden, Boss könnte er sein, aber wo bliebe der Genosse in ihm, der schon sein früherer Freund und deutscher Kanzler nicht war? Redet, spricht er, möchte man ihm zurufen: Trau dich doch! Geht, schreitet er, will man ihm raten: Mach ruhig ein bisschen schneller! Aber die Dummen sind so sicher und die Klugen voller Zweifel, sagte Bertrand Russell.

Demnach ist dieser Erzengel superklug.

Da ist dieser wirklich humanistisch gebildete Ex-Generalsekretär, ein Geistes-Bergfex durch und durch. Obwohl schon in seinen Achtzigern, quatscht er noch immer, eingedenk seines jesuitischen Rednertalents, jedes wutbürgerliche Herz schlichtungsbereit. Armut, Keuschheit und Gehorsam waren seine Sache nicht, weshalb er zeit seines Politikerlebens äußerst irdisch wandelte, in die unfromme Politik ging und dort seinem einzigen Herrn und Meister auf Erden den amtsrettenden »Blackout« soufflieren konnte: 30 Jahre früher Schneid und Weitsicht, und aus der geistig-moralischen Wende hätte zumindest eine bildungspolitische werden können.

Ja, und da ist dieses »Mädchen«, das sie alle, alle miteinander in die Tasche steckt. Ruft ihr nur nach, sie sei dröge und besitze kein Rednertalent; von politisch eher bescheidener Statur sei sie und ihre Leistungsbilanz eine äußerst überschaubare. Tut das, aber

anerkennt, dass im Alltag wie im richtigen Leben, also in der Politik, die Geduldigen (vulgo: die Zaudernden) die besseren Plätze am Flussufer haben. Dort sitzt das »Mädchen« still und wartet, bis ihre Feinde dahergetrieben kommen, einer nach dem anderen.
Und wir IDIOTEN müssen mitwarten.

Eben noch saßen sie als Abc-Schützen in den Bänken, und jetzt das: Kinder verwandeln sich in Teenager, weil die Hirnanhangdrüse zur Cocktailbar geworden ist. Östrogene und Testosteron haben die Pubertät eingeläutet. Endspurt »Bildung«. Immer näher rücken die Abschlussprüfungen und mit ihnen die ersten großen Lebensentscheidungen: Was kann, was darf, was soll ich werden. Ach ja: Was *will* ich werden?
Schule, Eltern, Gesellschaft, alle haben anderes mit einem vor als man selbst. Überhaupt hat man anderes, Besseres vor als Schule und Beruf: Die Neue von Lady Gaga hat bei YouTube schon über 300 Millionen Abrufe, dabei kackt die Nummer voll ab, und bei *WoW: Cataclysm** liegt das neue Maximallevel jetzt bei 85 ... Nächte kann man verbringen, sich Quest- und Instant-Belohnungen zu verdienen, wobei einem vor lauter dualer Talentverteilung, Schadens- oder Heilungsboni oder Punkten im Schurkentalentbaum ganz schwindlig wird. Screenshots gefällig?
Eigentlich hat die Schule bis zu diesem Alter den Schülern schon alles gegeben, was sie zu geben hat. Mehr wäre durchaus drin, aber die Lehrer dürfen nicht, weil mehr nicht im Lehrplan steht und für mehr auch meist die Zeit nicht reicht. Also müssen alle gemeinsam weiterkauen und dünne Bretter bohren.
Man wird sie als dicke ausgeben: deutsches Abitur.

---

* Neueste, dritte Spielvariante von *World of Warcraft*, dem erfolgreichsten Computer-/Internetspiel mit mehr als zwölf Millionen Abonnenten.

Die Folgen dieser ganz normalen Zurücksetzung können jeden Tag, vor allem jede Nacht besichtigt werden. Erstaunt bis erschrocken vernimmt die Erwachsenenwelt, dass der Alkohol- und Drogenmissbrauch von Generation zu Generation zunimmt. Bis zur Mitte der Nullerjahre tändelten Jugendliche nur mit alkoholhaltigen Süßgetränken und ein bisschen Bier. Inzwischen sind Komabesäufnisse an der Tagesordnung, und Politik und Wirtschaft reagieren in der üblichen, konzertierten Weise: Erst beklagen Politiker in den Medien das massive Marketing, mit dem die Getränkeindustrie allzu leicht Alkohol unter die Jugendlichen bringt, zum Beispiel mithilfe von Alkopops, zappsüßen Limonaden »mit Schuss«. Dann rufen *realistische* Politiker zu *Besonnenheit* auf: Bloß kein generelles Verbot solcher Produkte, nein; eine *Sondersteuer* werde künftig die taschengeldabhängigen jungen Leute vor allzu häufigem Konsum bewahren.

Nicht die Bildung, der Markt muss frei sein.

Das junge Leben ist ein unendlich kompliziertes, wenn zu den von allen Seiten einwirkenden Medien, dem pubertätsüblichen Ärger im Elternhaus, den ersten Liebschaften und dem Ablegen letzter Kindheitsgewohnheiten zu allem Überfluss noch Schulstress kommt. Was könnte in dieser Selbstfindungsphase auch wichtiger sein als die bessere Note in Physik, die unumgängliche Verbesserung in Mathe, das ständige Denken an den Abschluss, Abschluss, Abschluss? Was die jungen, dynamischen, risikobereiten Erwachsenen jetzt, in der Adoleszenz, am dringendsten bräuchten, das versagt ihnen die Schule meist völlig: Souveränität ihrer »Vorgesetzten«, der Lehrer, mit denen sie erheblich mehr Zeit als mit ihren Eltern oder Geschwistern verbringen. Rat und Tat und Verständnis statt Druck und Zwang und Leistungshetze. Das berühmte gute Gespräch und das offene Wort in der Klasse oder unter vier Augen.

Pädagogen, die all diesen Anforderungen imitten ihrer bürokratischen Pflichten gerecht werden, gibt es. Die Regel sind sie nicht; ihr Engagement über die geforderten 100 Prozent hinaus wird nicht extra bezahlt, ihnen oftmals nicht einmal gedankt. Meistens sind es ohnehin die Eltern, zu denen die Schule den Ball zurückspielt: *Hoppsa, wir machen nur Bildung – Erziehung ist euer Ding!*

Wo immer sich die Schule als zu schwach erweist, um mit den Kehrseiten der Schulpflicht – gerade während der Adoleszenz – zurechtzukommen, sollen plötzlich wieder die Eltern verantwortlich sein. Die Schule, wird dann gesagt, könne ein gutes Elternhaus sowie eine intakte Familie nicht ersetzen.

Muss sie aber.

Eine Einrichtung, die Menschen ein knappes bis gutes Jahrzehnt nahezu vollständig in Beschlag nimmt, muss sich entsprechend mit Personal und Mitteln wappnen, um neben der schulischen Bildung auch der Bildung von Persönlichkeit, Herz und Charakter gerecht zu werden. Oder sie muss sich in ihrem Anspruch zurechtstutzen lassen auf das, was sie schon immer nur war: eine Anstalt zur Konditionierung der nachwachsenden Bürgerschaft.

Ein IDIOTEN-Ausbildungswerk.

Die Schule verhilft jungen Menschen kaum zu Selbständigkeit und Reife, wenn sie diese – überwiegend – mit Nutzlosigkeiten vollstopft und den Eltern dieses Bestreben als Bildung verkauft. Seit längerem schon wird ein Phänomen beklagt, das ursächlich auf die Schule zurückzuführen ist: die Verlängerung der Kindlichkeit bis weit ins Erwachsenenleben. Oder weniger soziologenhaft formuliert: Erschreckend viele Frauen und Männer bleiben erschreckend lange kleine Mädchen und Jungen. Noch auf »Ü40«-Partys zeigen und geben sich viele Teilnehmer wie 18-Jährige.

Forever young? Eher »für immer unerwachsen«.

Handelt es sich wirklich nur um Modetorheiten, wenn 25-jährige »Frauen« in Teenieklamotten und Springerstiefeln, den rosafarbenen »Hello Kitty«-Schulranzen an der Schulter, auf dem Campus oder auf Bürofluren einherspazieren, während gleichaltrige »Männer« nicht von ihren Baggyhosen und den geliebten Baseballcaps lassen können? Die wertvollste Zeit ihres Heranwachsens wurde ja mit dem Einpauken von überwiegend nutzlosem Schulstoff verschwendet, mit Dingen, von denen oft selbst Lehrer sagen, man werde sie nie mehr im Leben brauchen, für die nächste Prüfung jedoch seien sie leider unumgänglich.

Wer sich zu früh und zu lange für Physik und Mathe und Latein zum Affen machen musste, holt seine Äffchenzeit eben als »Erwachsener« nach: *18 'till I Die* (Bryan Adams).

Der Sender »Lehrer« hat einfach immerzu weitergesendet, selbst dann noch, als die »Empfänger«, die Schüler, längst in der Lage gewesen wären zurückzusenden. Manche sendeten sogar SOS, aber: keine Zeit.

Als Lehrer ist man auch nur ein Mensch; der Tag hat für uns alle nur 24 Stunden; wenn ich mich um einen jeden ausgiebig kümmern wollte, dann ...

Es ist kaum vorstellbar, dass ein seit mehr als 250 Jahren so wohlorganisiertes Gebilde wie das deutsche Schulwesen nicht ausreichend Rückkopplungen »von der Basis« an die Bildungsplaner »ganz oben« gibt. Generationen von Schülern und Lehrern haben ihre wechselseitigen Nöte in den unterschiedlichen Altersgruppen sehr genau kennengelernt. Man hat Entwicklungen wie die Anschauungs- und Reformpädagogik sich entfalten sehen, pädagogische Moden wie die antiautoritäre Erziehung begrüßt oder abgelehnt. Zu allen Zeiten gab es Bestrebungen, die kaum je als »modern« empfundene Schule durch neue Ansätze nach vorn zu bringen.

Doch so uneinig sich die Länder untereinander und wiederum alle zusammen mit dem Bund sind, wenigstens in einer Hinsicht herrscht Einigkeit: Die Schule nimmt die Kinder in Beschlag, aber: Eltern haften für ihre Kinder. Die Schule, die größte Zeit-, Lebens- und Jugendräuberin, lässt sich nicht auf Verantwortung festnageln, wiewohl sie allseits als unerlässlich erachtet wird und die einzig gesellschaftlich anerkannte Transformatorin von kindlichem Lerneifer zu marktgerechter Ausbildungseignung ist. Nützliche Mitglieder der Gesellschaft sollen sie werden, unsere Schüler und Studenten, nicht unbedingt glückliche Menschen. Soll ich meines Bruders Hüter sein? (1. Buch Mose, Vers 4). Der Staat in seinen diversen Inkarnationen will Arbeiter und Fachkräfte, Verwaltungsangestellte und Beamte, Akademiker und jede Menge Spitzentechniker, aber möglichst keine Individualisten, möglichst keine selbstbewussten Frauen und Männer. Allen Beteuerungen zum Trotz sind nicht erziehungsfähige Mütter und Väter gefragt, erst recht nicht wachsame Bürger beziehungsweise Demokraten. Dem Machterhalt zuliebe und dem Nutzen der Wirtschaft halber genügen schlau daherplappernde Befehlsempfänger, »aufgeklärte« Konsumenten. Unsere Regierenden wissen sehr genau, weshalb sie zwar durchaus privat geführte Schulen lizenzieren, aber das Schulmonopol nicht mit den Eltern teilen: Die Schulpflicht gilt selbstverständlich auch für die Kinder gesellschaftlich »nutzloser« Hartz-IV-Empfänger, »sogar« für die Kinder von in Deutschland lebenden Ausländern; wen man voraussichtlich nicht nutzbringend in Beschlag nehmen kann, den möchte man wenigstens unter Aufsicht halten. In einem Land, in dem die bundeseinheitliche Steuer-Identifikationsnummer jedes Bürgers bis zu 20 Jahre nach dessen Tod Gültigkeit behält, wird für jede Eventualität vorausgedacht. Wo in Deutschland »Bildung« draufsteht, ist fast immer nur Schule drin: Nicht dem inwendigen Menschen wollen Bund und Länder heranreifen helfen, lediglich auf den äußeren kommt es an. Was der taugt oder nicht, sagen ihm und anderen eine Handvoll Zahlen. Seinen Namen, seinen Familienstand, sein Aussehen kann man ändern.

Ein Abschlusszeugnis gilt lebenslänglich.

Man kann mit guten Noten renommieren (»Sport war immer schon mein Ding«) oder mit schlechten kokettieren (»Als CEO brauche ich nicht rechnen zu können, wozu habe ich meine Leute«). Man kann tiefstapeln und seine schulischen Erfolge als genetisch bedingt ausgeben (»Das Verständnis für Mathe liegt bei uns in der Familie«), oder man tritt die Flucht nach vorn an und mimt den Einsichtigen (»Nie mehr hat mich einer nach meinem Notendurchschnitt gefragt«).

Wann immer sich Ehemalige bei Klassentreffen – Schulform egal – wiedersehen, es wird gefeiert und so getan, als sei die gemeinsam verbrachte Schulzeit der bislang schönste Lebensabschnitt überhaupt gewesen. In Wirklichkeit wird fast immer nur die Sehnsucht nach einer Schule beschworen, wie man sie sich gewünscht und auch gebraucht hätte, es sie aber nie gegeben hat. Dennoch beharken Eltern ihre Kinder: Schule ist wichtig! Du musst etwas lernen!

Wir haben sie doch auch überlebt.

Genies könnten wir wieder haben, mehr als nur ein paar.

Forscher und Entdecker, Tüftler und Erfinder. Vor-, Nach- und Mitdenker. Staatsmänner und -frauen statt nur Staatsdiener, wenigstens Politiker statt nur Politprofis. Außerdem: Persönlichkeiten statt Personen. Schauspieler statt Darsteller, Stars statt Sternchen. Zeitungen und Zeitschriften, Radio und Fernsehen statt »Medien«. Die beste Musik, die ergreifendste Literatur, die bewegendsten Filme – aber die Wirtschaft fordert von der Politik weiterhin IDIOTEN. Als ob es eine Bürgerpflicht wäre, Kinder als künftige Konsumenten, Steuer- und Rentenbeitragszahler in die Welt zu setzen, sie zu bloßen Wohlstandssicherern ausbilden zu lassen.

In Wirklichkeit brauchen wir ein Bildungswesen, das sich für den Menschen Zeit nimmt. Für jeden Einzelnen, ungeachtet seiner

Herkunft und des Familieneinkommens. Wenn schon Segnungen der Demokratie, dann bitte für alle. Oder sich der Heuchelei beziehungsweise der Unfähigkeit für schuldig erklären: *Ganz ehrlich? Wir wollen nur Streber, am liebsten aus gutem Haus – und ihr kommt aus einem schlechten.*

Zwei Drittel des 20. Jahrhunderts hindurch ließen sich die Menschen einreden, das ihnen aufgezwungene Arbeitsethos, die sprichwörtliche deutsche Disziplin müsse selbstredend auch in der Schule aufgebracht werden. Generationen von Eltern, schließlich selbst einmal Schüler gewesen, brachten Verständnis für schulische Härte, kaum jedoch für die Lernschwächen ihrer Kinder auf. Die einen verlegten sich auf Strafen (»Wer nicht hören will, muss eben nachsitzen«), die anderen versuchten es mit Belohnungen (»Ein Fahrrad/Mofa/Auto kriegst du, wenn …«). Sieger blieb in jedem Fall die Schule. Sie bekam ihren Willen immer. Über sie konnte man spotten, aber sie behielt die Oberhand: Hurra, hurra, die Schule brennt *nicht*.

Dank dieses fast 100-prozentigen Akzeptanzgrades lässt sich noch immer jede pädagogische Doktor-Eisenbarth-Methode durchziehen. Wie unfreiwillige Sadisten erklären Lehrer wie Eltern den Kindern, alles jahrelange Gepauke von viel Nützlichem, aber zu wenig Wichtigem sei nur zu ihrem Besten. Statt beispielsweise Ethik vorzuleben, strickt man ein Schulfach daraus und benotet das Wissen darüber von eins bis sechs. Wieder ein Häkchen auf der Liste: pädagogischer Grundanforderung genügt.

Religion: Sie, die – *theoretisch* – am ehesten geeignet sein könnte, junge Menschen mit Spiritualität vertraut zu machen, bläst sich wie eh und je zum Monster auf. In den 1950ern warnte sie vor Selbstbefriedigung, in den 1960ern vor Geschlechtsverkehr, in den 1970ern vor Drogen, seit den 1980ern vor Aids, immer häufiger vor Andersgläubigen.

Im Deutschunterricht werden Schriftsteller und ihre Werke seziert, doch wie es passiert, dass ein Dichter literarische Götterfunken schlägt und es schafft, sie auf andere überspringen zu lassen, bleibt ein Miraculum bis nach den Schulferien, wenn der nächste Jahrgang anrückt. Legionen von Englischlehrern haben sich bei ihren Schülern mit »Übersetzungen« von Hitparaden-Liedgut angebiedert. Wie man freilich auf die Idee kommt, als erfolgreichste Pop-Band der Welt ein Stück komplett von einem Streichquartett aufnehmen zu lassen und damit eine Nummer eins hinlegt (wie die Beatles 1966 mit *Eleanor Rigby*), das hat ja wohl nichts mit Sprachunterricht zu tun, oder? Eingedenk der Sprachungelenkigkeit gewisser Ex-Ministerpräsidenten fragt man sich, welche Englischlehrer etwa in Baden-Württemberg zugange sind, dem Bundesland mit dem – neben Bayern – »härtesten« Abitur. (»Bildung«, Herr EU-Kommissar, nicht »Building«.) Als Mutter oder Vater kann man so begeistert wie fassungslos mitansehen, wie Kleinkinder jede vorgemachte Aktivität unverzüglich nachahmen. Dies mit einer Freude, die kaum die Grundschule überlebt – warum nur? Vor lauter Nur-das-Beste-Wollen bescheren wir unseren Kindern und uns selbst den größten Verlust, den ein Mensch nur erleiden kann: den Verlust der Vorstellung, wir dürften denen, die uns Fähigkeiten/Wissen vermitteln, *bedingungslos* vertrauen.

Absurd: Fast jeder Erwachsene hat seine Schule mindestens phasenweise mehr durchlitten als durchlebt, und zwar kaum, weil einem böse Lehrer die *Bravo* konfisziert oder das Rauchen auf dem Schulhof verboten hätten. Wie Säufer sich brüsten, sie könnten selbst nach dem zehnten Glas astrein Auto fahren, so brüstet sich die Schule, dass man nur durch sie ins Himmelreich gutbezahlter Arbeit gelange. Leider stimmt es: Ohne Fleiß kassiert in unserer Vetterleswirtschaft zwar trotzdem mancher seinen Preis, ohne Zertifikate allerdings sind konventionelle Karrieren undenkbar.

Der Nimbus der Lehranstalten ist enorm: Wir grinsen über die Märchen vom Weihnachtsmann, vom Christkind und von der Steuersenkung, der Schule jedoch glauben wir jedes Wort: *Bildung, ja die ist wichtig!* Wir lassen uns einreden, Menschen mit lauter Einsen und Zweiern seien besonders intelligent, hätten eine ungewöhnlich hohe Auffassungsgabe, dazu ein außergewöhnliches Gedächtnis. Aber was ist schon dabei, im Unterricht aufmerksam Lehrer, Lehrerin zuzuhören, später nochmals einen Blick ins Buch zu werfen und das Gehörte und Gelesene zu rekapitulieren? Was weiß man, wenn man »Wissen« getankt hat?

Wie oft hören wir von »Strebern«, von »Hochbegabten«, von »Junggenies«. Ganze Klassen überspringen sie und wechseln unmittelbar nach dem Eintritt der Geschlechtsreife auf die Uni, weil ihnen der strikt am Mittelmaß ausgerichtete Schulbetrieb zu langsam, zu langweilig ist. Dann schon lieber für sich und aus sich selbst heraus lernen, ehe man vor aller Augen einschläft – und das ist dann die »Bildungselite«, diese Ausnahmen sollen als Regel für alle gelten?

In den meisten Schulen *der Welt* wird Wissensvermittlung keineswegs Wissensvermittlungsspezialisten überlassen. Es gibt sie, aber sie sind rar, wie jeder aus seiner eigenen Schulzeit weiß. Man kann sie nicht auf Universitäten heranzüchten; Lehramtsanwärter sind, im besten Fall, Talente, aber keine Profis in Sachen Herzens-, Persönlichkeits-, Charakterbildung. Schon ihre »Profs« sind es nicht, weil es dem deutschen Bildungswesen gar nicht darauf ankommt. Deutsche Lebensmittel sollen sich in erster Linie verkaufen, erst in zweiter schmecken. Wie der Geschmack zustande kommt, verrät der jeweils nächste Lebensmittelskandal.

Mit der Bildung ist es nicht anders.

Professor Dr. Udo Rauin, Bildungsforscher an der Universität Frankfurt, fordert eine Eignungsfeststellung noch vor dem Stu-

dium – dachten wir Eltern nicht, die gäbe es längst, sie sei eine Selbstverständlichkeit? Rauins Beobachtung zufolge sind 25 Prozent der Studenten nicht für den Lehrerberuf geeignet, weil schlicht überfordert. Bei einem Bildungsforum der Vereinigung der hessischen Unternehmerverbände über die Vision »Selbständige Schule 2015« sagte er: »Angehende Lehramtsstudenten müssen fachlich versiert, motiviert, belastbar, sozial kompetent und kooperationsfähig sein. Darüber hinaus sollten sie Erfahrungen in der praktischen Arbeit mit Kindern mitbringen, zum Beispiel aus dem Kindergarten oder der Jugendarbeit.«
Erfahrungen in der praktischen Arbeit mit Kindern? Das könnte zu viel verlangt sein. Wäre der Staat nicht nur an hervorragend geeigneten – und bezahlten – Lehrkräften, sondern auch an ebensolchen Erziehern interessiert, er würde sie zuerst einmal anständig bezahlen: Netto verdient diese Berufsgruppe 224 Euro weniger als der Durchschnitt sämtlicher Erwerbstätiger, alarmiert das Fachportal bildungsklick.de. Die Bezahlung liegt auf Hartz-IV-Niveau, nach 40 Berufsjahren beträgt der Rentenanspruch kaum 900 Euro, jede fünfte Erzieherin ist armutsgefährdet.
Bundeswirtschaftsminister Rainer Brüderle indes fabuliert von einer halben bis einer Million Fachkräfte jährlich, die der deutschen Industrie angeblich fehlten, was vermehrt den Import von Ausländern erforderlich mache. Auch gut: Wir stehlen anderen Ländern die auf deren Kosten *besser* ausgebildeten Menschen. Brüderle und seine Kolleginnen in den Ressorts Familie beziehungsweise Arbeit kriegen es ja schon nicht hin, die rund 50 000 akut benötigten Erzieher und Kinderpfleger – ob weiblich oder männlich – auszubilden, die der Gesellschaft die übernächste Generation von Wohlstandbewahrern auf die Rampe schieben sollen: Kinder und Schüler als künftigen Nachschub für die Wirtschaft. Aus welchen Ländern sollen diese 50 000 Fachkräfte importiert werden?

Speziell die sozialen Berufe zählen in der Bundesrepublik zu den am schlechtesten bezahlten. Allein ein Blick auf die Lebensrealität von Kita-Kräften zeigt, dass Bund und Länder ihre ständigen Aufrufe zu mehr Bildung als reine Lippenbekenntnisse verstehen. Im Herbst 2008 wollen Frau Merkel und Herr Steinbrück das deutsche Bankenwesen, wenn nicht ganz Europa, quasi übers Wochenende gerettet haben. Wie wäre es, mal eine Extraschicht für die wirklich systemrelevanten Kräfte einzulegen – mit einem ähnlich erfreulichen Ergebnis, versteht sich?

Schon zeichnet sich ein neuer Trend ab – oder muss man sagen: Dreh?

Künftig wollen etliche Arbeitgeber statt mehr Lohn lieber mehr »Bildung« draufsatteln. Der Sektor Erwachsenenbildung boomt ohnehin, dank der Job-Agenturen, die ihre »Kunden« zum verspäteten Nachsitzen zwingen. Bislang haben zwar weder *Markus Lanz* noch *Johannes B. Kerner* es vermocht, in ihren Sendungen auch nur einen einzigen Erfolgsfall aufzubieten, obwohl sie doch sonst an Kuriositäten nichts auslassen. So rundet sich das Bild von »Bildung«:

- Pädagogisch wertvolle Vorschulbegleitung können sich fast nur Begüterte leisten, also die »Elite«, weil wir zu wenig Kita-Plätze und zu wenig fair bezahlte Erzieher haben.
- Um dieses Problem zu lösen, wünscht sich Ursula von der Leyen vermehrt Abiturienten im Erzieherfach. Die wären dann, *auf dem Papier,* besser »qualifiziert« und könnten besser bezahlt werden, da sie ja für den Beruf besser »geeignet« sind. Das Nachsehen haben alle genauso fleißigen, durch ihre *Praxis* besser qualifizierten Nicht-Abiturienten.
- Die Grundschule bleibt der Durchlauferhitzer der Nation. Wer es sich erlauben kann, nimmt seine Kinder aus ihrer sozialen Mitte, sobald der Wechsel in eine höhere Schule möglich ist.

Ansonsten gilt schon seit langem der Dreiklang Privatschule, Internat, Elite-Universität.
- Weil in Deutschland Politiker für politische Fehlentscheidungen nur sehr bedingt Verantwortung tragen, können sie weiterhin Sätze bilden, die beliebig oft Begriffe enthalten wie Bildung, Kinder, Zukunft, Wohlstand. Der dahinsiechende Mittelstand wird diesen Sätzen, schon hoffnungshalber, Glauben schenken und vermehrt in die eigene Tasche greifen und »Extras« wie individuelle Betreuung selbst bezahlen, weil der Staat doch »sparen« muss.
- Mit immer neuen »Reformen« halten Bund und Länder die Bürger auf Trab. Statt dass diese sich über die gar so dünne Bildungssuppe beschweren würden, geht es immer nur um die Suppeneinlage: G8 oder wieder G9? Soll es weiter »Bachelor of Engineering« heißen oder doch wieder »Dipl.-Ing.«? Sind wir zufrieden mit künstlichen Aromastoffen oder bestehen wir auf Plastikkarotten?
- Weil das Gros der Bürger sich in Bildungsfragen nicht grün ist, zudem jeder sein bisschen Besitzstand mit Zähnen und Klauen verteidigt, wird weiter gegen die nächstuntere Bildungsschicht getreten und nach der nächsthöheren gestrebt. Dort angekommen, geht es einzig darum, die höchste Punktezahl beziehungsweise den besten Abschluss zu ergattern. Das geht mit Ellbogen immer noch am besten. Es ändert sich: nichts.

So findet in Deutschland immer weniger Zukunft statt. Willfährig und stets zu Diensten, liefert die Politik unsere Kinder der Wirtschaft aus, wie sie ihr bereits uns, die heute Erwachsenen, ausgeliefert hat: eine Masse lohngedumpter, sozialerschreckter, quasi entrechteter Billigarbeiter, eins höher die Fachkräfte, in der Spitzengruppe die Akademiker, dazwischen ein paar um die Existenz rudernde Freiberufler und Kleinunternehmer – IDIOTEN, FACH-

IDIOTEN, VOLLIDIOTEN. Politik und Wirtschaft hoffen, dass wir nie aufbegehren, weil die meisten von uns dieses Spiel für normal, sogar fair halten, weil zu viele nur ihren eigenen »Vorteil« sehen und letztlich alle mitmachen. Anders scheint es nicht zu gehen: *Wer mehr leistet, soll auch mehr haben.* Heißt gleichzeitig: Wer nicht mehr leisten darf, als er zu leisten in der Lage wäre, soll weniger haben – von Potenzialen kann man sich nichts kaufen.

Fast in jedem Lebensbereich hat sich die moderne Gesellschaft inzwischen ad absurdum geführt. Wie begrenzt unser Wachstum ist, haben uns die Rechentricks der Pleitebanken vorgeführt. Unser jahrzehntelang steigender Wohlstand in Europa und Nordamerika war nichts anderes als die auf anderen Kontinenten zementierte Armut. Seit 1945 sind wir keineswegs friedlicher oder weniger kriegerisch geworden. Die in unserem Namen und mit unserem Geld, mit unseren Waffen und mit unseren Kindern, Geschwistern, Partnern oder Freunden geführten Stellvertreterkriege wie in Afghanistan beweisen, dass der Staat noch immer nicht zögert, uns ein X für ein U vorzumachen, uns schlichtweg zu belügen. Warum uns mit Bildung statt »Bildung« der Wahrheit näherbringen? Abzüglich Schule und Ausbildung bleiben jedem von uns etwa 50 bis 60 Jahre Lebenszeit. Dass exakt diese doppelt, fast dreifach so große Zeitspanne entscheidend von den ersten 20 bis 25 Jahren geprägt wird, haben wir zwar schon einmal irgendwo gehört, glauben aber nicht, dass ausgerechnet wir den Schwarzen Peter gezogen haben könnten, für Fußballfreunde: die Arschkarte.

Die IDIOTEN-Produktion läuft. Sie könnte kaum reibungsloser laufen auf diesem mitteleuropäischen Flecken namens Bundesrepublik Deutschland. Die BRD ist kaum 356 000 Quadratkilometer groß (Texas besitzt fast die doppelte Ausdehnung), beherbergt mehr als 82 Millionen Menschen, von denen nicht einmal ein

Zehntel, knapp sieben Millionen, Ausländer sind. Trotzdem summt es uns ständig in den Ohren von »Überfremdung«. Die Bevölkerung der USA besteht zu einem Viertel aus Nachkommen deutscher Einwanderer – ist »Gottes ureigenstes Land« damit deutschüberfremdet?

Schon aufgrund unserer geographischen Lage sind wir, seit jeher und wie kaum eine andere Nation, auf unsere Geisteskräfte angewiesen – oder auf Gewalt. Gleich an neun verschiedene Nationen grenzt die Bundesrepublik: Dänemark, Polen, Tschechien, Österreich, Schweiz, Frankreich, Luxemburg, Belgien, die Niederlande. Ein »Volk ohne Raum« seien die Deutschen, hämmerten die Nationalsozialisten ihnen ein. Angesichts dieses »Mangels« wurde dem Volk der Weg in den Zweiten Weltkrieg als *unumgänglich* verkauft – heute würde man sagen: als alternativlos.

Doch was anderes als Krieg sind massive Wirtschaftsangriffe auf andere Staaten? Die oft beklagte Zahlmeisterei der »ausgebeuteten« Bundesrepublik innerhalb der EU, wiederum deren Abhängigkeit von einem »starken« Deutschland, unser »Zwang« zu hohen Exportquoten, die Anwerbung ausländischer Facharbeiter, nicht zuletzt die Milliarden-»Engagements« deutscher Banken und Konzerne auf fremdem Territorium – aus dem Blitzkrieg ist ein Krieg per Glasfaser und Satelliten geworden, und wir sollen diesen Krieg als existenziell für *unseren* Wohlstand ansehen. Tatsächlich sind unsere Staatsschulden – und unser spürbar gesunkenes Bildungsniveau – die Kehrseite der vermeintlichen deutschen Wirtschaftsohnmacht. Die Kanzlerin der Bundesrepublik Deutschland ist keine von den Ereignissen getriebene, bedauernswerte »Trümmerfrau«.

Helmut Kohls »Mädchen«, die dem Sozialismus vollständig entwachsene Machtpolitikerin, ist durchaus einverstanden mit Ruinen – sie müssen nur auf fremdem Grund und Boden stehen: Ein Niesen Carla Brunis verhindert allenfalls die Entstehung eines neuen Chansons für Nicolas Sarkozy, aber das Hüsteln von Angela Merkel raubt finanziell angeschlagenen EU-Staaten auch noch den Rest ihrer wirtschaftlichen Souveränität. So sehr »machtlos« und »ausgebeutet« ist das kaum mehr an Bildung interessierte Deutschland.

Ginge es Politikern in Bund und Ländern wirklich um unsere Zukunft statt fortwährend nur um ihre Gegenwart, es müssten dringend Antworten gefunden werden auf folgende Fragen: Wie könnte im 21. Jahrhundert »das große deutsche Volk« (Charles de Gaulle), ohne nennenswerte Rohstoffvorräte und erneut belastet mit absurd hohen Staatsschulden, wie könnte sich dieses Volk in Europa und der Welt friedlich behaupten, etwa durch neue herausragende Intelligenztaten? Müsste sich nicht »ganz Deutschland« *(Bild)* im denkbar größten Stil »fortbilden«, sich aus seinen geistigen Grenzen lösen, um sich wirklich voranzubewegen mittels »vermarktbarer« Hervorbringungen auf kulturellem, technischem, medizinischem, sozialem Gebiet? Wer sagt, dass wir dazu verdammt sind, bis zur Endlichkeit allen Erzes und Öls die Welt mit unseren Mittel- und Oberklasse-Blechkisten zu beglücken, deren Konstruktion, Produktion und Vertrieb wir für eine unserer Schlüsselindustrien halten? Ist Wachstum wirklich nur das, was uns zu Niedriglöhnern oder Hartz-IV-Empfängern macht, was uns Böden, Luft und Wasser vergiftet, uns nur noch Chemie auf die Teller bringt, uns vor lauter Unmündigkeit zu IDIOTEN stempelt? Wer sind wir, dass wir unseren Kindern, neben Bildungsstress und Schulquälerei, das Schicksal zumuten, Wiedergänger unserer Geschichte zu werden, dass wir sie der Gefahr aussetzen, erneut auf jenen Grad von Verdummung und Roheit herabzusinken wie einst unter Kaiser und »Führer«, dass wir uns von einer *alternativlosen* Krise in die nächste treiben lassen, zum Nachteil unserer Nachbarn sowie von uns selbst?

Auf dem hohen Ross namens Deutsche Mark hat man uns gefürchtet. Als Trojanisches Pferd Euro hasst man uns. Weil die deutsche Wirtschaft rein zahlen- und hardwaregetrieben ist, hat die Politik für uns außer »Bildung« nichts in der Pipeline. Wie aber kommt es, dass wir uns gegen den Bau eines milliardenteuren Großbahnhofes empören, uns aber 16 verschiedene Bildungs-»Philosophien« zumuten lassen, unter denen fast alle der 82 Millionen Einwohner dieses Landes leiden oder bereits einmal gelitten haben? Wieso denken wir, die Schule von 1945, von 1968 und von 2011 sei letztlich die einzig wahre, während wir als fortschrittliche Menschen im Halbjahresrhythmus unsere Mobiltelefone, Tablet-PCs und Digitalkameras austauschen?

Nicht Deutschlands Bildungssystem hat sich bewährt, lediglich die Verfestigung dieses Herrschaftsinstruments ist uns zur Gewohnheit geworden. Die dreigeteilte Regelschule mit ihrer von Auswendiglernen geprägten Wissensvermittlung macht die Menschen von klein auf zu IDIOTEN – derart gründlich, dass sich die meisten von uns eine Bildungsvermittlung außerhalb dieser »Menschenvernichtungsanstalten« (Thomas Bernhard) nicht mehr vorzustellen vermögen. Müsste man nicht schleunigst die Beine unter den Arm nehmen?

Es ist wie am Ende von George Orwells Roman 1984: *Wir haben unser schulvermitteltes IDIOTENTUM lieben gelernt.*

Bildung mit Tatü-Tata:
Schulschwänzer, die Deserteure
der Unterforderung

> We busted out of class
> Had to get away from those fools
> We learnt more from a three minute record
> Than we ever learnt in school.
> *Bruce Springsteen,* No Surrender

Schwänzt! Geht nicht mehr in die Schule! Bleibt zu Hause, versenkt euch in eure Bücher; lest, was ihr kriegen könnt. Lernt mit Freunden, lernt mit Erwachsenen, aber geht nicht in die Schule. Dort bringen sie euch nichts bei oder das Falsche. Schlimmer noch: Dort seid ihr nichts, und später werdet ihr auch nichts sein. Lernt für euch, nicht für diese Institution. Schwänzt!

Die Schule brennt nicht, die Schüler erst recht nicht. Die meisten haben sich an den Trott gewöhnt, aber ein paar – gar nicht so wenige – machen blau. Oder sie verweigern sich, zeigen »Haltung«: Die Kinoleinwand, die mich langweilt, sieht mich ganz schnell von hinten; die Band, die am Publikum vorbeilärmt, kann mir gestohlen bleiben – was, wenn ein Schulpflichtiger so denkt, so spricht und so handelt und der heiligen Institution Schule den Rücken kehrt?

Dann fehlt er nicht, dann schwänzt er.

Wer sich von der Truppe entfernt, desertiert. Unlust, Angst oder hehre ethische Beweggründe, mit seiner Desertion erfüllt der Soldat einen Straftatbestand der Militärgesetzgebung. Er verletzt das ehernste Gebot aller Gußeisernen: Was immer kommt – beispielsweise der Tod –, man flüchtet nicht. Eins tiefer gehängt, in der

Schule: Und wenn sie dir zehnmal nicht passt, du *musst* da hin. Werd bloß nicht zum Bildungspazifisten!

Unter dem Eindruck des eben erst zu Ende gegangenen Ersten Weltkriegs schreibt Stefan Zweig 1920 seine Erzählung *Der Zwang:* Welche geheimnisvolle Kraft übt der Staat selbst aus weiter Entfernung auf seine Bürger aus? Wieso fällt es bereits jungen Menschen, erst recht Erwachsenen so ungeheuer schwer, sich der Bürokratie in allen ihren Formen zu entziehen – wer zwingt uns, was zwingt uns?

Um dem Krieg zu entfliehen, emigriert ein deutscher Kunstmaler mit seiner Frau in die Schweiz. Doch der Gestellungsbefehl erreicht ihn selbst dort: Wozu unterhalten Länder Botschaften? Der zurückgelassen geglaubte Militärapparat entfaltet seinen Sog auch aus der Ferne: Du bist uns in der Pflicht. Komm zurück und stell dich, stell dich …

Als im Januar 2011 die Zustände auf dem Marine-Schulschiff *Gorch Fock* öffentlich wurden, waren die Medien gleich mit dem Begriff »Meuterei« zur Stelle. Wie der Zivilist als »Wutbürger«, wird der seefahrende Soldat unausweichlich zum »Meuterer«, sobald er Zweifel oder Kritik an der Führung äußert.

Der von Guttenberg holterdipolter suspendierte Kommandant Norbert Schatz kritisierte die motorischen Fähigkeiten der heutigen Kadetten: Sie bewegten sich in der Takelage der 45 Meter hohen Masten nicht mehr so sicher wie frühere Jahrgänge: »Die Jugend sitzt nicht mehr im Kirschbaum, sondern eher vorm Computer.«

Das muss wieder anders werden – die Kehrtwendung zum romantischen Kirschbaum als kollektive Selbstdisziplinierung: Das Stillsteh-Kommando »Habt acht« (und alle weiteren) gilt im Soldaten- wie im Zivilleben, in der Schule wie im Beruf.

Deshalb sind Schulpflicht und Wehrpflicht im Grunde eins.

Es gibt nichts Demokratisches in diesen Pflichten. Der Bürger, ob heranwachsend oder volljährig, darf sich nicht selbst gehören. In *jeder* Situation seines Daseins ist er kein freier, ist es nie gewesen. Er ist kein zur Bildung berechtigter, sondern verpflichteter Mensch, zur Bildungsfron gezwungen. Sein »Recht« auf Schulbesuch ist, wie der Name schon sagt, eine Pflicht, schwach verbrämt als Menschenrecht. Eine »Volks«-Schule ohne Druck und Zwang, wie subtil auch immer ausgeübt, ist sie denkbar?

Beinah vier Millionen Menschen in Deutschland leiden unter Depressionen und dem gefürchteten Burn-out – wo diese Krankheit ihren Anfang nimmt?

Die ganze Camouflage, zu der ein staatliches Gemeinwesen fähig ist, fällt mit dem Wort »Pflicht«, das »Zwang« bedeutet. Das wilde Pferd wird gezähmt, der Hund möglichst früh dressiert – der junge Mensch in die Schule geschickt. Geschickt von seinen Eltern, die diesen Zwang als gegeben hinnehmen, die sich mit ihm arrangiert haben oder erst gar nicht arrangieren mussten, weil schon die Frage nach seiner Sinnhaftigkeit wenigstens Ketzerei bedeutet: Die Gebote der Kirche (schwerlich jene eines Gottes) gestatten nicht einmal Zweifel.

Die wenigen Menschen, die es wagen, ihre Kinder bewusst nicht dem öffentlichen Bildungssystem auszusetzen, und sie nicht in die Schule schicken, werden von ebendiesem System wie Staatsfeinde behandelt. Dabei sind sie »nur« Feinde ebenjenes Systems, das just durch sein Verhalten sein wahres Gesicht zeigt: Der deutschen Schule nähert man sich nicht, man unterwirft sich ihr. Der Bildungserwerb hat kein ambulanter zu sein, sondern ein stationärer, sehr regelmäßiger. Er ist nicht freiwillig, schon gar nicht ist er »umsonst«, denn er kostet den Verzicht auf die individuelle Freiheit, der idealerweise nicht als ein Verzicht erlebt wird, sondern als Normalität, ja Notwendigkeit.

Dass der Staat wenigstens ein Mindestmaß von Bildungserwerb nicht der Willkür Einzelner, etwa den Eltern, überlässt, ist grundsätzlich zu begrüßen. Dass das nicht unkomplizierte Miteinander von Schule – Lehrer – Schüler Regeln braucht, steht außer Frage. Doch warum der Anwesenheitszwang, wieso die drakonische Verfolgung, die – oftmals – Kriminalisierung von Eltern und/oder Schülern, die sich über die »Pflicht« hinwegsetzen? Kein anderes europäisches Land verbietet kategorisch Heimunterricht – Deutschland tut es. In »Ausnahmefällen«, die dem Ermessen, nicht selten der Willkür des Schulamtes unterliegen, kann eine Erlaubnis erteilt werden. Oder eben nicht.

Es ist, unter anderem, dieser Zwang, der unüberhörbare Ruf der staatlichen Macht bis selbst in die weiteste Ferne, der den Menschen seine Bürgerschaft nie vergessen lässt: Du gehörst nicht dir, du gehörst uns – wer immer »uns«, also »wir«, sein mag.

Natürlich macht es einen Unterschied, ob ein Schüler schlichtweg »keinen Bock« hat oder ob es für ihn einer Gewissensfrage nahekommt, der Schulpflicht zu entsprechen beziehungsweise ihr zuwiderzuhandeln. In beiden Fällen, und hier führt sich der gerechte Staat ad absurdum, in beiden Fällen zählen die Beweggründe nicht. Die Schulpflicht ist Ausfluss des Obrigkeitsstaates, der seine Untertanen beieinandergehalten wissen will. Das weißeste Wolllämmchen, das sich von der Herde entfernt, wird durch seine Absenz zum schwarzen Schaf. Mehr noch: Der Zwang, weitervererbt von Generationen, ist so stark, dass er Widerstandskräfte bei den anderen Gezwungenen weckt: Weder Deserteure noch Schulschwänzer dürfen mit allzu viel Solidarität unter Schicksalsgenossen rechnen. Ob nun Feigling oder Faulpelz, die Kodex- und Gesetzesbrecher rufen Neidgefühle hervor: Wenn schon Hölle, dann alle miteinander. Das so menschenfreundlich gewandete Bildungssystem, es sabbert sich Geiferflecken aufs Jackett mit seiner Aversion gegen alle, die sich seiner Huld entziehen.

Stefan Zweig beschreibt eindrucksvoll den »Zwang« als einen

Vorgeschmack auf noch viel größere Zumutungen des Staates gegenüber seinen Bürgern, ob männlich, ob weiblich. Die Bildungsfrage – auch und gerade sie – zu einer Demokratiefrage zu machen ist keine Absurdität, sondern das Naheliegendste, wenn man es ernst meint mit Bildungsfreiheit.

Schul- und Ausbildungsabbrecher produziert das deutsche Bildungssystem zuhauf, aber auch jede Menge »Aussteiger«: Schulschwänzer. Es rettet sich vor der Zwangsbildung, wer kann, genauer: wer sich traut und wer genug hat von der Penne, die zu manchen Zeiten – immer? – einfach keine Lernfreude zu wecken vermag.

Was wusste Pindar von Freiwilligkeit?

Werde, der du bist – mithilfe deutscher Schulbildung ist dieser sehr persönliche Auftrag des griechischen Dichters Pindar (ca. 522–445 v. Chr.) nicht zu erfüllen. Als Absolvent gleich welcher Schule hat man schon Schwierigkeiten, der zu werden, der man für Staat und Wirtschaft nur sein soll: ein nützliches, also produktives, ein anspruchsloses und damit fügsames Mitglied der Gesellschaft. Nützlich und produktiv, das wären die meisten ja durchaus gern. Nur mit dem Anspruchslos- und Fügsamsein hat mancher zu kämpfen. In demselben Maß nämlich, wie die Schule junge Menschen überfordert, unterfordert sie sie auch. Wie viele Streetworker müssen noch auf Arte, 3Sat und ZDF neo die Kunst zeigen, aus teilnahmslosen Herumsitzern binnen kurzem eine Tanztruppe, eine Sängerschar, eine Theaterkompanie zu schmieden?

Zu dem Seelenzwiespalt pubertierender Schüler kommen noch andere Konflikte.

Vor die eigene Nützlichkeit und Produktivität haben die Wirtschaftsgötter ja das Vorhandensein eines Arbeitsplatzes gestellt, wenigstens die Aussicht darauf: eine leidlich anständig bezahlte, leidlich sinnvolle Tätigkeit, wenn schon keinen vernünftigen Beruf. Ab einem gewissen Alter glaubt man seiner Umgebung die Märchen vom Goldesel und von der Goldmarie nicht mehr. Der eine kann sich aufs Fell hauen lassen, wie er will, für ihn äppelt niemand Goldtaler aus; die andere lernt fleißig wie wenige und endet doch als Pechmarie: Am besten, man schnürt sein Ränzel und läuft auf und davon.

Etwas Besseres als keinen Job finden wir überall.

Werde, der du bist – Pindar hatte gut reden.

Da hat man brav dem Staat seinen Tribut gezollt, hat die Schule besucht und mit dem dort verabreichten Wissensbrei das wenige an Bildung aufgenommen, um das ein solches Bohei gemacht wird. Schon waren Kindheit und Jugend dahin, und man sah sich aus dem Schulhof heraus- und in ein Erwachsenenleben hineingedrängt, in welchem Theorie und Praxis stark auseinanderklaffen. Erst hat das jahrelange In-sich-Hineinpauken den ursprünglichen Widerspruchsgeist geschwächt, dann war man plötzlich für sein Tun allein verantwortlich, ohne auf diese Verantwortung hinreichend vorbereitet worden zu sein. Die Schule ruft einem noch hinterher: Wir können dir dein Elternhaus nicht ersetzen, für Anstand und Moral waren deine Alten zuständig! Die wehren sich: Wir hatten doch das Geld heranzuschaffen; wer sollte jungen Leuten den letzten oder wenigstens vorletzten Schliff verpassen, wenn nicht ihr, die Schule?

Die ehemaligen Schüler rufen – nichts.

Froh genug sind sie, die Schule hinter sich zu haben. Jetzt noch schnell Berufsausbildung oder Studium und dann, endlich, Geld verdienen. Oder nur so tun als ob. Bloß nicht als Verlierer dastehen. Auf jeden Fall sich auch die letzten Flausen aus dem Kopf schlagen. Etwa, man würde schon ungeduldig in der Berufswelt erwartet, als der in den Medien gepriesene hochmotivierte, mit topaktuellem Wissen gedopte Nachwuchs.

Auf niemand wartet die Berufswelt weniger als auf die Frischlinge von den Schulen. Deren topaktuelles Wissen entpuppt sich als der gleiche alte Hut, der schon zwei Generationen zuvor als Narrenkappe dienen musste: Theorie, Theorie. Praxis zu erwerben dauert und ist mühsam, vor allem, wenn die ersehnte Karriere am Kopierer und in der Teeküche beginnt – und währt und währt und währt.

Die Wirtschaft will nicht so sehr den Kuchen, sie will vor allem das Sahnehäubchen. Sie will die leckeren Kirschen auf dem Cocktailspießchen, die süßen Ananasstückchen und auch die hübschen Schirmchen. Die Supergescheiten, die bereits während des Studiums, mitunter schon in den Abschlussklassen der Schulen von »Recruitern« angesprochen, »akquiriert« worden sind. Die ganz fixen geistigen Durchmarschierer, die ihre Abschlüsse, Auslandsaufenthalte und Titel sammeln wie andere junge Leute Bewerbungsabsagen: adrette Jungeinsteiger, mit denen man sich sehen lassen kann. Alle anderen, nur Neunmalklugen, Siebengescheiten – was sollen Top-Firmen mit Mittelmaß?

Das züchten sie sich selbst heran.

Für immer mehr Absolventen wird das Leben künftig eine Achterbahn sein.

Die paar goldenen Jahrzehnte ihrer Eltern und Großeltern, als berufliche Dinge wie von selbst ihren Lauf nahmen bis zum Rentenalter, weil genug Arbeit da war und die Bosse leidlich soziales Augenmaß behielten, diese Zeiten sind vorbei. Welle um Welle lief die Rationalisierung durch sämtliche Betriebe. Deutschland wurde gestreamlined. Die McKinseys haben outgesourced und gedownsized und jede Branche gespecialized und modernized auf Devilcomeout.

Es gibt sie noch, die tollen Jobs, aber sie reichen nicht für alle.

Die Zukunft wird bunt wie ein Flickenteppich: »ungerade« Lebensläufe mit Brüchen, der Erwerb ungewöhnlicher Fähigkeiten, Kurz-Engagements mal hier, mal da – Personalchefs werden Gastspielverzeichnisse statt Arbeitszeugnisse zu sehen kriegen. Schon jetzt registrieren sie den Abschied von konventionellen Laufbahnen, und Soziologen beobachten eine Verstetigung der »verlängerten« Kindheit beziehungsweise Jugend. Die Wirtschaft flanscht jedem Einzelnen den Turbo ins Kreuz. Dann drückt sie aufs Gas, aber Konsumenten und Erwerbstätige kommen nicht mehr mit.

Der bayerische Kabarettist Gerhard Polt war nicht immer ein politisches »Urviech«. Er hat durchaus »etwas Richtiges« gelernt beziehungsweise studiert. Aber war »das Richtige« das Richtige? In einem ZEIT-Interview im Dezember 2010 sprach der Skandinavist und Altgermanist von seinem ursprünglichen Ideal:

»Ich will Ihnen sagen, wer mich als Kind beeindruckt hat. Es gab da einen Bootsverleiher, und dieser Bootsverleiher war einfach Bootsverleiher, da hätte nie einer nachgefragt, warum er das ist. Für mich hat dieser Mann alles geschafft, was man im Leben schaffen kann. Er strahlte eine solche Ruhe und Ausgeglichenheit aus. Ob es geregnet hat oder nicht, ob viele Leute kamen oder gar keiner, er war da. Wenn nix los war, hat er oft stundenlang auf den See hinausgeschaut. Dieses Stoische – großartig. Irgend so was wollte ich werden, ja. Dieser Mann, der sich selbst genügte. Darum ging es.«

Was für ein Frust, sich täglich Mühe geben zu müssen mit einem Lernstoff, der einen nicht besonders interessiert, und angetrieben zu werden von einer notenfixierten Umgebung. Dazu das Dauerbombardement der Medien: Arbeitslosigkeit allenthalben, trotz immer neuer »Aufschwünge«. Berichte von jungen Leuten und ihren Praktika und Trainee-Programmen; Entmutigung – Lebenswirklichkeit? – bis zum Abwinken.

Schöne neue Welt.
Trotzdem soll man sich weiter Mühe geben. Oder will man enden wie die vielen tragikomischen Gestalten bei RTL, Sat1, Vox und ProSieben?
Abspeck-Coaches und Kartenzocker tummeln sich da, Dschungelcamper und Ratefüchse leben allzu alternative Erwerbsmöglichkeiten vor. Botschaft: Das ganze Leben ist ein Witz. Überall wird man gecastet, muss sich für den »Recall«, die zweite Chance, zum Deppen machen.
Seltsam, die erste Chance haben immer schon andere beim Schopf ergriffen. Gibt es sie überhaupt?
Und erst dieses Personal: Da ist die strengäugige *Super-Nanny* Katharina Saalfrank (super – warum eigentlich?), da ist der noch immer nicht weggepfändete Schuldenprofi Peter Zwegat oder der in Frittenfett ergraute Restauranttester Christian Rach. Da sind die *Extra*- und *Exklusiv*-Promischwätzen Birgit Schrowange und Frauke Ludowig, der Anchorman-Darsteller Christof Lang (*RTL-Nachtjournal*) sowie die *RTL-Mittagsjournal*-Lifplerin Katja Burkhard. Es möbliert die *Wohnexpertin* Tine Wittler; es tagen, gefühlt von früh bis spät, *Das Strafgericht* oder die *Richterin Barbara Salesch,* es steigen der Jugend die Lederjacken der *Schulermittler* hinterher.
Nur einer fehlt: der TV-Irrenarzt für Programmmacher.
Geschätzte 300 000 Schulverweigerer – zehn Fehltage pro Halbjahr und mehr – machen in Deutschland bei Unlust lieber blau als rot zu sehen. Sie arrangieren sich mit der Schule, indem sie sich von ihr absentieren. Sie bekritteln die Schule nicht, sie schwänzen sie einfach: Wo nichts ist, gehöre ich nicht auch noch hin. Förder-, Haupt- und Berufsschulen sind Frust- und damit Schulschwänzer-Hochburgen, weil junge Menschen hier besonders häufig ihre ungelösten Probleme im Schulpack herumtragen, aber auf wenig Unterstützung hoffen dürfen. Die Schwänzer unter

Realschülern und Gymnasiasten leben unauffällig. Sie bewegen sich in einer mit elterlichen Entschuldigungen gepolsterten Grauzone von Krankheit und Unpässlichkeit, dürfen auf die Atteste »großzügiger« Haus- und Fachärzte hoffen. Außerdem sondern höhere Schulen ihre Verweigerer schnell aus. Wer zu häufig »fehlt«, fliegt.

Bildungspazifisten oder nur Faulpelze?

Fahnenflucht hat sich der Staat noch nie bieten lassen, die Schule ebenso wenig.
Schon wegen des negativen Vorbildes, das die Deserteure von Langeweile und Unterforderung für ihre Mitschüler abgeben, neigt der Schulbetrieb zur Überreaktion. Allein in Bayern greift die Polizei jedes Jahr mehr als 2000 Gegner und Feinde der Lehranstalten auf. Wichtigstes Argument: Schulschwänzer kämen allzu oft »auf dumme Ideen«, neigten zu Kriminalität; während ihre Altersgenossen brav »Bildung« tankten, machten sie die Innenstädte unsicher.
Kaufhausdetektive grinsen bei der Frage nach jugendlichen Übeltätern. Zu keiner Zeit fallen ihren Überwachungskameras Jugendliche leichter auf als zu den üblichen Schulzeiten, also von montags bis freitags, bevorzugt vormittags. »Konjunktur« herrscht bei Ladendieben eher ab dem späten Nachmittag, wenn eine zunehmende Kundenmenge auf Deckung hoffen lässt. Eine KaDeWe-Spürnase: »Wer aufs Klauen aus ist, tut das nicht, wenn er schon aufgrund seines Alters am leichtesten auffällt. Wir kennen unsere Kunden – und wir kennen unsere ›Kundschaft‹.«
Während Autofahrer bei Bagatellunfällen Schwierigkeiten haben, eine Streife an die Unfallstelle zu bekommen, scheuen die Kommunen weder Aufwand noch Kosten, um Schulpflichtsünder zur

Strecke zu bringen. Bayern und Baden-Württemberg haben es vorgemacht, sämtliche anderen Bundesländer ziehen mittlerweile nach: Schulschwänzen gilt als Vorstufe für kriminelle Karrieren – hat RTL hier eine Nischen-Nische übersehen? Wo bleibt *Die Super-Schulschwänzer-Nanny?* Oder: *Wir kriegen euch – der RTL-Schulschwänzer-Action-Report.* Oder: *Keen' Bock nich' – die RTL-Schulschwänzer-Soap* und natürlich *Die schönsten/besten/ raffiniertesten Schulschwänzer-Ausreden.*

Moderiert von dem leider nie absenten Oliver Geissen.

Die Schule arbeitet der Wirtschaft zu, dressiert Jugendliche zu Ordnung – und Unterordnung. Seit der Einführung von Hartz IV (2005) ist der Krankenstand in deutschen Firmen auf Nachkriegsniveau gesunken. Blaumachen traut sich ohnehin kaum jemand, aus Angst, den Job zu verlieren. Mitarbeiter der BayernLB in München erzählen, mittlerweile nehme keiner mehr als maximal 14 Tage Urlaub am Stück: »Wer will schon per E-Mail gefeuert werden?« Gegen die eigenen Impulse, gegen die eigene Natur zu handeln gilt in unserer Gesellschaft als Zeichen von Leistungsbereitschaft.

Dabei gibt es Schulpychologen, die unter vorgehaltener Hand durchaus Sympathien für die Unterrichtsflüchtlinge hegen, und es gibt Lehrer, die insgeheim nicht traurig sind, wenn notorische Störer oder Schläfer erst gar nicht oder seltener antreten. Was sie nie öffentlich sagen würden: Schulschwänzer sind auf gewisse Art die Anti-Avantgarde des Schulbetriebs. Die Verweigerer wollen ja durchaus lernen, bloß *nicht so*. Addieren sich zu Schulstress und Lernproblemen – Einser-Schüler schwänzen nicht – familiäre Schwierigkeiten, steigt der seelische Druck immer weiter. Von zwei Seiten fühlt sich der junge Mensch in die Zange genommen. Schule und Zuhause werden zum Schraubstock. Sich ihm durch Schuleschwänzen zu entziehen ist oft der einzige Ausweg.

Gerhard Polt, der kaum je über seine Schulzeit spricht:
»Wir erleben doch heute unablässig Leute, die sich gemobbt fühlen oder sonstwie gestresst sind. Menschen, die unter Gewissensbissen leiden, die schuften, damit sie das Leben finanziell schaffen. Und als Gegenentwurf dazu der Bootsverleiher. Der Mann hatte Würde.«
Die deutsche Schule und die Fremdbestimmung.
Die deutsche Schule und ihr Hang zum Zwang.
Die deutsche Schule und ihre überkommene Präsenzkultur.
Die deutsche Schule und ihr als Fürsorge verkaufter Bildungsdruck.
Und Deutschland und seine Anglizismen: »Individual Branding«, »Employer Branding« – what you see is what you get: Der für Steuergeld zwangsgebildete Mensch soll sich selbst zur Marke stilisieren, zum Blisterpack seiner selbst werden, sich in die Auslage eines eigenen, möglichst hübsch dekorierten Schaufensters stellen. Nach der Ich-AG nun das tägliche Ego-Shooting aus der Hüfte, schon Kindergarten und Schule bereiten darauf vor.
Wer ist Beste/r, Schönste/r, Klügste/r?
Gerade seine Jungschäfchen will der Staat unter Kontrolle haben. Ohne deren körperliche Anwesenheit im Schulgebäude geht selbst im Zeitalter von Internet und Telekommunikation nichts. Telearbeit, Homeschooling – ist da was? Immer mehr Unternehmen schicken Mitarbeiter zum Arbeiten nach Hause, aber die Kultusminister wollen den entscheidenden Schritt nicht tun: Eher wird »das Hanf« freigegeben (Forderung des Grünen-Politikers Christian Ströbele), als dass Schüler – gerade »Problemschüler« – zu Hause oder in privaten Gruppen lernen dürften. Noch immer ist in Deutschland nur der anwesende Mensch ein Faktum; dem Nichtanwesenden ist zu misstrauen. Er faulenzt bestimmt, sobald man ihn aus den Augen lässt. Das verhindere die Stechuhr, das Großraumbüro, die Chipkarte.

Oder er schwänzt. Dann droht der Bildungsbankrott.
Viele Schulverweigerer übersehen schlicht die Konsequenzen. Aus den Unterrichtsversäumnissen resultieren schlechte Noten, Rückstufungen, verpatzte Zeugnisse, fehlende Abschlüsse. Nur unter großen Anstrengungen und nur auf dem beschwerlichen zweiten Bildungsweg sind die Jugendsünden von einst wiedergutzumachen.
Das deutsche Bildungssystem produziert nicht nur IDIOTEN, es produziert auch Schulschwänzer. Problemfälle sind einfach nicht vorgesehen: Auf 500 Hauptschüler und mehr kommt oft gerade mal ein einziger Schulpsychologe. Mit wie vielen Ausbüxern kann er wohl sprechen, geschweige denn »fertig werden«? Und was ändern Zwangs- oder gar Strafmaßnahmen an den Ursachen?
So hoffen Schule und Schwänzer im Grunde dasselbe, nämlich auf Lösung des Problems durch Zeitablauf.
Die Natur gibt den Verweigerern recht.
Das Kalb nämlich, die Kuh, der Ochse, das Lamm, Schwein und Huhn – alles neigt reflexartig zur Flucht, sobald der Metzger die Rampe runterlässt. Schlachthausbetreiber wissen das und setzen frühzeitig auf Betäubung.

Lehrer könnten die Schulflüchtigen wenigstens Aufsätze schreiben lassen: Um wie viel wertvoller war mein Leben, als ich wieder einmal nicht zur Schule ging? Welche Bücher habe ich *freiwillig* gelesen, welche Filme gesehen? Welche Musik habe ich während dieser Zeit gehört; Musik, auf die mich die Schule nie gebracht hätte? Wieso ich auch ohne den Einsatz von Bundeswehr, KSK und Flugdrohnen zurückgekommen wäre, weil mich das Herumgeflatter in *Freiheit* irgendwann nervte?
Gerhard Schröder, Abiturient und Jurist auf dem zweiten Bildungsweg, wollte den Deutschen partout kein Recht auf Faulheit

zugestehen, ebenso wenig Helmut Kohl. Paragraphen gibt es dafür keine, wohl aber die Vermessenheit der auf Zeit Mächtigen: Egoisten messen die Welt nur an der eigenen Elle.

Wer als Schüler seine seelischen Durchhänger nicht ausgerechnet in Ferienzeiten hat, muss sehen, wo er bleibt – aber bitte möglichst im Klassenzimmer. Zeit zum Verplempern, Nachdenken, Herumlungern, Nichtstun, zum »Kranksein«?

Das kann nicht geduldet werden. Nicht bei Erwachsenen, nicht bei jungen Menschen.

Eigentlich sollten uns längst Roboter und Maschinen Arbeit (oder eben mehr Beschäftigte) abnehmen. Das Multitasking optimiert Abläufe und Bilanzen, ruiniert aber Menschen und Beziehungen. Durch unermüdliche Ausgliederung, Einsparung und Mehrfachbelastung ist ein Arbeitslosenheer entstanden, ein offizielles und ein inoffizielles. Dazu, als Parallelgesellschaft, ein Heer von kranken, überforderten, chronisch ausgepowerten Menschen. Alles hat immer schneller und kürzer zu gehen, nur in der Schule dauert es noch fast immer so lange wie früher, bis der Bildungswurm sich ins Gehirn der Schüler durchgefressen hat. Das Hin und Her beispielsweise um die neunte Gymnasialstufe hat daran wenig geändert.

Eine wirkliche Rationalisierung der Abläufe hätte längst zeitliche Freiräume schaffen können, auch in der Schule und auch für die, die sie am nötigsten brauchen: die Schüler. Zwischen all dem täglichen Wahnsinn, der Monokultur aus Konsum und Medien, müsste endlich wieder Platz geschaffen werden für die gute alte Langeweile, für das Baumeln der Seele.

Musik ist ohne Pausen nicht denkbar; Musiker wissen das.

In der Rockmusik sorgen die Breaks für Spannung, nicht die Soli.

Ein Kabarettist und Pausenverfechter wie Gerhard Polt stellt sich auf die Bühne und sagt minutenlang erst mal gar nichts. Nicht ein einziges Wort. Spannung durch Nichtstun. Sein Rekord in den Münchner Kammerspielen: *acht* Minuten.

2011, im Jahr des Doppel-Abiturs und der Aussetzung der Wehrpflicht, somit also des zwiefachen Uni-Sturms, in diesem Jahr könnte der Autorin Eva Herman *(Das Arche-Noah-Prinzip)* ein Comeback gelingen. Lediglich ein Schülerrecht aufs Blaumachen bräuchte sie zu fordern, schon wären ihr neuerlich Schlagzeilen sicher. (*Bild am Sonntag* am 9. 9. 2007: »Eva Herman *lobt* Hitlers Familienpolitik«.) Mit Panzern würden Politik und Medien gegen sie vorrücken, denn Law-and-Order macht auch nicht vor der Bildung halt. 2003 forderte Jörg Schönbohm (CDU), damals Innenminister von Brandenburg, den Einsatz elektronischer Fußfesseln für Schulschwänzer, was, immerhin, zu lautstarken Protesten in der Landesregierung führte. Die Fußfessel kam zwar nicht, aber eine Geisteshaltung wurde offenbar: Solange Politiker Schule als Gefängnis ansehen, müssen Schüler sie auch als Gefängnis empfinden.

Und Bildung als Zwangsbeglückung.

Wer nicht türmt, sitzt weiter ein.

2011 redet einstweilen niemand von Fußfesseln für Schüler.

Die wahre Fußfessel in unserer Gesellschaft ist ja doch Geld. Je weniger man – später – davon hat, desto schwerer wiegt die unsichtbare Eisenkugel am Fuß. »Kindergeldstreichung für die Eltern von Schulschwänzern« fordert mit von ihm gewohnten Populismus der Neuköllner Bezirksbürgermeister Heinz Buschkowsky; Hartz-IV-Kürzungen, sekundiert der nicht zuletzt in »Bildungsfragen« immer überfordert wirkende CDU-Fraktionschef Volker Kauder.

Der Geist des Generalleutnants Jörg Schönbohm ist allgegenwärtig.

Strafen und Sanktionen für die Disziplinlosen. Wehe den Schuldeserteuren!

Alles beichten Prominente, damit Zuschauer- und Absatzzahlen stimmen. Wer mit wem und auf welche Weise, wann zuletzt und mit wem als Nächstes. Aber wir warten bis heute auf den deutschen Vorstandsvorsitzenden, der sich im Fernsehen als einstiger Schulschwänzer outet. Auf den (Ex-)BDI-Vorsitzenden, auf den Minister. Auf den Deutsche-Bank-Chef, überhaupt auf Wirtschaftsgrößen und Politiker der Nimm-dir-ein-Beispiel-Klasse. Prominente Bildungsdeserteure im Fernsehen?
Lange werden wir warten müssen. Prominente outen sich eher als vormals drogensüchtig (der österreichische Liedermacher Rainhard Fendrich), als krebskrank (Christoph Schlingensief), als alkoholkrank (der deutsche Country-Sänger Gunter Gabriel), als vormals bulimiekrank *und* brustoperiert (Moderatorin Gundis Zámbo), als sexsüchtig (Medien-Faktotum Daniel Küblböck), als schwul (Berlins Regierender Bürgermeister Klaus Wowereit), als lesbisch (die TV-Moderatorin Anne Will), als bi (der Modeschöpfer Wolfgang Joop), als pleite (Sängerin Michelle), als Steuerschuldner (Schlagersänger Costa Cordalis), als Gefängnisinsasse (Klatschreporter Michael Graeter), als Hartz-IV-Empfänger (die Schauspielerin Ingrid Steeger), als in der Schule sexuell missbraucht (der Schriftsteller Bodo Kirchhoff), als Nichtschwimmer (Extrem-Bergsteiger Reinhold Messner, Sänger Marius Müller-Westernhagen), als Burn-out-Opfer (die Publizistin Miriam Meckel).
Bildung statt »Bildung«, Spezialbereich »Schulschwänzen«. Das Thema hat noch einen weiten Weg vor sich. Es ist noch nicht einmal bei Markus Lanz *und* Kerner *angekommen.*

II
DIE IDIOTENMACHER

Willst du für ein Jahr vorausplanen, so baue Reis.
Willst du für ein Jahrzehnt vorausplanen, so pflanze Bäume.
Willst du für ein Jahrhundert planen, so bilde Menschen.

Tschuang-Tse

Idioten haben keine Lobby:
Bildung im Zerr-*Spiegel* der Medien

> Schade, dass ich nie mein Stück *Die Journalisten* geschrieben habe. Sie wollen die ganze Welt belehren und sind doch (meist) selber ganz kleine Leute. Sie rufen »Herr Kohl darf nicht ...« oder »Präsident Chirac muss ...« und haben Angst, auf die Straße gesetzt zu werden. Nimmt man ihnen die verliehene Macht, sind sie kümmerlich und bangen um die Rate, das Reihenhaus abzuzahlen. Die verliehene Macht – die kommt immer vom Inhaber, also vom Geld.
> *Fritz J. Raddatz,* Tagebücher. Jahre 1982–2001,
> *Eintrag vom 9. 7. 1997*

> Don't want to be an American idiot
> One nation controlled by the media
> Information age of hysteria
> It's going out to idiot America.
> *Die US-Punk-Band Green Day in* American Idiot

Dies vorweg: Der *Spiegel* schwänzt die Schule nicht. Laufend bringt er Bildungsthemen, steigt tief in die Problematik ein. Quer durch die reiche Palette seiner gedruckten und elektronischen Ableger führt er Interviews mit Lehrern, Fachleuten, Politikern, gelegentlich sogar mit Schülern und Studenten. Er berichtet über die Lage an Schulen und Universitäten. Man kann dem Magazin nicht den Vorwurf machen, Schule und Bildung würden von ihm »übersehen«.

Der Vorwurf des Autors an den *Spiegel* lautet vielmehr, dass er kaum je Farbe bekennt, gerade nicht in Sachen Bildung. Von sich aus bringt er Debatten nur noch selten auf, handelt kontroverse Themen nur als Reaktion ab. Der *Spiegel* wird kaum mehr initia-

tiv. Unter seiner heutigen Führung und mit seiner heutigen Redaktion wären seine legendären Enthüllungserfolge (z. B. Flick, Neue Heimat, Uwe Barschel) wohl kaum geschrieben worden.
Aus den nachfolgend angeführten Beispielen wird deutlich, wie oft sich indes *Spiegel*-Redakteure herausnehmen, in keineswegs mit »Kommentar«, »Meinung« oder »Glosse« überschriebenen Texten eigene, in der Regel (ab)wertende Urteile über einzelne Gesellschaftsgruppen zu fällen oder gleich pauschal über das Volk herzuziehen, wie überhaupt viele *Spiegel*-Artikel sich zu »Kampagnen« verdichten. Die Redaktion ist keineswegs so neutral und unparteiisch, wie sie sich gern gibt. Sie hat sehr wohl ihre Meinungen, mindestens die ihrer namentlich genannten Redakteure, aber eine erkennbare Haltung hat sie nicht. Wo es dem *Spiegel* keinen direkten Vorteil oder wo es ihm womöglich Nachteile bringt, ist er blind, stumm und taub.
Dies wäre, angesichts einer ähnlichen Einstellung bei einem Großteil der deutschen Medien, kaum der Worte wert. »Ach, die Medien«, könnte man seufzen, den Kopf schütteln über so viel Anbiederung nicht an den Massen-, sondern an den Inserentengeschmack. Es ist aber wichtig, darauf hinzuweisen, weil der *Spiegel* aufgrund des Weitblicks seines Gründers, Rudolf Augstein, über ein in Deutschland einzigartiges Beteiligungsmodell für seine Mitarbeiter verfügt. *Der Spiegel* gehört nämlich im Grunde sich selbst. Das macht ihn, anders als die meisten deutschen Blätter, tatsächlich unabhängig – und prädestiniert ihn für mutiges journalistisches Vorgehen. Welches deutsche Magazin, wenn nicht der *Spiegel,* sollte und müsste sich starkmachen für ein gerechtes, offenes Bildungssystem in Deutschland?
»Zwang funktioniert«, betitelt das Magazin ein Interview (4/2011) mit der chinesischstämmigen US-Juraprofessorin Amy Chua. Mit ihrem bis an die Satiregrenze autoritären Intensiv-Erziehungsstil (»Westliche Eltern geben zu früh auf«) ist die Mutter zweier

Töchter weltweit auf dem Weg zur Ikone neuzeitlicher Rohrstock-Pädagogik – auch mithilfe des fasziniert lauschenden *Spiegel*.
Dem doppelseitig abgedruckten Gespräch nebst einer Drill-preisenden PISA-Grafik folgt nicht etwa der Versuch einer Gegenposition, Einordnung oder Relativierung. Das Prinzip »Ihr könnt euch denken, wie wir darüber denken« hat bereits 2010 beim Vorabdruck von Thilo Sarrazins *Deutschland schafft sich ab* bestens funktioniert. Die Meinungsmacher und -dompteure des *Spiegel* werfen dem Volk schlicht einen weiteren blutigen Fetzen in die Arena: gegenseitiges Zerfleischen erwünscht.
Der Allround-Kompetenzler Sarrazin beißt prompt zu.
Vom *Tagesspiegel* auf das »chinesische Modell für Deutschland« angesprochen, sagt er: »Ich empfehle, sich seine positiven Wirkungen anzusehen.«
Schon hat der *Spiegel* erneut für Meinung gesorgt, ohne Stellung zu beziehen.
Einen guten Journalisten erkennt man daran, dass er sich nicht gemeinmacht mit einer Sache, auch nicht mit einer guten Sache, dass er überall dabei ist, aber nirgendwo dazugehört.
Mit diesem Credo wird der 1995 verstorbene Journalist und *Tagesthemen*-Moderator Hanns Joachim Friedrichs häufig zitiert, aber stimmt es auch? Tatsächlich soll man als Journalist nirgendwo dazugehören, keineswegs muss man überall dabei sein. (Die Wirklichkeit sieht anders aus.) Aber sich mit einer guten Sache gemeinmachen, statt tatenlos Missständen zuzusehen, das macht keinen Journalisten zu einem schlechten, hier irrte Friedrichs sehr. Professionelle Weggucker haben wir schon zu viele, denn gerade weil die »guten« Journalisten nicht in ausreichender Menge »sich gemein machen«, lärmen viele Medien nur mehr um nichts – oder preisen US-chinesischen Erziehungsdrill.
Als »Hajo« 1995 starb, steckte das Internet noch in den Kinderschuhen. Börsenirrsinn, Bundeswehreinsätze, die alltäglich ge-

wordene Korruption im Land, die Terrorfolgen des Nine-Eleven, Euro-Turbulenzen, Sozial- und Bürgerrechteabbau, den – vorläufigen – Triumph des Neoliberalismus, das Bildungsdesaster, die Atomkatastrophe in Japan, alles das konnte Friedrichs, als er seinen markanten Satz hinterließ, nicht vorhersehen.

Was also soll der *Spiegel,* sollen seine Mitbewerber tun?

Weiter »gute«, also tatenlose Journalisten sein und weiter zuschauen, kommentieren, larmoyieren? (*Spiegel*-Titel 9/11: »*Bild* – Die Brandstifter)? Oder noch mehr Unheil verhindern, mildern helfen, sich *endlich* zu Haltung durchringen?

Das *Spiegel*-Sturmgeschütz macht nur noch »plopp«

Nein, so wird das nichts mit Bildung in Deutschland: Studenten protestieren nur für sich selbst, Hauptschüler ducken sich weg, Lehrer zittern im Kabäuschen um ihren Pensionsanspruch, Eltern flüstern das »Bildung ist unsere Zukunft«-Mantra – Deutschlands IDIOTEN machen es den Idiotenmachern leicht. Solidarität ist zum Fremdwort geworden, war es vielleicht schon immer. Seit der Vize-Exportweltmeister innerhalb nur eines Jahrzehnts auch den letzten Rest seiner »einfachen« Jobs nach Asien exportiert hat, traut sich niemand mehr, seine Kinder *nicht* mit Schulstress zu quälen.

Dabei ist es ganz simpel: Wer nichts verlangt, kriegt auch nichts, so lautet das oberste Gebot der Ego-Ökonomie. Und wer etwas verlangt, wie bundesweit die Studentenschaft 2009, verlangt meist nur Geld statt Veränderungen und lässt sich mit ein paar Euro mehr leicht abspeisen. Noch eine Reform und noch eine Reform: Gibt es irgendeinen Menschen in der Bundesrepublik, der in einem Rutsch die Namen jener Gesichtslosen hersagen kann, jener 16 Niedagewesenen, Niegesehenen, die in den Ländern über Millionen von Bildungsbiographien entscheiden – oder eben nicht? Hauptsache, es gibt ihre Institution. Die soll, industriell organisiert, Bildung erzeugen, aber IDIOTEN liefert sie ab. Das Wasser in der Wüste, nach dem die Jugend in Deutschland geschickt wird, es ist Cola für Diabetes-Kranke. In Berlin hängt Frau Schavan noch einen Strohhalm in das Glas: mit Eis oder ohne?

Nein, so findet keine Revolution statt. Bildung wie bisher, und Stuttgart 21 wird doch gebaut. Bildung wie bisher, und Nacktscanner stehen bald auch in jedem Bahnhof. *Bild* erfindet die Bildung neu, nebenher das *Volks*-Abitur – auch die *Volks*-Doktorarbeit? Was bei Großprojekten, Castor-Transporten und Dioxin-Skandalen funktioniert, klappt in der Bildungsmisere bislang nicht: Das Volk macht sich nicht deutlich genug bemerkbar. Faustregel: Wohin Heiner Geißler (CDU) nicht zum Schlichten entsandt wird, da braucht es keine Wasserwerfer und kein Pfefferspray – allerdings auch keine wirklichen Veränderungen. Überhaupt verbietet sich bei diesem Thema Polemik von selbst: Gebildete Menschen gehen bitte gebildet miteinander um, also ergebnislos. Wer schreit, verliert, und wer verloren hat, ist ein IDIOT.

Dennoch wäre es falsch, Schülern, Studenten, Lehrern und Eltern vorzuwerfen, sie ließen sich zu wenig hören und sehen, machten sich nicht genug bemerkbar. Dass man sie mit ihren sehr wohl vorhandenen Forderungen meist nur auf regionaler Ebene wahrnimmt, im Freundes- und Bekanntenkreis, und sich trotz ihrer Proteste und Einwände nichts ändert an der ganzen kleinföderierten Bildungspolitik, das liegt, größtenteils, an der sogenannten vierten Gewalt. Schreibend und sendend, verwalten unsere Leitmedien Missstände nur mehr, wie anders in Sachen Bildung? Zusammen sind sie die Bundesbank der Information; was wollen wir mit unseren hübschen Regional-Währungen, wenn sie national über Geldmenge und Diskontsätze entscheiden? Denn aktiv

werden, Stellung beziehen über Wochen und Monate, bis konkrete Ergebnisse sichtbar werden, das tun ausgerechnet jene nicht, die sich sonst kühl lächelnd den Vorwurf des Kampagnen-Journalismus gefallen lassen: Ach, kommen Sie, Frau Käßmann, die war doch amtsmüde, und der Herr Gauck, der wollte ohnehin nicht wirklich. Wer jede Woche eine andere Sau durchs Dorf treiben kann, könnte auch die richtigen Schweine auf Trab bringen.
Verbündete in den Medien bräuchten die IDIOTEN MADE IN GERMANY. Starke Verbündete, wenigstens ein einziges der Leitmedien auf ihrer Seite. Bei allem Respekt: eine Handvoll bloggender Ché Guevaras und hier und da ein Sachbuchautor, da bleibt es noch lange bei der Allgegenwärtigkeit von Paris Hilton und Heidi Klum.
Bildung ist, sehr wahr, der Anfang von allem.
Später müssen gestandene Männer womöglich bei »Weiterbildungsmaßnahmen« ihres Jobcenters Männchen machen, und berufserfahrene Frauen müssen das Weibchen herauskehren, um aus der Arbeitslosenstatistik zu verschwinden – wann bringt denn Alice Schwarzers *Emma* zu dieser besonders krassen Praxis von Frauenunterdrückung einen Titel? (Von ihren *Bild*-Freunden erwartet ein solches Engagement ohnehin niemand.) Warum macht der *Spiegel* Günter Wallraff nicht arbeitslos mit »roten« Undercover-Reportagen, warum glänzt der *Stern* nicht mit Fotostrecken und Erlebnisberichten über Menschen, die für den Gegenwert eines einzigen Heftes drei Tage essen, trinken, sich kleiden sowie für Strom, Gas, Heizung und Warmwasser aufkommen müssen, warum rückt der *Focus* die Wurzel allen Übels nicht in denselben: Bildung!
Die Medien, ausgerechnet.
Ist es nicht schrecklich naiv zu fordern, ausgerechnet die schweren Panzer der Medienkonzerne sollten vor den Villen ihrer Besitzer auffahren? *Bild* und *Welt* (Springer), *Stern* und *Capital* (Gru-

ner + Jahr/Bertelsmann), *Die Zeit* (Holtzbrinck) und *Focus* (Burda), um nur einige der überhaupt noch mit Personennamen verbundenen Printmedien zu nennen. Gerade die Prätorianergarde der Reichen würde nie an Rebellion denken – würde sie?
Und wenn schon nicht die schweren medialen Kampfwagen, warum rasselt nicht ein einzelnes, leichteres und beweglicheres Fahrzeug los, ein, nach Wikipedia, »mit Geschützen bestücktes Vollketten-Panzerfahrzeug«, die »Unterstützungswaffe der Infanterie«? Dieser markigen Ausdrucksweise bediente sich, gleich nach Kriegsende, ein 23-jähriger, meist kurzbehoster Ex-Wehrmachts-Leutnant, der einmal Großes im Sinn hatte, in diesem Fall mit der eben noch im KZ gehaltenen Meinungsfreiheit.
1946. Rudolf Augstein wird Chefredakteur und Herausgeber des von der englischen Armee gegründeten, arg schmalumfänglichen Magazins *Diese Woche*. Schon bald, im Januar 1947, benennt er es um: Der *Spiegel* ist geboren. Der Elan und der Idealismus des Hänflings durchströmen das besetzte Land, seine Naivität balzt mit seinem Selbstbehauptungswillen: Zu einem »Sturmgeschütz der deutschen Demokratie« müsse das neue Blatt werden, fordert der Jungverleger von sich und seiner ziemlich lichten Reihe journalistischer Vorwärtsverteidiger. Angloamerikanisches Freiheitsdenken nebst Respektlosigkeit vor den Mächtigen, diese Tugenden sollten für den *Spiegel* ausschlaggebend sein, appelliert der Ex-Funker, »demokratische Transparenz« werde man schaffen und die »Hohlräume zwischen politischer Deklamation und tatsächlichem Handeln bloßlegen«*. Martialischer wurde auch Jericho nicht niederposaunt.
Jahre später, 1962.
Dank Freiheitsdenken und Respektlosigkeit ist Augstein mit dem

---

* Der Ex-*Spiegel*-Chefredakteur Leo Brawand in der Ausgabe 1/1987 über das damals 40. Gründungsjubiläum: »Wenn schon Pressefreiheit, dann aber gleich richtig.«

Spiegel reich geworden. Aber er hat sich auch 102 Tage lang einknasten lassen, für und wegen seines Blattes; 102 Tage durchlittene, wenngleich gelebte Demokratie. Der *Spiegel* hatte es gewagt, die Kampfkraft der erst sieben Jahre zuvor gegründeten Bundeswehr in Frage zu stellen. Das Magazin hatte behauptet, ohne nukleare Waffenhilfe der Amerikaner sei die Bundesrepublik gegen den Warschauer Pakt so gut wie wehrlos, nur »bedingt abwehrbereit« (Ausgabe 41/1962). Der bayerische Löwe – und damalige Verteidigungsminister – Franz Josef Strauß fühlte sich von Augstein und seinen Spiegelfechtern allzu keck an der Mähne gezogen und schlug zu. (Dass ihn dieser Akt von Rechtsbeugung das Ministeramt kostete, steckte Strauß weg. Seine Intimfeindschaft mit Augstein währte bis kurz vor seinem Lebensende.)
Wer ginge heute noch für die Pressefreiheit ins Gefängnis, für Deutschland, für uns IDIOTEN – Dieter Bohlen? Kai Diekmann? Oder für den *Spiegel* – der Ex-Doppelspitzler Mathias Müller von Blumencron oder dessen Allein-Chefredakteurskollege Georg Mascolo oder Henryk M. Broder? *Matthias Matussek?*

Mit »Kostenplus« ins Infominus

Silvester 2010/Neujahr 2011.
Deutschland brummt unterm Eispanzer, aber Angela Merkel findet warme Worte und ist voll guten Mutes. »Gestärkt« seien wir aus der Krise herausgekommen, überbietet sie in ihrer Neujahrsansprache die Pointen von Urban Priols Jahresrückblick; nach vorn geblickt werden müsse, und da habe man Anlass zu Optimismus. Wichtigstes Projekt 2011 sei die Verbesserung des Gesundheits- und Pflegesystems; der Zusammenhalt im Land solle gestärkt werden; noch nie hätten im geeinten Deutschland mehr Menschen Arbeit gehabt. Und: »Wir müssen den Euro stärken.«

So viel Neujahrsfreude von der Kanzlerin, nur kein Wort von »Bildung«, ihrem das ganze Jahr über fleißig getrailerten Projekt – blieben nicht 2010, anders als im Herbst 2009, die Studenten brav von der Straße weg, im Großen und Ganzen? Hatte sich nicht, außer der wackeren – und strafversetzten – Münchner Grundschullehrerin Sabine Czerny, die deutsche Lehrerschaft ganzjährig in Schweigen gehüllt und keinerlei Bildungskonfessionen à la *Was wir unseren Kindern in der Schule antun ... und wie wir das ändern können* (Südwest 2010) veröffentlicht? Können nicht, dank Ursula von der Leyen, endlich auch die Bedürftigsten der Bedürftigen, die »Hartz-IV-Kinder«, etwas für ihr geistiges Fortkommen tun? Bringen Bildungsgutscheine sie nicht künftig – kostenlos! – ins Schwimmbad und in den Zoo? So viel Positives über Bildung in Deutschland gibt es zu vermelden. Warum nicht mal Fünfe gerade sein und die Korken knallen lassen, Frau Merkel?

In der Uckermark sozialisierte Hanseatinnen kippen nicht jedes Glas, und für Capricen sind eher die Medien zuständig, beispielsweise Der *Spiegel*. Das heißt: der bunte Nachfolge-*Spiegel* Rudolf Augsteins. Der Niemals-je-in-U-Haft-*Spiegel*. Das stillgelegte Sturmgeschütz der Demokratie.

In der Online-Version: das feuerrote Spielmobil der digitalen Demokratie. In politischer und sozialer, gar kultureller Hinsicht war 2010 wohl eher durchwachsen, aber am letzten Tag des Jahres ist Schluss mit Furcht und Sorgen. Flankierend zur Kanzlerin jubelt *Spiegel Online* vermeintlich: »Änderungen im neuen Jahr – 2011 bringt Kostenplus für Mehrheit der Bürger«. Eine fantastische Neuigkeit, möchte man sich schon freuen, doch die Erdbeerbowlenstimmung verfliegt schnell. »Die meisten Menschen in Deutschland bekommen im nächsten Jahr das Sparpaket der Regierung zu spüren«, schenkt die Redaktion den Deutschen gerade noch rechtzeitig reinen Wein ein. Die Beiträge für Kranken- und

Arbeitslosenversicherung, heißt es, würden abermals erhöht, Strom, Gas und Flugreisen ebenfalls teurer, und der Finanzminister fordere künftig noch mehr Brutto vom Netto.

Das war kein Champagner, das war nur Bitter Lemon. Der Dreisprung »Kostenplus – Mehrheit – Bürger«: nicht mehr als eine Luft-Spiegelung. Das frisch verzapfte »Kostenplus«, nur ein weiterer Fall von *Spiegel*-Neusprech, wenn nicht -Dummsprech. Für einen Moment ließ diese Wortneuschöpfung an eine Welt glauben, die endlich wieder ins Gleichgewicht rückt. Dabei haben die *Spiegel*-Wortschrauber nur abermals eine neue Vokabel erfunden. Gemeint ist ja das genaue Gegenteil, das »Kostenplus« nur ein ziemlich üppiges, geistiges Bedeutungsminus: Volle Deckung, Leute, es fliegen noch mehr Kostengranaten! 2011 dürft ihr noch mehr abdrücken als schon 2010; euer ohnehin fettes Minus kriegt ein viel dickeres *Plus!*

Derweil, im Tiefgeschoss der wirklichen *Spiegel*-Meinungsbildung, im Leserforum von *Spiegel Online.* Dort ärgern sich zahlreiche Foristen über die Irreführung Plus mal Minus. »Kompliment an den BWL-Jungredakteur, der das verbrochen hat«, zetert der Nutzer beobachter1960. »›Kostenplus‹ gehört auf die Liste der Unwörter; wenn ich erst zweimal lesen muss, um die Nachricht dahinter zu verstehen, grenzt das an Manipulation durch Sprache« (daujoons); »Glückwunsch, *Spiegel Online;* Sie haben wirklich nur ein Interesse: die Deutschen unzufrieden und aufeinander neidisch zu machen« (ein_bayer); »›Kostenplus‹ hat eine fast Orwell'sche Qualität, so wie ›doubleplusgood‹« (Rwagner).

Unwort, unglückliche Ausdrucksweise, politische Schützenhilfe – den Redakteuren ist das egal. Hauptsache, wieder ein paar zehntausend Klicks gesammelt und die Leser auf die nachfolgenden Seiten gelockt: »Kostenplus« – ein Fall für Bastian Sick, den hauseigenen, aber längst emeritierten Sprach-Professor.

Nirgendwo mehr in Deutschland pulitzert es.

Auch im *Spiegel* straußt, flickt und barschelt es nicht mehr. Keine Neue Heimat für keine einzige Zeile »Prawda«, russisch: Wahrheit. Längst ist für Enthüllungen fast jeder Art wieder allein der *Playboy* zuständig. Würfe nicht ab und zu ein australischer Internet-Aktivist seine Existenz, seine Freiheit, vielleicht sogar sein Leben in die journalistische Waagschale, die Kachelmännisierung schritte noch viel schneller voran. Denn das Gros der deutschen Leitmedien schaut dem IDIOTEN-Volk nicht mehr aufs Maul, viel lieber haut es ihm drauf. Mit seiner ganzen Pfui-Teufeligkeit fällt es wöchentlich, täglich, stündlich, ja minütlich über Menschen unterhalb der 5000-Euro-Verdienstgrenze her. Wer so lächerlich wenig und weniger verdient, wer so gar keine Anteile an einer *Verlags-KG* besitzt, sagen wir: an der *Kommandit-Beteiligungsgesellschaft für Spiegel-Mitarbeiter mbH & Co.,* an dieser journalistischen Unabhängigkeitserklärung, diesem De-facto-Persilschein für wirklich freies Medienschaffen, der kann nur Mittelklasse abwärts sein, Halbwelt, fast schon Unterwelt: »Hartzer«.
Jedenfalls nicht Redakteur bei einem Hamburger Leitmedium – bei *dem* Leitmedium.
Bei den Happiness-Funkern im Sturmgeschütz von einst.
»Reales Plus – Löhne in Deutschland steigen kräftig.«
Magere 2,3 Prozent Nettozuwachs ergeben, von der Hamburger Brandstwiete 19 aus gesehen, »das größte Plus seit 2007«.
»Aussetzung der Wehrpflicht – Unis droht Studenten-Schwemme«*.
Als wäre nicht bereits 1996 »Rentner-Schwemme« Unwort des Jahres gewesen und die Wehrpflicht als »Schule der Nation« – für den »Bürger in Uniform« – nicht schon immer nur Parkplatz für Hunderttausende arbeits- beziehungsweise ausbildungsfähige junge Männer.

---

* *Spiegel Online*-Meldungen vom 22.9. 2010

Herbst 2010.

»Schwemmen« zuhauf, aber mehr noch Kachelmann-News und immer reichlich Paris Hilton – aus dem *Spiegel* Rudolf Augsteins ist ein Zerr-*Spiegel* geworden. Derart verspiegelt, wirklichkeitsverzerrt sind viele seiner Aufmacher, dass in der Online-Ausgabe die Forenkommentare immer öfter überschäumen. »Früher war der *Spiegel* kritisch, heute isser nur noch 'ne Hochglanz-*Bild*-Zeitung«, stellt der Forist helium fest, und stauner empfiehlt: »Vielleicht sollte man *Bild* und *Spiegel* zusammenlegen, man könnte eine ganze Redaktion sparen« (28. 10. 2010).

Dabei waren die Zeiten für investigativen Journalismus nie so gut wie heute.

Themen gibt es zuhauf, eine immer größer werdende Käuferschicht giert nach Analyse und Einordnung. Aber sie muss »Wutbücher« kaufen, weil *Spiegel* & Co. keine »Wutartikel« mehr veröffentlichen. Die vormalige Kernkompetenz des Magazins, terriergleich in die Fuchsbauten der Wirtschaft einzudringen und nur mit Beute wieder hervorzukommen, ist dahin. Der Terrier ist bequem geworden. Er liegt nur mehr unterm Tisch und lässt sich mästen.

Der will nicht jagen, der tut nur so.

»Die Arbeitslosenzahl unter drei Millionen, das Wachstum bei 3,4 Prozent: Die deutsche Wirtschaft ist auf Erfolgskurs. Arbeitsmarktforscher glauben nun, dass die Zahl der Menschen ohne Job bis 2012 weiter rapide sinkt – auf unter zwei Millionen« (*Spiegel Online,* 28.10. 2010).

Angesichts von so viel DDR-/BRD-Neusprech könnte man glauben, die Redaktion der *Aktuellen Kamera* hätte kollektiv zu *Spiegel Online* rübergemacht. Denn gleichzeitig vermeldet die Bundesarbeitsagentur 7 375 946 Empfänger von Arbeitslosengeld I und II sowie Sozialgeld, davon 5,6 Millionen arbeitsfähige Menschen. Nicht berücksichtigt in den offiziellen Zahlen sind, wie immer, die mehr als eine Million »Umschüler«. Das sind mehr Einzelschicksale, als jede Woche *Spiegel*-Exemplare verkauft werden.

Gern machen ja die Bundesstatistiker ein Fass auf, greifen tief in den Tuschkasten und färben die Zukunft rosa. Aber muss der *Spiegel* immer gleich Jubelarien anstimmen? Unter zwei Millionen Arbeitslose bis 2012 – für solche Prognosen braucht es keine Top-Mathematiker, sondern nur einen Blick auf die Fakten: Die einstigen Baby-Boomer verabschieden sich nach und nach in die Rente, und ihre Kinder haben – je nach Politikersicht – erfreulich oder unerfreulich wenige Enkel hinterlassen. Das Jobwunder der Bundesregierung fußt also überwiegend auf demographischen Ursachen, beweist mitnichten Unternehmergeist auf der Arbeitgeberseite. Dass solche »Berichte« nur dem Ziel dienen, die Bevölkerung auf den Massen-Import angeblich dringend benötigter Fachkräfte aus dem Ausland vorzubereiten, während das Heer der Dauerarbeitslosen weiterhin nur auf Ein-Euro-Sold hoffen darf, ist allzu durchsichtig.

Ob der Redaktion bewusst ist, wie sehr sich die Kollegen in der Anzeigenabteilung ein vorteilhaftes Werbeklima wünschen? In den Werbeunterlagen heißt es: »Der *Spiegel* versteht sich als Leitmedium – gleichgültig ob in Print, Online oder auch auf mobilen Lesegeräten. Er sorgt für Gesprächsstoff und ist Maßstab für Journalisten.« Und: »Viele *Spiegel*-Leser nutzen neben dem *Spiegel* keine beziehungsweise nur sporadisch andere Zeitschriften.« Und: »Die Leserschaft des *Spiegel* bildet die Spitze der Pyramide!« (Das selbstbejubelnde Ausrufezeichen stammt tatsächlich vom *Spiegel*.) Und: »Der *Spiegel* muss sich jede Woche neu erfinden. Dabei schafft er es, intelligente, schön geschriebene Geschichten zu veröffentlichen (...) seine besondere Stärke ist die Analyse, die Hintergrundberichterstattung.« Woraus als Resümee nur folgen kann: »*Spiegel*-Leser wissen mehr.«

Realität als Meinungs-Matroschka

Der Durchschnittspreis für eine ganzseitige *Spiegel*-Vierfarbanzeige betrug im Herbst 2010 rund 57 000 Euro. Dafür kriegt die Spitze der Pyramide im Umfeld jener schön geschriebenen Geschichten besagte Bilder zu sehen, wie sie Auge und Gemüt guttun – derart viele, dass man neben dem *Spiegel* keine beziehungsweise nur sporadisch andere Zeitschriften nutzen muss.

»Häufigste Windstärke in Niedersachsen: Brainstorming«, heißt es in einer der Anzeigen der Ausgabe 43/2010. Aber statt näherer Ausführungen zum wolkigen Thema folgen Lobeshymnen auf Eon, das in Niedersachsen beheimatete Energieunternehmen, denn das Land bewirbt »seinen« Erfindergeist mithilfe des Original-Logos eines seiner – hoffentlich – größten Gewerbesteuerzahlers.

Bitte umblättern.

Zwei wohlvergnügte junge Frauen, brünett und blond, sitzen in einem schönen alten Mercedes SL, schokoladenseitig geparkt vor dem Brandenburger Tor. Viel Chrom und tabakfarbenes Leder im Auto, viel havanna- und brasilbraune Seide an den Damen. Dazu der »Armreif Helioro 18k, Weißgold mit Brillanten« sowie die »Damenuhr Zeitmeister Glashütte, Edelstahl mit Brillantlünette«, getragen am Arm beziehungsweise am Handgelenk – ach so, Wempe bewirbt bloß seine beiden Luxusuhren- und Schmuckgeschäfte in der Hauptstadt.

Abermals blättert man weiter.

Jetzt sieht man, in herbem, preisgünstigerem Schwarzweiß, drei bös in die Frontspoiler geknuffte Automobile namens »XK«, »XF« und »XJ«. Beworben werden sie indes als »Atemberaubend schön. Aufregend sportlich«. Es kostet »ihr Einstieg in die Welt von Jaguar« tatsächlich nur 349 Euro Leasingrate, auch das steht dabei.

»This is the new Jaguar«

Zu Anzeigen wie diesen gehört freilich ein Anzeigenumfeld. Deshalb nun zu jenem *Spiegel*-Artikel, der Niedersachsen und Eon, Wempe und Jaguar-Tata voneinander trennt, sie vielleicht auch erst vereint. Der Artikel heißt »Bauernland in Bonzenhand«, stammt von Markus Deggerich und ist ein Knaller – theoretisch. Es geht um nichts Geringeres als den Trend, dass Aktionäre und Privatinvestoren gegenwärtig so viel ostdeutsches Ackerland wie möglich erwerben. Sie tun dies weniger zu Renditezwecken als aus Gründen sicherer Vermögensverteilung.

Wie bei einer Puppe-Püppchen-Püppilein-Matroschka steckt hier der Skandal im Skandälchen: Großkapitalisten wie der Brillenkönig Günther Fielmann, aber auch internationale Fonds wie Agroenergy flüchten sich, finanzkrisengebeutelt, mit Teilen ihres Vermögens in reale Werte, buchstäblich in Grund und Boden. Sie fühlen einen langen, bitterkalten Winter nahen, der kein klimakatastrophaler und kein nuklearer sein muss. Schlimmer, ein Inflations-/Währungsschnitt-Winter steht ins Haus. Der Mob mag Villen abfackeln, der Staat alles Geld einziehen. Wer aber Land sein Eigen nennt, richtig viel Land, der wird womöglich auf der sicheren Seite sein, einst oder bald: 134 000 Hektar, wie sie 2010 in Mecklenburg-Vorpommern vakant sind, warten auf weitsichtiges Investorengrinsen.

Zeitgleich mit dem *Spiegel* hat übrigens der *Stern* (43/2010) einen scholleklebenden »Landsmann« in seinen Spalten. RWE-Chef Jürgen Großmann (fünf Stipendien, unter anderem von der Studienstiftung des deutschen Volkes) feiert sich erst als rechtmäßiger Sieger im Scheingefecht um die Brennelementesteuer, poltert dann los gegen die Gegner dieses schwarz-gelben Atomgemauschels, inklusive der Stuttgart-21-Demonstranten: »Ich würde mir jedenfalls nicht das Recht herausnehmen, eine Sprengladung an einen Hochspannungsmast zu setzen.« Schließlich lässt Großmann den Privatmann raushängen. Weich und versöhnlich schwärmt der *Milliardär* von seinem Weingut in Australien. Falls in good old Germany mal ein RWE-Meiler upside down geht, schmeckt der Rote in Downunder noch mal so gut.

Ließe sich aus dieser *weltweit* zu beobachtenden Bewegung der vorbeugenden Landnahme nicht eine ganz andere, nämlich die eigentliche Botschaft herauslesen? Falls es zum Mega-Crash kommt, könnte die lauten, wären ja die alten Herren des kaputten Geldes automatisch wieder die neuen Herren des bankrotten Landes – Gutsherren eines Großteils seiner intakten Nutzflächen, nicht nur seiner dann kaum verwertbaren Immobilien. Dann könnten sie mit einem Schlag die gesamte Kette unserer industriellen Nahrungserzeugung kontrollieren.

Wahrlich ein Geschäft mit Zukunft: »Gegessen wird immer«, zitiert der *Spiegel* Credo und Anlagestrategie des Hamburger Großgrundaufkäufers Siegfried Hofreiter. Dieser hatte im September 2010 mit seiner KTG Agrar AG eine Unternehmensanleihe über 25 Millionen Euro an die Böse gebracht. Das Echo war so gewaltig, dass binnen drei Tagen nachgebessert werden musste: »Insgesamt wurden 50 Millionen Euro plaziert.«

Also: Die deutsche Wirtschaftselite kapriziert sich auf Ostdeutschland. Dort sind die freien, zusammenhängenden Flächen groß, die Preise niedrig und der Widerstand der Bauern ist gering. Nach Finanzpapieren, Rohstoffen und Edelmetallen entdecken die Kolonialherren im eigenen Land nun tatsächlich die Ressource Mensch oder vielmehr deren Achillesferse: ihre Agrarflächen. Denn auch wer pleite ist, verarmt, am Ende, muss essen und trinken. Wenn aber die Riege der Superreichen ihr Vermögen auf diese Weise zu retten versucht, wie und womit soll sich der kleine Mann retten? Soll er sich noch schnell bilden, vom Volkswirt zum Landwirt? Sich mit anderen zusammentun und, ebenfalls in Frankfurt, eine *Bildungsanleihe* herausbringen? Oder noch fiebriger lernen als bisher, dem G8-Turbo einen Nachbrenner angliedern; reicht die verbleibende Zeit überhaupt für so viel Verzweiflung?

Die *message* ist: Fielmann, Hofreiter, Agroenergy bestellen ihr Haus, indem sie künftig Felder bestellen, nein: bestellen lassen. Die IDIOTEN MADE IN GERMANY taugen, zur Not, auch als FELDARBEITER MADE IN GERMANY. Mag der Crash kommen, die Großkapitalisten werden zu Großgrundbesitzern, und alles bleibt, wie es war. Sie folgen in ihrer Strategie nur dem Vorbild der Guttenbergs und anderer Realitätenbesitzer mit vielhundertjähriger Kriegs- und Katastrophenerfahrung. Sprichwörtlich bodenständig, scheuchen sie ihr Kapital oder wenigstens Teile davon nicht mehr in der Welt herum, sondern werden »sesshaft«.

Daraus folgt doch irgendwas, liebe *Spiegel*-Redaktion?

Dieses landraubende Eichhörnchen-Verhalten unserer Finanzelite, das hat ja bestimmt sehr viel weiter reichende Konsequenzen als nur vor Ort übervorteilte Bauern (Schweinerei, klar), als eine neue Börsenmode (Barbour, Landrover, Burberry, logisch), als drei Seiten *intelligent und schön* geschriebene Texte bei euch, im *Spiegel,* mit genauso viel intelligenter und schöner Werbung drumherum. Der *Spiegel* versteht sich doch als Leitmedium, ist es nicht so? Gleichgültig ob in Print, online oder auf mobilen Lesegeräten, beschreibt er sich nicht so? Und er sorgt doch für Gesprächsstoff und ist Maßstab, weshalb ja neben ihm viele Leser keine beziehungsweise nur sporadisch andere Zeitschriften nutzen und seine Leserschaft die Spitze der Pyramide bildet, Ausrufezeichen.

Stimmt es oder stimmt es nicht?

Es stimmt, was die Kollegen Anzeigenverkäufer von sich geben. Auch der *Spiegel* muss sich jede Woche neu erfinden, online sogar jeden Tag. Und er schafft es – wir wiederholen –, *intelligente und schön geschriebene Geschichten* zu veröffentlichen. Seine Stärke ist allerdings kaum mehr die Analyse, die Hintergrundberichterstattung, wie er weiterhin behauptet. Das Schlussfolgern, das Ausblicken, das Werten überlässt er immer öfter anderen. Jedoch, Zynismus ist keine Position, nur Armseligkeit, intellektuelle Arbeitsverweigerung. Welche Existenzberechtigung hat ein Nachrichtenmagazin, das seinen Lesern/Nutzern nicht bei der Einordnung ebenjener Nachrichten hilft? Was helfen euch, *Spiegel*-Redakteure, KG-Anteile, wenn die Finanzwelt und der ganze Rest des Wirtschaftsgewackels endgültig die Alster runtergehen? Nehmt ihr dann die Hacke oder den Dreschflegel, spannt ihr euch dann vor den Ackergaul oder geht ihr selbst als welcher?

Die Mächtigen und die Begüterten im Lande, darunter Jürgen Großmann und Günther Fielmann, fluchen sicher längst nicht mehr, wenn es Samstagabend wird und die neueste *Spiegel*-Ausgabe aufs iPhone flutscht. »Bauernland in Bonzen*land*«, so muss es heißen. Was kümmert es die stolze Eiche, wenn sich *kein* Borstenvieh daran wetzt, wenn kein *Spiegel*-Redakteur weiterdenkt, weiterfragt? Bitteschön, mögen die Landaufkäufer sich sagen, schreibt nur immer weiter und berichtet fleißig; solange ihr dabei an der Oberfläche bleibt, warum nicht? Die Wunder der Erde wachsen bekanntlich aus ihr heraus, aber die Erde gehört künftig vollständig *uns,* buchstäblich die Erde. Daraus kann dann – irgendwie, irgendwann – eine neue Republik wachsen, wenn nämlich der Pulverdampf des zu erwartenden Zusammenbruchs sich verzieht und jene Erde – auf Bildung ist gepfiffen – von braven, hungrigen Landarbeitern bewirtschaftet wird: Wie sollten die IDIOTEN sich fürderhin ernähren, wenn nicht durch eigener Hände Arbeit, im Schweiße ihres Angesichts? Danke also, *Spiegel* und auch *Stern* und *Süddeutsche* und *F.A.Z.,* euch und allen anderen, dass ihr solche Fragen erst gar nicht stellt, erst recht nicht zu beantworten versucht.

Wenn der *Spiegel,* »Maßstab für Journalisten«, heiße Themen nur mehr lauwarm anfasst, richtet sich eben auch die Kollegenschaft danach. Der Mainstream ignoriert schon jetzt, was den Strom erst ausmacht: die Menschen. Deshalb haben wir doch in Deutschland, neben Klassikern wie der Integrationsdebatte (durch Vorabdruck gepusht von Thilo Sarrazin *und* vom *Spiegel*) oder der nicht weichen wollenden »Bedrohung« durch den Islam (Henryk M. Broder *und* der *Spiegel*), zwar eine pharaonenhaft alte Bildungsmisere, aber keine pyramidial große, geschweige denn überhaupt eine Bildungsdebatte.

Solange die Republik nicht ausdrücklich ruft, schweigt Hamburg stille.

Der *Spiegel,* wie die meisten anderen »Leitmedien«, spiegelt die Wirklichkeit nicht mehr, er zer*spiegelt* sie. Er maust mit den Mächtigen, er hält die Kleinen klein, er gibt sich einen bildungsbürgerlichen Anstrich und prollt umso neckischer mit Stars und Sternchen über den Boulevard. Der *Spiegel* bleibt, bis auf Weiteres, jener *Spiegel,* der er seit Jahren nur noch ist, und der Armreif Helioro in 18k Weißgold mit Brillanten sowie die Damenuhr Zeitmeister Glashütte in Edelstahl mit Brillantlünette, sie blitzen weiter von den wohlgeformten Extremitäten gazellenhafter Werbeschönheiten. Deren Ausstatter sollen sich in diesem geistigelitär gedachten Werbeumfeld wohl fühlen, in einem Land voll durchaus kluger, aber nicht allzu mitteilungsbedürftiger Journalisten: Die schreibenden Kinder des Mittelstandes buckeln nach oben und treten nach unten.

Auf den *Spiegel* ist Verlass.

Selbstgleichschaltung für den Neoliberalismus

Sie könnten anders, die Journalisten des *Spiegel,* gelegentlich spürt man es. Sie könnten alle Hände voll zu tun haben. Eine Tür, ein (Internet-)Portal könnte der *Spiegel* einer neuen Bildungspolitik öffnen, eintreten könnte er sie – wenn er wollte. Ölwechsel in Motor und Getriebe des Sturmgeschützes, die Kanone laden, und schon klirren die Augstein'schen Gründermotti zurück ins Leben: Respektlosigkeit vor den Mächtigen, demokratische Transparenz, Bloßlegen der Hohlräume zwischen politischer Deklamation und tatsächlichem Handeln – in der Bedienungsanleitung der ollen Kiste steht es doch.

Schon gehört, der *Spiegel* greift wieder an – viele der allwöchentlich mitlesenden Journalistenkollegen würden sich von einem solchen Vormarsch mitreißen lassen, so wie sie sich immer vom *Spiegel* inspirieren lassen, wenn die Themenkonferenz ansteht.

Die Ironie ist, dass die Antwort auf das hauseigene Dilemma in eben der hier zitierten *Spiegel*-Ausgabe steht. Nur ein paar Seiten vor dem »Bauernland«-Artikel findet sich nämlich ein Interview mit dem Historiker Eckart Conze, der vier Jahre lang die Verstrickungen des Auswärtigen Amtes in den Holocaust sowie dessen braunen Neuanfang in Nachkriegsdeutschland West untersucht hat.

Auf Seite 42 wird es spannend.

Da fragt der *Spiegel* nach dem eventuellen Anpassungsdruck der Diplomaten, und Conze gibt zur Antwort: »Unsere Kommission spricht von ›Selbstgleichschaltung‹. Das Auswärtige Amt stand unter enormem Konkurrenzdruck, weil eine Reihe von NS-Organisationen ebenfalls Außenpolitik betreiben wollte, etwa die Auslandsorganisation der NSDAP. Dadurch entstand eine eigene Dynamik vorauseilender Kooperation.«

Der Textmarker fliegt übers Papier:

»Selbstgleichschaltung«.
»Enormer Konkurrenzdruck«.
»Eigene Dynamik«.
»Vorauseilende Kooperation«.
Gleich vier Gründe, die auch die Erlahmung des Widerspruchsgeistes der deutschen Medien im Allgemeinen sowie des *Spiegel* im Besonderen erklären: »Selbstgleichgeschaltet« hat man sich! Der enorme Konkurrenzdruck entwickelte seine eigene Dynamik, da half und hilft nur vorauseilende Kooperation mit Staat und Wirtschaft. Durch das Conze-Interview ziehen sich ganzseitige Anzeigen von Mercedes-Benz (»Zukunft ab Werk«), Hugo Boss und Breitling (Doppelseite), Audi (drei Seiten) sowie den Sparkassen (»Der perfekte Partner für Ihren Erfolg«).
Nein, nichts gegen Werbung. Brummen soll das Anzeigengeschäft beim *Spiegel,* klingeln soll die Kasse, damit das Blatt *unabhängig* bleibt. Jedoch nicht um den Preis der Selbstgleichschaltung. Schon gar, wenn *das* deutsche Leitmedium endlich Farbe in Sachen Bildung bekennen müsste, es sich aber, wie Dutzende andere Medien mit ihm, nicht so recht aufs Eis traut.
Der *Spiegel* und seine Redakteure: Intelligence at work – oder doch nur zweieinhalb Hundertschaften Jubelperser?

Bürgerschelte zwischen WikiLeaks und Franz Josef Wagner

Enthüllungen von internationaler Bedeutung gibt es im Blatt nur noch dann, wenn beispielsweise WikiLeaks Brisantes ins Netz stellt. Im Oktober 2010 veröffentlichte die größte und zugleich am meisten bedrohte Enthüllungsplattform der Welt exakt 391 832 geheime Feldberichte zum Irakkrieg. »Der *Spiegel* hat sie analysiert«, schrieb die Redaktion stolz (Ausgabe 43/2010). Sprich: den als Geheimnisverräter verfolgten Julian Assange offenbar abgemolken. Selbst macht der *Spiegel* keinerlei Angaben, ob er in dieser Sache Euro, Dollar oder Irakische Dinar für eigene Recherchen aufgewendet, geschweige sich selbst bei der amerikanischen Regierung unbeliebt gemacht hat.

Im November (48/2010), nur fünf Wochen später, der nächste *Spiegel*-Hammer.

Wieder findet die Sensation auf dem Titel statt, wieder ist sie von der Online-Guerilla initiiert. Mittlerweile ist der *Spiegel* ihr emsigster deutscher Abnehmer: »Enthüllt – Wie Amerika die Welt sieht«. Abermals macht der *Spiegel* auf schlau, doch die Essenz jener über 250 000 Schmäh-Dossiers der US-Diplomatie, deren vollständige Veröffentlichung sich nur die Enthüllungs-Robin-Hoods selbst getrauten, bleibt unklar: »Top-Secret-Material findet sich in den Dokumenten nicht.«

Dafür delektiert sich das Blatt, doppelseitenlang, an den Lästereien der vielen ungeschickten Gesandten, die, natürlich, auch den Bündnispartner Deutschland im Visier hatten. (Über Ex-Innen- beziehungsweise Finanzminister Wolfgang Schäuble: »neurotisch, sieht überall Bedrohungen«; Außenminister Guido Westerwelle: »He's no Genscher«; Grünen-Vorsitzende Renate Künast: »Keine bedeutende Persönlichkeit«). Wieder hat man sich in Hamburg schwer ins Zeug gelegt, allerdings wohl erst, nachdem andere die Trüffelschweinereien erledigt haben.

»Mit einem Team von 50 Redakteuren und Dokumentaren hat der *Spiegel* das überbordende Material gesichtet, analysiert und überprüft«, brüstet sich die Redaktion in der Vorabmeldung – wie bitte? Sichten, analysieren und überprüfen, wofür den WikiLeaks-Betreibern prompt weltweite Verfolgung zuteilwurde? Das »investigative Leitmedium« prahlt mit fremden Enthüllungen und feiert einen Knüller, dessen eigentliche Sensationen man rücksichtsvollerweise zensiert hat?

So funktioniert heutzutage Journalismus, beileibe nicht nur beim *Spiegel* und in Deutschland. Verlage, die in Zeiten zunehmender staatlicher Repressionen weiterhin Werbemillionen einfahren wollen, scheinen zunehmend ihren demokratischen Grundanspruch aufzugeben. Sie arrangieren sich mit den Mächtigen: »In jedem Fall galt es, das Interesse der Öffentlichkeit abzuwägen gegenüber berechtigten Geheimhaltungs- und Sicherheitsinteressen der Staaten. Das hat der *Spiegel* getan.«

Nein, der *Spiegel* hat etwas anderes getan, nämlich in allerschwülstigstem Verlautbarungsdeutsch zugegeben, dass er pflichtschuldigst Selbstzensur übt, um den Mächtigen in Washington nicht wirklich auf die Füße zu treten. In dieser WikiLeaks-Zitrone wäre vermutlich sehr viel mehr Saft gewesen als jene um den Erdball geschleuderten Polit-Histörchen und jene wenigen »Aufreger«. Aber es haben wohl zu viele *Spiegel*-Redakteure in den Vereinigten Staaten studiert und auch sonst, nun ja: Bande mit »Gottes eigenem Land« geknüpft.

Wohlgemerkt, die *New York Times,* der Londoner *Guardian* oder die Pariser *Le Monde* sind nicht tapferer. Sie alle grasen nur, wo andere gesät haben, weil ihnen das eigene Investigieren zu heikel ist. Seit langem traut man sich, in Europa wie in den Vereinigten Staaten, nur mehr dann an heiße Eisen, wenn diese zuvor abgekühlt wurden. Am besten auch von den kühlen Gemütern in den Redaktionsbüros des *Spiegel*.

Mut vor Fürstenthronen sieht anders aus.

Juristen sprechen von vorauseilendem Gehorsam: Bloß keinen Streit mit Hillary Clinton anfangen; die Frau hat bekanntlich Haare auf den Zähnen. Und besser nicht streiten mit Ursula von der Leyen. Die will oder wird sogar Angela Merkel beerben. Lasst den Herrn Schäuble immer nur seine Dienstboten schurigeln und Herrn Brüderle die Landschaft pflegen: bitte nicht stören!

Stichwort Zivilcourage, Stichwort Geschäftssinn.

Umgerechnet 238 000 Euro Kaution forderten im Dezember 2010 britische Behörden für die Freilassung von Julian Assange. Der US-Dokumentarfilmer Michael Moore *(Stupid White Men)*, Bianca Jagger, die Ex-Frau von Rolling Stone Mick Jagger, der britische Regisseur Ken Loach *(It's A Free World)* und weitere Prominente haben in die Tasche gegriffen, um Assange aus dem Gefängnis zu holen – auch einer der Enthüllungsprofiteure, der *Spiegel?*

Der fürchtete anscheinend die ärgsten aller Konsequenzen: Das State Department könnte das Abo kündigen. Oder eine US-Drohne könnte in der Verlagskantine die berühmten Ufo-Lampen ausknipsen. Oder der nächste Chefredakteur könnte ein Schwarzer werden, gar eine Frau. *Spiegel, Stern, Süddeutsche Zeitung, Bild, Welt, F.A.Z., Focus, Zeit* – kein weiblicher Journalist schien und scheint je in der Lage, einem dieser Blätter vorzustehen. It's a man's world.

Gipfel der journalistischen Unternehmungslust: Die *Spiegel*-Redakteure Holger Stark und Marcel Rosenbach schrieben auf die Schnelle das Buch *Staatsfeind WikiLeaks*. Darin schildern sie die »dramatischen Verhandlungen« mit Julian Assange. Print- und Online-Ausgabe des Magazins veröffentlichen vorab – natürlich. So jagt ein *spin-off* der WikiLeaks-Geschichte das nächste, aber der Urheber des Skandals, Bradley Manning, sitzt noch immer in US-Haft – beteiligt sich der *Spiegel* an seinen Anwaltskosten? Schickt er wenigstens ein paar Konserven?

Wenig Schneid, viel Duckmäusertum – wie könnte da, was Bildung in Deutschland betrifft, die Millionenschar von Schülern, Studenten, Eltern und Lehrern auf journalistische Schützenhilfe hoffen, ausgerechnet vom *Spiegel?* Wie dürften sie annehmen, die Vierte Macht im Lande, repräsentiert zuvorderst durch das Hamburger Nachrichtenblatt, könnte sich starkmachen für die Enthüllung des Skandals »Bildung«, dieses größten Betrugs seit

Tetzels Ablasshandel? Wie können wir IDIOTEN glauben, der *Spiegel* würde für uns seine enormen redaktionellen Möglichkeiten mobilisieren?

Das Gegenteil ist der Fall.

Zur »Dagegen-Republik« herabsinken sieht der *Spiegel* jenes Deutschland, in dem die Bevölkerung anstelle der Duckmäuser plötzlich die Demokraten herauskehrt. Auf dem Titel seiner Ausgabe 35/2010 listet das Magazin unser Sündenregister auf: »Stuttgart 21, Atomkraft, Schulreform – Bürgeraufstand gegen die Politik« – weil »Bürger gegen die Projekte von Politikern« kämpften, prallten »Allgemeinwohl und Egoismus« aufeinander. Dirk Kurbjuweit, Leiter des *Spiegel*-Hauptstadtbüros, gibt sich ungewohnt silberzüngig: »Dagegen zu sein ist ein Bürgerrecht. Aber der Bürgerprotest könnte in manchen Fällen auch dazu führen, eine Modernisierung des Landes zu blockieren.«

Einesteils, doch andererseits.

Grundsätzlich klar – und trotzdem sehr bedenklich.

Böse, garstige Bürger. Die Steigerung von »Bürger« ist darum »Wutbürger«. Im »Enthüllt«-Titel kriegen es jene Unbotmäßigen dicke.

Als »Traktate der schlechten Laune« kanzelt der *Spiegel* die Sachbücher von Richard David Precht (»Philosoph der Bahnhofsbuchhandlungen«) oder Byung-Chul Han (»Philosoph der schlechten Laune«) ab. Die zwangseuroisierten, steuergeschröpften, in neue Kriege geführten, bildungskujonierten Deutschen würden sich erkühnen, gegen diese Zumutungen aufzubegehren, liest der *Spiegel* ihnen und uns die Leviten. »Tief antikapitalistisch« seien die Wutbürger, »antimodernistisch«, gar »antidemokratisch«. Angst stecke hinter ihren »Versuchen, die Wirklichkeit zu reduzieren«. Probleme sieht Georg Diez, der Autor jenes Artikels, aufziehen, »wenn das individuelle Unbehagen zu einer allgemeinen Denkfigur wird. Wenn schlechte Laune die Fundamente der Demokratie untergräbt. Wenn die Angst des Einzelnen zur Maxime für alle wird.«

Gott, Junge, Georg, möchte man rufen, wohlbestallter Kulturredakteur! Widme dich gefälligst wieder eurer redaktionsweiten Harald-Schmidt-Anbetung. Oder schreib eine weitere eurer alljährlichen Sanges-Entdeckungen hoch. Noch besser: Nimm das Wort »Kultur« mal bei demselben. Lauf rasch zu deinem Chefredakteur und warne: »Die deutsche Schule brennt! Die Bildung ist im Eimer, total! Und wir und unsere Abonnenten tun so, als ob unsere eigenen Kinder immer schlauer, aber alle anderen dümmer würden. Chef, darf ich dreißig Zeilen schreiben, wenigstens zwanzig?«

Nein, Georg, darfst du nicht. Nicht mal deine Echtzeit-Online-Kollegen dürfen in der Rubrik »Kultur« noch wirklich Kulturelles vermelden. Es sei denn, es handelt sich, wie am 11. 1. 2011, um Meldungen mit Überschriften wie »Trash-TV-Show: RTL benennt Dschungelcamp-Insassen« oder »Sixties-Pop aus Thailand: Ding Dong mit Wah-Wah«. In einem solchen Umfeld schalten Werbekunden wie parship.de, elitepartner.de und Studiosus ihre Web-Anzeigen, dort »informiert« NIBC direkt über »Das neue Kombigeld mit bis zu 3,85 % p.a.«. Was wolltest du, Georg, da mit einem *Spiegel*-Aufschrei über die Bildungsmisere in Deutschland? Wer sollte da werben, wenn ihr ganz Deutschland zum Bildungsstreik aufruft – die MAN-Gruppe? (Doppelseite im *Spiegel:* »Kann man Parisern beim Verkehr helfen? MAN kann.«) Oder RTL: ebenfalls regelmäßiger Vierfarb-Inserent (»Mit Hirn, Charme und Methode«).

»Individuelles Ungehagen« registriert der *Spiegel*. »Schlechte Laune« notiert der *Spiegel*. »Angst des Einzelnen«, »Maxime für alle« schlussfolgert der *Spiegel*. Seine Bürgerschelte gipfelt in der ultimativen Ohrfeigen-Frage: »Ist die Moderne wirklich schuld, wenn der Rotwein korkt?«

Da habt ihr's. IDIOTEN seid ihr, allesamt.
IDIOTEN MADE IN GERMANY.
Die Politik ist tief verunsichert von einer Bevölkerung, die sich anscheinend nicht länger alles gefallen lässt. Die Bevölkerung beargwöhnt auf einmal den Staat, ihre Landesregierungen, ihre Bürgermeister, doch »Deutschlands bedeutendstes und Europas auflagenstärkstes Nachrichtenmagazin« (Eigenwerbung) will die Zeichen der Zeit nicht sehen. Lieber geht seine Chefredaktion auf Nummer sicher, setzt auf Nachplappern statt Vordenken, auf pflegeleichte Föhnfrisuren statt auf Sascha-Lobo-artige Irokesenschnitte. Lässt Thilo Sarrazin, parallel mit *Bild,* über Ausländer herziehen, *um eine Debatte zu starten.* »Analysiert« nur, wofür andere ihre Existenz riskieren, wie im Falle WikiLeaks. Überhaupt ist das Nachkauen und Nachtreten mittlerweile die Kernkompetenz des leithammeligsten aller deutschen Leitmedien. Passivität, gepaart mit Kaltschnäuzigkeit und Geschäftssinn. Der *Spiegel* könnte schon größere Wohltaten bewirken, als sich bei seinen Abonnenten mit *Kinder-, Schul-* und *Uni-Spiegel* anzubiedern.
Wollen müsste man. Mumm bräuchte es, *balls* oder »Eier«, wie man neuerdings so eins zu eins aus dem Englischen übersetzt. Oder, wie ein Springer-Vorstand einmal dem Autor sagte: »Was glauben Sie, wie diese Republik aussieht, wenn wir erst mal richtig aufdrehen? Mit *Bild* nutzen wir doch nur ...« – Daumen und Zeigefinger fast zusammengedrückt – »... nur *so viel* unserer Macht.«
Man wutblättert also weiter in jener *Spiegel*-Ausgabe und bekommt einen Beitrag von Markus Feldenkirchen zu lesen. Sein Artikel behandelt den wirtschaftlichen Fall Irlands. Er beschreibt, »wie aus dem verträumtesten Land Europas eine Krisenregion wurde«. Hier wird der Sack geschlagen, aber der Esel gemeint, und das ist der Deutsche, nicht der Ire. Allen germanischen See-

lenverwandten des darniederliegenden »Keltischen Tigers« soll Markus Feldenkirchens Conclusio ins Herz stechen, denn er glaubt, die ihm unheimliche Sympathie der Deutschen für die Iren durchschaut zu haben: »Irland kam ihnen reiner und ehrlicher vor als die Heimat. Hier waren die Wiesen noch saftig, Konzerne nicht vorhanden und die Menschen noch nicht vom Wohlstand verdorben. Sie hüteten Schafe, schrieben Gedichte und zapften Bier. Schöner, dachten die Deutschen, könne es nicht sein. Sie sangen das Lob auf die Rückständigkeit.«

O wir Deutschen, wir IDIOTEN! Sehnten und sehnen uns immer nach freundlicheren Verhältnissen als im eigenen, durchökonomisierten Land, wo so viele von uns die Hoffnung auf bessere Zeiten fast schon aufgegeben haben. Wir Demokraten, die wir uns das Diktat der wenigen über die vielen nicht länger bieten lassen wollen, heißen nun im *Spiegel* Wutbürger, ließen und lassen uns anregen vom »Irischen Tagebuch« Heinrich Bölls (*Spiegel:* »Der gute Mensch von Köln«).

Jenem vierten *Spiegel*-Streich folgt sogleich der nächste – gibt es da nicht einen Journalistenkollegen, der dem Volk an jedem Tag, den die Europäische Zentralbank ihm noch werden lässt, ein paar Zeilen zukommen lässt? *Bild,* Böll, Wagner: Auf reichlich vier Seiten (»Geld schlägt Poesie«) feiert, ehrt und bewundert Philipp Oehmke die rabenschwärzeste Feder des Springer Verlags, den Ex-, Ex-, Ex-, Ex-Chefredakteur (*Bunte, Super, B.Z.* und *B.Z. am Sonntag*), den »Post von Wagner«-Kolumnisten Franz Josef Wagner. Weil er, der gern »Gossen-Goethe« Geneckte (»Alle Menschen lesen mich«), just ein rotweinseliges 160-Seiten-Büchlein mit dem Titel *Brief an Deutschland* verfasst hat, schart sich nun sein Fanclub, Abteilung Hamburg-Altstadt, im Geiste hinter ihm.

Die Laubbläser der Wortmächtigen treten an zur Huldigung.

Es sagt und schreibt der Mann mit dem Gesicht einer zerknautsch-

ten *Gitanes*-Packung gern Sätze wie: »Ich rettete mich in den Journalismus, das leichtere Leben.« Oder: »Es ist auch etwas Großartiges, eine Zeitschrift zu machen. Es ist etwas Großartiges, eine ganze Welt darin zu erschaffen.« Und, angesprochen auf die Nachkriegszeit: »Ich wollte nicht mit Dutschke demonstrieren. Ich wollte mit Sinatra Cadillac fahren und Frauen aufreißen.« Über sich selbst schreibt er: »Ich flog durchs Abitur und habe nie eine Universität von innen gesehen.«
Sinatra, Mensch.
Cadillac, Wahnsinn.
Frauen aufreißen.
Kein Abi, keine Uni, aber Deutschlands einziger Star-Kolumnist, was'n Kerl.
Nach seitenlanger Verachtung fürs wutbürgerliche, gutmenschelnde Volk ist das endlich ein Grund zum Schwärmen. Den tönenden Wagner allen Freunden der Hochkultur, den volltönenden Wagner allen Freunden kulturellen Tiefbaus. Voller Verehrung resümiert darum Philipp Oehmke, resümiert der *Spiegel*:
»Falls Wagner diesem Land zeigen wollte, dass er mehr ist als der Yellow-Press-Cowboy, dann hat er gewonnen.«
Gewinnt, gewann, gewonnen – das ist es, was unsere dem *Spiegel* so unbegreiflich gewordene Republik braucht, womöglich viel mehr als das Magazin selbst, als *Spiegel TV* und *Spiegel Online* und *Spiegel*-Apps, als *Kultur Spiegel* und *Uni Spiegel,* als *Spiegel Special* und *Spiegel Wissen* und *Spiegel Geschichte* und *Spiegel Jahres-Chronik* und obendrein die Kinderfassung von alledem, *Dein Spiegel*. Ja, viel mehr als *Bild* und »Bildung« und echte Bildung, am Ende sogar noch mehr als die so lukrativen WikiLeaks-Sensationen braucht Deutschland einen Yellow-Press-Cowboy, braucht Deutschland Franz Josef Wagner. So einen Romantiker, so einen Knautschleder-Charakter, einen Denker zum Niederknien. Einer, der sich einst selbst von seiner geliebten Literatur

hat wegbilden oder auch nur wegkaufen lassen und sich seither als Quasimodo durchs Leben korrespondiert mit seinem hingeschrägten Rilke-Baudelaire-Sound. Aber deshalb gleich ein »Gossen-Goethe«?
That rock won't roll.
Der *Spiegel* bewundert solche Ikonen. Er bewundert Leck-mich-am-Arsch-Kollegen, aber für sich selbst, um Himmels willen, kauft er sie nicht ein. Wagners mommsenstraßige Unabhängigkeit imponiert den *Spiegel*-Mannen, mehr noch vielleicht den ziemlich unbekannten *Spiegel*-Frauen, denn Vierschröter wie Wagner kriegen sie in der Redaktion schwerlich geboten.
Kaputter Typ, dieser Wagner, mögen sie denken, die Frauen im *Spiegel*. Und sein Buch, dieser *Brief an Deutschland?*
Zumindest ist dieser Mann ein Mann, kein Spießer mit Verlagsbeteiligung. Ihm näht, wenn's ernst wird, keine Gesellschafterversammlung den Mund zu, beträfe es die WikiLeaks-Killerin Hillary Clinton, die Bürgervertrauen-Killerin Angela Merkel oder auch nur – wie 2008 – die Frage, wer der nächste Chefredakteur wird. Franz Josef Wagner ist einer, der genießt und schreibt, aber nicht schweigt. Notfalls stammelt, nuschelt, schmiert er. Darin liegt an sich noch kein Vorteil für die Menschen in Deutschland, und doch – die Auswahl an Persönlichkeiten der »schreibenden Zunft« ist überschaubar geworden. Fiktive Briefe an Leute, an Sachen, sogar an Umstände, das ist schon etwas anderes als die *Spiegel*-Lästermäulerei. Wir leitmedialen Trauunsnichtse – in Frankreich empört sich ein 93-jähriger Greis über die Diktatur des Finanzkapitalismus –, wir aber entblöden uns nicht, uns zu Kämpfern für die Wiedereinführung der Erbmonarchie aufzuschwingen, wir Hofberichterstatter der »fabelhaften Guttenbergs« (Titel 42/2010), wir Halali-Bläser, die wir uns aus einer von der *Süddeutschen Zeitung* aufgebrachten Plagiats-Promotion »Das Märchen vom ehrlichen Karl« basteln (Titel 8/2011); wir

Streiter nicht für Einigkeit im Volk, sondern für noch mehr Unterschiede.

Wir Charmegeschütz der Kreuzchen-Demokratie.

Gern wären sie beim *Spiegel* so cool wie Wagner. Letztlich sind sie nur unendlich kühl. Oder kalt? Dass in Deutschland Menschen unterhalb der Monatsbezüge eines *Spiegel*-Redakteurs kein besonders komfortables Leben führen, rührt das einen solchen? Wer als Bürger seine demokratischen Rechte in Anspruch nimmt, ist für den *Spiegel* gleich ein Wutbürger. Alles, was er von sich gibt, der Wutbürger, sind Wut-Reden; alles, was er schreibt, sind Wut-Bücher. Wie wird das erst, wenn zwölf Millionen IDIOTEN und deren IDIOTEN-Eltern, vielleicht auch die IDIOTEN-Lehrer und die IDIOTEN-Professoren ihr Aua durchs Land schreien? Trickst der *Spiegel* dann einen Komparativ von »Wut« hin: Bürger, Wut-Bürger, *Toll*wut-Bürger?

Zugegeben, Franz Josef Wagner hat es leichter als die Kollegen Diez, Feldenkirchen und Oehmke. Er muss nicht giften und larmoyieren, muss nicht katzbuckeln und kratzbürsten. Er braucht nur alle 24 Stunden eine »Post« an *Bild* zu mailen und kann dann wieder Paul Valéry oder Arthur Rimbaud lesen. Beim *Spiegel* dagegen – und wie gesagt, ebenso bei anderen Publikationen – hat man es mit Größerem zu tun, mit der Umerziehung der Deutschen zu IDIOTEN. Woche für Woche ist man dafür im Einsatz, die Online-Abteilung sogar Stunde um Stunde; schon aus Zeitnot läuft da wenig mit Sinatra und Cadillac und Frauenaufreißen. Der Bürger, der protestwütige, muss im Zaum gehalten werden, wehte doch sonst erneut der Ungeist von '68 durchs Land: außerparlamentarische Opposition, Studentenbewegung, Bürgerbewegung.

Fehlt nur noch ein Revival der freien Liebe.

Sag uns, wo du stehst

In der Tat, die 68er. Noch immer sind sie und ihre geistigen Nachkommen die Lieblingszielscheibe des *Spiegel* (von *Bild* und *Welt* sowieso). Die Porträts von Dutschke, Teufel und Cohn-Bendit vorm Fadenkreuz, da weiß man doch sofort, wohin bürgerlicher Ungehorsam nur führen kann. Nein, nicht zwangsläufig zur Gründung einer neuen Roten-Armee-Fraktion. Aber womöglich zur Gründung einer neuen Partei, einer womöglich rasch an Bedeutung gewinnenden Gegenbewegung zu den etablierten »Volks«-Parteien – neue, über die Fünf-Prozent-Hürde setzende Nervensägen, wie einst die Grünen. Unbequeme Fragen, unbequeme Forderungen, neue Köpfe und neue Gesichter, die von unten nach oben gespült werden. Würde auch Zeit.

»Die Modernisierung des Landes könnte aufgehalten werden«, klagt der *Spiegel* in seiner Titelgeschichte über die »Dagegen-Republik« und gibt damit, einmal mehr, die Wahrheit verkehrt wieder, *spiegel*verkehrt eben.

In Wahrheit sind die Bürger keineswegs gegen *ihren* Staat aufgestanden; *ihr* Staat hat sich vielmehr gegen sie alle erhoben. Seine Repräsentanten handeln viel zu oft jedem Augenmaß zuwider, stellen in ihren Entscheidungen viel zu oft Vernunft und Anstand, Respekt und Einfühlung hintan, scheren sich nicht einmal um Karlsruhe und dort gesprochenes Verfassungsrecht. Wer trotzdem das Tun der Politiker hinterfragt, der kann, dem *Spiegel* zufolge, nur gegen Deutschland sein – mit dieser Hopp-oder-Top-Logik hat George W. Bush die Kriege in Irak und Afghanistan angezettelt, das Gros seiner Verbündeten verprellt und der eigenen Nation Billionenschulden aufgeladen, von den Verheerungen in den betroffenen Ländern gar nicht zu reden.

Gerade die in den Medien als »piefig« verleumdeten Stuttgart-21-Demonstranten haben schwerlich etwas *gegen* den Staat. Wenn sie von ihm – und seinem ureigensten Unternehmen, der Deutschen Bahn AG – späte Aufklärung fordern über mögliches Gemauschel beim größten Bauvorhaben des Landes, so ist das kein Zeichen von Aufsässigkeit, sondern die Ausübung ihres demokratischen Rechts. *Für* den Staat sind diese Demonstranten, weil sie ihn kritisch hinterfragen und für seinen Erhalt sogar auf die Straße gehen – haben nicht deutsche Politiker jahrzehntelang die angeblich laxe Haltung der Bürger beklagt? Die Demonstranten in den 1980er Jahren, in den Zeiten von Wackersdorf und Brokdorf und der Volkszählung, die seien doch alle nur »vom Osten gekauft« gewesen, höhnte es bis vor kurzem aus dem Reichstag. Statt sich zu entschuldigen, schickte die Stuttgarter Landesregierung von Stefan Mappus Polizeihundertschaften vor. Die gingen mit Schlagstöcken, Wasserwerfern und Pfefferspray auf Rentner und Schulklassen los: Unterricht in Staatskunde am lebenden Objekt – danke für diese Lektion in Meinungsbildung, Meinungsfreiheit.

Die Dagegen-Republik, das sind in Wahrheit Dagegen-Magazine wie der *Spiegel,* wie die Dagegen-Tageszeitung *Bild.* Dagegen-Politiker wie Merkel, Schäuble, de Maizière und von der Leyen, flankiert von den Dagegen-Lobbyisten und den Dagegen-Einflüsterern unserer vielen anderen, mit Geld und Gefälligkeiten willfährig gemachten Volksvertreter. Sie alle erachten es nicht für nötig, »unpopuläre« Entscheidungen wenigstens zur Diskussion zu stellen. *Alternativlos* – nur ein weiteres Giftwort.

Die Dagegen-Republik, das ist auch Bundesbildungsministerin Annette Schavan mit ihrem visions- und handlungsfreien Politikstil, das sind die 16 Dagegen-Kultuskollegen auf Landesebene. Die Dagegen-Republik lässt sich in rund 44 000 deutschen Schulen besichtigen, jeden Tag. Nur Brosamen haben Annette & Co. für die IDIOTEN MADE IN GERMANY übrig, ein paar Prozent mehr in diesem Etat oder jenem, sorgsam mit der Gießkanne über

die ganze Republik verteilt. Ein paar gelegentliche Grußworte gibt es, durchsetzt mit dem Mantra Bildung, Bildung, Bildung. Mehr Zukunftsprogramm ist für die Kinder von IDIOTEN nicht drin. Bloß gut, dass nach dem schwäbischen Großbahnhof schon die nächsten Großeinsätze der Wutbürger in Sicht sind, mag es in Deutschlands führendem Nachrichtenmagazin und seinen elektronischen Ablegern noch so sehr wagnern von drittrangigen Themen.
Spieglein, Spieglein, Bildung wäre deine Chance.
»Verglichen mit Europa«, sagte Annette Schavan am 8. 6. 2010 der *Welt,* »gibt es in Deutschland ganz wenige Privatschulen. Bei uns liegt der Anteil der Schüler, die eine solche Schule besuchen, nach wie vor unter zehn Prozent. Privatschulen sind ein Merkmal moderner Demokratien, weil sie Reaktion auf eine bunte und vielfältige Gesellschaft sind. Wir sollten Privatschulen deshalb nicht als Bedrohung sehen, sondern als Zeichen von Kreativität.«
Die Milliardenerbin Friede Springer schlägt ganz die gleichen Töne an.
Damit ihre Freundin Liz Mohn die Republik nicht allein auf Vorder- beziehungsweise Bertelsmann bringen muss, klotzt sie zu ihren zwei bestehenden Stiftungen eine dritte. Die soll sich, ausgestattet mit einem – steuerfreien – Stiftungskapital von 80 Millionen Euro, der Förderung von Forschung und Wissenschaft widmen. Die Mäzenin am 23. 1. 2011 in der *Welt am Sonntag:* »Ich glaube, dass das bürgerliche Engagement in Zukunft immer wichtiger wird. (...) Gewiss, Neid gibt es. Aber ich glaube, dass nur eine sehr kleine Minderheit neidisch auf die Wohlhabenden blickt. Ich finde den Vorwurf absurd. Wenn Reiche mit ihrem Geld Gutes tun, Wissenschaft fördern, Talente fördern – dann ist das doch gut. Es kommt ja der Allgemeinheit zugute. Damit wird der Staat etwas entlastet. Der Staat kann gar nicht alles schaffen.«

Glauben, finden, fördern – wenn deutsche Milliardäre und Milliardärinnen nicht immer neue Stiftungen zu den in Deutschland bereits bestehenden 17 000 hinzugründeten, sondern ihr Vermögen »konservativ« versteuerten, würde der Staat nicht nur »etwas entlastet«. Er könnte sicher »nicht alles«, aber sehr viel mehr schaffen als heute. Gerhard Schröder hat ihnen bereits Ende der 1990er den Spitzensteuersatz gesenkt, die Vermögenssteuer links liegengelassen und an eine Börsensteuer erst gar nicht gedacht. Angela Merkel sah und sieht keinen Grund, an diesen Entscheidungen etwas zu ändern. Auf höhere oder wenigstens gleichbleibend hohe Einnahmen aus der Kapitalertragsteuer braucht der Bund also nicht zu hoffen. 2010 flossen ihm rund 3,7 Milliarden Euro weniger zu als erwartet – sind die Besitzer von Riesenvermögen wirklich alle stiften gegangen?

Bald wird die winzige, mächtige Spitze der Bevölkerungspyramide mit deren großem, macht- und hilflosem Sockel in zumindest einer Hinsicht vereint sein: Von beiden Seiten fließen, außer Verbrauchssteuern, keine Abgaben mehr an den Staat. Übrigens, im Kuratorium des schlicht »Friede Springer Stiftung« benannten Wohltäterfonds sitzen Persönlichkeiten wie Joachim Sauer, der Gatte von Angela Merkel, oder Horst Köhler, Deutschlands erster zurückgetretener Bundespräsident. Über die Vergabe von jährlich zwei Millionen Euro zur Erfüllung der Stiftungszwecke werden sie mitzuentscheiden haben.

Viel »bürgerlicher« und steuernvermeidender kann man sich als deutsche Milliardärin kaum »engagieren«.

Die Zeitungen und Zeitschriften des Springer Verlages stehen nicht aufseiten der mehr als elf Millionen Schüler und Studenten in Deutschland, das weiß man, aber der *Spiegel* eben genauso wenig. Die Nöte der Kinder seiner Leser, Abonnenten, Nutzer und Zuschauer von heute kümmern und rühren ihn nicht, die seiner Erlösbringer von morgen folglich noch weniger. Der *Spiegel* ist ein toter Planet. Er kreist um sich selbst und seine Journalismus gewordene Larmoyanz.

Kein WikiLeaks, kein Julian Assange. Kein Rilke-inspirierter Brief von Wagner an die Frau Bundesbildungsministerin.

Da hätte man doch – Mensch, da müsste man – sollten wir nicht –

Eine wirklich kritische *Spiegel*-Titelgeschichte über Bildung, ja eine *Spiegel*-Serie, wie im Februar/März 2011 sogar in *Bild,* gerne auch ein *Spiegel*-Buch. Nach Post, Telefon, Bahn, Energie, Wasser und Straßen wetterleuchtet es am Horizont: Bildung! Frau Schavan sagt doch sinngemäß: Bildung wird Privatsache, richtet euch darauf ein. Und Frau Springer sagt, ebenfalls sinngemäß: Der Staat bin ich. Mit meinen steuergesparten Millionen tu ich mich groß in Bildung, Forschung, Wissenschaft. Ich und Merkels Mann und Köhler.

Ade, mehr Lehrer in öffentlichen Schulen und bessere Ausbildung für alle; ade, mehr Unterrichtszeit und weniger Apparatschik-Denken; ade, moderne Lehrmethoden und Lernmittel. Das Volumen der Privatschüler, belehrt uns Frau Schavan, liege »nach wie vor unter zehn Prozent«, klarer Fall von Wachstumsmarkt. Da müssen und dürfen nur *sie* ran, die kommerziellen Volksbeglücker, die Dussmänner und die Bertelsmänner und gern auch all die anderen Geschäftsmänner und -frauen. Erste Hilfe müssen sie dem Bildungswesen leisten, sich aber zum Handanlegen herbeibitten lassen wie sonst nur Großmächte beim Einmarsch in »befreundete« Staaten. Bedarfs- und marktreif haben ihre Medien den Sektor zu schreiben und zu senden – wer lacht da über Berlusconis Schmierenkomödien?

Bunter und vielfältiger, Annette Schavan hat es gesagt, soll es künftig bei uns zugehen, zumindest bei allen, deren Eltern genug »privates« Geld erübrigen können. Wir anderen dagegen, wir IDIOTEN und Wutbürger, uns bleibt nur, vielleicht auch einmal einen Brief zu schreiben, einen richtig poetischen, filterlos-rauchgeschwängerten Wagner-Wutbrief, adressiert an die Wut-Redaktion des *Spiegel:*

Liebe *Spiegel*-Redaktion,
eine Sorge müsst Ihr im 21. Jahrhundert wirklich nicht haben, dass euch nämlich jemand vorwirft, eure Seelen wären noch immer so leuchtend blutrot-orange wie die bekannte Hintergrundfarbe eurer Titelblätter. In welchem Papierkorb landen bloß eure *richtigen* Titelgeschichten? »Die Dagegen-Republik«, das war doch Kappes, das stimmt doch nicht. Gut, euer Blatt ist Jahrgang 1947, also nicht mehr ganz taufrisch, nicht mehr ganz auf der Höhe der Zeit. Älter seid ihr als die Bundesrepublik selbst, aber das sind Salman Rushdie, Peer Steinbrück, Hillary Clinton und Wencke Myhre auch. Refaire sa vie: Wir warten bis heute auf »Die Basta-Republik«, *das* hätte Schmackes! Oder auf »Die Es-gibt-keine-Alternative-Republik«. Auf »Die Wir-haben-über-unsere-Verhältnisse-gelebt-Republik«. Auf »Die Nur-noch-so-tun-als-ob-Republik«. Ach, ihr beschäftigt euch heutzutage mit Missständen lediglich dann, wenn sie eure eigenen Kinder betreffen? Dann freilich nichts für ungut.
Grüße, die IDIOTEN MADE IN GERMANY

PS: In Sachen Eitelkeit ist der *Spiegel* nur bedingt abkehrbereit. Traditionell ist seine jeweils letzte Heftseite der Nabelschau in eigener Sache gewidmet. Im »Hohlspiegel« macht er sich über Hahaha-Fehlleistungen von Printkollegen her (»Fuchs schießt Jäger versehentlich ins Bein«); im »Rückspiegel« erneuert er jede Woche seinen selbsterteilten Ritterschlag: Lest mal, wie gut die anderen uns wieder gefunden haben. In der Ausgabe 4/2011 ist es ein Pingpong der ganz besonders selbstreferenziellen Art, mit dem der »Rückspiegel« Staunen macht – oder sprachlos:

Massive, wenngleich indirekte Kritik am Blatt missverstanden als Lob?
Zitiert wird die *Berliner Zeitung*. Ihr war aufgefallen, mit welcher Vehemenz Jakob Augstein, gesetzlich anerkannter Sohn von *Spiegel*-Gründer Rudolf Augstein (sein leiblicher Vater ist der Schriftsteller Martin Walser), die französische Streitschrift *Indignez-vous! (Empört euch!)* des greisen Ex-Résistance-Kämpfers Stéphane Hessel kommentiert hatte – ausgerechnet auf der Website des *Spiegel,* der sonst ganz anderen Empörungsbüchern zum Erfolg verhilft:
»Die Gründe für die Empörung seien in Frankreich offenkundig ganz andere als in Deutschland, konstatiert Jakob Augstein auf *Spiegel Online*. Denn hierzulande mäkelte etwa Thilo Sarrazin: ›Ich möchte nicht, dass das Land meiner Enkel und Urenkel zu großen Teilen muslimisch ist, dass dort über weite Strecken Türkisch und Arabisch gesprochen wird, die Frauen ein Kopftuch tragen und der Tagesrhythmus vom Ruf der Muezzine bestimmt wird.‹ Stéphane Hessel hingegen sei empört über ›diese Gesellschaft der rechtlosen Ausländer, der Abschiebungen und des Generalverdachts gegenüber den Einwanderern‹ … Eigentlich sollte Sarrazins Erfolg ein großes Erschrecken auslösen, ein Schämen, glaubt Augstein. Denn hier offenbart sich ein tiefsitzender Rassismus. ›Es macht keinen Spaß, diese Feststellung zu treffen: In Frankreich wurde ein Buch der Hoffnung zum Bestseller. In Deutschland ein Buch der Niedertracht.‹«
Nein, der *Spiegel* schwänzt die Schule nicht. Sie interessiert ihn nur so wenig wie jene Brandstifter, die im Heft und in der Online-Ausgabe Niedertracht statt Hoffnung verbreiten dürfen.
Aus der Kanone des Sturmgeschützes rieselt der Rost. Aber es gibt bekanntlich nichts, was bei Ebay nicht versteigert werden könnte.

Drill und Zwang nach Amy Chua: 50 Millionen Pianisten klimpern uns von der Weltkarte

> Ich plädiere für Gelassenheit und Freiheit. Kinder brauchen Lärm, ein bisschen Chaos, vergnügtes Matschen auf den Spielplätzen; sie müssen vor sich hindösen können, an einer Blume zerren und dabei neue Figuren entdecken, nicht wie Hunde dressiert werden. Das meine ich mit Liebe. Nur wer liebesfähig ist, ist auch bildungsfähig.
>
> *Der Erziehungswissenschaftler Wolfgang Bergmann im* Stern *(10/2011) über sein Buch* Lasst Eure Kinder in Ruhe

China! Wir hören von dem Reich der Mitte als von einem Land der Superlative. Aber hören wir auch von folgenden Zahlen?
Derzeit studieren von Chinas 1,3 Milliarden Einwohnern rund fünf Millionen Klavier. Ihr Ziel: die Konzertreife. Diesen Ehrgeizigen streben 20 Millionen Kinder und Jugendliche nach; die Gesamtzahl der chinesischen Nachwuchspianisten wird auf 50 Millionen geschätzt. Soll nach kommerzieller Lesart heißen: Auf Jahrzehnte hinaus werden Lang Langs und Yundi Lis Adepten die Firmen Bechstein, Blüthner, Steinway & Sons glücklich machen. Krisensicherer Beruf entlang der 50 Breitengrade Chinas: Klavierbauer, Klavierlehrer, Klavierstimmer. Botschaft an uns »Langnasen«: Behaltet eure Blaupausen für den Transrapid. Schickt Klavierzeichnungen!
Aber noch einmal diese Zahl: 50 Millionen – und das sind nur die Pianisten.
Es gibt da außerdem unzählige chinesische Schwestern von Anne Sophie Mutter, also Geigerinnen, die ebenfalls eine Menge Ge-

schwister haben. Und was, bitte, ist mit dem Cello, mit den chinesischen Geistes- und Wesensverwandten eines Daniel Müller-Schott, mit den Cousinen von Sol Gabetta? Wie viele chinesische Jungkollegen von Johannes Klumpp werden ihre Taktstöcke an Dirigentenpulte in aller Welt schlagen! Nicht zu vergessen: die Solo-Harfe! Die Tenöre und Sopranistinnen, die Countertenöre und Altistinnen, die Legionen von Könnern an der Orgel, erst recht an den Oboen, Posaunen und Trompeten, die Pausenzähler an den Triangeln. (Nein, liebe Fußballfans, eure quengeligen Vuvuzelas mit ihren armseligen zwei Pustetönen sind *keine* Musikinstrumente.)

Der chinesische Kulturbetrieb, Abteilung E-Musik, übertragen auf den – in Deutschland noch immer getrennten – »U-Bereich«. Unter den Millionen chinesischer Pop-Fiedler werden sicher ein paar Zehntausend unserem *Ausnahmetalent* David Garrett an Wuchs, Aussehen und Wohlgestalt gleichen, nicht zu reden von seinen Teufelsfingern. Hinzu kommen mutmaßlich Armeen chinesischer Rockgitarristen, chinesisch-internationale Nachfolgerinnen von Madonna und Lady Gaga: China braucht seine Superstars nicht zu suchen, es produziert sie im eigenen Land, und zwar millionenfach, nicht bloß dutzendweise. Es ignoriert die Menschenrechte, aber die Musik spielt dazu. Es hat viel vor mit der Zukunft. Ebenfalls zu Millionen darf Deutschland, darf die Welt in den nächsten Jahren chinesische Könner aus allen anderen Bereichen der schönen Künste erwarten.

Musiker, Film- und Theaterschauspieler.

Maler. Bildhauer. Literaten.

Sachbuchautoren.

Warum bloß können unsere Töchter nicht alle Kerstin Thorborgs oder Christa Ludwigs sein, elegante Altistinnen oder ebensolche Mezzo-Sopranistinnen, von der Stockholmer Oper weg nach Nürnberg, Prag, Berlin verpflichtet, von der Met nach Covent

Garden, von Böhms Erben zu denen Karajans und Bernsteins? Braucht die Welt wirklich so viele Aldi-Kassiererinnen, so viele Verwaltungsangestellte, Anwältinnen, Steuerberaterinnen, Ärztinnen? Wann hält die Technik endlich Wort, und Roboter nehmen uns die ganze unkreative Lohnarbeit ab?

Und unsere Söhne – allen Ernstes können sie nicht geboren worden sein für ein Leben nur als fleißige Mechatroniker, tranige Raketenbauer, kindheitsverschleppte Physiker oder gewissensentwöhnte Boni-Bankster. Zu Millionen gehörten auch sie in die Kunst, auf die Bühne, ans Pianoforte, vors Mikrofon. Ein jeder ein Thomas Gazheli, Heldenbariton, oder Heldentenöre in Reihe: Jonas Kaufmann, Johan Botha, Lance Ryan. O Kunst, ach Bildung! Deutschland produziert weiter nur seine Bildungseinheitsmodelle.

Zu Millionen strikt nach Gesellschaftsschichten getrennte, privilegierte oder unterprivilegierte, protegierte oder diskriminierte Intelligenzen, darunter unzählige, systematisch »übersehene« Talente, verkannte Genies, verlachte Erfinder und andere dringend benötigte Welt- oder wenigstens Republik-Retter. Aber Musik?

Bitte, was sollen wir mit Musik, wo die Jugend ja doch nur alles gratis runterlädt oder raubkopiert. Die Hautevolee? Die macht streberhaft ihren Copy-and-Paste-Doktor (Guttenberg), zeigt sich bei den Richard-Wagner-Festspielen (ebenfalls Guttenberg) oder pseudo-groovt bei AC/DC-Coverband-Konzerten (schon wieder Guttenberg).

Zumindest die gute alte Grundschulen-Blockflöte lebt und ist und ist nicht totzukriegen. Hoch lebt in Deutschland auch *Guitar Hero,* die saiten- und würdelose Luftgitarre für den Computerspiele-Freak, der selbst seinen Klemmi-Sex virtuell genießt.

The Land of Hope and Glory – früher haben wir immer nur nach Amerika geschielt, ein bisschen auch nach England. Jetzt verschließen wir die Augen vor China, ganz besonders die deutsche

Politik. »Denen« haben wir doch schon Daimler geschickt, BMW und Volkswagen; »die« sollen erst mal lernen, wie man richtige Autos baut. (Keine Sorge, BYD und Brilliance und Changan und Roewe können es bereits.) Den Transrapid haben wir Peking auch unter den Kopierer gelegt, ferner Smart, Aspirin, die Steiff-Teddys und die Märklin-Eisenbahn. Bloß unser Bildungssystem wollen sie nicht kopieren, die Chinesen, nicht einmal das schwarzgelbe.

Warum nur?

50 Millionen Nachwuchspianisten, was bedeutet das jenseits von Zahlen?

Zunächst einmal eine Staatsführung, die auf groteske Weise brutal ist und sich zugleich warmherzig gibt, kunstsinnig, schweinchenschlau. Eine Staatsführung, die abgezockt ist und rücksichtslos, aber welche Regierung wäre das nicht? Die chinesische Führung steckt Dissidenten weg, quält, foltert und tötet sie. Sippenweise stellt sie Kritiker unter Hausarrest, Nobelpreis hin, Proteste in der »freien Welt« her. Das Klavierspielen lehrt sie die Kinder trotzdem.

Anfang 2011 reüssiert die Juristin und Yale-Absolventin Amy Chua mit ihrem Erziehungsratgeber *Die Mutter des Erfolgs (Wie ich meinen Kindern das Siegen beibrachte),* in dem sie ihre wenig zimperlichen Methoden offenlege: Drill, Zwang, Drohungen.

Ein gefundenes Fressen für die Mainstream-Medien: Darf man *so* mit Kindern umgehen, sind Stofftiergemetzel, Party- und WC-Verbot noch konsequente Erziehung oder bereits Kindesmissbrauch?

Die von den vielen Dauerkrisen ohnehin verunsicherte westliche Welt steht kopf: Wenn schon eine einzige »Tiger-Mama« einen solchen Mediensturm entfachen kann, was blüht uns erst, wenn 50 Millionen Pianisten-Mütter zum Sturmangriff ansetzen? Liegt unsere einzige Chance, an der Weltspitze zu bleiben, nicht darin,

es den Chinesen *endlich wieder* gleichzutun, nämlich unsere Kinder genauso »konsequent« zu schurigeln, ihnen von früh bis spät Wissen einzubleuen?
Für Politik und Wirtschaft kommt der Amy-Chua-Hype zur richtigen Zeit.
Überall im Nahen Osten brodelt es, wanken die Systeme, zittern die Despoten. Da wollen Europas und Nordamerikas Demokraten und Ökonomen nicht mitzittern müssen: IDIOTEN, was habt ihr euch nicht mehr angestrengt, dass ihr eure Hypotheken nicht mehr zahlen könnt, dass ihr euren Staaten auf der Tasche liegen müsst! Sputet euch, lehrt eure Kinder das Fürchten – oder wenigstens das Klavierspielen.
Amy Chua zeigt euch, wie's gemacht wird.
Wie man hört, sitzt bereits auch Thilo Sarrazins Gattin Ursula am Schreibtisch und verfasst – Lehrerin, die sie ist – einen Erziehungs-Bestseller vom Schlage »Kinderpsychologe Dr. Prügel-Peitsch« (Otto Waalkes): Kindergarten und Schule sollen unsere Kleinsten wieder richtig langmachen dürfen, diesmal sogar im Auftrag der Eltern. In wirtschaftlich schweren Zeiten wird Exzellenz schnell zu Dekadenz, und Sadismus wird umgedeutet zu elterlicher »Fürsorge«. Dass ein jeder, der seine Kinder »freiwillig« zu Deppen machen lässt, gleichzeitig sich selbst zum IDIOTEN macht, ist im Bildungswahn erwünschter Nebeneffekt.
Mitnichten hat ja die chinesische Staatsregierung auf einmal ihre musische Seite entdeckt. Herausgefunden hat sie nur, dass ihrem Riesenvolk in ihrem Riesenreich seit gut 800 Jahren keine eigene Erfindung und kaum eine Neuentwicklung mehr glücken will; selbst das Opium, mit dem die Engländer China im 19. Jahrhundert erledigen wollten, mussten sie selbst mitbringen – kann eine Weltmacht auf Dauer vom Kopieren leben?
Was die PISA-Studien als nationales Musterbeispiel für Lernwillen und Disziplin anführen, ist, andersherum gelesen, ein Desas-

ter. Chinas Jugend ist top nur im Auswendiglernen und Gehorchen. Wie sich *eigene* Gedanken bilden und verfestigen, wie man aus Versuch und Irrtum lernt und sich gegen eine innovationsfeindliche Gesellschaft – etwa die deutsche – behauptet bis zum »Sieg«, das lehrt chinesische Schüler niemand, ebenso wenig deutsche Schüler. Kreativität, Erfindungsgeist, geistig-seelische Leichtigkeit, Genialität, das alles lässt sich nicht herbeipauken, auch nicht herbeifiedeln oder -klimpern, Mrs. Chua, Frau Schavan, Herr und Frau Sarrazin.
Und trotzdem: 50 Millionen junge Chinesen spielen Klavier.
Der Umgang mit präzise notierter Musik soll zu besserem logischen Denken und damit höherer Effizienz im späteren Berufsleben führen. In China swingen kaum 50 Millionen neue Count Basies oder Duke Ellingtons, es freejazzen dort keine Lenny Tristanos, es improvisieren ganz gewiss keine Keith Jarretts. Die verschrobenen bis verwegenen Lebensläufe von Mozart, Beethoven, Schumann, was scheren sie chinesische Klavier*lehrer?* Spielen wie die großen, durchaus abgöttisch verehrten Meister sollen die Kinder lernen, aber bloß nicht deren Lebensweise nachahmen – unter welch diszipliniert-akkuraten Umständen die vielen nachgespielten Werke wohl entstanden sind, ob da auch Gefühl und Empfindung mit im Spiel war?
In China drückt ein Regime mit viel vermeintlicher Kunstsympathie seine Entschlossenheit zur Weltherrschaft aus. Nichts überlässt es dem Zufall; unter den gelegentlich bewundernden Blicken der von langwierigen demokratischen Entscheidungen »gehandicapten« Manager des Westens ratzfatz die chinesische Führung ihre Entschlüsse durch. Chopin, Schostakowitsch, Brahms, ihr habt mit am Soundtrack für die sozialistische Weltmacht des 21. Jahrhunderts geschrieben.
Versuchen wir es umgekehrt – mit ein wenig mehr Zuversicht, auch mehr Menschenfreundlichkeit.

50 Millionen Chinesen lernen also von klein auf, genauestens hinzuhören. Wie wir lernen sie natürlich auch Sprachen, Mathematik und Naturwissenschaften, aber *hoffentlich* auch, vor Wehmut und Freude förmlich zu vergehen, sich fallenzulassen in einem Gespinst aus Noten, Pausen und Rhythmen, sich folglich im Leben zu behaupten, indem sie sich in die schiere Masse ihres Volkes einfügen und zugleich aus ihr herausragen: *Fein gespielt, Junge, Mädchen, das war schon sehr gut. Aber da draußen gibt es 50 Millionen andere, die können es genauso gut, wenn nicht besser* – wie soll Elitedenken aufkommen, wenn jeder Zwanzigste im Land sich den gleichen hohen Standard abverlangt und ihn auch liefert? Mit dem Feuer übergebenen Plüschtieren, mit Essens- und Schlafentzug?

50 Millionen junge Pianisten.

Wollten wir Schritt halten, müssten bei uns, proportional gerechnet, gut 3,5 Millionen junge Deutsche *sofort* anfangen, sich auf *ein* bestimmtes Instrument zu konzentrieren. Weil wir hingegen von klein auf angehalten werden, nur ja nie auf die Pauke zu hauen, wäre vielleicht Schlagzeug das passende, in klassischen Ensembles vornehm »Schlagwerk« genannt. Auch bei den Holzbläsern (Flöten, Oboen, Fagotte) ist noch allerhand frei, ebenso bei den Blechbläsern (Hörner, Posaunen, Tuba). Man stelle sich vor: 3,5 Millionen Deutsche zusätzlich in Orchestern, Ensembles und Bands, egal ob in den Tutti oder als Solisten – fortan wären wir, im besten Sinne, unregierbar. Mit zehn Jahren Vorlauf könnten wir in Stockholm und Oslo schon mal sämtliche Termine für die diversen Nobelpreis-Verleihungen reservieren. Wer mit den Musen aufwächst und später gar noch einen akademischen Beruf ergreift, kann gar nicht anders als preiswürdige Leistungen zu vollbringen; lautet so das Gleichnis, das chinesische Weisheit uns hiermit geben will?

Noch vor 100 Jahren hat sich das Großbürgertum ganz ähnlich

verstanden. Keine Familie, die auf sich hielt, in der nicht musiziert, gelesen, gemalt wurde. Bildung hieß auch damals Auswendiglernen, und die Schulen waren fürwahr »Anstalten«. Aber Bildung hieß auch, möglichst viele Gedankenmauern durchdrungen zu haben. Sich und anderen mit Geist und auch Stil Brücken bauen zu können bedeutete, nicht jeden Tümpel durchkraulen zu müssen. Noch vor 50 Jahren war Bildung Swing, der mitriss; noch zu Zeiten von Elvis Presley war das *Heartbreak Hotel* ein »Haus«, keine Absteige.

Den Chinesen nur ein einziges Mal nachgeeifert, und zwar an der richtigen Stelle, und Schwarz-Rot-Gold wehte vielleicht wieder im Wind statt nur im Dunst. Abräumen würden wir, Jahr für Jahr, in allen Disziplinen. Kunstgeprägt und frustfrei würden wir Deutschen uns Forschung und Entwicklung zuwenden. Aber eben nicht nur.

Wir produzierten und verrichteten die Dinge des Alltags vor einem enorm erweiterten Horizont, ganz ohne Drogen, ganz ohne Ritalin, überhaupt: mit viel weniger Druck. Weil sich ein neues Selbstbewusstsein entwickeln würde. Weil Musiker ohne Kommunikation untereinander nicht musizieren können. Weil böse Menschen allenfalls einen iPod, aber kein musikalisches Talent haben. Weil die Fernsehnachmittage bei ARD und ZDF, wo ständig Sendungen laufen über das »Phänomen« musisch geprägten Unterrichts, endlich in die Richtung sendeten, wo sie wahrgenommen werden sollten: bei den Verantwortlichen.

Genug des Konjunktivs.

Auch weiterhin fällt an Deutschlands Schulen der ohnehin zu knapp bemessene Musikunterricht aus, desgleichen der Sportunterricht. Kunsterziehung, Leibesertüchtigung, Herz und Hirn und Leib und Seele – brauchen BWL-Studenten so was? Müssen Ingenieure »swingen«, Techniker »rocken«, Ärzte »rollen«? Und China, wo die Wirtschaft doch nur deshalb brummt, weil die

Menschen dort einen solch immens hohen Nachholbedarf an praktisch allem haben? An der Musik allein kann es doch kaum liegen.
Offensichtlich doch.
Die chinesische Begeisterung fürs Klavier ist ja nur Ausdruck einer gigantischen Aufbruchstimmung. In China sind jene 50 Millionen Feingeister immer erst mit dem Herzen und erst in zweiter Linie mit dem Kopf dabei, Drill hin, Drill her. Der musisch gebildete Kopf, das wissen auch deutsche Pädagogen, kann freier denken und besser nach Lösungen streben. Und darüber nachzudenken und zu erstreben gibt es auch bei uns so manches.
Warum die chinesische Führung so fest ans Pianoforte glaubt?
Bald sollen die vormals so eifrig von China kopierten Länder ihrerseits China kopieren, sprich: Respekt verspüren. Auch wir werden noch froh sein, wenn unsere Autobauer in Rüsselsheim, Wolfsburg, Sindelfingen, Bochum, München, Dingolfing und Köln chinesische Konstruktionen endmontieren dürfen. Wer heute noch über Ali und Ayshe lästert, wird morgen, spätestens übermorgen sehr freundlich sein müssen zu Gang und Fang. So werden nämlich unsere Chefs heißen, die *Inhaber* der Firmen, für die sie arbeiten. Aus den Konferenzräumen wird Bach erklingen, von einem Werks-Quartett aufgespielt, auch Mozart und Händel, und noch immer wird es kein Deutscher sein, der am Klavier sitzt, nein: der kunstsinnige Boss aus China (über-)flügelt selbst.
Noch ein Polaroid aus der chinesisch-deutschen Zukunft, in dieser Reihenfolge.
All die fröhlichen chinesischen Musikanten werden ihre sorgsam trainierten Klavierspielerfinger nicht so leicht an einen Gewehrabzug legen. Schließlich spuken in ihren Köpfen Noten herum und nicht *Noten,* also Zensuren. Was soll ein chinesischer Maestro beim chinesischen Militär? Bis zum Erreichen des Erwachsenenalters haben sich in chinesischen Synapsen eben nicht

zehntausend RTL-Actionfilme und zehntausend MTV-Pop-Pornos festgesetzt. Dafür die Lebensläufe und Werke von überwiegend *europäischen* Menschen, die einst genauso gefühlvoll und intelligent unterwegs waren wie heute dieser Teil der chinesischen Jugend. Klar, bis auf weiteres wachsen sie auch mit den Parolen ihres Regimes auf, doch dieses setzt für die nächsten Jahrzehnte ganz offensichtlich auf ein stärkeres Maß an Veränderung seiner Macht, als deutsche Politiker auch nur an Pfründen aufzugeben bereit sind. Das sprichwörtliche Kopieren und Imitieren Chinas, es wird in einen gigantischen Neuschöpfungsprozess münden, ausgelöst von ein paar hunderttausend Genies aus ebenjenem Reservoir von 50 Millionen Jungpianisten und anderen Künstlern. Selbstverständlich werden sie überwiegend auch einen Brotberuf erlernen, dies aber mit einer vollkommen anderen Einstellung als die jungen Menschen bei uns. Bekanntlich sehen Musiker die Dinge nicht so eng. Deshalb können sie kreativ sein, mehr als unsere »Komponisten« von Klingeltönen und unsere »Textdichter« vom Schlage »Geiz ist geil«. Niemals in der Weltgeschichte hat ein Berufsmusiker einen Krieg, gar einen Weltkrieg vom Zaun gebrochen.

Generalfeldmarschall van Beethoven? Führer Bach?

Zuletzt brauchte es dafür einen verhinderten Kunstmaler, für den sich weiland die Akademie für Bildende Künste in Wien zu fein war. Der Realschüler Adolf Hitler mit Öl im *Louvre,* in der *Tate Britain* oder im *Guggenheim* (sic), nicht auszudenken. Oder eben doch, wie uns feine chinesische Hände zeigen: Böse Menschen haben keine Lieder. Allenfalls chargieren sie auf den Elfenbeinernen, dilettieren mit Liszt und Wagner (Hitler tat es), begreifen aber niemals die Welt dahinter.

Ewig zu kurz Gekommene enden irgendwann als Ewiggestrige. Deshalb ist beizeiten betriebene Kunst besser als jeder Morgenthau- und jeder Marshall-Plan.

Ein anderer Nicht-Chinese – in jeder Hinsicht – ist George W. Bush.

Theoretisch ist Bush durchaus Kopfmensch: Bachelor für Geschichte in Yale, MBA in Harvard, sechs Jahre Pilot und Kampftrinker in der Nationalgarde. Trotzdem wurde er 43. US-Präsident, Guantánamo-Begründer sowie größter Landverheerer der Gegenwart. Bushs Interesse für Kunst, für Musik? Auf seiner iPod-Playlist, veröffentlicht 2005 von der *New York Times,* finden sich ausschließlich Country-Helden und Soft-Rocker. »We don't do nuances« – »Feinheiten liegen uns nicht« –, sagte einmal der Pseudo-Texaner (in Wirklichkeit ist er geboren in New Haven, Connecticut). Keine Feinheiten? Hatten wir auch nicht anders vermutet.

Bushs einstmals bester Freund und britischer Alliierter, Tony Blair, pflegte sich zu Amtszeiten gern mit einer E-Gitarre, einer Fender Stratocaster, zu brüsten, doch war und ist er ein lausiger E-Gitarrist. Bill Clinton blies gerne auf dem Saxophon, wenn ihm nicht selbst – genug davon.

Ach, als junger deutscher Mensch müsste man von seinem Land ernst genommen, nicht nur als Industrieressource verplant werden. Man müsste gefördert werden mit seinem jedem Menschen angeborenen Sinn für das Schöne, man müsste erzogen werden, Mensch sein zu dürfen, kreativ genug, um sich später lebenslang auf die Seite der Bewahrer statt der Zerstörer zu stellen. Freude würde es machen, nicht nur zu zweckgebundener Arbeit heranzureifen.

Blühen würde man im Glanze dieses Glückes.

Unsere chinesischen Freunde jedenfalls werden sich nicht für die Katz mit Musiktheorie und -praxis herumschlagen. Auch als Kinder der Musen werden sie ihre eh schon kräftig angekurbelte Wirtschaft in Schwung halten, denn sie werden um die Welt reisen, beruflich oder privat, schon um an den vielen berühmten Orten der klassischen Musik andere Künstler zu hören und sich selbst hören zu lassen. Sie werden reisen und nicht erobern, um die Heimatländer ihrer großen, ja vorwiegend *europäischen* Vorbilder kennenzulernen. 50 Millionen junge Chinesen werden so für selbstinitiierten Import und Export sorgen, für eine reiche, leistungsfähige Wirtschaft. Schließlich werden – mindestens – 50 Millionen Fräcke beziehungsweise Abendkleider benötigt, ebenso viele Paar Schuhe und Schühchen, Einstecktücher und Handtaschen, selbstverständlich auch Klaviere und Flügel, Spinette und Keyboards, nicht zu vergessen: Klavierhocker, Pianobänke. Hustenbonbons ...

»Ganz China«, würde *Bild* ausnahmsweise einmal nicht übertreiben, ganz China verbeugt sich und beugt sich sodann über die Tasten. Machtvoll greift eine Weltmacht nicht an, sondern in die Tasten. Acht Oktaven hat ihre Klaviatur. Wir hören sie *Adagio, Allegro, Presto* und V*ivace*.

Uns bleibt nur zuzuhören. Wir selbst haben statt acht Oktaven nur mehr G8 aufzubieten, als Zugabe PISA und Bologna. Doch wer will es hören in der Welt, unser Bildungs-Stakkato, unser Reform-Largo, unser Fortschritts-Moderato? Statt *appassionato* und *con brio,* also leidenschaftlich und mit Feuer, flohwalzern wir bloß *grave* und *lento,* schwerfällig und langsam.

Erst haben wir unsere Bildung erledigt, nun sind wir selber dran. Auf Gottschalk und Maschmeyer bei Wagner und Lohengrin ist gepfiffen.

Sehr geehrte Frau Bundesministerin, liebe Frau Schavan, dies ist nicht mehr 1970.

Katja Ebstein heißt jetzt Mieze Katz (zumindest sieht die Sängerin der Elektropop-Band MIA so aus). Aus Nena wurde Lena, aus der leider dahingegangenen Anneliese Rothenberger »die Netrebko«. Alle haben sich verändert, *alles* hat sich verändert. Selbst in China ist der Mao-Look out und Prêt-à-porter in. Nur Deutschland, unsere Heimat, verbildet noch immer seine Jugend, als flöge erst nächste Woche Apollo 11 zum Mond und als würde erst übernächste Woche Jennifer Lopez *geboren.*

Die 50-millionenköpfige Konkurrenz unserer Kinder und Jugend kriegt staatlicherseits »Soft Skills« verpasst, soziale durch musikalische Kompetenz, ohne die es in der Musik und in einem Gemeinwohl nicht geht, auch wenn man andernwärts Diktatur genannt wird. (Putin und Medwedew üben Karate, aber nicht Klavier.) Deutsche »Bildung«, liebe Frau Schavan, setzt nach wie vor auf Ellbogen-Mentalität, auf Auswendig-Gebimse, auf frühkindliche Karrierefixierung: Pädagogik ist das aus der Zeit vom »Blauen Bock«, Weitblick verrät das von Bembel bis zu Äppelwoi, aufgehübscht mit ein paar PCs und ein paar Flatrate-ADSL-Leitungen. Dürfen wir IDIOTEN Ihren Blick, Frau Minister, sowie den der Frau Bundeskanzler auf folgende Tatsachen lenken? Früher hat die DDR den ganzen Westen eingedeckt mit seinen Billigheimer-Kühlschränken und Transistorradios. »Stern Dynamic« aus Karl-Marx-Stadt. »Robotron« aus dem Volkseigene Betriebe Kombinat in Dresden. Quelle, Otto, Neckermann – ohne die westetikettierte »Privileg«- und »Hanseatic«-Ware von drüben hätte es hüben weniger »Best-Leistungen« gegeben. West-Erzeugnisse von Schaub-Lorenz (Radio »Goldsuper Stereo«) oder von Grundig (Fernsehgerät »Zauberspiegel«) und Nordmende (Farbfernseher »Spectra Color«, jetzt mit Kabel-Fernbedienung) waren erheblich kostspieliger und auch nicht besser gemacht.

Reichlich exportfixiert war er, Honeckers Linksaußen-Ableger von Moskau, genau wie heute die Bundesrepublik. Aber sonst: tote Niet- und Nahthose (DDR-Jargon für »Jeans«). Keine fünf, keine drei, nicht *ein* einziger Weltklassepianist mischte jemals »Erichs Lampenladen« auf, wie Honeckers »Palast der Republik« in Ostberlin verspottet wurde. Keine einzige Weltklasse-Balletttänzerin, schon gar nicht Eisfee Katharina Witt, hat jemals in den Westen

»rübergemacht«. Selbst Peter Schreier, der famose Tenor (und Dirigent), durfte jeweils nur mit Billigung von ganz oben über den Globus konzertieren. Den einzigen brauchbaren Ost-Popsong in 40 Jahren Sozialismus hat ein Deutsch-Rumäne – Peter Maffay – zu klingender *West*-Münze gemacht: *Über sieben Brücken musst du gehn*. Alles andere tonale Zonengut ließ zwar seinen Drachen steigen, war aber schon damals alt wie ein Baum.

Der einzige DDR-Nobelpreisträger war Physiker, genau wie Angela Merkel. Er hieß Gustav Hertz und verstarb bereits 1975. Die Deutsche Demokratische Republik hatte sich selbst ein Bein gestellt, denn Margot Honeckers »Volksbildung« war strikt auf Effizienz ausgelegt, auf Gehorsam und Disziplin, auf Input-Output. 500 000 Pianisten aus einem Volk von 17 Millionen Sozialisten? Da hätte man ja jeden zweiten Stasi-Mitarbeiter freistellen müssen: Mitnichten war der Arbeiter- und Bauernstaat auch ein Bildungs- und Erfindungsstaat.

Die Bundesrepublik, das vereinigte Deutschland, ist es heute noch nicht.

Das bisschen Erfindergeist, das sich gelegentlich noch Bahn bricht, wird von den Konzernen zu Kamin- statt Klavierholz zersägt, von Bildungspolitikern aber dreist dem »allgemein hohen Bildungsniveau« zugeschrieben.

Der Rest ist leider Wirtschaftsgeschichte.

Die Treuhand war zu untreu, um aus dem Volksvermögen der Zuwachsdeutschen mehr als nur ein Taschengeld für die West-Großkopferten zu machen. Aus dem doch reichlich vorhandenen Hirnschmalz sowie den vom Konsum noch unverdorbenen Herzen unserer Neu-Mitbürger hätte man mehr machen können, es sogar müssen. Aber der Westen kam nicht einmal mit seinen eigenen Leuten zurecht.

Drüben: staatskadertaugliche, zweckorientierte Bildung und Ausbildung.

Hüben: schaufensterdemokratische, verbraucherorientierte Bildung und Ausbildung.

Gemeinsame Konsum-Spinnereien: ein Trabi, ein Golf.

Aber bloß kein Klavier, kein Klavier!

Mann, Mann, Mann, würde RTL-Schuldenberater Peter Zwegat verzweifeln.

Wird die einst dem Morgenrot entgegeneilende Angela Merkel nie begreifen, dass die chinesische Jugend sich erst Bartóks *Rumänische Volkstänze* oder Bachs *Wohltemperiertes Klavier* reinzieht, ehe es an die Produktionsstraßen der Weltfabrik eilt? Dass es tief Luft holt, ehe es uns wegbläst, das junge China?

Viel Pedal und ein durchweg harter Anschlag, so machen sich die Angehörigen einer künftig in *jeder* Hinsicht führenden Weltmacht bemerkbar. Die Chinesen, überhaupt die asiatischen Völker, wissen eben schon ein paar tausend Jahre länger als wir Europäer, dass zur Menschwerdung etwas mehr gehört als »Fakten, Fakten, Fakten« oder die Arithmetik des Statistischen Bundesamtes. Globalisierung im Fast-forward-Tempo? Wenn's unbedingt sein muss. Aber nicht ohne Schuberts *Impromptu in As-Dur,* nicht ohne Beethovens *Wut über den verlorenen Groschen,* erst recht nicht ohne Mozarts *Sonata facile.*

O ja, man müsste Klavier spielen können. Zum Lebensvirtuosen müsste man reifen dürfen statt nur zur industriewürdigen Klangmaschine – wenn Sie, Frau Schavan, Ihren Länderkollegen jetzt schleunigst ins Gewissen reden, schaffen wir IDIOTEN vielleicht noch den Turnaround.

Flohwalzer, einfingrig. Das könnte noch drin sein.

Die Bundesluftwaffe investiert in Flugtests in Indien, jede Flugstunde für rund 74 000 Euro. Jede Stunde ein Konzertflügel.

Mit Kinderkoks zu Quali, Abi und Master:
Die Ritalinisierung der Jugend

»Der Arzt hat zu mir gesagt: ›Ihr Sohn hat ADHS, er kann sich nicht konzentrieren.‹ Da habe ich gesagt: ›Was? Einer, der fünf Stunden beim Angeln sitzt, der kann sich wohl konzentrieren!‹ Aber wenn ich mir den Schulstoff anschaue, wundert mich das nicht, dass der sich nicht konzentrieren kann, bei diesem Scheißdreck, den die lernen müssen.«

*Hans Söllner, bayerischer Liedermacher,
in* jetzt, *dem Jugendmagazin der* SZ

Die Eltern verunsichert, die Kinder krankgeredet: Die Pharmaindustrie kämpft sich in die Klassenzimmer vor. Aus dem Sport kennen wir Amphetamine, heimlich verabreicht, heimlich geschluckt oder injiziert. Gedopt werden darf bei uns aber auch ganz offiziell, zumal in der »Bildung«. Schließlich sollen Kinder – *ab sechs Jahren* – beizeiten den Drive kriegen, den Leistungskick, den pharmazeutischen Tritt in den Hintern, dank Chemiekeule. Kaum zu fassen: Dieselbe Bundesregierung, welche die Bundeswehr in Afghanistan gegen die Drogenbarone der Taliban kämpfen lässt, und dieselbe Bundesregierung, die Jugendliche durch Drogenprävention zu schützen vorgibt, diese Bundesregierung wirft unsere Kinder der Pharmaindustrie zum Fraß vor.
Auf Rezept, damit alles seine Ordnung hat.
Ritalin oder Medikinet, Equasym, Concerta. Wahre Kopfgranaten sind das. Es gibt sie mit sofort oder verzögert einsetzender Wirkung. Sie halten, je nach Dosierung, ein paar Stunden vor. Einen halben, einen ganzen Schultag. »Ruhe« für die Lehrer, »unbeschwerte« Konzentration für die Schüler – wozu haben eigentlich die *Kinder vom Bahnhof Zoo,* haben ganze Jahrgänge

von Schülern und Studenten ihre Haschpfeifchen versteckt, wenn jetzt Bundesgesundheitsminister und Bundesbildungsministerin vor den Pillendrehern auf die Knie sinken wie die Pharmareferentin vor dem Herrn Doktor? Vor Alk und Crack und Ecstasy und »Legal Highs«, überhaupt vor dem Einwerfen jeglicher chemischer Substanzen warnt das Bundeskriminalamt, gern im Verbund mit Mechthild Dyckmans, der Drogenbeauftragten der Bundesregierung (»Hip Hop gegen Komasaufen«). Gleichzeitig wird den Eltern weisgemacht, ihre *verhaltensauffälligen* Kinder könnten nur durch einen Flug übers Kuckucksnest zu Quali, Abi, Bachelor oder Master gelangen. »Bildung« und Gesundheit – nicht ein Ros' ist da entsprungen, ein Rösler spielt verrückt: Irre, uns regieren die Falschen! Falsch wie der Begriff Volksgesundheit, falsch wie der ersehnte Bildungs-Flash: *Lucy in the Sky with Diamonds* – gib Lucy Ritalin, und sie sitzt fortan brav über ihren Heften und schreibt nur noch Einsen. Gib auch Jimmy Ritalin, und er geht schnurstracks zum Regenbogen. Gib Johnny Kramer Ritalin, und er braucht für seine tägliche Dröhnung nicht mehr zu betteln, stehlen, borgen; der Schularzt hat's empfohlen, der Hausarzt darf's verschreiben. Und Mama und Papa? Die können sich ja mit Prozac (Fluoxetin) aufrüsten. Arzneimittel zur Steigerung der geistigen und psychischen Aktivität (Hersteller: Lilly Deutschland GmbH).

»Glückspillen« für jedermann, für jeder*kind?*

Das kommt davon, wenn eine junge, aber bürgerabgewandte Politikergeneration am Ruder ist. (Dr. Philipp Rösler ist Jahrgang 1973.) Die durfte vielleicht noch zu *Purple Rain* (Prince) abhotten, Anfang der 1990er, auf der Guck-mal-nur-schöne-Leute-Abi-Feier, nie aber zu *Purple Haze* (Jimi Hendrix) auch nur eine Roth-Händle durchziehen. *Rauchen gefährdet die Gesundheit.* Solche Streber kennen diese Zeilen nicht, kennen das Leben nicht:

Purple haze all in my eyes
Don't know if it's day or night
You've got me blowin', blowin' my mind
Is it tomorrow or just the end of time?
R wie Ritalin, R wie Rösler.
Schrieb seine Dissertation über den *Einfluss der prophylaktischen Sotalolapplikation auf die Inzidenz des postoperativen Vorhofflimmerns im Rahmen der aortokoronaren Bypassoperation.* Gab Bücher heraus, gemeinsam mit dem aufstrebenden FDP-Kollegen Christian Lindner. Eines davon trägt den Titel *Freiheit – gefühlt – gedacht – gelebt. Liberale Beiträge zu einer Wertediskussion**. Unser Zappel-Philipp. Hat vor lauter Inzidenz und Vorhofflimmern nicht genug gefühlt, auch nicht gedacht und nicht gelebt.
Von »Freiheit« ganz zu schweigen.
Ritalin, nach wie vor im Handel, dank Dr. Rösler. Man kann es seinen Kindern zu schlucken geben oder – Gucci-parents, aufgepasst – mittels einer Banknote durch die Nase ziehen. Man kann sich damit wie ein rezeptpflichtiger Kokser fühlen oder wie ein bildungshungrig-getriebener Schüler beziehungsweise Student; der Unterschied zu »echtem« Kokain liegt in der Dosis.
Ritalin hilft »hyperaktiven« Kindern (in den hier glorifizierten 1970ern hätte man sie als »lebhaft« gelobt) beim Stillsitzen, also beim Gehorchen. Der Wirkstoff Methylphenidat macht ihnen die Tour de force der Prüfungen zur Tour de France; jeder weiß schließlich, dass deren Fahrer »Nachhilfe« kriegen. Aber alle tun so, als ob das in Ordnung wäre. Denn Liebe, Geduld, Zuwendung ... Im Zeitalter von »Bildung« braucht es solche Bomben, die auf die Kinder geworfen werden. Schließlich geht es »um alles«, um einen Platz an der Sonne, nicht um einen Stehplatz im

---

* VS-Verlag, Wiesbaden, 2009.

Jobcenter. Darum die Pillen für den Willen, die Runterbringer für die Aufsteiger.

Dass jenes Aufmerksamkeits-Defizit-(Hyperaktivitäts-)Syndrom (ADS oder ADHS) meist eher nicht auf einen Hirnschaden oder eine krankhafte Auffälligkeit hinweist, haben inzwischen viel zitierte US-Forscher herausgefunden. Ihre Diagnose: Viele Kinder werden schlicht zu früh eingeschult. Unreife, Überforderung, das ist alles. Therapie: Einfach noch ein Jahr warten, den Kindern mehr Zeit geben, sich zu entwickeln. Viele Eltern glauben, ihren Kleinen »Startvorteile« zu sichern, wenn diese möglichst früh Sandkasten mit Setzkasten tauschen. Dass es sich bei ADS um geistig-seelische Unreife handeln könnte, kommt Pädagogen wie Medizinern kaum je in den Sinn. Die Medikamente sind doch legal und sorgen schnell für Abhilfe.

Zu Risiken und Nebenwirkungen: Kinder lernen durch diesen Frühunterricht in logischem Denken, dass es nur ein paar Tabletten braucht, um seine Umwelt freundlich und friedlich zu stimmen. Der Strom kommt aus der Steckdose, die tägliche Dröhnung aus der Apotheke. Ritalin mit der Dreifachwirkung: bringt die Schüler runter, entspannt die Lehrer, beruhigt die Eltern.

Anscheinend hat unsere Gesellschaft noch nicht genug Stress. Milliarden kosten seine Folgen die Krankenkassen jedes Jahr; die vielfältigen Wechselwirkungen auf Körper, Seele und Geist lassen sich gar nicht beziffern. Aber ganz selbstverständlich fordern die Länder und ihre Schulen – zwecks »Bildung« – gewisse Opfer, gerade von unseren Kindern. Wie gut, dass die Schweizer Novartis AG eine Antwort kennt. Ihr hier ständig genanntes Ritalin – und natürlich jedes ähnliche Präparat von anderen Herstellern – wirkt stimmungsaufhellend, euphorisierend. Es steigert Aufmerksamkeit und Wachsamkeit, vertreibt Appetit und Müdigkeit, lässt Puls und Blutdruck steigen wie bei Spitzensportlern. Es kann indes, bei Überdosierung, für Halluzinationen sorgen. Dann

rufen junge Menschen womöglich Sätze aus wie weiland Navigator Pavel Chekov auf der Brücke der *USS Enterprise:* »Captain, ich weiß nicht, was es ist, aber es sieht aus wie »Bildung«, und es kommt näher. Unsere Schutzschilde halten das nicht lange aus!«
Niemandes Schutzschilde sollten Ritalin aushalten müssen.
Sein Wirkstoff Methylphenidat verspricht aus jungen Menschen coole Wissens-Supermänner zu machen beziehungsweise Wissens-Supergirls. Wirkungsvoller als das Präparat selbst ist die Gehirnwäsche, der gleichzeitig Eltern, Lehrer und selbst Mediziner unterzogen werden. Sie neigen dazu, Beipackzettel zu ignorieren, schlagen Warnungen in den Wind, messen der Wirkung »guter Noten« weit mehr Bedeutung zu als dem Wohlbefinden ihrer Schutzbefohlenen.
Fast könnte man, George Orwell im Hinterkopf, an Weltverschwörung glauben, denn auf der Website von *suchtmittel.de* kann man lesen: »Früher wurde empfohlen, Methylphenidat nur an Schultagen zu verwenden. Heute wird das Medikament in der Regel ununterbrochen abgegeben, da gerade an schulfreien Tagen oft wichtige soziale Kompetenzen eingeübt werden, wobei Ritalin ebenso unterstützend wirkt wie im Unterricht.« Es folgt die Warnung vor psychischen Nebenwirkungen: *Kinder, die Methylphenidat als Medikament einnehmen, klagen bisweilen darüber, dass sie »ganz anders« und »gar nicht mehr sie selbst«, »zu ernst«, »wie eine Maschine« seien, dass ihnen bestimmte Dinge nicht mehr so viel Spaß wie früher machten, oder dass sie nur mit der Tablette »brav sein« könnten.*
Ganz anders?
Nicht mehr sie selbst?
Wie eine Maschine?
Nur mit Tablette brav?
Ritalin. Nimmt Zorn und Unruhe aus »Terrorkrümeln«.
Die Ärzte verschreiben es, die Krankenkassen bezahlen es; die

Kinder sind ja »krank«. Schule und Eltern freuen sich über bessere Noten: Junge Menschen in einem überalterten System.
Alles für die »Bildung«.
Nochmal die Hefte raus. Mit Rotstift eintragen:
Methylphenidat – Dopamin-Wiederaufnahmehemmer.
Anwendungsgebiete: unter anderem Aufmerksamkeitsdefizit, Hyperaktivitätsstörung.
Warnung: Langfristige Anwendung hat Suchtpotenzial!
Risiken und Nebenwirkungen: Zu Beginn der Behandlung treten häufig Bauchschmerzen oder Erbrechen auf. Kann bei Langzeitanwendung, auch bei angemessener Dosierung, bei Kindern zu Wachstumsverzögerung und zu reduzierter Gewichtszunahme führen. Vermehrtes Schwitzen, Juckreiz, Ödeme. Haarausfall, schuppende Hauterkrankungen, Nesselausschlag. Schlaflosigkeit, Kopfschmerzen, Übelkeit. Angstgefühle, depressive Verstimmungen. Aggressionen, Zähneknirschen, verschwommenes Sehen. Reizbarkeit, Muskelzuckungen (Tic). Entzündung des Nasen-Rachen-Raums, Schwindel, Husten, Oberbauchschmerzen und Fieber.
Und: Selbstmordgefahr! Neben erfolgtem Suizid wurden Suizidversuche und Suizidgedanken beobachtet.
EU-Gefahrstoffkennzeichnung: XN, gesundheitsschädlich.
Bei den Anonymen Alkoholikern gilt es als Voraussetzung, sich klar zu seiner Sucht zu bekennen. Man stellt sich seinen Leidensgenossen mit Vorname und dem Zusatz vor: »Ich bin Alkoholiker.« Kein Ruhmesblatt, nur eine Feststellung, um dem eigenen Problem von Grund auf zu begegnen. Bloß kein Drumherumreden.
Die von deutschen Schulen herangezüchteten IDIOTEN sollen lieber die Klappe halten und ihre Notlage erst gar nicht wahrhaben. Mittelmäßiger Schüler, schlechter Schüler – vielleicht. Studium abgebrochen, Abi geschmissen, die Berufswahl versem-

melt – kann auch sein. Aber deshalb gleich ein Opfer der Bildungspolitik, der Schule? Ein IDIOT?
Sie übertreiben.
In Deutschland leiden bereits vier Millionen Menschen unter Depressionen, Frauen übrigens doppelt so häufig wie Männer. Viele der Kranken sind Jugendliche. Der »Einstieg« in die Krankheit beginnt zwischen 16 und 20 Jahren. Jedes Jahr bringen sich in Deutschland 12 000 Menschen um, weil sie trotz Antidepressiva nicht mehr aus ihrer seelischen Dunkelheit herausfinden – wie sie da nur *so früh* hineingekommen sind?
Man kann es sich leicht machen und sagen, die vielen Depressiven sind nur eine Erfindung der Pharmaindustrie, wie so viele andere »Kranke«. Die nach der Finanzwelt unbeliebteste Branche redet doch gleich jede Laus, die dem Menschen über die Leber läuft, zum schwarzen Todesraben hoch: *Dreimal täglich eine von den Roten und vorm Schlafengehen zwei von den Blauen.* Es ist aber eher so: Kinder werden verhaltensauffällig, wenn sie mit ihrer Umwelt nicht zurechtkommen. Wenn ihr Zuhause aus Menschen besteht, die mit sich selbst Probleme haben. Wenn zu früh zu viel von ihnen verlangt wird. Der Bildungsbetrieb will das nicht hinnehmen. Er hat alle Hände voll zu tun, *die anderen wollen auch etwas lernen.* Deshalb sollen insbesondere die Kinder der Armen nicht mehr ausrasten und die der Reichen nicht mehr durchdrehen: Ruhe!
Frieden!!
Ritalin.
Nicht einmal vor unseren Kindern machen sie halt, die unsichtbaren Damen und Herren von Novartis, jenem Baseler Zusammenschluss von Sandoz und Ciba-Geigy. Unsichtbar und unbekannt, das ist keine Übertreibung – oder kennt man, sieht man hierzulande Joseph »Joe« Jimenez, den Novartis-Vorstandsvorsitzenden (Jahresbezüge: geschätzte 15 Millionen Dollar), des Öfteren in

den Medien? Ja, unser Deutsche-Bank-Joe, der Dr. Josef Ackermann, der ist ständig präsent. Auch Bilder etwa der Ex-HSH-Nordbank-Brillantine Dirk Jens Nonnenmacher oder des Dauer-Daimler-Sanierers und Bartzwirblers Dieter Zetsche hängen aus wie Fahndungsfotos. Aber wer ist Joe Jimenez? Wer ist der Ritalin-Cooldowner unserer neuerdings so hypernervösen Jugend?

Laut dem Schweizer Wirtschaftsmagazin *Bilanz* begann der Stanford-Absolvent beim US-Nahrungs- und -Putzmittelhersteller Clorox im Marketing. 1984 stieg er dort in die Salatsaucen-Division ein, wechselte dann zum Food-Hersteller Hunt-Wesson, wo er verantwortlich war für Peter Pan Peanut Butter sowie Redenbacher's Popcorn. Es folgten Stationen bei Heinz Ketchup sowie bei der Private-Equity-Firma Blackstone – ein für amerikanische Verhältnisse abolut kerzengerader Highway direkt nach Basel, auf den Chefsessel des drittgrößten Pharmakonzerns der Welt, des, je nach Sichtweise, drittgrößten Heilsbringers oder Menschen-, Tier- und Umweltvergifters.

Novartis – *novae artes,* »neue Künste«? Da muss jemand im Aktionärsausschuss mal Klavierunterricht gehabt haben, oder der Boss der namensfindenden Werbeagentur war gerade in eine Galeristin verknallt. Die Zahlen des Unternehmens lassen ja eher auf die Beherrschung sehr alter Wirtschaftskünste schließen: 2009 hatten die Schweizer fast 100 000 Mitarbeiter und machten über 44 Milliarden Dollar Nettoumsatz. Davon klingelten, als Reingewinn, 10,3 Milliarden im Konzernkässeli. Glaubt irgendwer, derart hochtourig betriebene Pharmazie und Biotechnologie käme ohne ständig neu hinzugewonnene Zielgruppen aus?

Früher, in der Fernsehwerbung, gab der Zahnarzt seiner Familie eine bestimmte Zahnpasta-Marke. Heute besinnt er sich auf seine Kassenzulassung und die zwei Bankangestellten im Wartezimmer und gibt seinen Lieben Ritalin. Seine Kollegen, seine Patienten sind nicht minder lernfähig: Zwischen 1993 und 2003, berichtet die *Zeit* vom 31. 3. 2009 über einen Ritalin-Selbstversuch (»Ich bin ein Zombie, und ich lerne wie eine Maschine«), stieg der weltweite Konsum des Lernbeschleunigers um 270 Prozent. Heavens, Joe, möchte man Mister Jimenez zurufen, erforsche dein Gewissen! Du als Stanford- und zudem Berkeley-Diplomierter, du bist doch auch etwas geworden, ganz ohne diesen Umsatzbringer. Zu deiner Zeit warst du bestimmt ebenfalls ein Treibauf, musst es sogar gewesen sein, sonst wäre es nie etwas geworden mit dir und Clorox, den Putzmitteln, mit dir und der Salatsaucen-Division, anno '84. Remember: im Orwell-Jahr. Das war, als die US-Rockband Van Halen mit *Jump* ein äußerst quirliges Schmählied gegen alle Stillsitzer und Eckenhocker in den Charts hatte: *I get up and nothing gets me down ...*

Statt unser korruptes, unlogisches, ungerechtes, sitzengebliebenes Bildungssystem neu zu denken und neu zu gestalten, gestalten Politik und Wirtschaft einfach den Menschen um. Sie unterjochen ihn schon von klein auf:

- Individualität ist gleich Unaufmerksamkeit. Sie kann nicht geduldet, sie muss beseitigt werden: fokussiere dich, konzentriere dich, streng dich mehr an.
- Was noch bunt ist, soll schwarzweiß werden. Kinder sollen nicht denken, sondern lernen. Wozu sonst sind Fakten und Zahlen (statt Wissen und Erkenntnisse) da?
- Schule soll nicht Freude bereiten, ein Studium nicht zu wissenschaftlichem Denken befähigen. Auf »Geradlinigkeit« kommt es an, auf »Entscheidungsfreude«, auf »Teamfähigkeit«, auf digitales Ja-Nein-Denken, auf Ein oder Aus. Funkelnder Abenteuergeist lenkt nur ab.
- Die Schule darf, sie muss sogar in den Gehirnstoffwechsel eingreifen, wenn nämlich das *Bildungsziel* nicht gefährdet sein soll. Sie muss an das Verantwortungsgefühl der Eltern appel-

lieren, an deren Zukunftssorgen. Wo Eltern nur ängstliche Fragen haben, hat die Pharmaindustrie sichere Antworten.
- Jasager sind mit Ritalin noch leichter zu kriegen als ohne. Von wegen »Kirmes im Kopf« – Flausen nannte man das einmal, in den drogenschwangeren, 68er-verdorbenen 1970ern. Wer früh lernt, mit Hilfe erprobter Wirkstoffe zu lernen, wird es später leicht haben, das Gleiche immer wieder zu tun.
- Energiebolzen, Treibauf, Nervenbündel – Bildung, wie von Politik und Wirtschaft verstanden, bringt sie alle zur Ruhe. Bildung, wie von Politik und Wirtschaft verstanden, bringt sie alle, bringt uns alle weiter: noch ein Stückchen näher heran an die Welt von George Orwells *1984*.

Wie gesagt, 1984.
Heute bringt Methylphenidat jeden Springinsfeld runter, unter Garantie. Es macht selbst die Otto-haftesten Klassenclowns zu Rüdiger-Hoffmann-Gemütern, zu strebsamen, disziplinierten IDIOTEN – und Eltern und Ärzte und Krankenkassen zu Versuchsreihenleitern.
Die Verbrauchsstatistik der *Bundesopiumstelle* – keine Erfindung, es gibt sie wirklich – weist für das Jahr 1993 einen Verkauf der Substanz in deutschen Apotheken von 34 Kilogramm aus; viel genug. Im Jahr 2009 waren es bereits 1735 Kilo, fast zwei Tonnen – hat seinerzeit Van Halens unwiderstehliches Synthesizer-Riff eine neue Krankheit in die Welt gesetzt, oder ist es tatsächlich die Pharmaindustrie, die mit ihrem verhaltensauffälligen Marketing unsere Kinder geradezu pulverisiert?
Schon Jimenez' Vorgänger bei Novartis hatten Erfolg. Er aber toppt sie alle. Wenn Novartis-Joe nicht bald ein Machtwort spricht und seine Branche Frosty the Snowman weiterhin so massiv Konkurrenz macht, wird aus der Pausenmilch endgültig ein Chemiecocktail. Dann werden wir uns daran gewöhnen müssen, dass

»schlechtes« Betragen und jede Note jenseits der Drei nur mit Joes Helferlein zu kurieren ist: *Somebody Get Me a Doctor* ist ein weiterer Van-Halen-Song.

Wer gläubig ist, mag denken, dem Schöpfer gefiele es, Kinder mit Temperament auszustatten, aber denen von »sozial schwachen« Eltern Rettung in der Darreichungsform von Tabletten zu senden. Das ist falsch gedacht. Es gefällt nur den Aktionären von Novartis, quer über den Erdball Probleme aufzuspüren oder zu erzeugen, denen jeweils mit Novartis-Produkten abgeholfen werden kann.

Ein paar Zeilen aus Joes Curriculum vitae, wie er auf der Website von Novartis zu finden ist: »Joseph Jimenez war auch federführend bei der Erneuerung des Arzneimittelportfolios im Hinblick auf ein ausgewogenes Verhältnis von Massen- und Spezialprodukten. Außerdem gelang es ihm, den Umsatzanteil neueingeführter Produkte deutlich zu steigern.« Das Verhältnis von Massen- und Spezialprodukten hin oder her: Joe muss jetzt federführend werden bei der Beseitigung von Ritalin aus dem Novartis-Arzneimittelportfolio. Mit dieser Heldentat würde er zugleich das uralte Dealer- und Waffenhändler-Credo beseitigen: *Wenn wir das Zeug nicht verkaufen, tun es andere.*

Noch einmal Novartis' Zahlen: 44 Milliarden Dollar Umsatz, 10,3 Milliarden Dollar Gewinn – fast ein Viertel vom Umsatz, was für Spannen! Da braucht Deutsche-Bank-Chef Josef Ackermann dringend eine Bayer-Aspirin. Gewiss, diese Ergebnisse erzielt der Konzern nicht allein mit seiner Musterschüler-Pille. Andere Kassenschlager im Sortiment sind zum Beispiel Medikamente gegen Bluthochdruck (echte Renner dank der konservativen Messempfehlung sowie des hohen Salzverbrauchs in EU-Staaten). Novartis produziert Schmerzmittel wie Voltaren oder das Nikotinersatzpflaster Nicotinell – Pharmaunternehmen verstehen eben am besten, wie man Profit aus Schmerz und Leid zieht.

Nach etwas mehr als anderthalb Dienstjahren versteht es unser junger Herr Bundesgesundheitsminister auch.

Wirklich, Joe muss das jetzt entscheiden, Joe muss ran wie nie. Er muss dieses eine, epochemachende Exempel statuieren, muss für seine Firma neue, weniger bedenkliche Arzneien suchen, weil speziell auf den deutschen Gesundheitsminister nicht mehr zu hoffen ist. Dessen Tatenlosigkeit in Sachen *Kinderschutz* ist selbst behandlungsbedürftig. Der Minister seinerseits bräuchte einen gehörigen Schubs, um ihn aus seiner Zeitlupe in den Fastforward-Modus zu befördern.

Weil unsere Kinder nicht so lange warten können, muss, gemäß dem Verursacherprinzip, die Pharmaindustrie ran. Der Autor jedenfalls weigert sich zu glauben, dass ein Mann wie Joe seine eigenen Kinder an jedem Morgen von seiner Hausmedizin naschen ließ. Joe, spring über deinen Schatten, *jump!* Du hast Peter Pan Peanut Butter und Redenbacher's Popcorn in die Regale gepusht; dich selbst hast du den Novartis-Eignern als Pharma-Crack verkauft, obwohl dir, ausweislich deiner Vita, eher andere Substanzen liegen. Joe – du bist erst Anfang 50 und schon mehrfacher Franken-Millionär. Da wird dir doch ein neuer Dreh einfallen, um Erwachsenen beim Geldtragen zu helfen. Um Platz in unseren Apotheken zu schaffen.

Auf dass unsere Kinder in Frieden gelassen werden.

Ritalin – der Kampf in der Schule für die Zwecke der Schule, er geht weiter. Krämpfe, Fieber, Zittern, Atemlähmung, Sucht- und Selbstmordgefahr, derlei Nebenwirkungen wünscht Kindern niemand, der keine Herstelleraktien besitzt. Bei Ritalin, dem Wunder-Lernmittel, und seinen Artverwandten muss man allerdings darauf gefasst sein.

Der deutschen Politik ist das schnurz: Alkopops etwa, alkoholhaltige Süßgetränke, belegt sie mit einer *Alkopopsteuer,* und fertig. Ebenso geschwind und rigoros bahnte sie den Weg für

Ritalin: Gelernt werden muss, da Schulpflicht. Gelernt werden soll, da Zukunft. Was tun? Nun müssen die geplagten Eltern entscheiden, ob sie den Bildungsteufel mit dem Pillen-Beelzebub austreiben. Der Leistungsdruck an Schulen und Universitäten wird mit Turbo-Abi und Turbo-Studium ja eher erhöht als gesenkt. Wer da mithalten will, muss sich sein pharmakologisches Pausenbrot halt bei Arzt oder Apotheker besorgen.
Soweit die Regierung. Und die Opposition?
Weder SPD noch Grüne, noch Linke haben sich den Kampf gegen unser pervertiertes Bildungssystem auf die Fahnen geschrieben. Mangels Gegenentwürfen gilt »Bildung« als konsensfähig. Einig ist man sich nur darin, dass jeder junge Mensch unbeschränkten Zugang zu ebendiesem Bildungssystem haben sollte. Wer dessen Anforderungen nicht standhält, wer ausflippt, wird zum armen Schlucker degradiert. Wo Politik und Wirtschaft die Menschen bereits im Kinder- beziehungsweise Teenageralter überfordern, statt sie Kind/Teenager sein zu lassen, da darf die Pharmazie getrost nachhelfen. Es ließe sich daran denken, die Einnahme von Ritalin und Ähnlichem zur Pflicht zu machen, wie ja in Deutschland auch »Bildung« ohne Schulpflicht nicht vorstellbar ist. Durch die Hintertür, mit der »freiwilligen« Gabe von Ritalin, geschieht dies bereits: Wer will seine Kinder schon mit »Türken-Abi« (Hauptschulabschluss) ins Leben schicken?
Wer überhaupt Arbeit hat, könnte sehr viel mehr leisten als »Dienst nach Vorschrift«. Ein Fall für Ritalin! Arbeitslos? Ritalin hilft auch hier, indem es Sorgen und Selbstzweifel verscheucht und Konzentration herbeizaubert. Ritalin ins Leitungswasser? Sehr gute Idee: Noch immer gelangen nicht genügend Medikamente und Gifte übers Abwasser in die Umwelt.
Kein Wunder, dass – gerade aus Großbürgerkreisen – der Ruf nach Privatisierung des Bildungsbetriebs laut wird. Unternehmer, so wird argumentiert, dächten und handelten, anders als der Staat,

profitorientiert. Deshalb seien die besseren Lerneffekte eher von privat betriebenen (Vor-)Schulen zu erwarten: Müssten sie sich nicht in besonderem Maß dem Leistungsvergleich stellen; müssten sie nicht, um auf Kosten und Gewinne zu kommen, die besseren Lehrer und Pädagogen beschäftigen, die modernere Ausstattung haben, die am besten durchrationalisierten Abläufe gewährleisten? Kurzum: Müsste Bildung, um wieder mehr Qualität zu vermitteln, nicht endlich einen Preis auf Euro und Cent genau bekommen? Einen seinem Wert entsprechend hohen Preis?

Die einen beginnen ihre Karriere mit Putzmitteln, die anderen werden groß mit Gebäudereinigung. Wenn beide zusammenschmeißen, könnte Erziehung, Schule und Bildung das nächste große Börsenabenteuer werden.

Das ganz große Ding.

Seht, ihr lieben Kinder, seht, wie's dem Philipp weiter geht!

»Bildung« macht dumm:
Die Gewinner von heute
sind die Verlierer von morgen

> Die Kultur bei uns waren die Träume meiner Mutter. Es gab keine
> Bücher, keine Bilder, keine Filme, nichts bis auf ihre Träume, die
> sich leider nicht erfüllt haben. Sie wollte Sängerin werden, aber sie
> hat viel zu spät Unterricht genommen bei einem amerikanischen
> Professor im Nachbardorf. Mein Vater hat das eher ins Lächerliche
> gezogen, hat sie ›Ina balla-balla‹ genannt. Er war ein sehr guter
> Vater. Ihm fehlte nur der Sinn für das Kreative, er war auch frei von
> jeder Ambition.
>
> *Der Fotograf Peter Lindbergh im* Zeit-Magazin *2/2011*

In den 1970er Jahren, als die Welt quietschorange statt grau war und Berlin noch Bonn hieß, als mit »Entsorgen« ein ehrliches Wegschmeißen gemeint war und mit »Wertstoffhof« die nächste Waldlichtung, da waren die Bildungsverhältnisse in der Bundesrepublik zwar nicht weniger ungerecht als heute, aber zumindest überschaubar. Es gab Volks-, Mittel- und Oberschule, und für gewöhnlich verteilten sich deren Schüler wie folgt: Arbeiterkinder wurden für Produktion und Dienstleistung fit gemacht, die Kinder der Mittelschicht für Handel und Verwaltung, die der Oberschicht gingen aufs Gymnasium und später auf die Uni.
Irgendwelche Fragen?
Für die Spätberufenen unter den Ehrgeizigen war ein Schlängelpfad durch den Eichenwald zertifizierten Wissens geschlagen worden, der zweite Bildungsweg. Das war's dann aber auch. Jeder an seinen Platz.
Dieser Platz war, in der Regel, noch ein richtiger Arbeitsplatz,

gedacht zur möglichst lebenslangen Ausübung eines richtigen Berufes, nicht bloß als Job auf Zeit und Abruf. In dieser Zeit massiver Automatisierung und Rationalisierung verfielen allenfalls Science-Fiction-Autoren, nicht jedoch Ökonomen auf die Idee, eine Quasi-Massenarbeitslosigkeit durch Einziehen eines Niedriglohnsektors zu etablieren. Dass einmal Erwerbslose für einen einzigen schnöden Euro – ein Zweimarkstück – malochen müssten oder regulär Beschäftigte zum Überleben auf monatliche »Transferleistungen« angewiesen sein würden, hätte als antikapitalistische Panikmache gegolten.

Keine Gastarbeiterheime, die damalige Entsprechung unserer heutigen Asylantenheime, brannten. Luigi eröffnete eine Pizzeria nach der anderen, Vesna stand in der Küche ihres »Balkan-Grill«, und in Kostas Taverne dudelte *Griechischer Wein* von der Endloskassette.

Für Millionen »Fremde« und Einheimische ging Integration – »Multikulti« – beinah wie von selbst. Die Ideologen unter den Politikern wagten es noch nicht, mit dem Flammenwerfer zu züngeln. Es hätte ja Honeckers 17-Millionen-Volk dabei zusehen und eine schlechte Meinung vom Goldenen Westen kriegen können. China war von der Bundesrepublik so weit entfernt, wie eben China von der Bundesrepublik entfernt ist, und die Ostblockländer waren schon aufgrund des Eisernen Vorhangs kein Rückzugsgebiet für die (west)deutsche Industrie.

Viele unserer heutigen Probleme sind auf verkorkste Bildungspolitik zurückzuführen. Spätestens mit dem Schwung des zusammenfindenden Ostens und Westens sowie den Erfahrungen aus zwei höchst unterschiedlichen Gesellschafts- und folglich Schulsystemen hätte in der Bildung ein Neuanfang gewagt werden müssen. Stattdessen wurde die DDR-Konkursmasse in die Föderation von nunmehr 16 Bundesländern integriert, und es wurde am westdeutschen System festgehalten – noch mehr Kultusministerien entstanden, noch mehr Erbhöfe gilt es seither zu verteidigen.

War die Chance auf einen Neubeginn schon vertan, so wird diese Chance inzwischen nicht einmal mehr gesucht. Immer wieder geistern Ideen für eine Neuordnung etwa des Steuersystems durch die Republik, desgleichen Forderungen nach Reformen der Altersvorsorge sowie der Kranken- und Pflegeversicherung. Und wo bleibt die Bildung?

An deren offensichtlichsten Konstruktionsfehler traut sich schon mal keiner ran: Föderation und Länderunabhängigkeit sind wichtig, ja, aber wie wollen 16 Bundesländer zugunsten von Schülern und Studenten zu einer möglichst einheitlichen Bildungspolitik gelangen? Weg also zuvorderst mit der Bildungshoheit: Der Bund soll die Richtung vorgeben, die Kultusminister – als nur mehr höhere Beamte – sollen für die Umsetzung auf Landesebene sorgen.

Die Entsetzensschreie aus den Landesministerien sind nicht zu überhören – aus Berlin dringt nur Stille. Kein anderes Ressort im Kabinett Merkel wird so unauffällig geführt wie das Bildungsministerium, und das ist ausdrücklich kein Lob. Die Medien sind den Bürgern ebenfalls keine Hilfe. Sie bleiben genauso stumm, beschränken sich im Umfeld von Großprüfungs- oder Zeugnisterminen auf die üblichen Klagen hinsichtlich Lernstress und Studienbedingungen. Kein Verleger, kein Chefredakteur will es sich mit der als konservativ vermuteten Leser-/Nutzerschaft verderben. Dass Bildung mehr schmerzt als nützt, aber irgendwie nicht anders möglich zu sein scheint, dieses »Wissen« vererbt sich seit Generationen.

Die Folge: Seit der Vereinigung hat sich weitere zwei Jahrzehnte lang eine auch aus Bildungsschwäche resultierende Durchschnittlichkeit breitgemacht, eher sogar Unterdurchschnittlichkeit. Die Welt wird ständig komplizierter, die Verhältnisse immer weniger durchschaubar, aber 16 Bundesländer stricken weiter nach den

alten Mustern. Die Bildungsverweser starren auf ihre Zahlenwerke (PISA, Demographie), scheuen Veränderung, gar Erneuerung und kümmern sich nur ums Allernötigste. Ohnehin verwechseln sie seit jeher Bildung mit Ausbildung, Wissen mit Kenntnissen und diese mit Informationen. Irgendwann kommen die Kinder nun mal in die Grundschule; schon nach drei Jahren beginnt das Gerangel um ihre Selektion, weil im vierten Jahr niemand als zurückgeblieben dastehen will. Die einen rödeln weiter auf der zwangsgelifteten Haupt-Mittel-Werksrealschule, andere dürfen aufsteigen in die Realschule oder aufs Gymnasium. Es folgen Berufsausbildung und/oder Hochschulstudium, und das war's auch im Wesentlichen.
Bitte die Zugänge räumen. Andere wollen auch mal auf die Achterbahn.
Das Bildungsprivileg der Länder kommt die Bürger teuer zu stehen, keineswegs allein in monetärer Hinsicht. Zwar dürfen die Kultusminister in ihren jeweiligen Bildungsgrundsätzen ihre landestypische Individualität – oder auch nur ihre Verschrobenheiten – durchscheinen lassen; zwar dürfen sie ein wenig mit Ferienterminen jonglieren und gelegentlich ein Experiment einflechten (wie die Hector-Peterson-Oberschule in Berlin-Kreuzberg mit ihrem lobenswerten Theaterunterricht für Siebtklässler), aber das vermeintlich bunte Miteinander entpuppt sich letztlich als heilloses Durcheinander: Bayern und Baden-Württemberg setzen weiter auf ein knallhartes Abitur, während Hamburg die Reifeprüfung eher hanseatisch-leger angeht, Berlin gilt als lax in der Prüfungspraxis, und »der Osten« lacht sich eins und lockt die einen wie die anderen auf seine Universitäten: Ist das bereits Bildungsvielfalt?
Vier Legislaturperioden hatte Helmut Kohl Zeit, das Schulsystem – im Sinne einer wirklichen geistig-moralischen Wende – umzubauen.

Der Vereinigungskanzler entschied sich für simplen Rückbau.
In der bundesdeutschen Wendezeit und sogar noch später, unmittelbar nach der Vereinigung, wäre »Bimbes« genug vorhanden gewesen, Deutschland tatsächlich zu einer Wissens-, zu einer Bildungsrepublik umzubauen. Im Vergleich zu heute (und ohne Statistiktricks) herrschte so gut wie Vollbeschäftigung, die Staatsverschuldung war überschaubar, der Teuro noch weit.
Aber es lag und liegt bis heute nicht am Geld.
Immer ist es ja der politische Wille, quer durch die Regierungsparteien in Bund und Ländern, der Bildung weit im 20. Jahrhundert zurückbleiben lässt. Während in den 1970ern unter Willy Brandt und Helmut Schmidt das Schulwesen vom Kerker zum Bildungslabor umgemendelt worden war und etwa der Handwerkersohn durchaus zum Akademiker aufsteigen konnte (umgekehrt geschah es selten), fuhren in den 1980ern CDU/CSU sowie FDP diese Entwicklung zurück. Die Schuster sollten gefälligst wieder bei ihren Leisten bleiben und die Akademikerkinder unter sich. Erneut wurden Betriebswirte, Anwälte, Banker und Mediziner hauptsächlich jene, die die Gnade einer wohlhabenden Geburt erfahren hatten.
Helmut Kohl, immerhin Doktor der Philosophie und promoviert in Geschichte *(Die politische Entwicklung in der Pfalz und das Wiedererstehen der Parteien nach 1945),* deutete bei seinem Amtsantritt die Zukunft der deutschen Intelligenz so: »Nachdem jahrelang viel dafür getan worden ist, das Niveau des Abiturs abzusenken, muss jetzt unbedingt darüber nachgedacht werden, ob das Abitur noch als Voraussetzung für die Universität ausreicht.«

Im normalen Unterricht lernt man fast nichts

Wer freilich damals studiert hat, stöhnt heute durchaus über den Begriff Niveau – und über die Fähigkeiten etwa von angehenden Rechtsgelehrten.

In dem Hochschulmagazin *duz* klagt der Juraprofessor Thomas Hoeren, die Studenten könnten nicht einmal mehr mit der Hand schreiben: »Die SMS-Generation verweigert sich Tinte und Feder und beschränkt sich selbst aufs Tippen möglichst kurzer Nachrichten in Blackberrys und Laptops. Die Unis ziehen hinterher: Seminararbeiten müssen elektronisch eingereicht werden.«

Überall im deutschen Bildungswesen hält man sich zugute, bereits »modern« zu sein, wenn man Internet und neue Medien zur schnelleren Datenübertragung nutzt. Die enormen Chancen des Netzes gerade für Bildungszwecke sind bislang kaum erkannt, noch werden sie genutzt. Schon Helmut Kohl verwechselte den virtuellen Datenhighway mit dem sehr realen Asphaltband der Autobahnen; ein Innenminister nach dem anderen will das – Politikern generell unheimliche – Internet stärker reglementieren, also überwachen, es am liebsten mit einem »Kill Switch«, einem Hauptschalter, versehen. Auf den Geistesblitz, die größte Schwäche der Schule, nämlich ihre Ortsgebundenheit, durch verstärkten Einsatz zeitgemäßen »Fernunterrichts« wenigstens zu mindern, wird noch gewartet. Billionen Daten jagen täglich durch den Datenstrom, sogar Steuererklärungen können elektronisch abgegeben werden, aber für Millionen von Schülern besteht weiterhin Anwesenheitspflicht, Schulstunde um Schulstunde. Selbst unter Verzicht auf eindeutige ökonomische Vorteile, sonst *ultima ratio,* will der Staat die Kontrolle über seine jüngsten Bürger behalten, sie nicht einmal für ein paar Schulstunden wöchentlich preisgeben.

Die Unterrichtsqualität ist in den letzten Jahren trotzdem nicht gestiegen oder auch nur gleich geblieben. Sie ist sogar spürbar gesunken. Auf die Rechtschreib- und Grammatikkenntnisse seiner Studenten angesprochen, sorgt sich Thomas Hoeren, Professor für Informationsrecht und Rechtsinformatik an der Uni Münster: »Immer wieder tauchen die gleichen Fehler auf, sei es *Vorraussetzung* oder *Entgeld*. Dann wieder fehlen Kommata, Punkte, und das Semikolon gibt es so gut wie nie. Bandwurmsätze, Substantivierungen, abenteuerliche Brüche im Satzbau.«

Wenn das Volk Angst hat, soll es etwas für seine Bildung tun, dann ist es wenigstens beschäftigt. Aber wie gebildet sind eigentlich jene, die uns regieren? Wie taktvoll gehen sie mit ihresgleichen um, wenn schon nicht mit *uns?*

»Die angeordnete Nichtnutzung einer bereits richterlich genehmigten Quellen-TKÜ im Bereich hochkonspirativer Kommunikation von Terrorismusverdächtigen durch die Ihnen nachgeordnete Bundesanwaltschaft ist in der derzeitigen Gefährdungslage nicht nachvollziehbar und im Ereignisfalle auch nicht vermittelbar.« *

Achtung, Achtung, hier schreibt der Bundesinnenminister!

Der Mann, der anstelle des Tunichtguts Guttenberg Kalif, nein Kanzler werden will und jenen als Minister bereits beerbt hat, heißt Thomas de Maizière (CDU), und mit diesem Auszug aus einem amtlichen Brief – zitiert nach *Focus* 48/2010 – an die »sehr geehrte Frau Kollegin, liebe Frau Leutheusser-Schnarrenberger« (FDP) liefert er ein Musterbeispiel für das in der Bundespolitik übliche, mild-rüffelnde Kanzleideutsch. Ein Lehrbeispiel, wie man mit der deutschen Sprache besser nicht umgeht. Nebenbei: auch nicht mit Menschen, selbst wenn sie Koalitionspartner sind.

Im Ereignisfalle nicht vermittelbar ...

Zwischen all dem sprachlichen Behördenschotter knirscht die Er-

---

* In dem zitierten Schreiben vom 12. 11. 2010 geht es um das Nein Leutheusser-Schnarrenbergers zur Quellen-Telekommunikationsüberwachung (TKÜ).

kenntnis hervor, dass der Herr Minister bei *Beckmann* und *Anne Will* wohl allein deshalb immer so cool, sprich: gänzlich unbeteiligt wirkt, weil er nur in seiner Korrespondenz richtig aufzudrehen pflegt. Da ist er am Drücker, da sieht ihm das Volk nicht zu. Schon deswegen werden der innenministerliche Absender (Abitur am altsprachlichen Aloisiuskolleg der Jesuiten in Bad Godesberg) und die justizministerliche Adressatin Leutheusser-Schnarrenberger (Abitur am damaligen Caroline-von-Humboldt-Gymnasium in Minden) in diesem Leben kaum mehr Freunde werden. Wer so verquer schreibt, denkt und handelt womöglich auch so.
Wie oben, so unten – an den Hauptschulen ist die Lage nicht besser.
Benita Bandow, Lehrerin an der bereits erwähnten Hector-Peterson-Oberschule in Berlin-Kreuzberg, sagt in der *taz* vom 10. 1. 2011 über ihre Zwölf- bis 14-Jährigen: »Ich gehe so oft wie möglich mit ihnen raus. Im normalen Unterricht lernen sie doch fast nichts.« Bandow bezieht sich auf die unsicher-tastenden Antworten ihrer Schüler, die sie auf die Frage erhalten hatte, mit welchen *Kräutern* man eine Pizza belegen könne: »Brokkoli?« – »Margherita?« – »Salami?«
Da haben Iglo und Dr. Oetker ganze Arbeit geleistet – und die Schule zu wenig.
Mehr Konzentrationsfähigkeit müsste geübt, mehr Neugierde geweckt, Selbstbewusstsein erzeugt werden. Sobald etwas von den Jugendlichen gefordert werde, klagt Benita Bandow, wirkten sie wie paralysiert: »Unterricht an einer Schule wie dieser, das heißt die Geduld aufzubringen, jeden Tag das Gleiche zu sagen, wieder und wieder. Wer hier seinen Fachunterricht machen will, steht auf verlorenem Posten.«
Vorraussetzung und *Entgeld* – der Professor für Informationsrecht und Rechtsinformatik; Brokkoli, Margherita und Salami als Kräuter – die Lehrerin an einer integrierten Haupt- und Realschu-

le (in Berlin: »Oberschule«). Weniger Mathe, Deutsch und Englisch ist dort jetzt die Konsequenz: weniger Regelunterricht, dafür mehr Darstellendes Spiel, Kunst und Musik – an einer Schule mit 93 Prozent ausländischstämmigen Schülern.

Immer diese Hauptschulen, immer dieser Ausländer?

Nein, nicht immer, eigentlich sogar *nie:* Sämtliche Amokläufe an deutschen Unterrichtsstätten ereigneten sich an weiterführenden Schulen, immer waren die Täter Deutsche: ein 15-jähriger Gymnasiast (Meißen, November 1999), ein 16-jähriger Schüler eines Realschulinternats (Brannenburg, März 2000), ein 22-jähriger Ex-Wirtschaftsschüler (Freising, Februar 2002), ein 16-jähriger Gymnasiast (Erfurt, April 2002), ein 18-jähriger Ex-Realschüler (Emsdetten, November 2006), ein 16-jähriger Realschüler (Coburg, Juli 2003), ein 17-jähriger Realschüler (Winnenden, März 2009).

Stets war umgehend das immer gleiche Erklärungsmodell zur Hand: der männliche Einzelgänger (ab wann ist »männlich« bei 15- bis 22-Jährigen männlich), der Hang zu Computerspielen und brutalen Filmen. Das Abtauchen in Fantasiewelten. Der Waffenschrank des Vaters. Und auch: die nahende Zeugnisausgabe. Der verpatzte Schulabschluss. Die Angst vor dem nächstens nicht zu übersehenden Versagen.

Die Kränkung, die Zurücksetzung, die Demütigung.

Amokläufe als Rache an »Bildung«?

Nicht jeder schießt gleich oder sticht zu. Oder lässt den Sicherungssplint einer Handgranate über Trübsinn oder Wahnsinn entscheiden. Hinterher, nach jeweils ein paar Tagen im Schock- und Trauerzustand, verlässt die Gesellschaft sich wieder darauf, dass die vielen anderen, noch unsichtbaren »Gefährdeten« ihren Frust und Kummer schon still in sich hineinfressen werden. Sie werden doch hoffentlich ihren Druck wegsaufen, wegschlucken oder wegspritzen. Berücksichtigen Kriminalpsychologen, ob ein Amokläufer tanzen konnte, ob er es wenigstens mal versucht hat? Ob er malte, ein Instrument spielen konnte, sich je als Romeo auf einer Theaterbühne versucht hat?

Frau Bandows Hauptschülern in Berlin hilft der Zugang zur Kunst. Sie können die Sonne selbst dort sehen, wo für sie nur Wolken vorgesehen sind. In Gymnasien, ja, da gehört ein Schultheater zum guten Ton. Aber in staubtrockenen Wirtschafts-, in – nomen est omen – *Real*schulen?

Risikoindikatoren sind das eine, ihre Beobachtung ist das andere. 32 Warnhinweise bei potenziellen Amokläufern benennt das Darmstädter Institut für Psychologie und Sicherheit. Einer der beiden Leiter, der Diplom-Psychologe Dr. Jens Hoffmann, sagte im März 2009 dem *Stern:* »Gemessen an der Bevölkerung sind wir in Deutschland jetzt nach den USA sogar das Land mit den meisten solcher Fälle. Seit Columbine, das medial stark publiziert wurde, haben wir weltweit einen Anstieg solcher Taten.«

Die Medien als Brandverstärker, die Öffentlichkeit als letzter Triumph gewaltbereiter Bildungsverlierer? Gerade mal unter fünf Prozent aller Amokläufer weltweit sind beziehungsweise waren weiblich. In Deutschland wurde bislang keine einzige Täterin bekannt: »Bei Männern steckt hinter Amokläufen nicht selten der verzweifelte Versuch, zu zeigen, dass man jemand ist. Kulturell vermittelt ist es auch eher eine männliche Lösungsstrategie, mit einer Waffe in der Hand als Rächer aufzutreten.«

Jene vernünftigen Berliner Lehrer indes, die ihre Schüler weniger büffeln, dafür mehr »spielen« lassen, was müssen sie sich nicht alles anhören, wie wird über sie nicht gezetert: Verschwendung! Schade um Zeit und Mittel, Eiapopeia-Pädagogik! Kultur und Herz und Seele in junge Menschen zu pflanzen, dem Kommerzfernsehen die Arbeit zu stehlen – wozu gibt es Disziplin? (Wir haben es bereits erfahren.)

Und der Rest, die Millionen anderen? Die Bildungsergebenen,

die Bildungsgefrusteten, die Bildungsverlorenen und alle, denen es schon lange reicht, die aber trotzdem nicht Amok laufen, was machen sie?

Eine Rechnung offen mit dem Leben, speziell mit der Schule, haben viele, hat eigentlich jeder. Bei nahezu jedem ist während der Schulzeit etwas ausgerenkt worden, was sich später nur schwer oder überhaupt nicht mehr einrenken ließ. Die meisten haben nicht annähernd gekriegt, was Bildung ihnen hätte geben können.

Namentlich unsere Kultusminister sind anscheinend ebenfalls zu kurz gekommen. Dermaßen kirre macht die von ihnen verantwortete »Bildung« viele junge Menschen, dass für die schulische Nachbesserung bereits erheblicher Aufwand betrieben werden muss. Nachhilfeunterricht ist zu einem Milliardengeschäft herangewachsen. Der nette Student von nebenan gibt noch immer »Stunden«, aber gewerbliche Anbieter haben längst ihre Netze ausgespannt.

Social engineering bringt maximale Verdummung

Man darf nicht ungerecht sein: Was unter der Regierung Kohl 16 Jahre lang versäumt wurde, ist unter Schröder und Bulmahn, Merkel und Schavan nicht nachgeholt, schon gar nicht aufgeholt worden. In den Ländern blinkten mitunter die Farben wagemutigster Koalitionen; bei ihren Bildungsministern blinkte nichts. Wie da an Georg Wilhelm Friedrich Hegel oder an Wilhelm von Humboldt denken, an deren damals wegweisende Vorstellung von Bildung, oder gar an Universalgebildete wie einst Johann Wolfgang von Goethe oder Gottfried Wilhelm Leibniz? Unter Deutschlands Bildungsmächtigen befindet sich weder namentlich noch geistig ein einziger »Wilhelm«, keine einzige »Wilhelmina«.

Aber stänkern gegen Justin, Mandy und Cindy.

Ein anderer Begriff drängt sich auf: *Social engineering*.
Der Philosoph Karl Popper hat ihn 1945 geprägt, gleich nach dem Ende des Zweiten Weltkrieges. Als »Anstrengungen zur Schaffung oder Verbesserung gesellschaftlicher Strukturen« wollte er seine Bemühungen verstanden wissen, doch von dem ursprünglich menschenfreundlich gemeinten Ansinnen ist in der Bildungspolitik unserer Tage wenig bis nichts übrig geblieben. Wie der Staat die Gesellschaft manipulieren zu dürfen glaubt – mittels Geburtenkontrolle, Familienförderung, Eugenik, Einwanderungsgesetzgebung –, so nimmt er sich heraus, die Ausprägung des menschlichen Geistes zu fordern und zu fördern – oder eben nicht. Seit Bestehen der Schulpflicht wird der Zugang zu höherer Schulbildung staatlicherseits reguliert, also beeinflusst. Mal wünschen sich Politik und Wirtschaft mehr, mal weniger Abiturienten; mal sind mehr Absolventen in technischen, dann eher in wirtschaftlichen oder juristischen Berufen gefragt.
Wasserhahn auf, Wasserhahn zu.
Bitte noch etwas mehr – upps, das war zu viel. ab damit, in den Ausguss.
Die Schule hat immer weniger Zeit für »Vorraussetzung« und »Entgeld«, für »Kräuter« wie Brokkoli, Margherita und Salami. Statt mehr Reflexion bringt die Schule hauptsächlich mehr Angst und Verzweiflung unters Volk. An den Menschen wird nicht mehr gemeißelt, es darf nur noch die Kettensäge ran. Dass freilich so ein Menschenleben nicht bloß zwölf bis 13 Schuljahre währt, sondern gut sieben-, achtmal länger dauern kann, wen kümmert's. An den Schalthebeln der Maschine »Bildung« sitzen heute Menschen, die schon morgen von anderen ersetzt sein werden. Dann, wenn die IDIOTEN wieder einmal das Kreuzchen an der falschen Stelle gemacht haben. Es gibt ja nur Richtiges im Falschen von »Bildung«, wenn ihr uns mal in Ruhe unsere Arbeit machen ließet.

Ach, dass das Volk nie weiß, was gut für es ist.
Wir bemerken die Veränderung erst jetzt: Bildung wurde umgeswitcht zu »Bildung«. Noch vor wenigen Jahrzehnten hat sie, wenigstens in Teilen, durchaus dem Menschen selbst genützt. Heute nützt sie überwiegend den Zwecken von Politik und Wirtschaft: funktionsgerechte Menschen für Alltag und Beruf zu schaffen. Die Fähigkeit, sich reflektiert zu sich selbst und anderen, überhaupt zur Welt zu verhalten, ist nur sehr bedingt schulisches Ideal in Deutschland. Den Regierenden von heute reicht es, wenn sich die IDIOTEN von morgen möglichst unauffällig in den Bildungsbetrieb integrieren, leidlich den vorgegebenen Standards entsprechen (Schulnoten, Abschlüsse) und sodann – mit Glück und Vitamin B – ins Berufsleben einsteigen. Der Generationenvertrag ist damit erfüllt: Dankbar müsst ihr uns sein, ihr Kohls, Schröders und Merkels von morgen, dass wir heute so umsichtig gesät haben.
Wäre es anders, müsste Bildung in Deutschland anders aussehen. Sie könnte es, denn entgegen Politikerbeteuerungen muss nicht Geld der Hauptantrieb staatlicher Bildungsbemühungen sein. Wie in fast allen sozialen und kulturellen Bereichen steht an erster Stelle erst einmal politischer Wille: Wie klug und feinfühlig beziehungsweise wie dumm und stumpf wünschen wir uns die Gesellschaft der Zukunft? Wer soll mitreden dürfen, es sogar können, wenn es um die soziale Grundausstattung eines mutmaßlich sehr langen, »modernen« Lebens geht? Es geht um die Grundsatzfrage, ob »wir« uns als Alte und unsere Kinder sich als junge Erwachsene in einer Gesellschaft wohl fühlen werden, die vor lauter hausgemachter Ideenlosigkeit dem chinesischen und indischen Fortschritt nur wehmütig hinterherblicken kann.
Gerade mal 200 Jahre, nur ein paar Generationen, hat das Wirtschaftshoch der westlichen Welt gedauert. Der unermessliche Reichtum weniger, der relative Wohlstand vieler – »alles nur ge-

klaut und gestohlen, nur gezogen und geraubt«, wie *Die Prinzen* sangen. Speziell in Europa wurden die Menschen in zwei Weltkriegen beklaut, bestohlen, abgezogen und beraubt, dann waren die Nachbarkontinente, insbesondere Afrika, an der Reihe. Nicht unsere Bildungs-Großtaten haben einigen wenigen von uns zwei Jahrhunderte ein Leben in Saus und Braus gestattet; die Rohstoffe und das Öl der anderen waren es, billige Arbeitskräfte, die Ausbeutung ganzer Länder, die Eindämmung ihres Freiheitswillens durch immer neue Kriege.

»Geostrategische Überlegungen«.

»Alternativlose« Entscheidungen.

Entschuldigung, das haben wir uns erlaubt.

So wenig Hirnschmalz haben Politiker und Unternehmer zu bieten, dass selbst der konservative Sozialwissenschaftler und Politikberater Meinhard Miegel am 9. 1. 2011 im *Tagesspiegel* feststellte: »Die Menschheit hat lange ohne wirtschaftliches Wachstum existiert. Die vergangenen 200 Jahre waren eine Ausnahme. Es wird ja auch weiterhin gesellschaftlichen Fortschritt und Innovationen geben, aber der muss qualitativ sein und nicht quantitativ. Wer sagt, wir bräuchten immer mehr Wachstum, argumentiert etwa so: Wenn wir die Qualität unserer Schlager steigern wollen, müssen wir nächstes Jahr 1030 Schlager statt 200 komponieren. Aber dieses Argument ist doch unhaltbar.«

Wir IDIOTEN sind reingefallen auf den lächerlichen Versuch, den Reife- und Geistesgehalt der Menschen wie bei Käse oder Spirituosen messen zu wollen. Wo uns das Leasingsilber von Porsche und das Aufpreis-Schwarzmetallic von Mercedes nicht mehr zum Kopfverdrehen bringt, hat man uns für uns und unsere Kinder das neue Statussymbol »Bildung« eingeredet. Blöd oder Hauptschüler will keiner sein, also drehen wir uns im Minikleid unseres beschränkt ausgebildeten Gehirns und heischen: Guck mal, bin ich nicht schön?

»Bildung« ist eine Täuschung, ein unzureichender Ersatz für das Original – ein Schnitzel »Wiener Art« (vom Schwein) ist eben kein »Wiener Schnitzel« (vom Kalb).
Merkt doch keiner, schmeckt genauso; 'n Bier dazu?
Bildung soll den inneren Menschen zum Vorschein bringen, nicht den äußeren IDIOTEN. Frei soll sie ihn machen, aber das passt den Profiteuren der Unbildung nicht. Also müssen wir die noch unter Stuttgart-21-Schock stehenden Politiker in Bund und Ländern abermals schockieren: Die IDIOTEN machen nicht mehr mit, auch nicht mehr auf diesem Gebiet. Sie wollen, dass für Bildung endlich die nötigen Voraussetzungen geschaffen werden statt weiter nur »Vorraussetzungen«.
Sie fordern Bildung statt bloß »Bildung«.

Die Durchschnittlichkeit von »Bildung« verhindert neue Humboldts

Am »Entgeld« darf die geistig-*soziale* Menschwerdung der Kinder ebenfalls nicht scheitern, schon gar nicht an den wirtschaftlichen Möglichkeiten ihrer Eltern. Deshalb muss auch der Sprachmüll weg, zuvorderst der rassistisch-selektive »Migrationshintergrund«, gleich hinterher fliegt das angewidert-spitzmündige »Prekariat«: Mit jedem »Bildungsverlierer« büßt die Gesellschaft »Humankapital« ein – das Vokabular des *Social engineering* ist unerbittlich.
Wilhelm von Humboldt, der Gelehrte, Politiker und Schulreformer, war, wie sein noch berühmterer Forscher- und Entdeckerbruder Alexander, »Homeschooler«. Die beiden hatten, dank des mütterlichen Vermögens, nie eine Schule von innen sehen müssen. Buchstäblich genossen sie Privatunterricht. Wilhelm sprach darum Griechisch, Latein und Französisch schon als 13-Jähriger;

komplexe Inhalte begriff er ganz ohne die damaligen pädagogischen »Lehrmittel«, etwa Rohrstock und eins hinter die Ohren. Diese früh erweckte – und nicht frühzeitig abgetötete – Lernleidenschaft veranlasste den vom Humanismus begeisterten Wilhelm, sich später, als preußischer Staatsdiener, ganz auf das Bildungswesen zu konzentrieren: »Wissenschaft, die aus dem Inneren kommt, bildet den Charakter«, sagte er einmal. Mit der Industrialisierung kam das noch heute aktuelle Effizienzgerede auf, etwa dass man nicht für das Leben lerne und schon gar nicht für die Wissenschaft forsche, sondern nur zum Erreichen bestimmter Zwecke.

Sonst: verschwendete Zeit, vergeudetes Geld.

Schulerneuerer wie die beiden Humboldts? Wo wir auf den Knien rutschen müssten für wenigstens *einen* wirklichen Reformer oder *eine* Reformerin?

Mehr Bildung geht nur mit mehr Geld, aber Geld ist knapp – mit diesem kläglichsten aller Argumente sprechen sich Politiker gern selbst frei. Trotzdem nennen sie stolz, als vermeintlich wichtigsten Gradmesser, die jährlichen Ausgaben für Bildung. Laut Statistischem Bundesamt betrugen sie 2010 seitens Bund, Ländern und Gemeinden zusammen 102,8 Milliarden Euro. Allein die schiere Summe bringt die Bundesbildungsministerin zum Schwärmen: Der Anstieg um 4,5 Prozent im Vergleich zum Vorjahr sei ein »hervorragendes Signal für die Zukunftsfähigkeit unseres Landes«.

Die Ministerin hätte auch sagen können: eine herausragende Leistung der Zahlenschieber.

Gut, Schulen und Universitäten für mehr als elf Millionen junge Menschen kosten Geld. Nur gerät vor lauter Zwölfstelligkeit die Frage, was man mit solch astronomischen Beträgen – oder sogar mit *weniger* – machen kann, in den Hintergrund. Die Wirtschaft knallt ihre Partitur aufs Dirigentenpult, die Politik gibt den Takt

vor, doch ob das Orchester nun mit Feuer aufspielt oder nur das musikalisch Allernotwendigste von sich gibt, hat mit Geld nichts zu tun.
Mit Ideologie umso mehr.
Mit Guttenberg sahen wir einen Verteidigungsminister, der Lust auf mehr hat – auf mehr Macht, auf mehr »Verantwortung«. Täglich kriegen wir nun die Anordnungen eines CSU-Innenministers zu spüren, der viel Lust auf *wenig* hat – auf weniger Bürgerrechte. Er will sie einschränken, sie sind ihm nicht »terrorsicher« genug. Die kaum der Uni entronnene Familienministerin sucht sich mit markigen Worten gegen pöbelnde »Migranten«-Schüler zu inszenieren (deutsche Schüler pöbeln selbstverständlich nie); die Arbeitsministerin kommt vor lauter Plätzchenbacken zu keiner Entscheidung in ihren Fünf-Euro-Verhandlungsrunden für Hartz-IV-Empfänger.
Und wo bleibt die Bildung?
Wie kann es sein, dass Studenten zu Zehntausenden demonstrieren, aber die Bundesbildungsministerin mehr als nur Respektsabstand hält? Beißen die Kinder Humboldts? Gegen sie etwas zu sagen, fällt Annette Schavan sichtlich schwer. Aber für sie und all die anderen etwas zu tun, das zudem über Geld und Absichtsbekundungen hinausgeht, so weit geht die Hinwendung zu Bildung und Forschung nun auch wieder nicht.
Das Rätsel Schavan – für eine Politikerin auf der Zielgeraden ihrer Karriere, mit mehr als anderthalb Jahrzehnten Ressorterfahrung, müsste ein Bildungscredo nach Humboldt ein Lebensthema sein. Worauf wartet Frau Professor Schavan, was hat sie zu verlieren? Ihr Ministeramt, ihr Bundestagsabgeordnetenmandat? Ihre Integrität, ihre Überzeugungen? Wir IDIOTEN gießen sie in Bronze für folgende Sätze: *Nein, Angela, jetzt wirst du mir zuhören – Sorry, liebe Frau Mohn, da bin ich ganz anderer Meinung – Aber liebe, verehrte Frau Springer ...*

Wie sich Sachbuchautoren eben die Teerunden von Ministerin, Kanzlerin und Lobbyistinnen so vorstellen.

Strukturelle Systembiologie – eine Bildungsministerin, die sich für ein solches Fach starkmacht, klingt wahnsinnig zukunftsorientiert.

Noch zukunftsorientierter klänge sie, wenn sie sich für den ungleich größeren Rest der Schüler und Studenten einsetzte, wenn sie etwa die Uhren wieder in einem menschen- und bildungsfreundlichen Tempo ticken ließe. Weniger Siemens- und Daimler-Tempo. Weniger SAP und BASF. Weniger Jobcenter und keinen Hartz-IV-Hohn mehr. Dafür mehr vom »Spirit« der legendären Humboldt-Brüder Alexander und Wilhelm und von der Erkenntnis, dass Wissenschaft den Charakter bildet. Mehr, bitte viel mehr vom Darstellenden Spiel der Lehrerin Benita Bandow und ihren Berliner Kollegen, soll heißen: weniger Regelunterricht. Mehr »zweckfreie« Kunst und Musik und Literatur für alle. Mehr Neugier und mehr Leidenschaft für ein gänzlich DIN- und ISO- und PISA-freies Lernen; ein Lernen für sich selbst und nicht für Noten und auf Einmal-im-Leben-Prüfungen.

Fiele die Bundesrepublik wirklich auseinander, wenn wir, als erste Nation der Welt, Lernfreude zum Staatsziel erklärten?

Die Bundesbildungsministerin und ihre Reichsverweser in den Ländern – sichtbar wünscht man sie sich, unübersehbar nicht ihrem Amt, sondern den Menschen zugewandt. Und hörbar sollen sie sein, spürbar wie der gar so fantasiereiche Kollege de Maizière – auf angenehmere Weise, versteht sich.

Mehr gebaut werden muss in Deutschland, wenn aus IDIOTEN unabhängige Menschen werden sollen – falls die Politik das überhaupt will. Jawohl, mehr gebaut werden muss, unserer Zukunft ein Zuhause geben müssen sie, unsere staatlichen Bildungsarchitekten, und zwar mit richtigen Steinen, auf denen man richtig bauen kann, und nicht mit den Fertigbauteilen, mit denen die In-

dustrie uns Potemkin'sche Dörfer ins Grüne knallt: Allein Bildung baut dem Menschen ein Haus.
Schluss mit der geistigen Untermieterei; wir brauchen etwas Eigenes.
Werden Sie Bauherrin, Frau Schavan! Leihen Sie sich von Peter Ramsauer, dem Bundesminister für Verkehr, Bau und Stadtentwicklung, einen Bauarbeiterhelm, kanariengelb wie der Umschlag dieses Buches, und halten Sie uns IDIOTEN die Schwarzbauer der Industrie vom Leibe. Damit steigen die Chancen, dass für jeden von uns ein Haus entsteht, ein richtig schönes Haus. Unsere Kinder sollen darin wohnen, nicht nur hausen.
Bildung baut dem Mensch ein Haus – sicher nicht jedem ein Burj Khalifa; 830 Meter Bildungshöhe verträgt allenfalls ein Stephen Hawking. Aber zwischen die babylonische Gottesversuchung zu Dubai und die auskömmliche Tonne von Diogenes passt allerhand: Fischerkate – Energiesparhaus – Villa – Bürgerhaus – Ritterburg – Stadtschloss. Oder das 750 Millionen Dollar teure, vollautomatische, vollelektronische, vollkommen überflüssige Smart Home von Microsoft-Gründer Bill Gates. Alles, Frau Schavan und Kollegen, alles, nur eben ein Haus, nicht bloß eine geistige Schwitzhütte, ein Einmannzelt oder ein *Erdloch*.
Bildung in Deutschland darf Menschen nicht länger »obdachlos« machen, nicht geistig, nicht kulturell, nicht finanziell. Wir IDIOTEN dürfen nicht zulassen, dass Politiker – und gewesene Finanzsenatoren – sich auf »sozio-ethnische« oder gar »religiösgenetische« Unterschiede herausreden.
Wenn »wir« schon Deutschland sein sollen, dann wollen »wir« auch Bildung sein.
Durchweg, ohne Ausnahme.
Und ohne Anführungszeichen.

Die nützlichsten Idioten von allen:
Wenn Lehrer wirklich lehren dürften

> Ich möchte an dieser Stelle (Walt) Whitman zitieren: ›Ich und mein Leben, die immer wiederkehrenden Fragen. Der endlose Zug der Ungläubigen. Die Städte voller Narren. Wozu bin ich da, wozu nützt dieses Leben?‹ Die Antwort: ›Damit du hier bist. Damit das Leben nicht zu Ende geht, deine Individualität. Damit das Spiel der Mächte weiterbesteht und du deinen Vers dazu beitragen kannst.‹ Was wird wohl euer Vers sein?
>
> *Nochmals Robin Williams als Englischlehrer John Keating*
> *in* Der Club der toten Dichter *(USA 1989)*

> Ihr jungen Leute wollt immer alles besser machen.
> Und ihr macht es auch besser!
>
> *Paul Henckels als Lehrer Bömmel*
> *in* Die Feuerzangenbowle *(D 1944)*

Vielleicht werden einige Leser enttäuscht sein, im Folgenden keine Generalabrechnung mit der teils bespöttelten, teils verachteten deutschen Lehrerschaft zu finden – wollten wir nicht wie gebildete Menschen miteinander umgehen? Kritik wird es dennoch geben, reichlich, aber eben auch Gedanken wie diesen: Dem System Schule sind Lehrer genauso ausgeliefert wie die Schüler. Wo der Staat Bildung zum Wettbewerb macht und sämtliche Beteiligten zu Rivalen, kommt niemand ungeschoren davon. Für beide Seiten ist Unterwerfung daher eine Existenzfrage, nur darum gibt es überhaupt »Seiten«. Dass Schule nicht allein Schüler krank machen kann, ist bekannt; dass sie Lehrer ebenso sehr belastet, wird oft übersehen. Indes hat noch kein Bildungminister, nicht auf Bundes- oder Landesebene, jemals auch nur die Dienstjahrzehnte eines verbeamteten Lehrers abgerissen, erst recht nicht deren Pensa. Wie fordernd die Ausübung dieses Berufes ist, welche enormen seelischen, geistigen, körperlichen Belastungen – und wie viel Selbstverleugnung – er abverlangt, wie wenig Anerkennung es dafür gibt – weiß es die Politik nicht, will sie es nicht wissen? Dürften Lehrer in der Öffentlichkeit vom Leder ziehen, sich bei den Beckmanns, Jauchs und Illners vor die Kameras wagen, die Republik würde nicht bloß wackeln, sie würde wanken. Doch die Republik hat vorgesorgt – mit Bargeld.

Wer jeden Tag an der Tafel steht, weil die Familie ernährt sein will und das Dach über dem Kopf abbezahlt, der wird sich Gedanken machen, diese aber besser für sich behalten. Der Preis für das Schweigen und Durchhalten sind früher Verschleiß sowie eine »berufsbedingt« starke Hinwendung zu Medikamenten und Alkohol, auch zu Drogen. Lehrergewerkschaft und Funktionäre ändern daran wenig oder nichts. Steckten wir sonst in der Klemme?

Alle, die den Lehrerstand als nach oben buckelnd und nach unten tretend empfinden, sollten dies bedenken. Mit der Spaltung der Gesellschaft beginnt die Politik nicht erst bei den Erwachsenen. Sie beginnt an einem früheren Punkt der Menschwerdung, in der Schule, mit der »Bildung«. Noch nützlicher als die IDIOTEN sind dem Staat jene, die sie zuvorderst dazu machen. Dass Schüler und Lehrer ungleichnamige Magneten sind, wissen beide Seiten seit jeher. Dass ihre jeweiligen Anziehungskräfte sie aber auch zu Bündnissen vereinen und das System verändern *könnten,* scheint noch immer ein physikalisches Geheimnis zu sein.

Es ist die größte, wenngleich kaum bewunderungswürdige Leistung von »Bildung«, dass sie die Unterjochten, Schüler wie Lehrer, allzu früh resignieren lässt – warum hat bloß niemand, zum Beispiel der Autor dieses Buches, eine sofortig anwendbare, gerechte, vollumfassend befriedigende Lösung parat?

Wer dies fordert, darf sich bereits als Opfer des hier kritisierten

Systems betrachten: Weil die Schule unablässig Antworten selbst auf ungestellte Fragen gibt (dieses Diktat ist ihre vordringlichste Aufgabe), erwarten die meisten Beteiligten dies auch von ihrer Umgebung: *Argumentieren Sie mal, machen Sie Vorschläge!* Es gibt aber kein konfektioniertes Bildungskonzept, nirgendwo. Wir müssen uns, nach Heinrich Pestalozzis Grundsatz, vom Bekannten zum Unbekannten vorarbeiten – wir müssen es *dürfen*.
Wir müssen es tun.
Die wichtigste Voraussetzung für eine »Bildungsrevolution« – für jede Art Revolution – ist die Fähigkeit, eine Zeit *gemeinsamer* Ungewissheit auszuhalten, mag diese Zeit noch so lange dauern. Nie vergessen: *Sie* hatten Jahrhunderte, ihr System zu installieren, es auszubauen und zu festigen. *Sie* hatten dazu Milliarden zur Verfügung, in summa Billionen. *Sie* haben die Macht, brauchen jedoch, wenn das Land nicht brennen soll, die Legitimation unserer Stimmen. *Wir* haben darum Wahlsonntage, aber vor allem haben wir jeden einzelnen Tag dazwischen – dem »wutbürgerlichen« Herbst von 2010 folgen selbstverständlich die anderen Jahreszeiten, folgen weitere Jahreszahlen, folgen alle gesellschaftlichen Themen, die uns bewegen.
Ihr Denken nämlich ist alt und verknöchert, und *ihre* Bürokratie ist überkommen und schwerfällig. Wir mögen IDIOTEN sein, aber wir haben Fantasie und Energie. Wir sollten davon Gebrauch machen – gemeinsam.
Lehrer dürfen wenig, obwohl sie viel mehr dürfen *müssten*.
Davon nun mehr auf den folgenden Seiten. Wem das nicht desperat genug ist, möge bedenken: Die Proteste um Stuttgart 21, vor allem die Volksaufstände in Arabien haben tief ins Bewusstsein der Politiker hineingewirkt, erst recht in die Spitzen der Wirtschaft. Die Verunsicherung der Mächtigen ist klar zu erkennen, etwa an ihrem neuen, auf Konzilianz getrimmten Ton. Die Absicht freilich: Beschwichtigung, Zeitgewinn, Machterhalt.

Gefährlich ist's, den Leu zu wecken – geh brav zurück in den Käfig, kriegst auch ein Stück Formfleisch.
Von *wirklichen* Veränderungen sind wir noch weit entfernt, Schüler wie Lehrer. Erst müssen wir Politik und Wirtschaft *wirklich* verständlich machen, worum es geht: Wir haben viel zu gewinnen – sie alles zu verlieren.
Und jetzt zu uns, liebe Lehrer, weibliche wie männliche, Studs und OstRs und Docs und Profs, die ihr für die geistige Möblierung unserer Kinder zuständig seid, alle, die ihr euch zu Maschinisten in den Fabriken der Idiotenmacher degradieren habt lassen und leider nicht die Konstrukteure seid, die ihr – hoffentlich – so gern geworden wärt.
Ihr lehrt und unterrichtet, verwaltet die Bildungsbürokratie an vorderster Wissensfront, ja *seid* die Bildungsbürokratie. Was ihr in Schulen und auf Universitäten jungen Menschen mitgebt, könnt ihr noch Jahre später in Bayreuth, bei den Richard-Wagner-Festspielen, besichtigen oder in Wacken, beim größten Heavy-Metal-Open-Air der Welt, in den Fußballstadien, in den Supermärkten, auf den Straßen der Städte, in den Fußgängerzonen, auf den Fluren der Jobcenter, vor Schreibtischen und dahinter, an Tresen, in Spielhöllen, auf Bildschirmen, auf Bühnen, hinter Gittern, in den Schlagzeilen, im RTL-*Dschungelcamp* und selbst hoch droben, im Weltraum, einfach überall: eure Arbeitsergebnisse.
Euer Produkt Bildung.
Eure IDIOTEN MADE IN GERMANY.
Da war im Sommer und Herbst 2010 dieser freundliche Sachbuchautor, dem ihr wochenlang die Ohren vollgeskypt und geflatratet habt: O der deutsche Schulbetrieb! Die Zustände in den Klassenzimmern, an unseren Universitäten! Was glauben Sie, stellen Sie sich bloß vor! Und dann, als der freundliche Mann schon alles geglaubt und sich vorgestellt hatte, immer der gleiche

Nachsatz: »Bitte nicht meinen Namen nennen.« – »Das muss aber unter uns bleiben.« – »Von mir haben Sie das nicht.«
Lehrer, Studs und Profs – warum so ängstlich?
»Deep Throat«, die Geheimquelle der Watergate-Aufklärer Bob Woodward und Carl Bernstein? Die WikiLeaks-Petze Julian Assange? Denkt ihr, man würde euch Spießruten laufen lassen, wenn ihr euch über Bildung in Deutschland *negativ* äußert, euch auf die Festung schicken, spätbenediktinisch der Heiligen Inquisition überantworten, ins auch unter Obama noch immer untote Guantánamo ausfliegen?
Genauso ist es.
Bund und Länder schützen die ihren, aber wehe, sie machen den Mund auf.
Spätestens in den vielen vertraulichen Gesprächen mit etlichen von euch – wir duzen uns im Plural, einverstanden? – wurde mir klar, dass unser Bildungssystem ein Quilt ist, eine überwiegend nur Staat und Wirtschaft wärmende Steppdecke, an der alle Länder und alle Minister gleichzeitig murksen, mit allen nur denkbaren Materialien und Mustern, alle durcheinander. Dieses jahrzehntelange Net- und Patchworking verdanken wir freilich auch eurem Schweigen, Zusehen und Mittun. Ihr könnt ihn drehen und wenden, wie ihr wollt, diesen Quilt, ihr dient dem Staat, auf den die meisten von euch sogar geschworen haben, ihr dient dem Land, der Kommune, mehr und treuer als den Bürgern – uns, den IDIOTEN. Schon deshalb hält sich die Zahl der Berufsbeichten amtierender Lehrkräfte in überschaubaren Grenzen: Ihr genießt nicht, aber ihr schweigt. Durch offene, schonungslose Kritik an den Zuständen – für das Wort »Umstände« ist es schon zu spät – hättet ihr allerhand zu verlieren, aber noch mehr zu gewinnen. Oder auch nicht: Wie in der Bundesrepublik mit Beamten, die sich bürgerfreundlich verhalten, umgegangen wird, zeigt folgendes Beispiel.

In Hessen ließ 2005 der damalige Finanzminister Karlheinz Weimar (CDU) vier Steuerfahnder erst zwangsversetzen, schließlich für dienstunfähig erklären. Ein Psychiater wurde gefunden, der den Beamten »paranoid-querulatorische« Charaktereigenschaften sowie »chronische Anpassungsstörungen« attestierte (*Frankfurter Rundschau* vom 15.7.2009): Wer seinen Beruf gesetzeskonform und zugunsten seiner Mitbürger ausübt, muss einen an der Waffel haben.*

CDs mit Geheimdaten von Steuersündern werden für Staatsbelohnungen um die fünf Millionen Euro gehandelt; das BKA legt zusätzlich eine neue Identität obendrauf. Wer jedoch als Insider über den Staatsapparat auspackt – Finanzamt, Justiz oder eben Schule, Universität –, soll sehen, was er davon hat. Verräter liebt die Obrigkeit nur, wenn sich der Verrat in Euro und Cent auszahlt.

Chinesen, Russen und Amerikaner erklären ihre »Staatsfeinde« mal eben für plemplem. Dann können zivilcouragierte Schwatzbasen, Whistleblower, aufrechte Frauen und Männer übers Kuckucksnest fliegen, bis ihre Köpfe an den Krankenhausmauern zerschellen.

Längst wird auch der eigentliche Held der WikiLeaks-Enthüllungen um die US-Geheimdepeschen, der Informant Bradley Manning, US-Soldat und IT-Spezialist, für nicht ganz bei Groschen erklärt: Wer als Staatsbediensteter Videos weitergibt, in denen Helikopterbesatzungen der eigenen Streitkräfte zu sehen und zu hören sind, wie sie lustvoll Zivilisten abknallen, spinnt.

Schließlich kämpfen wir für die Freiheit.

---

* Die Finanzbeamten hatten die Vorstandsetage der Commerzbank untersuchen lassen, mehrere tausend Verfahren eingeleitet und Geheimkonten in Liechtenstein aufgespürt. Die Bank musste später rund 200 Millionen Euro Steuern nachzahlen; bundesweit entrichteten im Zuge der Ermittlungen aufgeschreckte oder überführte Steuerhinterzieher eine Milliarde Euro. Die Beamten wurden inzwischen rehabilitiert.

Und andere unterrichten, lehren, dozieren, setzen sich ein für Bildung.
Ein Berufsleben lang.
Euch, Lehrer, OstRs und Docs, droht nicht gleich die Klapse, nur das berufliche Abseits. Singe, wem Gesang gegeben, aber halte besser den Schnabel, wer dereinst in Ruhe seine Pension verzehren will. Sonst wird aus dem Dereinst ganz schnell ein Demnächst – das war die nachhaltigste Lektion, die das deutsche Bildungswesen dem Autor erteilt hat.
Knete vom Staat, auf Lebenszeit – das ist die Karotte, die euch eure Landes-Dienstherren (und letztlich eure oberste Dienstherrin in Berlin) ganz weit vorn an die Angel binden: finanzielle Sicherheit. Dazu ein mehr oder minder bequemes Dasein, einzig geweiht dem hehren Ziel der Wissensvermittlung – wozu sich also hervortun mit Interna, aus denen etwa hervorgeht, wie Kultusminister, Bundesland für Bundesland, Millionen von Schülern und Studenten um ihre Zukunft prellen? Ein bisschen Flurfunk muss reichen.
Wer schulpflichtige Kinder hat, erlebt den Wahnsinn ohnehin live. Hauptsache, die Lehrpläne werden exekutiert.
Wer nicht die Büchse der Pandora, aber doch die berühmte Schublade voller Klischees öffnet, sieht Vorurteile über die deutsche Lehrerschaft herauspurzeln wie folgt:
Lehrer sind Faulsäcke, denn sie haben den meisten Urlaub!
Lehrer wird man nur, um verbeamtet zu sein!
Lehrer kriegen es vorn und hinten reingeschoben: sicheres Gehalt, günstige Kredite, üppige Pension!
Der Nachschub rollt: Rund 23 000 Junglehrer rücken jedes Jahr nach. (So viele, wie Volkswagen allein Ingenieure hat.)
Selbst Berufsanfänger kassieren, je nach Bundesland, schon um die 3000 Euro brutto!
Und der Klassiker: Lehrer rächen sich für ihre eigenen Demüti-

gungen an den Schülern, auf deren geistigem Niveau sie ein Leben lang bleiben!

Seit unsere Politiker sich von internationalen Leistungsstudien diktieren lassen, was und wie zu unterrichten sei – zusätzlich zu ihren eigenen landes- und parteiüblichen Vorstellungen –, seitdem haben Lehrer zusätzlich jede Menge Verwaltungsaufgaben zu bewältigen. Freund oder Freundin der Schüler sein – wann denn? Wie der Hausarzt sich bei jeder »Behandlung« zuerst über den Laptop statt über seinen Patienten beugt, werden Lehrer zunehmend mit administrativen Aufgaben eingedeckt. PISA ist ein Ranking. Es will ausdrücklich den Wettbewerb zwischen den Nationen, und der findet, auf der letzten Ebene, nicht nur zwischen Lehrern und Schülern statt, sondern ebenso zwischen Papierstapeln und Computerdateien.

Das deutsche Bildungsunwesen hat keinen Stil, aber immerhin System.

In keinem anderen europäischen Land ist der Lehrerberuf so wenig geschätzt wie in Deutschland. Ein finnischer Lehrer mag, auch kaufkraftbereinigt, ein Drittel weniger verdienen als seine deutschen Kollegen. Dafür darf er sich über eine Draufgabe freuen, die für hiesige Lehrer nur in Ausnahmefällen vorgesehen ist: Sozialprestige.

Bei den uns oft schon qua Herkunft als »bildungsfern« geschmähten Türken stehen Ärzte und Lehrer hoch im Kurs; Diktatoren und Despoten wussten zu allen Zeiten, wessen Loyalität sie sich zuerst versichern mussten: derjenigen der Lehrer und der Intellektuellen.

In deutschen Landen hingegen galten Lehrer bis um die Zeit der Reichsgründung wenig. Gaukler und anderem fahrenden Volk gleich wurden sie niedrig geachtet, sogar verachtet, entsprechend mies bezahlt.

Wer konnte denn, wer wollte Lehrer werden?

Die meisten dörflichen Schulen hatten für sämtliche Klassen nur einen einzigen Lehrer, den klischeehaft mit Zeige- wie Tatzenstock ausgestatteten Schulmeister. Diese waren durchweg männlich und aufgrund ihres niedrigen Status häufig unverheiratet, als Sonderlinge verschrien und galten aufgrund ihrer überlegenen Rechen-, Lese- und Schreibfähigkeiten oft als Besserwisser. (Noch heute spricht man von »schulmeistern«, wenn etwas mit allzu großem Eifer erklärt wird.)

Wie ihre Ur-Urenkel kämpften sie mit Dämonen. Mit Alkohol, Schlafproblemen, Tablettensucht, Depressionen, dem beinah schon zum Berufsbild zählenden Burn-out. Alte Hasen schärfen deshalb bis heute den Heurigen ein: Nur ja nicht zu viel Engagement. Bloß nicht zu viel Einfühlung, gar Mitgefühl, Mitleid. Wer andere wie rohe Eier behandelt, wird selbst in die Pfanne gehauen.

Der *Stern* veröffentlichte Anfang 2011 seine Neidtabelle »Was Beamte verdienen«. Im Editorial schrieb dazu Chefredakteur Andreas Petzold: »Für die *Stern*-Redakteure Joachim Reuter und Jan Rosenkranz war es nicht einfach, Berufsvertreter aus der Beamtenschaft für ein Gespräch plus Foto zu gewinnen. Viele zögerten, weil sie den Neid auf ihren gesicherten Arbeitsplatz und die komfortable Pension fürchten.«

Beamte, Staatsdiener.

Stationsschwester, Zollinspektor, Chefarzt.

Brandmeister, Lokomotivführer, Konteradmiral.

Lehrer und Professor.

Von den überschlägig drei Dutzend Lehrern, die mir einst meinen Teil an Bildung und »Bildung« beschert beziehungsweise verabreicht haben, sind mir nur die fähigsten, aufgeschlossensten, menschenfreundlichsten in genauerer Erinnerung geblieben. Ich stelle aber fest, dass es nicht mehr sind, als man braucht, um auf der Gitarre einen Barré-Dur-Akkord anzuschlagen.

Dur, immerhin. Der Rest: längst aufgelöste Moll-Akkorde.
Lehrer genießen in Deutschland etwa das gleiche Ansehen wie Polizisten oder Gefängniswärter: Man weiß, auf welcher Seite sie stehen; man muss mit ihnen zurechtkommen, so oder so; man kann sich arrangieren, ebenfalls so oder so – und beide Seiten sind jeweils aufeinander angewiesen; die »Zusammenarbeit« pflegt sich hinzuziehen.

Schule in Deutschland – ein Fall für Amnesty International

Was ist das für eine Gesellschaft, in der die Politik von früh bis spät die »mündigen Bürger« umgarnt, ihnen und ihren Kindern jedoch eine Lehrerschaft vorsetzt, die mit einer Vielzahl *lebenslanger* finanzieller Vorteile – Krankenversorgung, Pension – mundtot gemacht wird.
Und willfährig.
Lehrer setzen die Vorgaben ihres Schulamtes beziehungsweise Ministeriums um. Nicht nur den Lehrplänen, künftig: Bildungsstandards, haben sie zu folgen, sondern zudem einem Wust von Dienstvorschriften, An- und Verordnungen. Freigeistige Wissensvermittler, großherzig unterrichtende Individualisten sehen anders aus. Dabei sprechen wir gar nicht von dem De-facto-Berufsverbot namens Radikalenerlass, ziemlich verkniffen *Grundsätze zur Frage der verfassungsfeindlichen Kräfte im öffentlichen Dienst* genannt. Die wurden 1972 aus Furcht vor Kommunisten, RAF-Sympathisanten und anderen potenziellen Staatsfeinden eingeführt, ausgerechnet unter der sozialliberalen Koalition von Willy Brandt (SPD), aber bereits 1976 wieder kassiert.
Die Länder, ohnehin im Besitz der Bildungshoheit, sprechen seitdem nicht mehr in diesem Jargon, handeln aber in seinem Geiste.

Bereits Lehramtsanwärter wissen ja, was von ihnen erwartet wird. Allzu viele Kontakte sowie Bekannt- und Freundschaften mit Kommilitonen aus dem wahlweise sehr linken oder sehr rechten Spektrum sind zu vermeiden – immer wieder entpuppen sich Studenten als Informanten der Staatsschützer.
Wem also begegnen Schüler und Eltern in der Schule?
Gleichberechtigten, gleichbepflichteten Mitbürgern?
Weit gefehlt.
Wer sich da über Jahre an die schulische Erziehung macht, ist ein von der Regierung einerseits privilegierter, andererseits geknechteter Berufsstand. Lehrer sind gegenüber ihren Schülern so neutral und ihnen so freundschaftlich verbunden wie Finanzberater in Banken ihren Kunden. Man will und muss miteinander zurechtkommen, aber man will und muss auch sein Pensum erfüllen: Der Banker verkauft die »Produkte« seines Hauses; der Lehrer die »Bildung«, die ihm sein Land beziehungsweise Schulamt aufgibt.
Generationen von Schülern haben ihren Irrtum nur selten erkannt: Selbst tolle, fast kumpelgleiche Lehrkräfte stehen auf einer anderen Stufe. Lehrer repräsentieren nicht Wissen und Bildung. Sie repräsentieren den Staat.
Wie ein Autohersteller den Mechatronikern in der Vertragswerkstatt selbst den kleinsten Handgriff vorgibt und dafür nicht nach tatsächlich angefallener Arbeitszeit, sondern nach festgelegten Arbeitswerten abrechnen lässt, so sind Lehrer bis auf einen winzigen Rest »ferngesteuert«. Das System selbst tritt gegenüber den »Kunden«, den Schülern, so gut wie nie in Erscheinung (von gewissen, legendären Schulratsbesuchen abgesehen). Die Schule ist der Lehrer, der Lehrer ist die Schule, während dieser natürlich weiß, dass hinter dem Schüler noch das Elternhaus steht.
Ein schwer auflösbarer Konflikt: Wie an kaum einer anderen Stelle der Staatsbürokratie ist Schule »personifiziert«. Während man

im Finanzamt, im Rathaus und selbst bei Gericht meist auf einen anderen »Sachbearbeiter« ausweichen kann, haben Eltern bei Schulschwierigkeiten vielleicht die Möglichkeit eines Klassenwechsels. Manchen bleibt nur der Wechsel der Schule, und immer mehr wechseln gleich das Bundesland. Während bayerische Schulen als rigide gelten, darf man an hessischen Schulen – nicht nur bei der Benotung – mit mehr »Menschlichkeit« rechnen.

Eigentlich sollen Lehrer mehr als nur Fachinhalte vermitteln, aber mit Werten ist es so eine Sache. Die unterscheiden sich nicht nur nach jeweiliger Auffassung der Kultusministerien und Schulämter, der Rektoren und Direktoren. Und für sehr viel mehr als den Schulstoff fehlt ohnehin meist die Zeit. Im Zuge der Wissensvermittlung vorgelebte – den Schülern *abverlangte* – »Werte« wie Pünktlichkeit, Genauigkeit und Zuverlässigkeit, was so von künftigen Arbeitnehmern erwartet wird, umfassen bereits ziemlich vollständig den Erziehungsauftrag. Für den »Rest« sind sowieso die Familien zuständig – Familien, die es freilich immer seltener noch gibt.

Unablässig beklagen Pädagogen die lange Verweildauer der Kinder und Jugendlichen vor dem Fernseher oder dem Computer. Media Control nennt Zahlen: Im Schnitt sitzen Kinder zwischen drei und 13 Jahren in Ostdeutschland täglich mehr als 105 Minuten vor dem Bildschirm, im Westen sind es 88 Minuten. Am meisten geglotzt wird in Thüringen (144 Minuten), am wenigsten in Berlin (71). Hinzu kommt der Gebrauch von Kommunikationsgeräten wie Handy oder Smartphone. Ein Sturmangriff auf Herz, Hirn und Sinne, unzählige Einflüsse, die die Kinder noch nervöser, noch reizbarer machen, heißt es.

Vergleicht man diese Nutzungszeiten mit der typischen Verweildauer der Schüler im Unterricht, sagen wir von 7:30 bis 13:15, so sehen sich etwa die thüringischen Schulpflichtigen mehr als der zweieinhalbfachen schulischen »Berieselung« ausgesetzt – an je-

dem Werktag, zuzüglich Schulweg und Hausaufgaben. Auch hier sind Herz, Hirn und Sinne in hohem, wenn nicht in höchstem Maß gefordert, freilich mit dem Unterschied, dass der »Sender« vom »Empfänger« zusätzlich eine möglichst hohe »Interaktivität« erwartet.
Bei Dieter Bohlen gibt es ein Ja oder Nein.
In der Schule reicht die Skala von eins bis sechs, und manche individuelle Kommentare zu den jeweiligen Leistungen übertreffen an Schärfe die des Casting-Scharfrichters von RTL durchaus. Die erzieherische Wirkung von Schule und Lehrern – ihr »Vorbild«, so oder so – übertrifft die der elektronischen Medien bei weitem, die Prägung der »Nutzer« über die Dauer der Schulzeit ist wohl unbestritten eine nachhaltige, vielfach unumkehrbare.
Wie später in höherem Maß nur die Berufsausübung beherrscht die Schule die Lebenswahrnehmung der jungen Menschen. Sie ist ihr Hauptlebensinhalt, ein von Jahr zu Jahr stärker bestimmender – und immer mehr entscheidender – Faktor. Zudem drehen sich die meisten Gespräche zu Hause ebenfalls um die Schule. Positive oder negative Rückmeldungen, fast durchwegs mit entsprechender Emotionalität verbunden, sorgen zusätzlich für Nachhaltigkeit. Kein Wunder, dass das Schulprogramm in den meisten Fällen, um das Mindeste zu sagen, nicht gerade als angenehm, im Vergleich zu den elektronischen Zerstreuungsangeboten als wenig spannend oder vergnüglich empfunden wird, oft nicht einmal als besonders abwechslungsreich. Die *Lindenstraße* lässt sich wegzappen, eine Langweiler-Seite wegklicken.
Schule dagegen ist Pflichtprogramm. Um mehr als das Doppelte überdauert es die Lebenszeit eines modernen Fernsehgerätes (ca. fünf Jahre), um gut das Vierfache die eines Notebooks (ca. drei Jahre). Sollte es sich da nicht lohnen, über eine »Programmreform« nachzudenken, gar das gesamte bisherige Prinzip auf den Prüfstand zu stellen?

Selbst wenn ab sofort jeden Abend *Millionen* von Schülern nebst ihren Eltern auf die Straße gingen, selbst wenn es gelänge, die Schulpolitik auch nur in einem einzigen von 16 Bundesländern zu verändern, der Tanker Schule bräuchte viel Zeit, ehe sich seine Richtungskorrekturen im Schulalltag bemerkbar machten. Auf die Preisgabe ihrer anmaßenden Bildungshoheit zugunsten eines einheitlichen nationalen Schulsystems ist angesichts von 16 Kultusministern, gar 16 Ministerpräsidenten (plus gegebenenfalls dem Bundesverfassungsgericht) kaum zu hoffen.
Dennoch wären deutliche Veränderungen – im Sinne von Verbesserungen, Erleichterungen – sehr schnell möglich. Wenn die Schule es wollte, sogar von heute auf morgen, wenigstens ab dem nächsten Schuljahr.

300 Wünsche an unsere Lehrer –
was wäre, wenn?

Von Schülern wird allgemein erwartet, dass sie sich ständig den Lernerfordernissen anpassen. Immerzu sollen sie ihre Leistungen verbessern oder ein einmal erreichtes hohes Niveau halten. Und die Schule selbst, die Lehrer? Wie passen sie sich an, wie verbessern sie ihre Leistungen? Welches Pfund werfen sie in die Waagschale?
Wenig genug bis gar nichts.
Von der Einsicht und dem guten (Veränderungs-)Willen einzelner Lehrkräfte abgesehen, bewegt sich die Schule um keinen Zentimeter. Gäbe es nicht alle Jubeljahre neuen Innen- und Außenputz, gelegentlich neue Schulbänke sowie ein paar neue Monitore, die Jahrzehnte gingen an der »Penne« fast spurlos vorüber.
Wie an den Lehrern selbst: Einmal auf den Schulalltag eingeschwungen, sind die Ausschläge auf der inneren Richterskala

kaum mehr messbar. Diese oder jene Klasse mag ein wenig nachdrücklicher in Erinnerung bleiben, dieser Schüler, jene Schülerin, eine Versetzung vielleicht, eine Beförderung, mehr Gehalt, neue Kollegen; was soll sich schon groß verändern? »Wenn alles schläft und einer spricht …« – Lehrer wissen, wie dieser Uraltspruch ergänzt wird.

Wenn Lehrer wirklich lehren dürften, müsste sich die Schule nach dem Vorbild ihrer Schüler dynamisieren. In dem gleichen Maß, wie sie ihre Schüler fordert, müsste sie selbst zu einer Veränderungsschule werden – mit ebenso »flexiblen« Lehrern. Doch ob Sexualität, Drogen- und Genussmittelkonsum, ob Aids-Vorsorge, Versingelung der Gesellschaft, Mauerfall, Umbau des Sozialsystems, neue Medien, Folgen der Finanzkrise: Der Tanker stampft durch schwere See, und während Welle auf Welle heranrollt, tut sich an Bord nichts. Ob Sturm oder Orkan, Kapitän und Mannschaft steuern weiter nach den bewährten Karten von Christoph Kolumbus. Kurs: Indien, letztlich erreicht: Amerika.

Weil Lehrern in Deutschland bislang nur die Rolle staatstreuer Stoffeinpeitscher zukommt, weil sie, genau wie Ärzte, Priester und Polizisten, von ihrer eigentlichen Funktion als wichtige soziale Ansprechpartner zu überforderten Menschenabfertigungsmaschinen herabgewürdigt werden – nicht weniger als ihre gestressten »Kunden« –, suchen jene Kunden sich ihre Spannung, ihren Spaß, ihren Input gleich welcher Art eben im Fernsehen und im Internet (oder in ganz anderen »Medien«). Komplizierter, langweiliger Stoff kompliziert und langweilig vorgetragen, und ein Schulvormittag dehnt sich endlos. Unterricht ist keine Show, und Lehrer sind keine Showmaster, gewiss. Aber Unterricht, der keine Neugier erzeugt, nicht Appetit macht auf mehr, geht am Thema Lernen vorbei.

Wenn Lehrer wirklich lehren dürften, müssten ihnen mehr Freiräume für »besseren« Unterricht gewährt werden – mehr Zeit für

Gruppen- und Einzelgespräche, weniger Belastung durch Bürokratie und Verwaltung, mehr (oder überhaupt) Gestaltungsmöglichkeiten für Lehrinhalte. Dazu braucht es keine langwierigen Konferenzen, keine große Abstimmung, keine höheren Mittel. Nur den eigenen Willen, die eigenen Talente, die eigene Energie. Nicht mehr als das, was Schule und Lehrer jedem ihrer Schüler abverlangen.

Wenn Lehrer wirklich lehren dürften, könnten sie Teil einer echten Revolution werden. Als erster Staat Europas, wenn nicht der Welt, könnte Deutschland Schluss machen mit der Massenproduktion von Schul-IDIOTEN, die die Industrie ohnehin nicht mehr braucht. Als erster Staat könnte Deutschland PISA- und Bologna-diktierte Normen hinter sich lassen und allein dadurch seinen Schülern und Studenten die Zeit zu individueller Reifung verschaffen. Bildung ist nicht die Anhäufung von möglichst viel Wissen. Sie begründet sich erst durch die Entwicklung von Selbsterkenntnis und Toleranz, von wenigstens der Vorstellung einer Balance aus Wagemut und gleichzeitig Demut – Eigenschaften, die in Folge übrigens auch zu der oft eingeforderten Zivilcourage führen, zu Unternehmungslust (bei manchen Menschen durchaus zu *Unternehmer*lust), zu Selbstvertrauen statt Arroganz, zu Selbstbewusstsein statt Geltungsbedürfnis. Zusammen mit einer Sozialisierung, die an der Erzielung vorrangig unkommerziellen Gesellschaftsnutzens ausgerichtet sein muss, kann überhaupt erstmals von Bildung die Rede sein.

Wenn Lehrer in diesem Sinn wirklich lehren *wollten,* dürften sie nicht länger auf Erlaubnis von oben warten. Sie müssten sofort loslegen. Jungen Menschen bei der Entfaltung ihrer Persönlichkeit Hilfestellung zu geben ist schließlich kein Verstoß gegen die Loyalitätspflicht (loyal ist man normalerweise freiwillig), erst recht kein Dienstvergehen. Welche Schule, welches Schulamt wollte Beamte zur Rechenschaft ziehen, die ihren Lehrauftrag *zu-*

gunsten der Schüler ernst nehmen? Als kleinste und zugleich bedeutendste Einheit im Bildungsbetrieb, aber auch als Staatsbürger sind sie nämlich zuallererst ihrem Gewissen verpflichtet. Man kann Bildung gar nicht gefährdet genug sehen, wenn sie durch eigene Mithilfe reduziert werden soll auf reine Wissensvermittlung mit Kontrollgarantie.

Wenn Lehrer wirklich lehren dürften, hätte endlich auch die Diskussion um mehr Geld für Bildung ein Ende. Egal wie viele Milliarden wir in den Bildungskreislauf pumpen, sie fließen doch überwiegend und zuverlässig zurück zu Bund und Ländern. Überwiegend handelt es sich bei den Aufwendungen um Löhne, Gehälter und Pensionen. Weil bisher keine Mitglieder des Lehrkörpers dabei erwischt wurden, wie sie ihre Millionen in die Schweiz oder nach Liechtenstein transferiert hätten, ist davon auszugehen, dass bei diesem Berufsstand Steuerehrlichkeit geübt wird, anders als in der Großindustrie. Die Lehrern oftmals geneideten Bezüge fließen, wie bei den meisten Gehaltsempfängern, in den Konsum und werden zu gewissen Teilen auf die hohe Kante gelegt. In jedem Fall profitiert der Staat davon. (Wo Zweifel über den Rückfluss bestehen, könnte man sich Bildungsausgaben am Prinzip der kommunizierenden Röhren erklären lassen.) Gleichzeitig arbeiten Lehrer an Gegenwart und Zukunft der Gesellschaft. Sie produzieren, je nachdem, Bürger oder IDIOTEN.

Der Vollblut- und Vollbart-Kabarettist Volker Pispers knöpft sich in seinem Endlos-Programm *Bis neulich* ... den schlechtestgekleideten Berufsstand Deutschlands vor, die Lehrer: »Herr Struck, falls Sie aus dem Hirnkoma nochmal aufwachen: Deutschland wird *nicht* am Hindukusch verteidigt. Deutschland wird in der Hauptschule verteidigt und in der Grundschule, im Kindergarten, in der Gesamtschule, in der Realschule!«

Wenn Lehrer wirklich lehren dürften, würde staatlicherseits das Ansehen des Lehrberufes erheblich gestärkt. Dazu gehört, künftig sehr viel mehr Lehrer auszubilden, ernsthafter und sorgfältiger denn je. Ein böser, wenngleich *wahrer* Gastronomenspott sagt: Wer nichts wird, wird Wirt. Das gilt häufig auch für Lehrer, weil die DAX-Konzerne – *jus primae noctis* – den Rahm eines jeden Jahrgangs abschöpfen: Schön blöd müsste man sein, sich einen *solchen* Beruf zu *solchen* Bedingungen anzutun! Der Industrie sind schlaue Köpfe und heiße Herzen mehr wert als dem Staat. Wer darum Kinder und Jugendliche anspruchsvoll bilden will, muss bei der Ausbildung seiner Lehrer erst recht anspruchsvoll sein. So gut müssen sie werden, dass ein weiteres Wort von Volker Pispers hinkommt: »Die Kinder würden heulen, wenn Ferien wären!«

Wenn Lehrer wirklich lehren dürften, müssten sich Deutschlands Politiker und Unternehmer auf einen ganz neuen Typus von Wählern und Angestellten gefasst machen. Mit einem Zeitversatz von etwa zwei Jahrzehnten kämen scharenweise geistig fixe, emotional stabile, rundum kritische Menschen an die Wahlurnen und in die Unternehmen. Die Zeiten der Willkür hier wie dort wären vorbei, denn aus den IDIOTEN wären Bürger geworden.

Wenn Lehrer wirklich lehren dürften, hätte das Obrigkeitsdenken ein Ende.

Der Staat macht euch keine Geschenke. Die Protektion des Lehrerberufes gewährt er nicht umsonst, und auch seine »Bildung« verpasst er den Steuerzahlern von morgen nicht umsonst. Die Hand will er draufhaben, die Bäumchen in seine Windrichtung ziehen, von Anfang an. Von euch Lehrern wird weitgehend Verzicht auf eigene Meinung und eigene Ideen verlangt, von den Schülern die Unterordnung unter die Schulbürokratie. Demokraten werden so aus den einen wie den anderen nicht – an der Bildungsfront sitzen nämlich Lehrer wie Schüler im selben Graben –, nur Duckmäuser. Die können durchaus deklinieren, subtrahieren, referieren. Nur Abstrahieren fällt ihnen schwer. Gehorsam sollen die Schüler gegenüber euch und einem Staatswesen sein, das selbst meist unsichtbar bleibt – warum wohl sind die Posten in der Etappe (Schulamt) und beim Stab (Ministerium) die begehrtesten, zugleich die weltfremdesten? Die millionenfachen Gewinner und Verlierer fern der belebten Flure, in aller Stille ausgetragene Bildungskriege – im theorieverliebten Hinterland sind sie nichts anderes als Pläne, Zahlen, Verschiebemasse.

Wenn Lehrer wirklich lehren dürften, müssten sie von ihren Dienststellen ebenso viel Respekt und Förderung erfahren, wie die Schüler sie von ihnen benötigen.

Die Theorie: Junge Kollegen, frisch von der Uni, dürfen frisch ans Werk gehen, da vollgetankt mit frischem Schwung und frischen Ideen. Die Praxis: Gerade junge Lehrer tun alles, um nicht aufzufallen, um Negativmerkmale in ihrer Akte zu vermeiden. Sie wollen nicht als »kompliziert« gelten, als Menschen mit eigenem Willen und eigenen Ansichten. Solche werden kaum verbeamtet, nicht einmal angestellt. In dem winzigen Restbereich, »live« während des Unterrichts, ist ihnen nur ein Minimum an pädagogischem Spielraum zugestanden, über dessen Ergebnisse sie zudem haarklein Rechenschaft abzulegen haben. Wer in dieser Enge Experimente wagt, spielt mit dem Berufs-Aus. Materiell zu gewinnen gibt es also mit Initiative nichts. Wenn der vorgegebene Notenschlüssel es erfordert, schneiden Schüler »auf Wunsch« mal besser, mal schlechter ab – Fraktionszwang nennt man das in der Politik. Lehrer, die auf »natürliche« Weise lauter Einser- oder Zweierschnitte zustande brächten, wären nicht weniger erwünscht als solche mit lauter Vierer- und Fünfer-Schülern.

Bleibt als einziger Freiraum nur die Ebene der Charakter- und Persönlichkeitsbildung. Was Lehrer wirklich sein sollten, nachlebbare Vorbilder, das trauen sich zu wenige zu sein; sie haben auch kaum das nötige Rüstzeug mitbekommen. Dass die meisten

Lehrer keineswegs ausgebildete Pädagogen sind, sondern nur FACHIDIOTEN, ist vielen Eltern nicht bewusst.
Der Mann ist doch Lehrer! Die Frau hat schließlich studiert!
Universität und Schulamt bewerten Lehramtsbewerber überwiegend nach ihren fachlichen Leistungen. Theoretisch könnte eine Borderline-Persönlichkeit wie Mr. Burns, der intrigante, widerwärtige AKW-Besitzer in der US-Comicserie *Die Simpsons,* durchaus einem deutschen Gymnasium vorstehen.
Praktisch geschieht das auch.
Wenn man manchen Lehrkräften und ihren Klagen glauben will, besteht die werte Kollegenschaft aus lauter willfährigen Jasagern – Schleimer gibt es beileibe nicht nur auf der anderen Seite, unter Schülern und Studenten. Gäbe es angesichts so vieler »Smithers« – so heißt Mr. Burns speichelleckender Assistent – nicht wenigstens ein paar kreuzfidele Individualisten, die Simpsons-Stadt Springfield wäre längst eine Wüste. So leergefegt von »sperrigen«, wehrhaften Charakteren wie der deutsche Schulbetrieb.
Wenn Lehrer wirklich lehren dürften, müsste in ihrem Unterricht die Vermittlung von Sozialkompetenzen an erster Stelle stehen. Aufrichtigkeit und Tatkraft zählen mehr als die Finessen von Mathe und Latein. Nicht das Strebertum – und schon gar nicht Herkunft und Kontostand – bilden (!) die Elite, sondern Persönlichkeit und Charakter. Schule und Lehrer müssen sich, mehr denn je, um die eigentliche Menschwerdung kümmern – oder ihr Scheitern, das Scheitern des Lehrauftrags eingestehen. Das bloße Auswendiglernen von Schulstoff erfordert die Fähigkeiten eines Papageis. Fürs Mitzwitschern reichen sogar die geistigen Gaben eines Wellensittichs.
Wenn Lehrer wirklich lehren dürften, müsste in den Klassenzimmern wieder Mundart zulässig sein. Die aus Angst vor dem »Milljöh« heruntergelassene Sprachschranke müsste sich heben, damit

Schüler *und* Lehrer – neben dem kühl-unverbindlichen Hochdeutsch-Hannoveranisch – endlich wieder drauflosberlinern, Hessisch babbeln, Schwäbisch schwätzen, Thüringisch reden und Sächsisch räddn könnten, und natürlich dürfte auch das Plattdüütsche, Pfälzische, Fränkische, Bairische nicht länger zu kurz kommen. Möglichst akzentfrei beherrschte Fremdsprachen sind wichtig, aber Heimatdialekte sind genauso wichtig – nichts schafft mehr Nähe und Identität. Schon vergessen? Sämtliche deutsche Groß-Literaten hegten und pflegten ihre regionalen Sprachvarianten; in Thomas Manns Welterfolg *Die Buddenbrooks* sprachen die »kleinen« wie die »großen« Leute Lübecker Niederdeutsch, ebenso in Walter Kempowskis Familiensaga *Tadellöser & Wolff.* Derart widersinnig ist die Dialektphobie der deutschen Schule, dass der türkischstämmige Schriftsteller Feridun Zaimoğlu mit seinem Buch *Kanak Sprak – 24 Mißtöne vom Rande der Gesellschaft* als »kultig« bis »ulkig« gilt.

Das »Glück« im Unglück namens Bildung

Von Frank Zappa gibt es viele weihrauchgeschwängerte Weisheiten. Eine seiner schönsten, treffendsten – aus dem Song *Packard Goose* – gilt der Logik des Lernens und des Lebens:

Information ist nicht Wissen
Wissen ist nicht Weisheit
Weisheit ist nicht Wahrheit
Wahrheit ist nicht Schönheit
Schönheit ist nicht Liebe
Liebe ist nicht Musik:
Musik ist das Beste.

Wenn Lehrer wirklich lehren dürften, müssten auf dem Lehrplan neue, wirklich wichtige Fächer stehen. Eines der spannendsten, wegweisendsten hat Ernst Fritz-Schubert kurzerhand selbst geschaffen. Der Oberstudienrat an der Willy-Hellpach-Schule in Heidelberg führte im Schuljahr 2007/2008 das Schulfach »Glück« in den Unterricht ein. Oberstes Lehrziel: Selbstsicherheit der Schüler. Zweimal pro Woche sollen sie über ihre Lebensziele sprechen, sich etwa in Rollenspielen und Wahrnehmungsübungen besser kennenlernen und dabei nicht Faktenwissen in sich aufnehmen, sondern ihre Gedanken äußern. Lebenskompetenz, Gesundheitsbewusstsein, Persönlichkeitsentwicklung – fürs Erste eine pädagogische Spielwiese, auf die Fritz-Schubert Psychologen und Handwerker, Fitnesstrainer, Motivationstrainer und Neurolinguisten eingeladen hat. Sogar ein Buch hat er geschrieben (*Schulfach Glück. Wie ein neues Fach die Schule verändert,* Herder 2008).

Schon mosern Kritiker, eine bundesweite Einführung von »Glück« brächte eher Schaden als Nutzen. So mangle es an einfühlsamen, lebensstarken Lehrkräften, die das Thema gerade an »schwierigen« Schulen handhaben könnten – viel drastischer kann das deutsche Bildungswesen seine Zukunftsunfähigkeit nicht darstellen. Statt das Heidelberger Konzept kurzfristig in einer Art Bildungs-Franchise zu übernehmen und zu seiner Umsetzung jeweils vor Ort eine vergleichbare Task-Force aus Fachleuten zusammenzustellen, klammern sich die Zauderer an ihre PISA-Statistiken: Sollen wir etwa für »Glück« die »richtigen« Fächer vernachlässigen?

Es ist nicht leicht für Lehrer in Deutschland, *wirklich* zu lehren. Aber sind wir mit »Glück« schon komplett?

Nein, noch mehr »krude« Schulfächer tun not. Ebenfalls sehr vermisst: »Leidenschaft«. Jene Grundschluffigkeit, die uns Deutschen nicht zu Unrecht nachgesagt wird, wird an den meisten Schulen gleich mitgelehrt. Wer riefe je im Unterricht ein begeistertes »Heureka – ich hab's!«? Im Alltag, im Berufsleben? Ein weit Heruntergedimmtes muss meist genügen. Denn zu viel Überschwang könnte mit einem Ritalin-Rezept geahndet werden. Schluss damit, liebe Lehrer: Wer anderen ein Licht anzünden will, muss nicht nur selbst eine Leuchte sein, er muss zudem Funken versprühen können.

Wir brauchen außerdem das Schulfach »Langeweile«, genauer: Entspannungslehre.

Schluss mit Überforderung und Depressionen; treiben wir Novartis & Co. in die Pleite! Engagiert euch, Kinder, freut euch, lernt, arbeitet, lasst die berühmte Sau raus, aber macht euch nicht verrückt dabei – lasst euch nicht verrückt machen, lasst euch vor allem nicht für verrückt erklären.

»Charakterkunde« wäre ebenfalls schön. Weg dafür mit der ersatzreligiösen »Ethik«. Reden wir nicht über andere, sprechen wir lieber von uns selbst. Schüler sollten als Erwachsene nicht von der Schulbank auf die Therapeutencouch wechseln müssen. Erkenne dich selbst. Zweimal 45 Minuten wöchentlich sind dafür nicht zu viel.

»Konsum-Survival«: Seit langem fordern Verbraucherverbände Schulunterricht in elementaren Finanz- und Wirtschaftsfragen. Die Gefahr, dass auch die nächste Generation ihr Geld Finanzhaien in den Rachen wirft, ist groß. Junge Menschen müssen außerdem Grundkenntnisse über wirtschaftliche und bürokratische Stolpersteine in ihrem späteren Alltag erhalten: Wie funktionieren Behörden, Gerichte, Unternehmen in der Praxis, nicht in der Theorie?

Apropos Lebenswirklichkeit.

Sozialministerin von der Leyen hat ihr Versprechen auf einen bundesweiten Mittagstisch für Schüler bislang nicht eingelöst. *Talkingfood.de* berichtet, dass jeder sechste Schüler bis zwölf Jahre und jeder vierte Jugendliche vor dem Schulbesuch nicht richtig frühstücken. Was spricht gegen die Umorganisation des – ohnehin zu früh beginnenden – Unterrichts zugunsten eines gemeinsam eingenommenen Frühstücks, schon des sozialen Umgangs miteinander zuliebe?

In nahezu allen Schulen werden musische Fächer sowie Sport zum Nutzen der theoretischen Fächer zurückgedrängt. Nur noch wenige Kinder erlernen ein Musikinstrument (und übrigens auch das Schwimmen), nur wenige schließen Bekanntschaft mit eigenen künstlerischen Ausdrucksmöglichkeiten. Dabei können auf keinem anderen Gebiet soziale Fähigkeiten derart nachhaltig geweckt und gefördert werden wie in der Musik. Das Gleiche gilt für Tanz: Streetworker-Programme versuchen – mit Erfolg –, langzeitarbeitslose oder gesellschaftlich gestrandete Menschen durch Tanz wieder aufzurüsten. Warum zieht die Schule keine Konsequenzen aus diesen positiven Erfahrungen?

Glück, Entspannungslehre, Charakterkunde – ehe Lehrer lehren dürfen, sollten Lehrer auch *lernen* dürfen: Wie geben wir Bildung Würde und Qualität, wie verwandeln wir Leiden in Leidenschaft? Wie »entschluffe« ich mich selbst, wie entschluffe ich junge Menschen, ja die Schule? Wie lehre ich lernen, ohne bei meinen Schülern vom Bildungshampelmann zum Spaßkaspar zu werden? Warum lässt man uns nicht alle paar Jahre wenigstens für einige Monate in andere Lebenswirklichkeiten hineinschnuppern, um nicht am Schultrott irre zu werden? Soll ich überhaupt Lehrer – staatlich geprüfter Bildungstechniker – werden statt Bildungsschamane, Erkenntniszauberin? Als Finanzbeamter hätte man ein ruhigeres Leben und bekäme auch Pension!

Lehrer, eine Utopie:

Lehrt nicht einfach, was euch gelehrt wurde, das ist gleichzeitig zu viel und zu wenig. Beginnt mit dem Anfang: Krempelt das Studium um. Und auch danach: Macht Faxen bei Frau Professor Annette Schavan, stört nach Kräften die IDIOTEN-Dressur, spielt den Ministerialpaukern Streiche. Vereinzelt euch nicht. Tut euch zusammen, haltet zusammen, »verschwört« euch. Lernt im Selbststudium, was euch in den Vorlesungen wohlweislich verschwiegen wird. Nicht als Bildungskünstler hat man euch auserkoren, lediglich Abziehbilder sollt ihr vervielfältigen helfen, der Industrie mittels industrieller Schulmethoden Nachwuchs frei Haus liefern.

Lehrer, Initiative tut not. Braut und brennt und keltert selbst, also heimlich. Dann könnt ihr wenigstens ein bisschen edleren Stoff als immer nur Bildungsfusel in den Nürnberger Trichter gießen, der angehenden Feuerzangenbowlisten noch immer aufgesteckt wird. *Vorsicht, jeder nur einen winzigen Schluck – sonst steigt er in den Kopf!*
13 Volumenprozent Sinnhaftigkeit im deutschen Bildungsgebräu, das schlüge selbst Professor Creys Heidelbeergebräu aus *selbstgepflückten* Heidelbeeren.

Lehren wie Leonard Bernstein –
lernen wie bei Leonard Bernstein

Sage keiner, das deutsche Fernsehen brächte nur noch Schund. Zumindest die Öffentlich-Rechtlichen biegen den Werktätigen noch Bildung bei – Punkt 23.10 Uhr*, in einem ihrer streng abgeschiedenen Programmreservate, im Bildungs- und Unterhaltungskanal EinsFestival. Dort gibt es um diese Zeit tatsächlich Leonard Bernstein zu sehen, in nostalgisch-grieselndem Schwarzweiß, obwohl nicht gerade Neujahr oder Karfreitag ist. Ja, wir erleben den Meisterdirigenten, Pianisten, Komponisten und insbesondere

---

* Keine Ausreden, ARD: Eure Ausstrahlungen speziell dieser Reihe an Vor- und Nachmittagen können junge Leute kaum sehen. Da sind sie nämlich in der Schule oder an der Uni, um etwas zu lernen.

Lebemann ganz zwischendurch, mit einer je knapp einstündigen Folge aus seiner 53-teiligen TV-Reihe *Young People's Concerts* – pädagogisch doppelt wertvoll, weil gezeigt im englischen Original, und deutsch untertitelt für Günther Oettinger.

»Lenny« oder auch »Bernie« war der amerikanische Anti-Karajan, ein unverfurtwänglerter *keeper of the flame,* ein Rock 'n' Roller der klassischen Musik, der Frank Sinatra unter den Orchesterdompteuren.

I like to be in America!

In einer dieser Folgen geht es um die »Atome« der Musik, um die geradezu mathematische Beziehung der Töne zueinander, um die Unterschiede und Gemeinsamkeiten zwischen Melodien und Harmonien – herrlich abstrakt ließe sich ein solches Thema darstellen, mit Schaubildern und Zahlenkolonnen, mit aufgeschlagenen Büchern und ausgerollten Diagrammen; mit allem, was Frontalunterricht so im Arsenal hat.

Leonard Bernstein hat eine bessere Idee.

Zuerst ein Statement, klar: Hier spielt die Musik!

Die New Yorker Philharmoniker fetzen ein schönes Stück Wagner in den Saal: das Vorspiel zum dritten Akt aus *Lohengrin,* schmissig und kompakt und dermaßen *tight,* dass sich die Augen von Kindern und Eltern in dem frisch renovierten Saal weiten: Seid ihr alle da?

Keine Frage, dieser Herr Musiklehrer versteht sein Fach.

In den USA ist Erfolg ein *national asset,* aber es wird allgemein anerkannt, dass viele Wege dorthin führen können, nicht nur einer. Es wird sogar derjenige am meisten verehrt und bewundert, der den schwierigsten Weg genommen hat. In einem Kommerz und Illusion gleichermaßen so sehr ergebenen Land, das – durchaus glaubhaft – schon Riesenaffen über die Leinwand stapfen oder weiße, scharfzähnige Knorpelfische durch sie hindurchtauchen ließ, das bereits Dutzende Male den *Big Apple* mithilfe von

Außerirdischen oder Meteoriten zerstört oder sonstwie gesprengt, vereist oder geflutet hat, nur um ein paar Dollar zu machen, in einem solchen Land darf der Musikunterricht eines jüdischen Musikpädagogen durchaus mit der Musik eines Nazi-Lieblings beginnen. Die, sagen wir, Moralinsäuerlichkeit eines gewissen Sachbuchautors wäre dem Maestro wohl fremd gewesen: *This is such an impressive piece of music* – lass die Menschen doch weiter ihre Gedichte schreiben, Adorno. Und du, zieh nur weiter über solche Genies wie Richard Wagner her – IDIOT.

Wie gesagt, das Bildmaterial ist schwarzweiß, aber die Szenerie sprüht farbig wie ein Regenbogen. Leonard Bernstein, der Mann am Klavier, versteht zu führen. Nicht, weil er schlicht das Kommando hat, sondern weil er sein enormes Wissen mit viel Respekt und Wärme in die Ränge wirft, weil er mit seinen geistigen Sprüngen für manche Überraschung und somit für Aufmerksamkeit sorgt.

Mathe, Physik, Chemie?

Wären dies seine Fächer gewesen, Bernstein hätte für seine »Schüler« auch Pythagoras entmumifiziert, Albert Einstein persönlich auf seiner geliebten Geige improvisieren lassen, oder er hätte eigenhändig das Parkett aufgerissen, nur um uns die Wirkung von Justus von Liebigs* Superphosphat-Dünger gleich vor Ort zu demonstrieren. Ganz Ohr sein, an jemandes Lippen hängen – was diese abgegriffenen Sprachbilder bedeuten, zeigt Bernsteins Unterricht noch Jahrzehnte nach seinen *lectures*. Jahrzehnte nach seinem Tod.

Bernsteins Auftakt mit Wagner, so viel zur Praxis.

Aber schon geht es um Theorie, um so verdammt kompliziert

---

* Noch mehr populäre Irrtümer von Lehrern: In Darmstadt flog der spätere Begründer der organischen beziehungsweise der Agrikultur-Chemie vom Gymnasium. Ihm wurde beschieden: »Du bist ein Schafskopf, bei dir reicht es nicht mal zum Apothekerlehrling!«

klingende Dinge wie »horizontale und vertikale melodische Intervalle«, um die Umkehrung von Terzen und Sexten. Damit niemandem vor Schreck die Luft wegbleibt, tut Bernstein etwas, das in den 1960ern so unerhört ist wie bis heute ungespielt in Bayreuths heiligen Hallen. Weltklassepianist, der er ganz nebenbei auch noch ist, schlägt er ein paar Noten an: G, F, E, D: »Kommt das jemandem bekannt vor?«

Leider nein; allseits ist man noch viel zu sehr verwagnert, um die Sequenz zu erraten.

Mensch, drängt Bernstein, der kein geistiges Ritardando zulässt, Leute! Die Beatles!

Help me if you can, I'm feeling dow-how-own ...
»Traut sich einer mitzusingen?«

Doch alles lauscht und schaut ehrfürchtig.

»Gut, ihr hattet eure Chance – und ich die meine am Flügel!«

Lachen, Summen. Noch mehr Aufmerksamkeit.

Was für ein Unterricht: Auf Wagner folgen die Beatles.

Don't try this in Bayreuth, nicht mal in Anwesenheit von Thomas Gottschalk, dem Pop-nach-Acht-Senior, der einen seiner Söhne sogar »Tristan« (aber nicht »Paul« oder »Ringo« und auch nicht »Leonard«) taufen ließ.

So tickt dieser eine und einzige Leonard; das ist seine Didaktik, die Lehrmethode eines schwulen Kettenrauchers, Whiskyliebhabers, Charmebolzens und Melancholikers, die Masche eines großen Lehrers von Wissen und Vergnügen.

Was nun die Intervalle beträfe, doziert-parliert er gleich weiter, sei es ja gar kein großer Sprung von den Beatles zu Brahms. Beide Arten von Musik bestünden aus Intervallen, selbstverständlich jeweils anders angeordneten; wer die absteigenden Sekunden in *Help* erkennen könne, schaffe das auch in Brahms Vierter Sinfonie.

Es ist ganz leicht.

Ihr könnt das auch.

Dem poppigen Hilfegesuch der Pilzköpfe braust der erste Satz jenes Instrumentalwerks hinterher: Leonard Bernstein dirigiert die New Yorker Philharmoniker!

Seiner funkelnden Wagner-Beatles-Brahms-Logik zufolge kann es jetzt eigentlich nur mit dem Engländer Vaughan Williams weitergehen – nein, man hat es nicht geahnt, nur gespickt und im Programm nachgesehen. Auch die Klangbeispiele aus Williams' Vierter Sinfonie verlangen den jugendlichen Zuhörern eine Menge Geduld und Konzentration ab. Aber was kriegen sie dafür geboten: Einsichten in eine wunderbare Welt, in der man sich nur zu gern einrichtet – wer hat gesagt, klassische Musik sei »schwer«? Bernstein bewegt die Menschen, ob sie Instrumente in Händen halten oder ihre Zukunft. Er bewegt sie, aber er manipuliert sie nicht.

Er erteilt keine Noten, er verteilt sie nur.

Er will nicht überreden, er will überzeugen.

Die jungen Leute sitzen nicht auf ihren Stühlen, sie sitzen auf deren Kanten.

Noch einmal, zum letzten Mal, knallen die Moll- und Dur-Sekunden durch den Saal. Williams' großes Finale ist zugleich der Rausschmeißer der heutigen Stunde. Einen Mangel an Intervallen, großen und kleinen Terzen, Quarten, Quinten und Sexten muss niemand befürchten.

Dann noch eine Überraschung von Komponist und Lehrer.

Auf dem Höhepunkt dieses Gewittersturms, dem doch, wie bei Beethovens *Pastorale,* nur Friede, Freude, Eierkuchen folgen kann, verläuft sich die Musik auf einmal. Statt »froher, dankbarer Gefühle nach dem Sturm« hagelt es Dissonanzen. Knall auf Fall wird die ganze schöne Harmonie zugepaukt und zugegeigt – bitte, was soll das?

Bernstein, der Philosoph, entlässt die Schulgemeinde nicht ohne

eine allerletzte Erkenntnis. »Dieses plötzliche, kurze, wütende, querlaufende Ende nach einem so vergnüglichen Satz, wo wir schon dachten, alles sei glücklich auf die Reihe gebracht? Nun, vielleicht wollte Vaughan Williams uns nur sagen: Damen und Herren, Jungs und Mädchen – so ist das Leben!«
Applaus, Applaus, und damit genug für heute.
Vielleicht wollte Leonard Bernstein uns nur sagen: Alles gehört zu allem, alles ist mit allem verbunden. Es gibt kein E, und es gibt kein U. Wer Wagner sagt, darf selbstverständlich auch *Help* rufen, und dem Popsong folgt die Sinfonie, was sonst? Grenzen, welche Grenzen; Dünkel gehören nicht aufs Podium und nicht auf die Zuschauerplätze, nicht in die Schule und überhaupt nirgendwohin.
Man kommt der Musiktheorie wegen und kriegt Unterricht in Weltmusik, in Weltmenschenkunde. 55 Minuten lang, zehn mehr als eine reguläre – deutsche – Schulstunde dauert. Die ARD zeigt diese Lektionen nur in ihrem Spezial-Sonder-Zusatzkanal sowie zur Unzeit. Neun Millionen Schüler sollen erst gar nicht auf die Idee kommen, den nie verstorbenen, witzigen grauhaarigen Mann im Dreiteiler mit den – Adjektive nach Belieben einzufügen – Frauen und Männern in ihren Klassenzimmern zu vergleichen.
»Traut sich keiner mitzusingen?«, hat der Dirigent sein Publikum gefragt.
Die Schüler fragen ihre Lehrer: Traut sich keiner, es Bernstein nachzumachen?
Won't you please, please help me?
Lehrer, lasst die Kinder nicht in Frieden, würde Roger Waters sagen. Sie brauchen *education,* Unterricht, Erziehung. Aber wenn ihr ihre Vorbilder sein wollt, müsst ihr erst selber welche haben – oder ihr müsst sie euch suchen. Um euch her, bei EinsFestival, in eurem Leben, aber bloß nicht im Lehrplan.
Los doch, Auftakt!

Eure tägliche Prüfung ist, ob ihr es schafft, euch wie Bernstein das Staunen der Jugend an die Lippen zu hängen; gebt euch nicht mit weniger zufrieden. Wenn ihr ihnen nur die Köpfe vollpackt, bleiben, nach Erich Kästner, die Herzen leer. Sämtliche Nicht-Dirigenten und Nicht-Pianisten des deutschen Bildungsbetriebs können an dieser Herausforderung wachsen: Unterricht erteilen *und* zugleich erhalten an der großen Lebensschule. Uhrmacher lieben so etwas als Grande complication; Komponisten plagen sich mit dem Kontrapunkt. Mitnichten steht euch ein Konzertsaal zur Verfügung; das Klassenzimmer muss reichen. Mitnichten setzen sich auf euer Fingerschnipsen hin die Schwingen Wagners und Brahms' in Bewegung. Allein durch eure Lust am Lehren müsst ihr die Kinder anzünden, ihre geistig-seelische Erhebung und, im Umkehrschluss, ihre Bewahrung vor Erniedrigung gewuppt kriegen. Für euch ein Klacks: *Sie* wissen noch nichts oder noch immer zu wenig; *ihr* hingegen wisst alles oder schon ziemlich viel, denn ihr habt studiert und seid vom Staat ausgewählt worden. Von ihm werdet ihr – werden die meisten von euch – protegiert und alimentiert auf Lebenszeit.
Dagegen Bernstein!
Finanziell unabhängig war er wohl schon zum Zeitpunkt der ersten Folge seines denkwürdigen Musikfernunterrichts. Er hatte bereits Ballette geschrieben (und »verkauft«), hatte Musicals, Opern, Filmmusiken in die Welt gesetzt, sich kreuz und quer durch sämtliche Konzerthäuser dirigiert. Warum also tat er das, zusätzlich zu seinen kommerziellen Verpflichtungen: 53 Folgen lang den Taktstock zu schwingen als einen Zeigestab, wo Karajan sich längst den Kopf darüber zerbrach, wie er in seinen aufwendigst produzierten Konzertfilmen noch dramatischer, noch »magischer« rüberkommen könnte?
Der *Mensch* Leonard Bernstein fühlte sich berufen auch zum Lehrer, zum Interpreten von Wissen: Leute, es gibt da ein paar

Dinge, die mich weitergebracht haben. Mir machen sie riesige Freude – wollen wir teilen?
Lehrer in Deutschland – was für ein Beruf, ganzjährig Leonard Bernstein nacheifern zu dürfen.

Deutsche Bildung – deutsches Multitasking

Aber grau ist alle Theorie.
Bernstein war ein Super-Privilegierter des Kunstbetriebs, da machte allein der Nimbus den halben »Unterricht«. Woher sollte der bei deutschen Lehrern kommen, auf Sicherheit und Konventionen eingestellt, wie der Staat es gar nicht anders will? Individualisten sollen sie hervorbringen, sie, die zu fast keiner Zeit ihres Studiums nach ihren eigenen Lebenswünschen gefragt wurden?
Als ob Lehrer Computerplatinen zusammenschraubten oder Chips implantierten – tun sie es bereits? Während der Sozialstaat allmählich vom Inflationsstaat aufgefressen wird und die Gesellschaft sich in Bildungsgewinner und Bildungsverlierer zerfasert, geht selbst die vielbeschworene Wissensgesellschaft hops. Hier die »Idiotenschmiede« Hauptschule, dort das sehnsüchtig angestrebte Gymnasium mit dem Allwetterschutz namens Abitur: die Guten auf die Uni, die Besten bis Master und Promotion. Und die *Allerbesten* in die Spitzen von Regierung und Wirtschaft.
Ausgerechnet.
Mehr als 60 Jahre nach Gründung der Bundesrepublik ist die Würde des Menschen noch immer antastbar, namentlich die des schulpflichtigen. Von seinen Kindesbeinen an darf man ihn indoktrinieren und selektieren, ihn nach Gusto bevorzugen oder benachteiligen, ihn nach vorn schieben oder nach hinten drängen, als ob kein ganzes langes Erwachsenenleben daran hinge. Immer aber sind es die Lehrer, die den politischen – und zugegeben:

nicht in allen Fällen klar erkennbaren – Willen ihrer Dienstherren vollziehen. Warum sonst sollte man sich die rund 900 000 Lehrkräfte in Deutschland mit Disziplinierungsgaben wie sicherem Einkommen und vergleichsweise hohen Altersbezügen gefügig machen?

In seinem berühmten Aufsatz *Erziehung nach Auschwitz* schreibt Theodor W. Adorno: »Der Druck des herrschenden Allgemeinen auf alles Besondere, die einzelnen Menschen und die einzelnen Institutionen, hat eine Tendenz, das Besondere und Einzelne samt seiner Widerstandskraft zu zertrümmern. Mit ihrer Identität und ihrer Widerstandskraft büßen die Menschen auch die Qualitäten ein, kraft deren sie es vermöchten, sich dem entgegenzustemmen, was zu irgendeiner Zeit wieder zur Untat lockt. Vielleicht sind sie kaum noch fähig zu widerstehen, wenn ihnen von etablierten Mächten befohlen wird, dass sie es abermals tun, solange es nur im Namen irgendwelcher halb- oder gar nicht geglaubter Ideale geschieht ... Die einzig wahrhafte Kraft gegen das Prinzip von Auschwitz wäre Autonomie, wenn ich den Kantischen Ausdruck verwenden darf; die Kraft zur Reflexion, zur Selbstbestimmung, zum Nicht-Mitmachen.«

Wenn Lehrer endlich aufhörten, der Oberschicht in die Hände zu spielen, indem sie die uralte Diskriminierung von Arbeiterkindern (in »moderner« Form: Migrantenkinder) und die Bevorzugung von Akademikerkindern nicht länger mitmachten, Deutschland bräuchte kaum im Ausland nach Fachkräften fischen zu gehen. Warum sollte der Sohn eines Zahnarztes nicht einen tüchtigen Fleischer abgeben? Weshalb sollte die Tochter einer Anwältin keine geschickte Schneiderin werden? Warum hat noch nie ein Journalist über den zweiten Bildungsweg die Chefredakteurbüros von *Spiegel* und *Bild* erreicht?

In der ach so toleranten Bundesrepublik stehen einige Millionen Obama-Erlebnisse aus. Dabei sprechen wir noch nicht einmal

von Hautfarbe und Religionszugehörigkeit: Bildung in Deutschland ist eine Maschine, eine höchst zweifelhafte Maschine.
Eine dumme Maschine.
Wenn wir IDIOTEN es zulassen, wird ihre Qualität sich auch weiterhin danach bemessen, wie schnell und effizient sie aus möglichst vielen Baumstämmen möglichst wenige Zahnstocher spleißt. Und bis auf weiteres werden unsere Schulen Fabrikhallen sein und die Lehrer darin die Maschinisten.

Lehrer, helft euren Schülern! Helft ihnen, nicht bloß gescheit, sondern frei zu werden für ein selbstbestimmtes Leben – so frei, dass aus ihrer Heimat kein Viertes Reich werden kann, nicht einmal ein Dreieinhalbtes. Beschreitet mit ihnen die weiten Felder des Wissens, aber vergesst nicht, ihnen auch den Himmel darüber zu zeigen.

Zensuren sind undemokratisch: Schafft die Schulnoten ab!

> Es ist kein Zeichen geistiger Gesundheit,
> gut angepasst an eine kranke Gesellschaft zu sein.
> *Jiddu Krishnamurti*

> From the moment I could talk I was ordered to listen.
> *Cat Stevens,* Father and Son

Die Dreijährige des Autors spielt gern Tierarzt und Kochen, am liebsten spielt sie Schule. Schon diese lustigen Dinger, diese Buchstaben! Von denen kann man einige *so* herum und auch *so* herum halten. Aus einem W wird dann ein M und umgekehrt, schau mal, Papa. Stellt man ein i auf den Kopf, hat man ein Männchen mit einem riesigen Hut, so viele Männchen, wie Scrabble-Steine da sind. Außerdem kann man in der Schule zeichnen, den ganzen Tag, und alle Freunde sind da und die Lehrerin und meine Puppe.
Singen wir was?
Das erste Mal »Mama«, das erste Mal »Papa« – ein Glücksschrei.
Der erste tapsige Schritt, der erste selbstgewankte Meter – Wonne pur.
Die erste Treppenstufe auf eigenes Risiko, die erste Nacht ohne Windel, die letzte ohne Schnuller – mein, unser Kind!
Und so geht es weiter.
Bitte – danke; den Mund beim Essen zu. Blau ist blau, aber diese Farbe heißt Grün und diese nennt man Rot. Was eine Katze ist und was ein Hund, wo beim Auto der Zündschlüssel reinkommt,

wie man seinen Namen schreibt, sich die Schuhe anzieht, wo links ist, wo rechts: tausend Mal bravo, super, toll gemacht. Alles Gründe zur Freude, alles Gründe, stolz auf seinen Nachwuchs zu sein. Wie unsere/unserer lernt!
Aber wie ist das möglich? Es steht doch niemand an einer Tafel, niemand bittet sich Ruhe aus, niemand fordert Aufmerksamkeit und Konzentration. Es hat auch niemand das Wort »sonst …« in Stimme oder Blick, es gibt keine Klassenarbeiten, keine Stegreifaufgaben, keine mündlichen Prüfungen, keine Klausuren, keine Beurteilungen über Arbeits- und Sozialverhalten, weder Zwischen-, Halbjahres- noch Jahres- oder Abschlusszeugnis. Sicher, der »Leistungsstand« wird abgefragt, eigentlich ständig, und das »Vorrücken« ist ersehnt, wenn auch nie gefährdet.
Kaum zu glauben: Kleine Kinder lernen in immer schnellerem Tempo, ganz aus eigenem Antrieb, ohne Drohungen und mit der größten Freude. Was man ihnen vorsagt, plappern sie nach; was man ihnen vormacht, machen sie nach: *Nicht du, Mami, Papi. Ich machen!*
Welch ein Stolz auf die eigene Fähigkeit, lernen zu können.
Niemand käme auf die Idee, kleinen Kindern Noten zu erteilen – es geht ja »um nichts«. Doch ab einem bestimmten Alter tun wir so, als hinge das Leben davon ab, in allen möglichen Disziplinen möglichst gute Noten nach Hause zu bringen.
Nein, wir tun nicht nur so, wir meinen es ernst. Und das Leben, es hängt wirklich von diesen Noten ab – ein womöglich 80, 90, 100 Jahre dauerndes Leben.
Wir spinnen, wir Deutschen.
Einerseits trauen wir winzigen, hilflosen Bündeln zu, sich in weniger Zeit als der Grundschuldauer ein Riesenprogramm an Fertigkeiten anzueignen, selbstverständlich unter *geduldiger, liebevoller* Anleitung. Andererseits überlassen wir unsere Liebsten vollkommen fremden Menschen, die sich gleichzeitig um mindes-

tens anderthalb, zwei Dutzend weitere Menschlein zu kümmern haben. Schlimmer noch: Jede Regung unseres Kindes wird schriftlich festgehalten. Bald wird sich der Prozess eingeschliffen haben, und wir kriegen überwiegend nur mehr Zahlen rückgemeldet.
Dann ist Schluss mit Zutrauen und Vertrauen. Dann ist Schluss mit Stolz und Freude.
Ab jetzt sprechen wir von Ehrgeiz.
Im schlimmsten Fall von Nachhilfe, Medikamenten, Sitzenbleiben.
Wirklich, wir spinnen, wir Deutschen.
Aber spricht die Leistungsschau PISA uns nicht frei? Alle anderen Länder spinnen ja auch, eine Nation spickt bei der anderen. Mit Noten bewerten die eine wie die andere schulische Leistungen; überall in der Welt werden Kinder fürs Auswendiglernen gelobt und getätschelt wie brave Zirkusäffchen – was willst du also, Sachbuchautor?
Die Noten will ich abgeschafft sehen.
Nein, nicht nur für Erstklässler, Grundschüler und nicht nur die Extremwerte fünf und sechs, mangelhaft und ungenügend. Der Gedanke, dass Kinder einer Art Schullotterie ausgesetzt werden, die über Bildungsgewinner und Bildungsverlierer entscheidet, ist mir zuwider. Dieses Vorgehen erscheint mir auch als in höchstem Maß ungerecht – als undemokratisch, um genau zu sein.
Bildung als Lotterie: Lehrer gibt es solche und solche. Nicht immer, eigentlich nie kann man sie sich aussuchen. Aus welchem Reservoir auch, nach welchen Kriterien; außer Mundpropaganda kriegt man von der Qualifikation einer Lehrkraft ja nicht den geringsten Eindruck. Sie, die unsere Kinder unterrichten und beurteilen, geben uns nicht den geringsten *bewertbaren* Hinweis auf ihr eigenes Können. Erst recht lässt sich die Behörde, die sie beschäftigt, nicht in die Karten sehen.
Sonderbar.

Kommen unsere Kinder mit dieser Lehrkraft klar – und umgekehrt?

Trägt unser Kind den *richtigen* Vornamen, oder hätten wir vor ein paar Jahren nicht gar so verliebt in gewisse Schauspieler, Sängerinnen, Literaten oder ganz einfach in unsere Väter, Großmütter, Onkel sein sollen?

Jene Lehrkraft wird womöglich unser Kind nach seinem Vornamen beurteilen, vielleicht auch verurteilen: Cindy oder gar Sindy, wer nennt denn sein Kind *so*? Ist es wenigstens *getauft?*

Der Lehrer oder die Lehrerin ist geduldig/eher ungeduldig, nimmt unser Kind genauso oft/weniger/häufiger wahr als andere, findet einen Zugang zu ihm und andersherum, spricht offen mit uns, den Eltern, oder »klemmt« etwas – wie viele Richtige braucht man, um im Zahlenlotto zu lächeln statt nur zu grinsen?

Und ab wann wird es richtig spannend?

Ungerecht: Das waren jetzt alles Bedenken. Was, wenn die Beziehung Schule–Kind zwar hervorragend beginnt, aber nach ein paar Klassen – zwangsläufig – andere Lehrer, andere Mitschüler nachrücken?

Es wird passieren, klar.

Es wird passieren, dass unsere Kinder unterschiedlichen Menschen ausgesetzt sind, manchmal jahrelang, die alle eines gemeinsam haben: Sie sitzen am längeren Hebel. Auf einer Skala von nur eins bis sechs bestimmen sie über Wohl und Wehe. Die Kinder lernen viel – vor allem, wie man Lehrer »glücklich« macht. Ganz nebenbei können sie das Schleimen lernen, das Bockigsein, das Verstummen, das Unsichtbarwerden, das Herumkaspern, das Leicht-zickig-Werden.

Arzt und Apotheker warten schon, Schulpsychologe und lange Nächte ebenfalls.

Wieso erlauben wir einem System, dem das Wort »Bildung« voransteht, auf eine derart ungebildete, letztlich unlogische Weise mit unseren Kindern umzugehen? Noten sind fast immer willkürliche Leistungsbewertungen, bestenfalls Momentaufnahmen. Bei einem anderen, »besseren« Lehrer, an einem anderen Tag sowie unter vielen weiteren anderen Voraussetzungen hätte unser Kind vielleicht erfreulichere Ergebnisse erzielt.

Schulpädagogen werden sich immer herausreden: Notenspiegel, Klassenstärke, Leistungsunschärfen, Schwere der gestellten Aufgaben, Durchschnittsbewertungen, und dabei war's vielleicht nur der Schulleiter, dem der eine Lehrer »zu gut«, der andere »zu streng« benotet. Der Schulleiter wieder untersteht dem Schulamt, das seinerseits seine eigene Meinung über Schnitte hat, und noch etwas weiter und höher gibt es das Bildungsministerium des Landes, mit Menschen darin, die unter allerlei Befindlichkeiten, soll man sagen: leiden?

Undemokratisch: Wie kommt der Staat dazu, unsere Kinder von Fachkräften bewerten zu lassen, die ihre »Fachkraft« auf die gleiche Weise erworben haben, nämlich – letztlich – genauso willkürlich? Noten mögen einiges aussagen über den Schüler, der sie erhält. Noch mehr sagen sie aus über den Lehrer, der sie erteilt, über die Schule, an der er lehrt, über das System, in dem diese Schule besteht.

Die Urteils- und Verurteilungsschule, die Überhöhungs- und Erniedrigungsschule, die Leistungs- und Überforderungsschule, die Belohnungs- und Bestrafungsschule.

Die Sieger- und Verliererschule.

Hessen macht mich zum Mathe-Crack, der aufs Gymnasium gehört; aber in Bayern bin ich ein Zahlentropf – zurück mit mir, in die Hauptschule. Hamburg schubst mich geradezu durchs Abi, weil man dort stolz ist auf seine extrem hohe Abiquote, da darf ich nicht aus der Reihe tanzen. Berlin ist wieder ganz anderer Meinung: Lern erst mal richtig, du kannst ja nüscht!

Bin ich nun: spitze? Nur so lala? Grunddoof?

Noten sind undemokratisch, wenn in jedem Bundesland eine andere »Demokratie« andere Noten verteilt; von »erteilen« will man ja gar nicht mehr sprechen. Sie sind vor allem deshalb undemokratisch, weil sie Ungleichheit fördern statt beseitigen helfen. Das gilt ebenso innerhalb eines Bundeslandes. An der einen Schule wird Rücksicht auf Nachzügler genommen und individuell geholfen, an der anderen Schule – in demselben Bundesland, unter demselben Bildungsminister – wird nicht viel Federlesens gemacht: gewusst wie oder Pech gehabt.

Über alle diese Unterschiedlichkeiten und Ungerechtigkeiten könnte man mit den Schultern zucken, hinge daran nicht die künftige Existenz eines Schülers – unseres Kindes. Hat es lauter Einsen und Zweien, freuen wir uns natürlich: Der Nobelpreis winkt; harte, anstrengende, aber gerechte Schule!

Dabei hat nur ein quotenversessener Minister »sein« Land ein Stüfchen nach oben schieben wollen und Segen spenden lassen. Sobald unser Kind sich ebenfalls bewegt – auf eine andere Schule, in die Berufsausbildung, auf die Uni – könnte die Welt schon wieder anders aussehen.

Es ist wie mit dem Geld. Wer hat, der hat und wird den Teufel tun, sich weniger zu wünschen, indem er für mehr »Gerechtigkeit« plädiert. Wer nichts hat oder zu wenig (der schlimmste Zustand, denn man hat immer *zu wenig*), wird mehr für sich und mehr von anderen, also höhere Steuern fordern: Warum lassen wir zu, dass uns Bund und Länder bei unzähligen Gelegenheiten aufeinanderhetzen, uns in Ungewissheit belassen, im Ungefähren, oder uns Gewissheiten angedeihen lassen – schulische, zum Beispiel –, die uns für den Rest unseres Lebens nachhängen werden?

Voll sehr gut – sehr gut – knapp sehr gut.

Voll gut – gut – knapp gut.

Voll krass, knapp an der Klapse vorbei.

Mit Verlaub: Wer sich das Bewertungssystem für die Oberstufe (analog Fach- beziehungsweise Berufsoberschulen) ausgedacht hat, spinnt.

Unsere Kinder, die vom Krabbelalter an so viel gelernt haben, ganz ohne Zwang, ohne »Disziplin« und eben ohne Noten, sie kommen in die Schule. Für den Rest ihrer Kindheit, ihre gesamte Jugend und wohl auch ihr frühes Erwachsenenleben hindurch wird die Notenpeitsche sie antreiben oder demoralisieren. Um Punkte, auch *halbe,* werden sie ringen und womöglich niedergerungen werden, mit Klassenkameraden werden sie sich verbünden oder entzweien, an sich zweifeln, sich überschätzen, eitel werden oder mutlos – bis der Spuk eines Tages vorbei sein wird. Auf einmal erteilt niemand mehr Noten, kein Mensch fragt mehr danach. Die Schule ist jetzt nicht mehr zuständig. Sie hat den Ball abgespielt an die Wirtschaft; soll die zusehen, wie sie ihn ins Tor kriegt. Die Noten heißen jetzt Konditionen, das Zeugnis ist der Arbeitsvertrag. Das Glücksspiel freilich geht weiter, die undemokratische Behandlung auch: Frau oder Mann? Diese Schule oder jene Uni? (Sieh an, da war ich auch – Kaffee?) So viel Geld oder was, nur so wenig? Dieser Rang oder bloß jener? Festangestellt oder Zeitvertrag?

Dienstwagen oder Hosenklammer?

Cindy oder Sindy?

Kleinkinder erbringen beachtliche Leistungen, begleitet meist von einem Lächeln oder Lachen. Mit ihrer Welt kämpfen sie weniger, als dass sie mit ihr spielen. Eifer haben sie trotzdem, sie zeigen Aufgeschlossenheit, Zielstrebigkeit, Direktheit. In der digitalen Welt sind sie wohl die digitalsten Wesen überhaupt: ja–nein, so oder so, gefällt–gefällt nicht, lustig–weniger lustig, wach sein oder schlafen wollen. Sie sind jetzt auf dem besten Weg, richtig starke Menschen zu werden. Sie haben jetzt Vertrauen zu den Menschen um sie her und zu den Verhältnissen, weil jeder Rücksicht nimmt.

Das wird sich ändern.
Das wird sie verändern, die kleinen Menschen, die große werden könnten.

Noten sind »old school«

1991 hatte kaum jemand von uns schon einmal den Begriff »Internet« gehört.
1996 besaß kaum jemand von uns eine E-Mail-Adresse, und Mobiltelefone waren ein Luxusspielzeug oder Statussymbol technikverliebter Geschäftsleute.
2001 war der Short Message Service, SMS, noch ein kostenloser Zusatznutzen in den Mobiltelefonnetzen; derart uninteressant, dass überwiegend Jugendliche ihn nutzten.
2003 haben zwei schwedische Jungunternehmer eine Idee: Telefonieren im Netz müsste kostenlos sein – irgendwie. Sie tüftelten eine Software aus, die sie »Sky peer-to-peer« nannten, der Einfachheit halber abgekürzt »Skype«.
2005 gründen in Kalifornien drei ehemalige PayPal-Angestellte die virtuelle Videoplattform YouTube, auf der Menschen aus aller Welt selbst produzierte oder kopierte Clips einstellen können. Im November des darauffolgenden Jahres kauft Google das Unternehmen für 1,65 Milliarden Dollar. (Einen Monat zuvor hatte sich Ebay Skype einverleibt.)
2007 bringt der Computerhersteller Apple mit dem iPhone eine schlaue Kreuzung aus Mobiltelefon und Mobilcomputer heraus, das Smartphone. Binnen vier Jahren werden mehr als 90 Millionen Geräte verkauft.
2010 legt der Computerwurm Stuxnet iranische Atomeinrichtungen lahm.
Zum ersten Mal in der Menschheitsgeschichte wurde so einem

potenziellen Feind per elektronischem Präventivschlag ein Milliardenschaden zugefügt.

2011 ist das Internet »voll«: Rund 4,3 Milliarden IP-Adressen sind weltweit vergeben, der bisherige Standard Internet Protocol version 4 ist ausgeschöpft. Kein Problem: Die Nachfolgegeneration IPv6 ist mit 340 Sextillionen neuen Anschlussnummern etwas großzügiger dimensioniert.

Nur ein paar elektronische Zeitmarken aus den vergangenen 20 Jahren, wobei die Erfolgsgeschichten von Google und Yahoo und Facebook und Twitter noch nicht einmal erwähnt wurden. Selbst ultrafixe *Digital Native*s reiben sich vor so viel Veränderungsgeschwindigkeit die Augen. Nur Deutschlands Politiker bleiben, größtenteils, ungerührt. Ja, das Internet ist schon eine praktische Sache. Man kann da irgendwie in der ganzen Welt herumsurfen und sich interessante und sogar ziemlich pikante Informationen herunterladen. Es erleichtert auch das Schreiben von Doktorarbeiten – und die Demontage des eigenen Rufes. Wie schon beim Fernsehen macht seine Nutzung die Schlauen schlauer und die Dummen dümmer. Aber was sollte diese sogenannte Netz-Wirklichkeit mit ernsthafter Bildungspolitik zu tun haben? In sämtlichen deutschen Schulen stehen doch schon Computer, viele Schulen haben, Gipfel der Modernität, sogar eine eigene Homepage.

Das Internet kann als stellvertretend für die enorme Beschleunigung unseres Alltags betrachtet werden. Praktisch in Echtzeit jagen Informationen um den Erdball, wir sind – wenn wir es wollen – rund um die Uhr »connected«, online. Viele Echtzeit-Informationen bedingen Echtzeit-Entscheidungen – Reaktionszeit: oft nur Minuten, manchmal sogar nur Sekunden; Finanzspekulationen laufen überwiegend schon voll computerisiert ab.

Ein neuer Typus Erwerbsmensch wirft seine Schatten voraus: schneller und komplexer denkend als jemals zuvor. Man kann

»dumm« sein nach Zeugnissen und doch sehr viel wissen, hinsichtlich geistiger Beweglichkeit Menschen auf »konventionellen« Arbeitsfeldern in die Tasche stecken – auf einen USB-Stick bannen.

In der Bildung ist von dieser Entwicklung wenig, eigentlich gar nichts zu spüren. Wo nicht Neigung, Interesse und Talent des Einzelnen für eine Erweiterung der eigenen »Rechnerkapazität« sorgen, hält die Schule sich zurück – nicht etwa »vornehm«, sondern schlicht ignorant. Quer durch die verschiedenen Schularten lässt der Unterricht nirgends auf die drastisch veränderten Denkanforderungen schließen. Anleitung zu komplexerem, schnellerem Denken beziehungsweise Arbeiten? Die Vision eines iCodex, einer Art nationaler Magna Charta für den Umgang mit den Auswirkungen des sich mehr und mehr ins Internet verlagernden Privat- und Arbeitslebens?

Fehlanzeige. Fast könnte man denken, irgendjemand habe auch gewisse Politikergehirne mit Stuxnet-Viren attackiert.

Die Menschheit macht gerade einen Wachstums-, vielleicht sogar einen Bewusstseinssprung. Nur Bildung bleibt »Bildung«, der alte Stiefel marschiert ungerührt weiter. Selbstverständlich wird auch festgehalten an dem schon lange vor iPad und iPhone überkommenen Notensystem. Noch immer preist die Schule das reine Auswendiglernen, aber kaum je die Fähigkeit zum Weiterdenken von Informationen. Wie nie zuvor wird offenbar, dass unser Bildungssystem über keinerlei Bewertungsskala für intellektuelle und für manuelle Kreativität verfügt.

Der Kaiser »Bildung« ist so nackt wie eh und je.

Chance und Gefahr der digitalen Lebensbeschleunigung ist, dass sich eine neue, voraussichtlich nicht von Kapital abhängige Elite bildet, deren Wirken und Entscheiden auf die gesamte Gesellschaft, auf entscheidende politische Bereiche abstrahlt. Wie könnte das Handeln von nicht zertifizierbaren, aber hochintelligenten

Menschen im weltweiten Netz keine Rückkopplungen – Auswirkungen – auf den »analog« denkenden Großteil der Bevölkerung haben?
Wie umgehen mit diesen Veränderungen, wenn die Ausgangsbasis ein ideologieüberfrachtetes, träges, veraltetes, bürokratisches System ist, wenn gleichzeitig, überall auf der Welt, der Wettbewerb der bisher reichsten und einflussreichsten Kräfte abgelöst zu werden droht von einem neuen, von Ethik und Moral ebenso wenig »belasteten« Typus Mensch?

Die größte Utopie von allen: Deutschland ohne Schulnoten?

Der höchste Anpassungsgrad ist das Vergessen aller Widrigkeiten. Wo wäre man ohne zensurenbewertete Schulbildung – die meisten von uns werden es nicht nur nie wissen, es interessiert sie schlichtweg nicht. Zu theoretisch die Frage, zu unangenehm die praktischen Auswirkungen auf eine Antwort. Noten sind das Nadelöhr, durch das ihr die Anpassungsfähigsten, die Systemtauglichsten quetscht. Verletzte Seelen kümmern keinen – die Legitimierung der vermeintlichen Geisteskräfte zählt mehr. Aber sind Noten wirklich die einzige, gar zuverlässigste Möglichkeit, Bildungserfolg zu messen? Was ist das für eine Bildung, die sich herumdrückt mit Punkten und Halbnoten statt klaren Worten: Das kannst du besser – geh hier nochmal drüber – hast du *das* schon versucht?
Einmal alle Fantasie zusammengenommen: Ist es denkbar, dass die wichtigste Volkswirtschaft in der EU ein Schulsystem konzipiert, das endlich ohne die zahllosen »Zufälligkeiten« von Schulnoten auskommt, vergleichbar den Montessori-Schulen, die bis zur achten Jahrgangsstufe überhaupt nicht benoten? Könnte der

(Vize-)Exportweltmeister nicht endlich die Welt mit einem anderen Geistesprodukt als den Bauplänen für einen nutzlosen Hochgeschwindigkeitszug, eine neue Variante des Leopard-II-Panzers, ein noch tiefseetauglicheres U-Boot erfreuen? Könnte an einem neuen, notenlosen, aber niveauvollen deutschen Schulwesen die Welt nicht doch noch genesen? Gewiss nicht nur junge Männer mit Bürstenhaarschnitten und zuckenden rechten Armen würden sich über so viel neue deutsche Dominanz freuen.

Ulrike Kegler, Direktorin der Montessori-Gesamtschule in Potsdam, in einem Gespräch mit *familie.de:* »Noten sind primitive Werkzeuge, die nichts aussagen, außer dass sie Ranglisten erstellen. Noten sortieren Kinder und machen sie zu Konkurrenten. Je kleiner sie sind, umso schädlicher wirkt sich das aus ... Ich habe noch kein Kind erlebt, das nicht lesen lernen wollte. Das wollen sie alle. Aber wenn schon in der ersten Klasse lachende oder weinende Gesichter in die Hefte gestempelt werden, obwohl sich alle gleich viel Mühe geben, dann bringt das nur Konkurrenz, Frustration und Misserfolgserlebnisse.«

Noten sind das Controlling der Schüler und Studenten in Deutschland, das willkürlichste Disziplinierungsmittel eines jeden Lehrers.

Hochglanzlackiert als vermeintliche Leistungsanreize und geistige Standortbestimmung, gelten sie als weltweit akzeptierte Bildungswährung. Selbst wenn ein solches (Heim-)Zahlungsmittel einer sich demokratisch und frei wähnenden Gesellschaft nicht würdig ist. Man weiß es nicht mehr anders: *Bewertungen »müssen« sein; überall wird doch benotet; ohne Anreiz keine Leistung; Unterschiede müssen sein; nur Konkurrenz bringt die Besten an die Spitze.*

Alles Ausreden, Beschwichtigungen, Umschweife.

In einer mündlichen Prüfung würden sie bestimmt schlecht benotet.

Es ist so weit: Das Abenteuer Bildung beginnt, aber staatlicherseits.

Bei jeder Einschulung kann man sie beobachten, die tapfer lächelnden Mütter und Väter, wie sie ihre schultütenbewehrten Kinder über die Schwelle des Schulgebäudes entschwinden sehen und dabei eine Träne verdrücken.

Oder nein, oftmals weinen sie ja wirklich, die Eltern dieser kleinen, noch so sehr eindeutigen Menschen. Sie weinen zu Recht, schließlich haben sie sich jede Mühe mit ihnen gegeben, schließlich sind sie selbst einmal zur Schule gegangen. Nur zu gut wissen sie, dass mit dem ersten Schultag tatsächlich die Kindheit enden *kann*. Wo der vielbeschworene Ernst des Lebens beginnt, hat die Eindeutigkeit ein Ende: Halt, dies ist die Schule! Achtung, alles, was die Kinder von nun an sagen, tun oder lassen, *wird* gegen sie verwendet werden. Dies ist die Schule, dies ist das Leben von acht bis fünf sowie auf einer Skala zwischen eins und sechs. Viel mehr Himmel und Hölle lässt sich zwischen diese Zahlen nicht packen.

Wir übergeben dem Staat unsere Kinder in ihren kostbarsten, formbarsten Jahren, doch wie wenig wird der Staat *seiner* Verantwortung gerecht.

Wie dreist nutzt er unsere nie genug scheinende Fürsorge für seine Zwecke aus, verpasst uns ein schlechtes Gewissen, so dass wir uns ständig fragen: Tun wir genug für unsere Kinder; müssten wir sie nicht zu noch mehr »Bildung« anhalten, ihnen noch mehr »Möglichkeiten« bieten? Wie wenig Zeit gönnt ihnen die Schule zum Innehalten, zur Reifung, zum Nachdenken; wozu der künstliche Druck, die Hast? Damit, wer seine Kindlichkeit nie ausleben darf, kindisch wird und es lange, lange bleibt, wie sich bei immer mehr »Erwachsenen« beobachten lässt?

Wissensspezialisten, nicht anderes züchtet das deutsche Bildungssystem, wo wir doch dringend mehr Lebensgeneralisten bräuchten; die quirligsten Geister lässt es chancenlos zurück, um nur ja genug Langweiler der »Eliten« an die Spitzen *ihrer* Strukturen zu hieven.

So viele junge Bäumchen.
Sie sollen durchaus wachsen dürfen, sogar austreiben. Aber zurechtgestutzt werden sie trotzdem. Ihre Mamas und Papas erinnern sich zu gut. Deshalb fließen am ersten Schultag Tränen.
Ich glaube, bei mir werden sie auch fließen.

Genug ist nicht genug:
Bildung, das 100-Milliarden-Desaster

> Ich war natürlich blöd gewesen und hatte mir die falschen Eltern ausgesucht. Was bringt es schon, auf die Welt zu kommen, wenn einem nicht umgehend der Silberlöffel in den Mund gesteckt wird? Meine Erzeuger ignorierten zudem das elementarste Gebot der Vernunft und unterließen es, mir wenigstens jene Art von Intelligenz in die Wiege zu legen, die den Gründer von Facebook auszeichnet. Weshalb ich die Sorte Mensch geworden bin, mit der ich nun wirklich gar nichts zu tun haben mag: lumpige Arbeiterklasse.
>
> *Der indische Schriftsteller Kiran Nagarkar*
> *in der* Neuen Zürcher Zeitung (22. 2. 2011)

> Erkenntnis macht frei, Bildung fesselt, Halbbildung stürzt in Sklaverei.
>
> *Wilhelm Raabe*

Was bisher geschah: Nachdem es in der Bundesrepublik Politik und Wirtschaft gelungen war, so ziemlich alle veränderungswilligen und -fähigen Persönlichkeiten – sogenannte Querdenker – von den Futtertrögen wegzuätzen, blieb den beiden Gegenkräften der Demokratie nur noch ein einziger wirklicher Gegner: das sogenannte Volk. Einen Narren gefressen haben die Herrschenden an den IDIOTEN MADE IN GERMANY. Dieses in seinen Ansprüchen und Möglichkeiten schon ziemlich weit zurückgedrängte Menschenreservoir hatte urplötzlich die Eigenschaft entwickelt, sich nicht an die ständig enger gezogenen Begrenzungen halten zu wollen. Mit viel Aufwand mussten stets neue Zwistigkeiten zwischen seinen einzelnen Gruppierungen erzeugt werden, etwa zwischen dem Mittelstand, der inzwischen gar nicht

mehr besonders »mittel« war, sondern nur noch nicht ganz so arm wie die tatsächlich Armen im Land, und ebendiesen tatsächlich Armen. Die immer weiter vorangetriebene Spaltung war nötig geworden, um zu verhindern, dass die IDIOTEN aus dem einen Lager sich mit denen aus dem anderen verbünden, sie gemeinsam ihr Los erkennen und dann –
Bitte keine Geschichten und Ahnungen von Umstürzen und Revolutionen. Nicht in Zeiten, in denen sich die arabischen Völker fast im Wochentakt zu befreien versuchen.
Wir haben doch alles, uns geht es doch gut; das ist doch überhaupt kein Vergleich.
Der Umbau dessen, was man einmal Solidargemeinschaft nannte, zu einer Jeder-gegen-jeden-Gesellschaft beschäftigt die IDIOTEN aller Farben so sehr, dass sie das offen zutage liegende Ziel der herrschenden Politik kaum mehr erkennen: den Umbau Deutschlands zu einer Neun-Zehntel-Gesellschaft. Auf neun IDIOTEN – teils zu Niedriglöhnen erwerbstätig, teils auf niedrigstem Niveau alimentiert – kommt ein Reicher oder in seiner Erwerbstätigkeit Privilegierter. Dazu wird es erforderlich, statt dem bisherigen Popanz Geld, das aufgrund hemmungslos gedruckter Banknoten bald wertlos sein wird, einen neuen, immateriellen Wert als statustaugliches Unterscheidungsmerkmal zu etablieren: die Luftspiegelung namens »Bildung«.
Man kann die Sache so sehen: Nicht einmal fünf Prozent seines Bruttoinlandsproduktes wendet Deutschland für Bildung auf. Solch unterschiedlichen Ländern wie Island, den USA, selbst dem kleinen Dänemark ist die Zukunft ihrer Jugend jeweils mindestens sieben Prozent wert – der Export-Vizeweltmeister erbringt Bildungshöchstleistungen eben nur auf dem Gebiet der Ankündigung. Die Bildungsaufwendungen, heißt es, würden nun jedes Jahr steigen, und die Kinder von Hartz-IV-Empfängern würden dabei nicht vergessen. Das stimmt sogar: Sie kriegen *Bil-*

dungsgutscheine fürs Schwimmbad und fürs Museum; Mutter von der Leyen will sogar für eine warme Mahlzeit in der Schule sorgen. Wie, wann und womit, hat sie bisher für sich behalten.

Man kann die Sache auch so sehen: Es geht gar nicht um ein paar BIP-Prozent, es geht um eine einzige große Täuschung. Politik und Wirtschaft spielen auf Zeit. Sie hoffen auf die demographische Entwicklung. Ihre Chance wittern sie in dem seit langem absehbaren Geburtenrückgang. Bis zum Jahr 2020 wird das Schulsystem zwei Millionen Schüler weniger verkraften müssen. Dann dürfen Bund und Länder auf Einsparungen in Milliardenhöhe hoffen. Diese knapp zehn Jahre, eine ganze Schülergeneration, gilt es durchzustehen. Mit Versprechungen, mit einzelnen »Projekten«, vor allem mit geschwind wechselnden Verantwortlichen. Keiner will's, keiner soll's gewesen sein. Und wenn schon: Norbert »Die Rente ist sischä« Blüm und Theo »Der Euro ist stärker als die Mark« Waigel sind noch immer gern gesehene Gäste in Talkshows. Eine wirkliche Bildungsreform ist so wenig in Sicht wie eine wirkliche Gesundheits-, Steuer-, Pflegeversicherungs- oder Arbeitsmarktreform. Mit der allgegenwärtigen Forderung nach lebenslanger Bildung – gemeint ist mitnichten das Streben nach Hochkultur und Wissenschaft – wird ein Dauerzustand nicht des Lernens, sondern nur eines lebenslangen Daseins als Schüler propagiert. Hänschen wird sich nie zu Hans mausern; nimmermehr wird das Bübchen auslernen und als Erwachsener zu betrachten sein. Sich bis ins immer höhere Rentenalter sagen lassen müssen, was gut und richtig ist, hält die Erwartungen niedrig und dämpft den Ehrgeiz.

Währenddessen vergeht die Zeit.

Die asiatischen Länder bringen Hunderte Millionen junger Leute ins Berufsleben, darunter sicher ein paar hunderttausend geniale Köpfe, schon rein statistisch. Mit Deutschland fällt aber auch Europa zurück, weil fast jedes Land der Eurozone mit massiven wirtschaftlichen Problemen zu kämpfen hat: Angela Merkel hat über unsere Verhältnisse gelebt, und wir IDIOTEN haben unter unseren Möglichkeiten gewählt. So schließt sich der Teufelskreis: Innovationskraft gebremst, Denkernachschub reduziert, Emporkömmlinge kaltgestellt, die Menschen nicht auf kommende harte Zeiten vorbereitet, die Staatsfinanzen ruiniert – Asien braucht überhaupt kein Wirtschaftswunder, sondern einfach nur Geduld. Nicht die ungebildeten Muslime des Thilo Sarrazin schaffen Deutschland ab, unser leider nur total verschulter, aber keineswegs gebildeter Nachwuchs wird das erledigen. Um das Land von Grund auf zu modernisieren, brauchen wir nicht an maschinenhaftes Lernen gewöhnte *High Potentials,* sondern selbstbewusste und denkende Menschen. Wir haben die Wahl, sie aus unserer Mitte hervorzubringen oder sie, mit nicht absehbaren sozialen Folgen, aus allen möglichen Ländern zu importieren: Sklavenhandel auf höherer geistiger Ebene. Kurzum: Eine vielhundertköpfige Politiker- und Wirtschaftskaste hat die Malaise »Deutschland 21« angerichtet – Millionen protestierender IDIOTEN und Zehntausende originelle Köpfe werden nötig sein, um Land und Demokratie wieder auf Vordermann zu bringen.

Binnen eines Jahrzehnts wurden die Deutschen von ihrer – angeblichen – Selbstbedienungsmentalität auf eine Selbstzahlermentalität umgepolt: Praxisgebühr, Riester-Rente, Studiengebühren. Zuzahlung hier, Zuzahlung dort. Klingt zunächst einleuchtend: Wer mehr will, soll mehr zahlen. Beim Auto kosten Extras schließlich auch Aufpreis. (Bis weit in die 1980er Jahre waren bei deutschen Autoherstellern »Wunschausstattungen« wie ein rechter Außenspiegel, eine Fünfgangschaltung oder Türkontaktschalter für die Innenbeleuchtung nur gegen Aufpreis erhältlich.) Weil Schule nur indirekt und mit erheblicher Zeitverzögerung zum Bruttoinlandsprodukt, erst recht zum hierzulande vergötterten Wachstum beiträgt, ist Bildung in Wirklichkeit ein politisches

Stiefkind. Wir haben – im europäischen Vergleich – die am schlechtesten ausgebildeten, übrigens trotzdem am besten bezahlten Lehrer. Abitur als einzige Studienvoraussetzung reicht; Eignungsprüfungen hinsichtlich Persönlichkeit und Charakter könnten ja gegen die Freiheit der Berufswahl verstoßen. (Unfug: Arzt oder Raketentechniker kann auch nicht jeder werden.) Die Professoren an den Universitäten sind an Fachwissen, nicht an den Führungsqualitäten der künftigen Lehrerschaft interessiert – Akademiker eben. Während ihrer Referendarszeit müssen sich darum die Theoretiker erst mal ein wenig Praxis aneignen: Unterricht vor Kindern, wie geht'n das?

Erst die Alten, Armen, Kranken – jetzt die Schüler und Studenten

Wann immer Politiker von Bildung oder Schule reden, reden sie von Geld. Nie ist von Gemeinschaft die Rede, von wechselseitiger Hilfe, von Lernspaß. Bildung soll nicht Spaß machen, sie soll sich endlich rentieren. Dazu muss in der Bevölkerung die Vorstellung von Bildung komplett umgedreht werden: Bildung für alle geht schon mal nicht; wir sind schließlich nicht alle gleich. Wer auf dem Gymnasium nicht sofort »funktioniert«, kann gleich wieder in seinen Koben zurückkehren. Hilfe kriegt nur, wessen Eltern sie sich leisten können. Bildung billig, das läuft nicht. Was gut ist, kostet; was besser ist, kostet mehr.
In anderen Lebensbereichen zeigt diese Begriffsumwidmung bereits Wirkung.
Der Jugendwahn der jüngsten Alten aller Zeiten ist keineswegs nur auf die Sehnsucht nach einem möglichst lebenslang knackigen Äußeren zurückzuführen. Es will schon deshalb niemand mehr »alt« aussehen, weil inzwischen jeder weiß, was den Alten

blüht: Sie werden unsichtbar gemacht. Man schiebt sie ab in überwiegend kommerzielle Pflegeheime, wo angelerntes, unterbezahltes Personal keine Zeit für sie hat. Desgleichen die Arbeitslosen: Wer in einer Konsumgesellschaft nicht genügend Spielgeld auf den Tisch werfen kann, vegetiert besser in Unauffälligkeit dahin. Die Alten wie die Armen in anderen Ländern tragen meist bunte Kleidung. Bei uns tarnen die Ausgestoßenen sich mit den Tönen Rentnerbeige, Pensionistengrau und Hartz-IV-Anthrazit. Früher wurden Behinderte auf diese Weise versteckt.

Heute sind es die Mittellosen, die am Erwerbsprozess nicht mehr und am Konsum nur bedingt Teilnehmenden. In der Schule ist es genauso. Man vergleiche nur die architektonischen Unterschiede zwischen Gymnasien und Hauptschulen. Der Klassenkampf tobt bis hin zu Schnitt und Stoffqualität der Lehrerbekleidung.

Bloß gut, dass die Ersatzreligion »Bildung« ihren Ablasszettel gleich mitbringt.

Natürlich kann, wer über genügend Geld verfügt, seine Kinder vor *mit Ausländern durchsetzten Klassen* bewahren; man hört ja so viel. *Natürlich* lässt sich der Durchmarsch von der Grundschule aufs Gymnasium bis hin zum Abitur planen und finanzieren; »richtig« geführte Internate garantieren geradezu den gewünschten Abschluss. Und *natürlich* wirken private Universitäten oder Business Schools nur zu gern den Rest des ersehnten Bildungswunders.

Weiterer Vorteil: Bei den »Privaten« sind die Netzwerke schon miteingebaut.

Wer auf dem richtigen Schloss die Schulbank drückte, kann sich später auch als kompletter Berufsversager sein Lebtag durchschnorren, sogar weltweit. Ehemalige halten zusammen wie Studentenschaften.

Uns IDIOTEN wird gerade der Lernprozess gemacht. Wir lernen, dass Griechenland, Irland, Portugal, Spanien und Italien praktisch pleite sind. Dass folglich »wir« für »die« zahlen müssen, damit sie sich die Zinsen unserer eigenen Banken leisten können. Macht uns das insgeheim stolz? Der reiche Onkel zieht seine Brieftasche zwar nicht gern aus dem Jackett, aber ein Seufzer der Befriedigung entringt sich seiner Brust, wenn er an seine eigene Gutherzigkeit denkt: Füttere ich so viele durch, kommt's auf die oder den auch nicht mehr an. Den »Bildungs«-Wahn kann die gefühlsgeladene Euro-Diskussion nur beflügeln: Wenn unsere Kinder jetzt nicht pauken, was das Zeug hält, fliegt ihnen die Zukunft vollends um die Ohren. Und die ist umsonst nun einmal nicht zu haben.

So könnte sich bald alles wieder einpendeln. Wir werden weiterhin unsere Kinder möglichst aufs Gymnasium drängen, denn Hauptschulabschluss? Oder dieser Trostpreis namens Mittlere Reife? Bachelor und Master haben die kluge neue Welt schon vorweggenommen: Studium light und Studium de luxe werden sich in der Arbeitswelt – und damit in der Bezahlung – niederschlagen. Während alle IDIOTEN im Land wenig verdienen, erhalten die »mit« eben *ein wenig* mehr. S-Klasse-Mercedes und 7er BMW sind ja auch mit *sparsamen Sechszylinder-Aggregaten* erhältlich. Es muss nicht immer Kaviar sein, Seehasenrogen tut's ebenfalls (Handelsbezeichnung »Deutscher Kaviar«). Warum sollen künftig nicht auch »Standard«-Akademiker ein Leben auf Boheme-Ebene führen? Wenn man sich ein bisschen einschränkt. Hauptsache, man hat sein Papier.

Hauptsache, man ist auf »Bildung« hereingefallen.

Aber die Zwölfzylindermenschen sterben nicht aus.

Die paar hunderttausend wirklich noch gut bezahlten Positionen im Land kriegen, mehr denn je, nur noch jene, deren Eltern sich das ganze »Bildungs«-Programm leisten konnten. Wer schon als Kind nicht am Katzentisch essen musste, braucht auch künftig nicht zu fürchten, als IDIOT zu enden. Für alle anderen gilt: Macht die Sache bitte unter euch aus, auf dem Schulhof, im Jobcenter. Bei *Anne Will* auf dem »Wir-haben-da-jetzt-noch-einen-Gast-Sofa. In den Asozial-Sendungen von RTL, ProSieben und Sat1. Der Trend zur privatfinanzierten Bildung bedeutet: 50-Prozent-Arme profilieren sich gegen 100-Prozent-Arme, Master schaut herab auf Bachelor, dieser auf Hartz IV, Jobinhaber auf Jobsuchende. Auf die Idee, dass sie alle miteinander gelinkt werden und diesen Zustand nur gemeinsam ändern können, kommen sie erst gar nicht.

Wenn einst galt, dass der Tod »ein Meister aus Deutschland« ist, wie der jüdische Dichter Paul Celan so bedrückend in seiner *Todesfuge* schrieb, so ist dieser deutsche Meister heute die Missgunst. Eine Schicht gönnt der anderen ihre Misere nicht; man selbst sitzt zwar ebenfalls auf Kohlen, aber diese Kohlen sind eben hochwertigere als die der anderen.

Alice Schwarzer wird es noch bereuen, so viel Lebenszeit mit der Prozessbeobachtung von Wetterfröschen und anderen PR-Aktionen von *Bild* vergeudet zu haben. Wo sie doch gebraucht wird: Bald wird es in Deutschland wieder so sein, als hätte es – die unbedingt von Alice erfundene – Emanzipation der Frau nie gegeben. In der deutschen Berufswelt hat ja noch nicht einmal ihre berufliche Selbstbefreiung begonnen.

Seit etwa der Jahrtausendwende werden in den Medien vermehrt die hervorragenden Leistungen weiblicher Schüler herausgestellt. So sehr legten sie sich ins Zeug, dass bereits eine Verschwörung gegenüber männlichen Schülern gewittert wird: Sind nicht zu viele Grundschullehrerinnen im Einsatz, welche die Jungs vom ersten Schultag an verweichlichen? (Als ob, umgekehrt, Grundschul*lehrer* die Mädchen vermännlichten.) Wird nicht allenthalben *zu viel* Rücksicht auf das Fortkommen von Schülerinnen und Studentinnen gelegt – so sehr, dass ihre Leistungen klar denen des anderen Geschlechts überlegen sind?

100 Milliarden Euro pro Jahr für »Bildung« in Deutschland, das bedeutet – rein rechnerisch – 50 Milliarden für das weibliche Geschlecht. Und dann das: Eine McKinsey-Studie von 2010 besagt, dass in Deutschland nur ganze zwei Prozent aller Vorstandspositionen in den 100 größten Unternehmen von Frauen besetzt sind; damit teilt sich die Bundesrepublik einen blamablen Platz mit Indien. Lediglich bei Siemens und Eon wurde damals jeweils eine einzige Frau im Vorstand ausgemacht. (Seither kamen zwar zwei dazu, je eine bei Siemens und SAP, was an der Quote allerdings nichts geändert hat. Sie liegt nach wie vor bei lediglich zwei Prozent.) Zum Vergleich: Schweden bringt es auf einen Frauenanteil von 17 Prozent, USA und Großbritannien auf jeweils 14 Prozent. Obwohl also auch diese Länder weit von Geschlechterparität entfernt sind, fragt man sich, wozu Schülerinnen sich so viel Mühe geben, wenn 98 Prozent der deutschen DAX-Vorstandsjobs ohnehin unter Menschen mit Y-Chromosom aufgeteilt werden.

Die genannten zwei Prozent drücken indes einen noch viel größeren Missstand aus. Frauen, bedeutet das, sind an der Findung und Durchsetzung von Entscheidungen, etwa in Großunternehmen, so gut wie überhaupt nicht beteiligt, mindestens aber unterrepräsentiert. Überwiegend, fast ausschließlich sind es Männer, die in der Führungsebene das Land bewirtschaften und verwalten. Von demokratischen, die Geschlechter einigermaßen gleich beteiligenden Prozessen kann in deutschen Konzernen kaum die Rede sein – »Bildung« was here.

Dabei gibt sich die Politik alle Mühe, gemeinsam mit den »Qualitätsmedien« die Wirklichkeit anders aussehen zu lassen. Geistige Werte gegen materielle ausspielen, sich selbst ein X für ein U vormachen, dafür müssen jedes Jahr Tausende Fernsehminuten und Hunderte von Zeitungsartikel sorgen. Unkritische beziehungsweise willfährige Journalisten »heben« solche Beiträge in ihre Sendungen und Blätter, stellen sie auf ihren Webseiten groß heraus. »Bildung« wird zum Nachfolger so erfolgreicher Massentäuschungen wie »der Russe« (Kalter Krieg) oder die »Lustseuche« (Aids), wie der angeblich allgegenwärtige islamistische Terrorismus oder die »Migranten« – wann beginnt die Jagd auf ungebildete Landsleute?

100 Milliarden Euro pro Jahr – nur Tschechen und Italiener geben, gemessen an ihrem Bruttoinlandsprodukt, noch weniger Geld für Bildung aus. Gerade mal 4,7 Prozent, nicht einmal ein Zwanzigstel unserer nationalen Wertschöpfung. In Bund und Ländern wird heftig gestritten, ob es mittelfristig nicht 20 oder 30 oder 50 Milliarden mehr bräuchte; manche verlangen sogar eine Verdoppelung.
Dabei lenkt die Diskussion um mehr Geld nur vom Kern des Problems ab.
Mit Geld allein lässt sich Europas ungerechtestes Schulsystem nicht sanieren. Wir brauchen nicht unbedingt mehr Knete, wir brauchen zunächst nur mehr Grips, schwer genug. Und als Erstes brauchen wir einen entsprechenden politischen Konsens: Weg mit der Schüleraufteilung, her mit der Gemeinschaftsschule – Ende der Diskussion, wetten?

Die Aufsplitterung der Gesellschaft erhält die Eliten

Wie kein anderes Land unter den führenden Wirtschaftsmächten zerstört die Bundesrepublik mit ihrer Schülerselektion derart viele Bildungschancen und damit Karrieren. Vielen, die durchaus mehr erreichen wollen und auch könnten, bleibt der Besuch eines Gymnasiums, in Folge das Studium verwehrt. Andere unterdessen, die womöglich wenig Neigung zu Bildung zeigen, werden durch das System geschleust – der höhere Status der Eltern »erzwingt« es, ihre bessere finanzielle Ausstattung ermöglicht es. Die Universitäten sind voll von Weiß-nicht-so-recht- und Irgendwas-muss-man-ja-machen-Studenten, weil in Deutschland das Sozialprestige erheblich von der Schulbildung, kaum aber von den wirklichen Neigungen und Fähigkeiten des Einzelnen abhängt. Jährlich verlassen 55 000 Studienabbrecher die Unis – ein weiterer Schandfleck in der deutschen Bildungsbilanz.

Die Eliten im Land haben sich das Hochschulstudium zu einer wahren Pflichtübung, zur intellektuellen Rolex-Uhr hochgeredet. Statt der Stahl-Ausführung Bachelor bevorzugen Gesellschaft und Wirtschaft Gold: Der Master muss es sein, am besten – da limitiert – mit dem krönenden Doktor-Grad. Dem mutmaßlichen Bonus der Spitzenqualifizierung steht jedoch automatisch der Malus der Niedrigqualifizierung gegenüber: Wenn die einzig gängige Bildungswährung das Abitur ist, haben zwangsläufig Menschen mit »nur« Mittlerer Reife oder Hauptschulabschluss Zahlungsprobleme; wenn akademische Spitzenleistungen nur noch von Menschen aus reichem Haus erbracht werden *dürfen,* haben wir ein Problem mit dem Demokratieverständnis.

So drängt alles aus den »niederen« Schulformen heraus und möglichst weit nach oben, in die Gymnasien. Dieser Intelligenzabfluss wirkt sich spürbar auf die buchstäblich zurückgebliebenen Schüler und damit auf die Unterrichtsdynamik aus. Klar auch, dass in einem dreigeteilten Schulsystem jene Stufe am meisten Mittel erhält, die als die »wertvollere«, zumindest als die am meisten bevorzugte gilt. Ebenso klar, dass die unterste Stufe sich folglich mit dem Nötigsten und oft noch weniger zufriedengeben muss. Mehr Geld heißt dabei nicht bloß schönere Schulräume sowie moderne statt veralteter Einrichtung. Mehr Geld bedeutet auch mehr und besser qualifizierte Lehrkräfte, die ja, verständlich, genauso auf höheren Status und höheres Einkommen achten. Bildung nach Gutsherrenart: Kein Naturgesetz waltet da, kein unentrinnbarer Teufelskreislauf spinnt die Menschen ein. Nur eine von Eliten und Politikern in Bewegung gesetzte Spirale zieht die einen zuverlässig nach oben, drückt hingegen die anderen brutal nach unten: Wir werden nicht nur immer »dümmer«, wir werden vor allem immer ungerechter.

Wir haben iPhone und iPad, Mülltrennung und Feinstaubplaketten, aber Schule funktioniert bei uns wie Wählscheibentelefon und Röhrenfernseher. Immer schneller dreht sich der Planet, aber die deutsche Wissensvermittlung lässt sich Zeit.

Vorbild für das deutsche Schulwesen sind offenbar die deutschen Autohersteller. Echte Neuentwicklungen sind in dieser Branche bekanntlich selten, das Aufpolieren alter – »bewährter« – Modelle ist an der Tagesordnung. Ein Facelifting hier, eine weitere Modellvariante da, ein wirklich erschwingliches, sparsames, umweltfreundliches Fahrzeug zum vernünftigen Preis hingegen, das bringt die Creme unserer Ingenieure nicht zustande.

Dabei spreizt sich Ferdinand Piëch, der sinistre Aufsichtsratschef der Volkswagen AG, bei jeder Gelegenheit mit der angeblichen technischen Überlegenheit »seines« Konzerns. In einem Interview mit der *Frankfurter Allgemeinen Zeitung* vom 20. 9. 2010 barst er schier vor Selbstbewusstsein: »Wir haben im Konzern 23 000 Entwicklungsingenieure. Die bringen jeden Tag mindestens zehn neue Ideen. Das ist eine enorme Kompetenz, darauf kann man setzen. Wir sind deshalb auch so selbstbewusst und sagen: Wir beanspruchen die Technologieführerschaft in der gesamten Branche.«

Die deutsche Bildungspolitik tut ja auch das Menschenmögliche, um Volkswagen und dem Rest der rein auf Technologie versessenen Großindustrie so viele Technokraten wie möglich zuzuführen. *Rechne:* Wenn pro Tag 23 000 Piëch'sche Daniel Düsentriebs gerade mal zehn neue Ideen (der Chef sagt »mindestens«, also sagen wir: elf Ideen) ausbaldowern, wie hoch oder vielmehr wie kläglich niedrig ist dann der Wirkungsgrad jenes Zerknalltreiblings namens Wolfsburg?

Denn diese 23 000 Ingenieure im Volkswagen-Konzern – forschen und tüfteln sie wirklich allesamt unablässig an Technikinnovationen? Wäre es so, wir hätten schon seit wenigstens einem Jahrzehnt die Brennstoffzelle unter der Motorhaube. Stattdessen spielen wir der Atom-Lobby in die Hände, indem wir uns sehnlichst die Innenstädte voller Elektroautos wünschen. Wo soll der Strom dafür herkommen, aus welchen – immer rarer werdenden – Rohstoffen werden ihre Batterien gefertigt?

Es wird bei Volkswagen wie fast überall in der deutschen Wirtschaft sein: Man will kluge Köpfe, aber keine kritischen Geister. Geschätzte 10 000 Ingenieure kitzeln aus dem Golf jeweils auch die Ableger für Audi, Seat, Skoda und demnächst Porsche heraus. Weitere 10 000 stöpseln Zylinderreihe um Zylinderreihe an den uralten, immer gleichen Vierzylinderblock, der Piëch als Adamsrippe für seine 1000-PS-Monstermotoren dient. Die verpflanzt er in seine Luxusspielzeuge Phaeton, Bentley, Lamborghini, Bugatti und Porsche: Acht-, Zehn-, Zwölf- und 16-Zylinder; Legostein-Aggregate für die Saus-und-Braus-Elite.

Und die restlichen 3000 VW-Technik-Freaks?

Die dürfen den in Grund und Boden gefeilschten Zulieferern klarmachen, wie das ökonomische Prinzip in das Prinzip Großserie zu übersetzen ist: Wo genau sind die Sollbruchstellen anzubringen, damit ein Motor, ein Getriebe, ein Fensterheber ja nicht länger als nur so und so viele Kilometer – alternativ: Jahre – hält; wie lassen sich Produktvergreisung und Modelllebenszyklus möglichst effektiv miteinander verzahnen; wie finden Immerbilliger (für das Werk) und Immer-teurer (für den Kunden) zusammen?

Eine ebensolche Material-, nein: Menschenschlacht leistet sich, im Auftrag der Wirtschaft, das deutsche Bildungssystem. Ganze

Jahrgänge junger Leute siebt es aus, als wären Schulen und Universitäten die Rekrutierungsabteilungen von VW-Chef Martin Winterkorn, von BMW-Boss Norbert Reithofer, von Ford-Deutschland-CEO Bernhard Mattes oder von Opel-Chairman Nick Reilly. Wirklich gefragt sind eigentlich nur Dipl.-Ing.-/BA-Technokraten, Master-Bürokraten und BWL-Automaten. Junge Leute mit viel Hirn und hoher Leistungsbereitschaft, aber niedrigen Gehaltsvorstellungen und wenig Neigung zu Unabhängigkeit, sonst kann man sich den Nachwuchs gleich aus dem Ausland kommen lassen. (Als ob »fremdländische« Intelligenz scharenweise ins zunehmend ausländerfeindlich werdende Deutschland strömen wollte.)
Welch eine Verschwendung: Aus 100 Milliarden Euro quetschen wir ein bisschen Bildungs-»Elite«, und selbst die versickert, Jahrgang für Jahrgang, in der Old-Business-Industrie wie dem Blechschachtelbau von Herrn Piëch. Ist es wirklich so erstrebenswert, bei VW auch noch die siebte und achte Golf-Generation aufs Band setzen zu helfen? Vor lauter Innovation ist das Package des »Technologieführers« immer das gleiche: schwachbrüstige Vierzylinder-Benziner für die teuren, mehr als eine Tonne schweren »Einstiegsmodelle« (aufpreispflichtig auch im 21. Jahrhundert: Uni-Lackierungen wie »tornadorot«), dazu die beim Golf typische, überbreite und somit gefährlich sichtmindernde C-Säule, weiters das von den Produktplanern kleingekürzte und vom Controlling nochmals zusammengestutzte Interieur.
... jeden Tag mindestens zehn neue Ideen ...
Liebe Kinder in der Schule: Bitte nicht nachmachen!
Ja, aber der Hybrid! Und das Elektroauto, das Wasserstofffahrzeug – dafür werden doch jede Menge kluge Köpfe gebraucht!
Stimmt nicht.
Die Industrie saugt einfach nur die talentiertesten Tüftler für ihre unsinnigen Playmobile ab. Sind Deutschlands Gebrauchtwagen-

halden vollgeparkt mit überteuerten Leasingrückläufern, muss eine neue Abwrackprämie, müssen seitens der Politik neue »Entwicklungsanreize« her, oder die Karawane zieht, erpressungshalber, weiter. Deutsche Aluräder müssen rollen für Absatzsiege an für den Heimatmarkt irrelevanten Verkaufsfronten in China, Asien, Indien und Russland. Da werden unsere Kinder weiter mit geistigen »Basismodellen« als Lehrer vorliebnehmen müssen, wenn jeder IDIOT glaubt, allein in Technikberufen liege das Heil. Unsere 16 Bildungsminister werden wissen, warum Piëch & Co. die Unis abgrasen dürfen, während an den Schulen Bildungsnotstand herrscht.

Aus Deutschland kommen noch immer hochbegabte Ingenieure, aber leider keine *Konstrukteure* mehr. Gottlieb Daimler und Carl Benz, August Horch und Carl Borgward, Ferdinand Porsche und Felix Wankel sind lange tot.

Ferdinand Piëch ist auch schon Jahrgang '37 – und außerdem Österreicher.

Nicolas Hayek selig, den Erfinder der *Swatch*-Uhren und geistigen Vater des *Smart,* hat er einst kleingekriegt, ebenso den fantasievollen Daniel Goeudevert, den rücksichtslosen Wolfgang Bernhard (wirkt seine Sparwunder jetzt wieder bei Daimler), den machtgierigen Porsche-Spekulanten Wendelin Wiedeking, den glücklosen Rover-/Rolls-Royce-Aufkäufer Bernd Pischetsrieder, um nur ein paar Top-Manager aus dem VW-Zielscheiben-Lotto zu nennen. Piëchs Biograph Jürgen Grässlin zählt 32 weitere Vorstandsopfer. Was uns Schule und Universität als Innovatoren übrig lässt, muss sich vor anderen früh gedemütigten Intriganten in Acht nehmen.

McBildung für die Masse,
Sushi-Education für die Reichen

Über 100 Milliarden Euro für Bildung pro Jahr, und wie sieht Deutschland aus! An Persönlichkeiten fehlt es in unseren Großunternehmen, an Menschen, die mit sich und der Welt im Reinen sind. An Menschen, die von Schule, Beruf und Leben nicht vollends verbogen oder vor der Zeit verschlissen wurden. An Menschen, die führen können, aber nicht verführbar sind. An Menschen, die während Schulzeit und Studium ausreichend Gelegenheit hatten, ihre Persönlichkeit zu entwickeln – solche Raritäten duldet die Industrie aber kaum je in ihren Reihen; sie muss ja schon zu einer halbherzigen Frauenquote gezwungen werden.
Deutsche Technikunternehmen brauchen fähige Techniker, aber sie wollen Erfinder, Macher, *Genies wollen sie keine.* FACH- und VOLLIDIOTEN, jeweils mit den bestmöglichen Abschlüssen, genügen vollauf. Deshalb konditioniert die Schule ja mit »Bildung« den Nachwuchs – wann hat man zuletzt aus dem Haus VW oder Porsche von einem bestimmten *herausragenden* Techniker gehört? Wer nennt drei, zwei, nur einen einzigen Namen aus den letzten zehn Jahren?
Der einzige ist Konzernaufseher Piëch höchstselbst.
Die meisten seiner Vorstands- und Aufsichtsratskollegen in anderen Konzernen denken und handeln vermutlich wie er: Bloß keine jungen Hunde. Bloß keine Konkurrenz im eigenen Haus. Oder: Bloß keine Charakterköpfe, wo IDIOTEN ausreichen.
Mit der Schule ist es nicht anders.
Auch hier bemerkt man den Stillstand, erkennt aber kaum die wahren Ursachen. Die Schule profitiert nach wie vor von diesem seltsamen traditions- und ewigkeitsbehafteten Mythos. Eisern hält der Staat fest an seinem Indoktrinationsmonopol, der Schulpflicht, und ebenso eisern unterstützen ihn dabei Eltern, die trotz

oftmals leidvoller eigener Erfahrungen an der Dreiteilung unseres Schulsystems festhalten wollen. Mehr noch: Vielen gefällt der Gedanke von »Konsequenzen« für »die Dummen«.

IDIOTEN, FACHIDIOTEN, VOLLIDIOTEN – solange sie untereinander mit sich selbst beschäftigt sind, ist alles gut. Bislang ist es ja nur etwa »Unbildung«, die die »Sushis« den »Mcs« zum Vorwurf machen. Bald aber könnten sie – natürlich rein akademisch – die moralische, ethische Frage stellen: Welche Berechtigung haben eigentlich Bürger in einer Gesellschaft, die nicht einmal über Abitur verfügen (na ja: wenigstens über die Mittlere Reife)? Sollen *auch sie* wählen dürfen, wo sie doch *sehr wahrscheinlich* die Auswirkungen ihrer Entscheidung kaum begreifen? Ist nach der erfolgreichen Ächtung der Erwerbslosigkeit (Hartz) nicht ebenso eine, sagen wir: entsprechende Einstufung der Bildungslosigkeit vonnöten, wenn *wir auch in Zukunft unseren Wohlstand sichern* wollen? Es kann doch nicht sein, dass geistig weniger anspruchsvolle Menschen von den Früchten hinreichend gebildeter Menschen leben, die sich *schon von klein auf* gequält haben: Irgendeinen Unterschied muss es schließlich geben …

Die Tendenz ist unverkennbar.

Als einem der letzten öffentlichen Bereiche zieht sich der Staat auch aus der Bildung zurück. Es zeichnet sich ab: McBildung für die Masse, Sushi-Education für die Eliten; den Einkommensschwachen die kaputtgesparte Schule, den Gut- bis Höchstverdienenden der wolkenlose Bildungshimmel. Weniger als je zuvor wird es dann auf Talent und Lernfreude des Einzelnen ankommen. Allein Herkunft und Besitz werden entscheidend sein: Die einen gehen mit gekrümmtem Rücken einher, weil sie sich »zu dumm« fühlen und ungebraucht, die anderen tragen ihre durch hohe Schulabschlüsse legitimierte »Intelligenz« wie Ehrenzeichen an der Brust.

Sie mögen nach Millionen zählen, die neuen alten Unterprivilegierten, ungebildet sein oder einfach nur dafür gehalten werden; ihr millionenfacher Unmut zählt nichts. Im Zweifelsfall werden sie einfach überstimmt.

Und obendrein ausgelacht.

Im Juli 2010 gingen in Hamburg die gebildeten Habenden gegen die ungebildeten Nichthabenden auf die Barrikaden: *Wir wollen lernen,* doch das geht nur, wenn unsere Oberstufe die unsere bleibt. Haltet uns schulische Schwächlinge und anderen Pöbel fern – länger gemeinsam lernen, mit *denen?*

Bloß keine Einheitsschule in der Einheitsrepublik – auf dass die »Bildungselite« Herkunftselite bleibe.

Dabei durfte sich ein großer Teil des »Pöbels« – oftmals Ausländer ohne Stimmberechtigung – gar nicht an dem Volksentscheid über die Verlängerung der Grundschulzeit von vier auf sechs Jahre beteiligen. Das trug den Hauptverlierern zusätzlich den Spott der Gewinner ein: Wer *zu faul* sei, für seine Rechte *von der Couch* aufzustehen und eines der 200 Abstimmungslokale aufzusuchen oder einfach per Briefwahl abzustimmen, der verdiene geradezu seine Niederlage.

Annette Schavan, Bildungs- und Forschungsministerin *aller* in Deutschland lebenden Menschen, lobte den Sieg des hanseatisch-kategorischen Neins über das plebejisch-minderzählige Ja: Dies sei eine gute Nachricht für das Gymnasium und für das Selbstbewusstsein der Bürger, zitierte das ZDF sie. Föderalismus heiße auch, Mobilität zu *ermöglichen* und für Vergleichbarkeit zu sorgen.

Denken und sprechen so hauptamtlich mit Bildung befasste Menschen?

Dass man selbst in die Tasche greifen muss, um den Seinen die bestmögliche Bildung zu finanzieren, leben uns etwa Franzosen, Briten und Amerikaner vor. Die Kinder dort lernen, dass man besser unter sich bleibt, auch als Erwachsene. Code Civil, Magna Charta, US-Verfassung, Grundgesetz – nicht erst wenn's um Bildung geht, wollen Bürger mit dickerem Geldbeutel nicht mehr gleich sein. Ihre Staaten und deren Medien tun alles, um den Teufel an die Wand zu malen.

Wie gut, dass man so ziemlich alle Probleme, erst recht in Sachen Bildung, mit Geld lösen kann. Dass sie mit ihrem Geld den eigentlichen Bildungsskandal, nämlich die Spaltung der Gesellschaft, finanzieren helfen, dieser Gedanke wird von einem anderen, übermächtigen beiseitegeschoben: für meine Kinder nur das Beste!

Für die, die es sich leisten können, ist das Thema nie eines gewesen. Die Kinder werden eben »privat« zum gewünschten Schulabschluss gebracht; alles andere möge der Rest der Bevölkerung unter sich ausmachen. Dieser Rest scheint dann auch stets die Bestätigung für das Privatinvestment Bildung zu liefern. Sieht man nicht überall an öffentlichen Schulen den Putz bröckeln? Liest man nicht ständig Frontberichte von »überfremdeten« Einrichtungen wie der Rütli-Gemeinschaftsschule in Berlin-Neukölln? (2006 hatten *Bild* und Konsorten die »Hass-Schule« mit ihrer zu 80 Prozent aus muslimischen Jugendlichen zusammengesetzten Schülerschaft als typisch für eine Schule mit Kindern fast überwiegend türkischer, arabischer und serbischer Herkunft dargestellt.)

Pech also, wer seinen Kindern nur die nächstgelegene, Obi-reife »Hass-Schule« bieten kann. Doch zum Glück sind unsere durch sich selbst Privilegierten nicht kleinlich. Warum sollten *hilfsbereite, sozial gesinnte* Eltern sich nicht zusammentun und zum Baumarkt fahren, ein paar Eimer Farbe in den Porsche Cayenne oder Audi Q7 laden, um an einem gemeinsamen Wochenende »unsere« Schule verschönern helfen – oder geht es gar nicht um das bisschen Farbe? Weil dann als Nächstes beim Computer- und

Softwarehändler vorgefahren werden müsste. Und auch gleich beim Möbeldiscounter, beim Sanitärfachhandel, beim *Dachdecker?*
100 Milliarden für Bildung, und doch ist es nicht genug.
Jedes Jahr wollen Bund und Länder die *Bildungsausgaben* steigern, die doch eigentlich eine *Bildungsinvestition* bedeuten. »Eigentlich«: Wer kaputte Banken übers Wochenende mit einer halben Billion (!) schutzbeschirmt, wer den kaputten Neuwagenverkauf mit »Umweltprämien« subventioniert, wer kaputte Volkswirtschaften künstlich am Leben erhält und wer das Schicksal des kaputtgeschwindelten Euro mit dem eines einzigen Landes – unserem – verknüpft, der kennt gegen Hirn- und Zukunftsschwund ebenfalls nur ein Rezept: mehr Geld. Die Gierigen werfen dem Volk einfach ein paar Milliarden vor die Füße: Hier, macht euch eine schöne (Schul-)Zeit.
Wo 100 Milliarden nicht ausreichen, sind auch 105 oder 110 Milliarden zu wenig, zumal, wenn das Übel die Rahmenbedingungen sind. Berlin ist darum auf Bildung nicht gut zu sprechen.
Angela schweigt sich aus, Kristina verschwindet in Mutterschaftsurlaub, Ursula muss Mittagessen kochen für die Kinder sämtlicher Hartz-IV-Empfänger, und Annette hat wieder mal nur nette Worte für uns. Mehr als eilends gedrucktes Geld haben wir von der Politik nicht für unsere Kinder zu erwarten. Noch mehr Geld für noch mehr »Bildung«, noch mehr Heuchelei für noch mehr IDIOTEN – Hauen und Stechen in IDIOTISTAN.
Viel hilft viel: Schumi, drück beim Benzinsparen mehr aufs Gas!

Stuttgart 21, Bildung 21:
Wer die Schule verändert,
verändert die Gesellschaft

> Es gab Gemeinschaftssinn, und das war neu. Es war möglich, den
> Vietnamkrieg zu stoppen. Es war möglich, miteinander zu schlafen.
> Es war möglich, ohne Abitur etwas zu werden. Es gab die Möglichkeit einer Utopie, einer schönen neuen Welt.
> *Kim Fowley, US-Musikproduzent, in* Mojo Classic *über die 68er*

»Uns Deutschen gehört die Zukunft. Gefühl! Empfindung! So aus dem Innersten heraus, hingegossen, niedergeschmettert vor der Gewalt des Herzens – unser Messias ist schon geboren!«
Es passiert nicht mehr oft, dass ein deutscher Schriftsteller eine seiner Figuren über Deutschland jubeln lässt; es gibt auch wenig Grund dazu. Der fast schon vergessene Horst Wolfram Geißler hat es getan, als Soldat mit kaum 23 Jahren, mitten im Ersten Weltkrieg. In seinem Roman *Das Lied vom Wind**, der in Preußen zur Zeit der Aufklärung spielt, also im 18. Jahrhundert, verspürt der Stadtorganist Jakob Ackermann den heraufziehenden Wandel: »Hier wühlte sich ein neues Zeitalter ans Licht, voll ungeahnten Schaffendranges und großartiger Leidenschaft ...«
Ungeahnter Schaffensdrang, großartige Leidenschaft?
Dass uns Deutschen die Zukunft gehört, wird anno 2011 kaum jemand behaupten wollen. Und Gefühl und Empfindung? Niedergeschmettert, das ja, aber doch nicht von einer »Gewalt des Herzens«. Eher von der täglichen Nachrichtenlage, dieser fast nur

---

* *Das Lied vom Wind. Ein Roman aus dem Deutschen Rokoko,* Weimar 1916 (vergriffen, über Antiquariat oder in Büchereien).

noch mit Sarkasmus oder Unterhaltung angereicherten Mixtur aus Weltuntergang und Jenseits-Sehnsucht.

»Wir werden den Punkt entdecken, von dem aus wir diese schwerfällige Erde bewegen. Man wird die ehrsamen Häupter schütteln, dass der Puder fliegt!«

Noch einmal Geißler, noch einmal jene Begeisterung in den Tagen von »Sturm und Drang«. Was immer unsere Schulen heutzutage lehren, die Fähigkeit zur Begeisterung zählt kaum dazu. Gäbe es nicht mitunter originelle und pragmatische Schulleiter wie den bereits erwähnten Ernst Fritz-Schubert, der an der Willy-Hellpach-Schule in Heidelberg das von ihm eingeführte Schulfach »Glück« unterrichtet, die deutsche Schule könnte nicht einmal mit Überraschungserfolgen aufwarten. (Warum läuft ein solcher Pädagoge ohne Bundesverdienstkeuz herum?)

IDIOTEN MADE IN GERMANY – mehr als 60 Jahre seit Gründung der Bundesrepublik und mehr als 20 Jahre seit der Wiedervereinigung von Ost und West ist Unterricht in »Glück« dringend erforderlich. In der Politik nämlich, in diesem Spielraum zwischen Lüge und Wahrheit, wühlt sich kaum mehr etwas ans Licht. Kein Willy Brandt kniet mehr in Demut vor Naziopfern – wer wollte heute »mehr Demokratie wagen«, wenn schon der Herr Bundesinnenminister in immer kürzeren Abständen den islamistischen Springteufel aus der Schachtel federn lässt?

Im Bundestag staucht kein Herbert Wehner mehr Dampfplauderer zusammen. Dort plaudert man ohnehin kaum mehr Dampf; Worthülsen stauben nicht beim Sprechen, und gegen Gschaftlhuber innerhalb und außerhalb der eigenen Partei lateinert kein Franz Josef Strauß mehr. Dort seehofert und södert es nur vor sich hin – nie war München von Berlin weiter entfernt, nie die CSU von »ihrem« Bayern.

Kein pikiert-nonchalanter Richard von Weizsäcker spießt mehr den Unsinn eines unter ihm regierenden Bundeskanzlers auf.

Lüftete Altbundeskanzler Helmut Schmidt nicht gelegentlich sein Raucherzimmer, man könnte denken, in Island schliefen die Vulkane für immer.

Millionen Menschen kriegen jeden Tag die Politik des Damentrios Merkel/von der Leyen/Schröder zu spüren. Unablässig fabulieren die Holdseligen von Aufschwung und Wohlstand. Freilich, das eine kommt und kommt nicht bei den Menschen an, und das andere ist – nicht nur »gefühlt« – schon viel zu lange dahin. Weil Gefühl und Empfindung ebenfalls dahin sind, kniet und staucht und lateinert und spießt niemand mehr in der deutschen Politik. Aufmüpfige Bürger hingegen kriegen es mit dem Wasserwerfer, dieweil der Herr Verteidigungsminister es bei seinen Langen Kerls in Afghanistan weihnachten lässt, im Tross Frau Stephanie mit Äpfel, Nüss' und Mandel-Kerner: Guttenberg wusste, wie wichtig für – nun pausierende – Potentaten ein guter Kontakt zum bewaffneten Teil des Volkes ist.

Unsere weststämmige, aber ostsozialisierte Kanzlerin zeigt sich nicht jedem, schon gar nicht allen. Strikt meidet sie die Gesellschaft auch nur eines einzigen der rund sieben Millionen Hartz-IV-Empfänger. Falls WikiLeaks nicht ein paar unbekannte Fotos von Angela Merkel an »Tafeln« und in Suppenküchen zurückhält, muss es scheinen, als mache sie absichtlich einen Bogen um die Verlierer ihrer eigenen Politik. Allein die Bundesarbeitsministerin sucht noch das Bad in der Menge. Bevorzugt umgibt sie sich mit Kindern – klar, die Kunden der künftigen Bildungskonzerne, die sie und die Bundesbildungsministerin uns IDIOTEN wünschten.

Für alle »Wutbürger« und ihren Nachwuchs gibt es ja diese fantastisch wirkende Beruhigungspille. »Bildung« heißt sie und wird dem Volk in kleinen Dosen, aber in sehr kurzen Intervallen verabreicht, jeden Tag. Ob es um unsere Probleme in der Gegenwart geht oder um die in ferner Zukunft – dank »Bildung« werden wir

sie lösen, ganz bestimmt. Arbeitslosigkeit, Angst vor sozialem Abstieg? »Bildung« ist das neue Ding. *Mecker nich' rum, lerne was. Bilde dich, mach deinen Abschluss!*
In den 1980ern haben wir uns, Neil Postman zufolge, »zu Tode amüsiert«.
Jetzt dürfen wir nicht nur, wir müssen uns sogar zu Tode bilden; die weibliche Dreifaltigkeit aus Kanzlerin, Arbeits- und Bildungsministerin fordert es von uns. Schwarz-Gelb will das »bewährte« dreigliedrige Schulsystem ausdrücklich beibehalten – so steht es im Regierungsprogramm. Anders als die auch in Bildungsfragen nicht gerade mit Antworten schnipsende SPD will Schwarz-Gelb keine zusätzlichen Gesamtschulen einführen. Blaukraut bleibt Blaukraut, Arbeiter bleibt – so er Arbeit hat – Arbeiter. Alle anderen, Mittelstand und Oberschicht, besuchen bitte weiter Mittel- und Oberschule, das hat sich bewährt.
Diskussion zu Ende.
Auch Studiengebühren, liest man bei CDU/CSU und FDP, sollen beibehalten werden. Wozu gibt es BAföG, gibt es Bildungssparen und Bildungsdarlehen sowie hier und da ein paar Freiplätze für – entsprechend begabte – Bedürftige?
Sicher, es gibt da gewisse Risiken und Nebenwirkungen bei »Bildung«.
Das neue Opium fürs Volk erzeugt mitunter heftige Wunsch- und Wahnvorstellungen; Wechselwirkungen, für die niemand die Haftung übernimmt. Sagt einer: Mich interessiert nur mein Turbo-Abi; anschließend sechs Semester Bachelor, den Master obendrauf, und ich bin fit für jeden Chefsessel. Antwortet ein anderer: O nein, das bisschen Top-Job-Reserve teilen wir Leistungsträger doch nicht mit Leistungsempfängern!
Herbst 2010. Massive Jugendproteste in Frankreich gegen die Rentenreform. Ein 16-jähriger Schüler lehrt den mächtigsten Mann der Grande Nation das Fürchten. Nicolas Sarkozy bekommt

es mit zwei Waffen zu tun, die ausnahmsweise nicht zu Carla Brunis Extremitäten zählen: Idealismus und Gerechtigkeitssinn. Zwischen Klausuren und Zigarettenpausen engagiert sich Victor Colombani, Sohn einer Journalistin und eines Journalisten (beide bei der linksliberalen *Le Monde*), für seine Generation von Spitzen-Bildungsverlierern. Auf Kundgebungen spricht er so einfach und doch so klug gegen die Regierungspläne, dass sich Zeitungen wie Fernsehsender um den Gymnasiasten reißen, denn in Frankreich ist noch immer – anders in Deutschland mit seiner Achtundsechziger-Phobie – die Jugend zuständig für Proteste gegen Auswüchse der Obrigkeit. Sie ist es auch, die sich gegen die Selbstbedienungsmentalität der Eliten wehrt, gegen den Rückbau von blutreich erkämpften Bürgerfreiheiten und Sozialleistungen. Jenseits des Rheins werden früh politisierte Jugendliche nicht kleingeschrieben, vielmehr schätzt man sie als junge Bürger, die ihre Energie dem Erhalt des Staates widmen, wenn auch nicht dem Erhalt von individueller Macht.

Man stelle sich vor, in Deutschland würde Sängerin (und Abiturientin) Lena ihre Popularität nutzen, um sich für die Zukunft ihrer Generation starkzumachen, statt nur für das Altmetall von Opel. Wie ein Satellit – *Wouldn't have it any other way* – könnte sie den Politikern um die Köpfe kreisen.

Eine stechlustige Pop-Wespe. Eine erwachsene junge Frau.

Seine Popularität verdankt Victor Colombani indes handfesteren Anliegen als Chart-Erfolgen. Überall in Europa drehen Politik und Wirtschaft an der Altersschraube. Je länger sie künftig die Alten vorm Renteneintritt fernhalten, desto länger schonen sie die Kassen, desto länger müssen nachrückende Jobbewerber klein beigeben. Für sie gibt es entweder gar keine oder nur noch schlecht bezahlte beziehungsweise befristete Arbeit.

Weil man bisher in Frankreich mindestens 41,5 Jahre in die Rentenkasse einzahlen muss, um Anspruch auf volle Rentenbezüge

zu haben, wäre mit den neuen Regelungen ein Viertel aller jungen Leute von vornherein chancenlos: Erst ein Arbeitsleben, dann ein Rentnerleben lang nur Streichkäse statt Camembert?
Nicht mit streitbaren Franzosen, gleich welchen Alters.
Nicht mit Victor Colombani, dem Citoyen, der kein IDIOT sein will.
Das Redetalent ist bereits Vorsitzender der gut 6000 Mitglieder zählenden Schülergewerkschaft Union Nationale Lycéenne (UNL) – wächst da ein gallischer Rudi Dutschke heran? Falls ja, wo bleibt sein deutsches, gerne weibliches Pendant? Jemand, der für sich und seine Altersgenossen gegen die Unverschämtheiten der Politik aufbegehrt und diesem Aufbegehren ein Gesicht gibt? Jemand, der sich ebenfalls nicht mit Currywurst statt Vollwertmahlzeit zufriedengibt? Und welche Schule, welche Universität, welche Lehrer, welche Professoren und welche Eltern unterstützen – oder tolerieren zumindest – solche jungpolitischen Kampfgeister?
In Deutschland ist die Schlagwortparole vom Aufstieg durch mehr Grips die größte Ladung an Hohn, die Politik und Wirtschaft für das Volk bereithaben. Nach der Wiederbelebung des Uralt-Slogans »Leistung muss sich wieder lohnen« (die CDU 1982) und dem Propagandavorwurf »Du bist Deutschland« muss künftig ein einziges Schlagwort reichen, der Staat muss schließlich sparen: »Bildung«. Nicht mehr. Das ist alles, was wir da oben euch da unten sowie jenen, die sich in der Mitte wähnen, zu sagen haben. Um »Bildung« geht es, wir schreiben es sofort 100-mal.
»Bildung«. Darum der Druck. Darum das Versprechen, das eine Drohung ist:
Wir nehmen uns Zeit, um euch später mit unseren Kinderpost-Zertifikaten und -Stempeln zu bestätigen: Ihr seid jetzt wer! Und nun raus hier, der nächste Jahrgang wartet.
»Bildung« ist Eilsache, »Bildung« ist dringend.

Bedenken und Überlegungen werden da schnell zu einer Paste statt zu Pastete. China, Malaysia, Vietnam und Indien sind die Vorbilder für die Bildungswährung: Effizienz! Yuan, Ringgit, Dong und Rupie, sie warten nicht auf uns und unseren Euro, auf den Gerade-noch-Vize-Exportweltmeister. »Bildung« ist unverzüglich zu vollziehen, am lebenden Objekt. Bitte sofort vorlegen, to whom it may concern. »Bildung« betrifft alles und jeden in »Schland«. Sie ist die totale Mobilmachung zugunsten dessen, was solchermaßen »Gebildete« einmal, wenn sie schon ganz tief unten sind, für Überlegenheit halten werden.

»Bildung« kann einem niemand nehmen, heißt es. Aber wer wollte das schon?

»Bildung« und Bildung, wer denkt da schon an Unterschiede. Wer denkt da an Rilke und Klopstock, Einstein und Newton, an Pythagoras, Bach, Mozart und die Gebrüder Humboldt? Damit die Leistung der vielen sich für die ganz wenigen weiterhin lohnt und damit diese wenigen auch in Zukunft ganz Deutschland sein können, müssen wir IDIOTEN und unsere Kinder uns »bilden«, aber in einer Weise, die sich endlich in Euro und Cent beziffern lässt.

Die Benchmark ist die neue Deutschmark

Was hat bis zur Jahrtausendwende, als der Euro noch Hoffnung war, am schnellsten Geld gebracht? Die Börse! Wie schnell lässt »Bildung« sich in klingende Münze umsetzen? McKinsey und Roland Berger werden es uns sagen. Das geistige Falschgeld namens »Bildung« ist bereits in Umlauf, darum sind Politik und Wirtschaft auch so fest entschlossen, uns mit aller Kraft an seinen Wert glauben zu lassen. So wie vor kaum zehn, 15 Jahren an blühende Landschaften und an den Cyberhandschuh, wer erinnert sich? Oder an Norbert Blüms »Die Rente ist sischä«, an Manfred Krug und die T-Aktie, an die Haffa-Brüder und ihr EM-TV, an die absolut notwendige Senkung von Spitzen- und Unternehmenssteuern, an den Millennium-Bug, an die deutsche Neutralität im zweiten Irakkrieg, an die Aufrichtigkeit von »Fördern und fordern«, an Riester- und Rürup-Rente, an die Systemrelevanz der Banken, an die haarklein und zufällig genau auf einen runden Fünfer errechnete Erhöhung von ALG II und Sozialgeld, an die Ungefährlichkeit von Atommüll, an die Wischiwaschihaftigkeit der Begriffe »Nachhaltigkeit« und »Chancengerechtigkeit«, an den allmonatlich vermeldeten Aufschwung, an die Trompetenvirtuosität von Stefan Mross und an die Redlichkeit von Lobbyisten. Und an »Bildung«.

Die Malaise beginnt im Krabbelalter.
Einen gesetzlichen Anspruch auf Betreuung in einer Krippe ab Sommer 2013 hat der Gesetzgeber den unter dreijährigen Bürgern des Landes zugestanden. Doch kaum niedergeschrieben, klaffen Anspruch und Wirklichkeit schon auseinander. So sehr dilettiert die Politik bereits hier, in den kleinsten Rabatten ihres Strebergärtleins, dass sogar der linientreue *Spiegel* Familienministerin Kristina Schröder der »Krippenlüge« und eines »Blendwerks« zeiht. Die Länder kriegen einfach nicht gebacken, was sie mit dem Bund so großspurig abgesprochen haben. Hat sich was mit Bildung von Anfang an: Der 2007 beschlossene Krippenausbau auf 750 000 Plätze hinkt den Planungen hinterher. Es fehlt an Geld und Durchsetzungskraft. Bis zu neun Milliarden Euro wären nötig, aber woher nehmen, wenn nicht gewisse Rettungsschirme durchlöchert werden sollen?
Erzieher fehlen ebenfalls, laut dem Deutschen Städte- und Gemeindebund bis zu 60 000. Die Verantwortlichen für den Schlamassel sind die gleichen, die den Eltern die Ohren zudröhnen mit

ihrem Ruf nach mehr »Bildung«: Den Banken pumpt die Bundesregierung übers Wochenende eine halbe Billion; die dem Staat angeblich so wichtige (Vor-)Ausbildung unserer Kinder, der Steuer- und Rentenzahler von morgen, hängt an einem Bruchteil dieser Summe.
Was für eine Bildung haben diese Leute nur genossen?
Die Wirtschaft muss den IDIOTEN helfen.
Aus »Bildung«, wie schon aus Hartz IV, muss eine Industrie werden, aus den Milliardenbudgets ein Milliardengeschäft. Buchstäblich von der Wiege bis zur Bahre wird die deutsche Wirtschaft – Stuttgart-21-ähnliche Protestaktionen vorbehalten – die nationale Wissensvermittlung für ihre Profitzwecke kapern. Bund und Länder bereiten ihr seit langem das Feld mit der Forderung nach noch früher einsetzendem, noch länger dauerndem, am besten lebenslangem Wissenserwerb. Noch mehr Tafelsilber soll aus der Schublade geräumt werden, nein Gold: unsere Kinder.
Was aus uns Erwachsenen wird, wenn die »Launen« des Wirtschaftslebens uns treffen, ist bekannt. Mehr als die Klimakatastrophe fürchten wir nur den sozialen Abstieg, verbunden mit der De-facto-Entmündigung Hartz IV. Damit lässt sich dem Menschen beliebig in die Privatsphäre greifen. Man kann ihn zu unsinnigen »Weiterbildungen« treiben, zur Annahme der nutzlosesten, miesest bezahlten Tätigkeiten zwingen; der Ein-Euro-Job etwa ist nicht der berüchtigte Tritt in den Hintern, sondern die schallendste Ohrfeige, die rote, schwarze, gelbe und grüne Sozialpolitiker für Erwerbslose parat haben.
Und nun auch noch unsere Kinder.
Nun auch noch Schule und »Bildung«.
Mit Bildung war in Deutschland noch nie viel los. Immer schon ging es dabei um wenig anderes, als aus kleinen Menschen zwar größere, aber möglichst keine großen zu machen. Dies jeweils schnell und rationell: wohlsozialisierte, mit den wichtigsten Kul-

turtechniken einigermaßen vertraute Werktätige. Fügsame, kontrollierbare, an die Verhältnisse angepasste Steuerzahler – schon für eine Monsterbürokratie auf Bundes- und Landesebene keine leichte Aufgabe. Wie erst für *ihren Eigentümern verpflichtete* Wirtschaftsunternehmen, die Umsatz und Gewinn im Blick haben müssen? Flächen- und kostendeckend betrieben, verlangen die entsprechenden »Bildungs«-Geschäftsmodelle automatisch nach großen Unternehmen, der Kapitalisierung halber nach börsennotierten Aktiengesellschaften. Sollen die Sängerin Nena oder der ARD-Moderator Jörg Pilawa ruhig ihre Schulbiotope aufziehen. Gegen die künftigen Bildungsunternehmer mit ihren Gewächshäusern sind sie gutmeinende Nichtse – werden wir unsere Kinder bald als Kernstücke von Quartalsberichten sehen?

Gewinnmeldungen und -warnungen aus dem Klassenzimmer

Jubel bei Dussmann. Die Südgruppe des Educationsuppliers konnte im letzten Quartal ihr Ergebnis nachhaltig steigern; hier lag der Notendurchschnitt im Bundesvergleich signifikant höher, deshalb: Umsatzplus 0,8 Prozent. Doch Vorsicht. Die nördliche Schwester mit ihren 500 Filialen zwischen Hannover und Hamburg bereitet Sorge. Die Einsparungen bei den Wasserbechern der lieben Kleinen, die Umstellung von Radiergummis auf Fingernägel, das alles hat bisher nicht richtig durchgeschlagen. Da müssen nochmal die Kostenoptimierer ran.

Was wie Satire klingt, könnte bald Wirklichkeit werden – kommt *Die Sendung mit der Maus* künftig mit TV-Börsenonkel Friedhelm Busch als Moderator? Oder mit Anja Kohl als lakonischspruchweisem Kinderzimmerorakel: »›Wie sich häuft das Gold, folgt die Sorge nach‹ – Horaz, 50 vor Christus!« (Kohl am 26. 1. 2009 in der ARD).

Aufs Neue ist der Staat im Begriff, eine seiner unverzichtbaren Aufgaben zu »liberalisieren«. Ehe er endlich seine eigenen Hausaufgaben macht und »Bildung« wirklich Bildung werden lässt, treibt er lieber Schacher. Er weiß sich der – überwiegenden – Zustimmung des Volkes sicher: Verunsichert und eingeschüchtert von Agenda 2010 und Finanzkrise, erscheint vielen Menschen »Bildung« als die sinnvollste, sogar *inflationsgeschützte Anlage,* als eine *sichere Investition.* Dazu allenthalben die Klagen über den schlechten Bauzustand öffentlicher Schulen, ihre mangelhafte Ausstattung, ihre Defizite an Lehrerzahl und -ausbildung – bekäme die Wirtschaft das nicht alles besser in den Griff? Private Schulen, Internate, Universitäten, selbst die kommerziellen Anbieter von Nachhilfeunterricht leben es doch vor: Bildung, da müssen Profis ran.

Die Politik ruft »Bildung«, und wir IDIOTEN sollen mit »Halleluja« antworten.

Adieu, »klassische« Bildung. Hier kommt die kommerzielle Alphabetisierung.

»Uns Deutschen gehört die Zukunft. Gefühl! Empfindung!«
Wenn uns die pathetischen Worte des Schriftstellers Horst Wolfram Geißler doch lieber sind als weitere Schlichtersprüche von Heiner Geißler und uns statt der Zukunft wenigstens die Gegenwart weiter gehören soll, müssen wir im Lande eine neue Debatte anstoßen: Wie dumm darf »Bildung« Menschen machen? Wie viele IDIOTEN dürfen Politik und Wirtschaft noch produzieren?

Geißlers berühmtestes Buch ist der Roman Der liebe Augustin *von 1921, benannt nach dem berühmten Volkslied mit der noch berühmteren Zeile: »… alles ist hin!«*

Bildung – ein Nachruf

Er geht, ohne dass etwas von ihm bleiben wird.
Keine These, keine Schrift, kein Gedanke, nichts.
Prof. Dr. Arnulf Baring über Karl-Theodor zu Guttenberg
in der Welt *(6. 3. 2011)*

Sexy war sie und kurvig und selbstbewusst wie die junge Ursula Andress.
Das blühende Leben, der strahlende Tag, geboren in einer deutschen Kleinstadt. Ein Bond-Girl made in Germany, nur eben ohne Bond. War es ein Wunder, dass sie auf einer der schon damals häufigen Miss-Wahlen prompt zur Schönsten gekürt wurde, zur Schönsten von – egal.
»Weißt du«, sagte sie einmal, »Schönheit ist auch ein Fluch. Du wirst, solange sie vorhält, immer nur ein Äußeres haben, nie ein Inneres. Man glaubt dir einfach nicht, dass da noch mehr ist, selbst wenn du einen Universitätsabschluss hast. Schön und klug, das gönnt man dir erst im Alter. Schau dir Iris Berben an. In 20 Jahren oder so.«
Die 20 Jahre oder so sind um, Auge und Ohr auf die vielseitig engagierte Schauspielerin konzentriert. Wir stellen fest: Das schöne No-Bond-Girl hatte recht.
Schönheit, ein Fluch.
Bildung – die echte, wahre, die ohne Anführungszeichen – ist ebenfalls ein Fluch. So viel Wissen man auch in sich vereinigt, so wach man auch ist, wer könnte sagen, an welchem Punkt sich der Vorhang teilte und man erstmals in der Lage war, die Dinge nicht nur zu begreifen, sondern regelrecht zu durchdringen?

Mit einem Mal über eine Art Weltverständnis zu verfügen, sich einer Bewusstheit eröffnet zu sehen, die über den landläufigen – universitären – Begriff von Durchblick weit hinausreicht. Zu wissen, dass sich in seinem Innersten etwas Amorphes verbunden hat mit Einfühlungsvermögen und Instinkt, aber auf eine so eigenartige Weise, dass gleichzeitig eine mikroskopische Nähe und eine satellitenäugige Ferne, eine Röntgensicht auf zahllose Dinge des Lebens möglich wurde. Buchstaben und Zahlen aus unzähligen Büchern, gesprochenes und gehörtes Wort, Bilder, Farben, Fragmente, die unterschiedlichsten Emotionen, eigene und fremde Erkenntnisse, Meinungen und »Fakten« – Theken und Regale eines Delikatessengeschäftes ebenso wie die Wühltische eines 99-Cent-Marktes, alles zum jederzeitigen Gebrauch bereit, dabei die Rampe der Warenanlieferung weiterhin geöffnet, Tag und Nacht.

Mit wem solchen Reichtum teilen?

Jahrtausende hindurch haben kluge, feinfühlige Menschen ihren Bildungsreichtum geteilt. Auch wir brauchen nur die Hände auf- und das Gehirn offenzuhalten. Von Horaz – *Sapere aude!* – herüber bis Keith Richards geizen sie nicht mit ihrem Wissen und ihren Einsichten. Sie verausgaben sich geradezu, werfen mit ihren Gaben um sich. Von einem der bedeutendsten römischen Dichter bis zu einem der bedeutendsten englischen Rockmusiker und selbstverständlich darüber hinaus – ist das noch oder schon Bildung, diese zwei in einem Atemzug zu nennen?

Mehr Christian Kracht und Herta Müller lesen, mehr Kurt Weill und Karlheinz Stockhausen hören, über die Poesie des Farbauftrags bei Kandinsky disputieren und Stephen Hawkings euklidische Pfadintegralformulierung auf den Kopf stellen? Ist das nur Information oder bereits Wissen oder schon Bildung? Und sind erst und ausschließlich Zensuren, Zeugnisse, Abschlüsse, Diplome, Bachelor und Master das einzig Wahre? Erforschen junge

Menschen besser *Die Tagebücher der Anne Frank* oder die *Feuchtgebiete* der Charlotte Roche? Sollen wir sie zweimal wöchentlich ins Theater schicken, zu *Macbeth* und *Romeo und Julia,* oder kriegen sie bei Lady Gaga und Snoop Dogg viel mehr fürs Leben mit?

Fast hätten wir es nicht bemerkt.

So wie der deutsche Förderstaat herabgesunken ist zum schnöden Forderstaat, so wie das größte Geschenk an die deutsche Demokratie, nämlich die Vereinigung von Ost und West, heruntergeredet wird zu einem Geschäft mit allzu wenig Plus und viel zu viel Minus und so wie noch immer die konsequente militärische Niederwerfung Nazi-Deutschlands geklittert wird zur »Befreiung«, zur ersehnten Generalamnestie eines Kulturvolkes, das zwölf Jahre lang all seine Kultur und Bildung verraten hat an die Unmenschlichkeit, so wird, jetzt gerade, der Bildung die Grube ausgehoben: Werden sie wieder Wagner spielen (Siegfrieds Trauermarsch) oder Krokodilstränen vergießen mit *Näher, mein Gott, zu dir?*

Da sind die »Wutbücher« der beobachtenden, schreibenden »Wutbürger-Kollegen«, die sich die schmerzhafte Verflachung, Verdummung, Verblödung der Nation durch verschiedenste Produzenten zum Thema gemacht haben – alles läuft auf ebendiese Verflachung, Verdummung und Verblödung auch und gerade im Bildungswesen hinaus. Alles redet von Liebe und kriegt nur noch Porno gezeigt; alle reden von guter Ernährung und bekommen doch nur chemieverseuchten Fertigmampf vorgesetzt; alle wollen, dass die Staatsschulden endlich weniger werden, aber der Staat »spart« sich und uns immer tiefer ins kommende Elend; jeder will für sich und die Seinen ein wenig Glück, Gesundheit und Dauerhaftigkeit, aber was wir kriegen, sind Alarmstufe-Rot-Bombardements, bunte Pillen, mediale Flüchtigkeit.

Die Schöne von damals und ihr kluger Geist, heute würde das

eine nicht mehr bestaunt und das andere übersehen; einfach durchgezappt, weggeklickt, zugeklappt werden solche Menschen. Und Iris Berben wird die Letzte ihrer Art sein, mit der wir älter werden durften.

Mit dem Chefredakteur eines bekannten Familienmagazins sprach ich über die Entstehung dieses Buches. Er sagte: »Ach, Schule, Bildung – ich kann dir einiges sagen über reelle Variablen und über lineare Algebra; damit haben sie uns damals gequält. Aber, weißt du, wenn ich heute im Wald spazieren gehe und sehe da ein paar Pilze – ich könnte nicht sagen, wie die heißen.«

Als Antwort hätte ich ihm geben sollen: Nächstens schenke ich dir ein Bestimmungsbuch. Oder: Google doch mal. Aber wenn man bereits im Wald steht und es drauf ankommt ...

Ein Hauptschullehrer, mit dem ich über dieses Beispiel sprach, sah es so: »Pilze! Deren Namen sagen Ihnen noch meine wackeligsten Schüler auf. Auch Vogelnamen, Bäume, Sträucher, Moose. Gymnasiasten wussten das doch früher auch; manche konnten einem sogar die Molekülstrukturen hersagen.«

So ist das inzwischen: Die einen sollen kein Jota mehr als das Praktische lernen, die anderen sollen tunlichst nicht das Praktische, sondern nur ja alles Theoretische lernen.

Kein Wunder, dass das Volk auseinandertreibt; kein Wunder, dass wir statt wehrhafter *citoyens* nur noch wehrlose *idiotes* sind – und täglich werden wir mehr.

Analog wird digital, habt euch nicht so

Man lehrte uns, dass Beethoven aus dem iPod genauso aufrühren, anrühren könne wie aus der Klangwabe eines leibhaftigen Orchesters, aber billiger, bunter, jederzeitiger. Geiz konnte nur geil sein, weil eine Elektrohandelskette eine Armee von Abiturienten und Hochschulabsolventen – die Werbeagentur Jung von Matt – dafür bezahlte, dass sie sich jahrelang immer neue Spülgänge dieser Gehirnwäsche einfallen ließ.

Nun heißt es plötzlich *Geist* ist geil, aber der gemeinte ist ein Ungeist.

So wie uns Deutschen noch der Lernprozess bevorsteht, dass Demokratie in einer kapitalistischen – statt sozialen – Marktwirtschaft jeden Tag geraubt, verkauft und verhökert werden kann und deshalb jeden Tag bewahrt, beschützt und notfalls zurückerobert werden muss, so müssen wir lernen, uns nicht noch weiter separieren zu lassen in »Bildungsgewinner« und »Bildungsverlierer«.

In Habende und Nichthabende.

In Menschen, die etwas zu sagen haben, und solche, die leider nur »beredt« schweigen.

In Bürger und IDIOTEN.

Das hatten wir schon einmal, nur in anderer Form.

Die im Westen hatten den Krieg gewonnen und besaßen die D-Mark; die im Osten hatten ihn verloren und konnten sich nichts kaufen für ihr Geld.

Der reiche Onkel war der aus dem Westen, die armen Verwandten, das waren die aus dem Osten.

Wenn wir nicht aufpassen, werden wir bald Fremde sein im eigenen Land: zertifikatsgebildete, gut benotete Dummköpfe. Die Kasse wird trotzdem nie mehr stimmen, und kein Jota werden wir glücklicher sein.

Aber sehr viel ärmer.

Ganz »ungebildet«, ganz taktlos gesprochen: Den Reichen und Mächtigen geht der Arsch auf Grundeis. In Paris und Marseille brennen jede Nacht ganze Viertel; London rüstet sich; in Athen hat das Volk genug davon, die Zinsen für die Gläubigerbanken – auch deutsche – durch den Verkauf seiner Baudenkmäler aufzu-

bringen. Tunesien »fiel« binnen weniger Tage an das Volk zurück, der Diktator wurde aus dem Land gejagt. Die Sehnsucht nach Freiheit griff sogleich über auf Ägypten, Algerien, Jordanien, Bahrain, Libyen, den Jemen. Die arabische Welt will frei sein – jene, wie man uns einredet, fast 300 Millionen nur vom Koran und durch den Koran beherrschten Menschen.
Als ob die Bibel je den Turbokapitalismus gepredigt hätte, der uns in der *christlichen* Welt die Luft abschnürt.
Rebellion, Revolution …
Dass Menschen einfach losmarschieren – junge, gebildete Menschen –, dass sie sich zu Hunderttausenden in den Innenstädten zusammentun (nicht: -rotten), dass sie keineswegs zurückweichen vor der Gewalt der Garden, dass sogar Polizei und Teile der Armeen sich mit ihren Landsleuten solidarisieren, diese BILDER bestätigen die schlimmsten Ängste auch unserer Politiker und Besitzstandswahrer.
Was, wenn in Deutschland …?
Was, wenn die Bundesrepublik …?
Wäre das Gros unserer Herrschenden, wären die gut gekleideten Leute am »Empfang« und im »Backoffice« nicht nur schulgebildet, sondern lebens-, herzensgebildet, sie könnten die Folgen ihres Tuns und Unterlassens absehen und rechtzeitig handeln. Mit einem weiteren Rückbau der Bürgerrechte und einer Berufsbundeswehr ist der eigenen Panik Genüge getan, nicht aber den Erfordernissen.
Es ist genug der ungehemmten Bereicherung und der Abscheulichkeiten, mit denen sich unsere »Elite« gegen das Volk stellt, seit mehr als einem Jahrzehnt in nie gekannter Dreistigkeit. Das politische Gegenteil dieser unserer Verhältnisse ist nicht »Chaos«, »Niedergang«, »Stillstand«.
Niemand wünscht sich ernsthaft stalinistische Verhältnisse oder einen Erich II. (Dass in Deutschland das Gegenteil von Ausbeu-

tung immer gleich Kommunismus oder Sozialismus bedeuten muss!)

Jene Physikerin im Kanzleramt, sie sollte am besten wissen, dass Energie nicht verloren geht. Man kann nicht Millionen junge Menschen von Staats wegen und auf Geheiß der Wirtschaft ins Abseits schieben und davon ausgehen, ihre Energie würde sich *nicht* irgendwann gegen die Verantwortlichen wenden.

Bildung als vermeintlichen Ausweg aus absehbar lebenslanger sozialer Fron darzustellen, dabei aber genau zu wissen, dass diese Prophezeiung weder ehrlich gemeint ist noch jemals eine selbsterfüllende sein kann, ist ein Spiel mit dem Feuer – und ein höchst undemokratisches Spiel.

Bund und Länder haben sich in unserem Namen über die Halskrause hinaus verschuldet. Mittlerweile jonglieren sie mit Billionen; Millionen sind nur noch Cents, Milliarden ein paar Euro. Staatsämter, Titel wie Minister- oder Bundespräsident, sind Jetons auf dem Spieltisch.

Willst du auch mal? Ich hab' keine Lust mehr.

Das unübersehbare Gemauschel von Staats*dienern* mit den Geldschiebern aus der »freien« Wirtschaft übt einen erzieherischen Effekt aus, der als nicht gefährlich genug eingeschätzt werden kann. Wir werden es erleben, dass der Kanzlerstuhl doch noch zum Fürstenthron gemacht wird, wenigstens zum Freischwinger eines Freiherrn. Frei nach dem letzten »barocken« *Spiegel*-Chefredakteur, Erich Böhme: Ich möchte nicht von dem Sprössling einer jahrhundertealten Gutsbesitzerfamilie regiert werden, egal ob er seinen Doktortitel rechtmäßig erworben hat oder nicht. Ich gönne einem jeden Wohlstand und Reichtum, aber Menschen mit einem Privatvermögen von mehreren hundert Millionen Euro sind mir suspekt, wenn sie sich anschicken, Sachwalter einer Republik zu werden. Ich sehe auch nicht, wie einem von Geburt an schwerreichen, in seinem Charakter noch erschreckend »jungen«

jungen Mann ausgerechnet jene Fähigkeiten zuwachsen sollten, die ihn befähigen könnten, ein so wenig geschlossenes Volk wie das deutsche mit dem nötigen sozialen Feinsinn zu regieren. Und ich verstehe nicht, wie ein *gebildeter* Mensch sich derart winden kann, wenn er einen schweren Fehler eingestehen soll – wie wenig wir doch von »Bildung« im Allgemeinen und von Politikern im Besonderen noch zu erwarten haben. *Spiegel*-Gründer Augstein einst über Franz Josef Strauß (auch CSU): »Dieser Mann darf niemals Kanzler werden!«

Als Musiker, frei nach Keith Richards und ohne Anspruch auf argumentative Seriosität, füge ich hinzu: Wer sich auf dem Konzert einer x-ten AC/DC-Coverband – nichts gegen die »Five Volts« aus Abensberg – ein Fan-T-Shirt *übers* leger geknöpfte Businesshemd zieht und sich deshalb für cool hält, der hat bei mir verloren; gefeuerte Bundeswehr-Obristen und Marine-Kapitäne hin, plagiierte Doktorarbeiten und an die Kette gelegte Segelschulschiffe her. Karl-Theodor Maria Nikolaus Johann Jacob Philipp Franz Josef Sylvesters blaublütiges, vielvornamiges Geschlecht mag über 800 Jahre alt sein; die rotblütigen Menschen, die es seinesgleichen zu regieren drängt, sind bereits ein paar hunderttausend Jahre länger miteinander verwandt.

Nicht der Schein darf weiter alles seinem Sein müssen wir wieder zu Geltung verhelfen. Strom, Gas, Wasser, Straßen, Bahn, Post, Telekommunikation und etliches andere haben wir uns aus der Hand nehmen lassen.

Die Gehirne und die Herzen unserer Kinder kriegt ihr nicht.

Allzu viele Charakterlosigkeiten können wir uns ohnehin nicht mehr leisten.

Wir sind schon ziemlich knapp an Zuversicht, knapp auch an Chancen. Das Zurückweichen des Staates vor dem Brutal- und Feudalkapitalismus hat das Land nicht nur finanziell ausgezehrt. Wenn wir unsere Herzen nicht selber füllen, erledigen das Ideologen. Und wenn sie mit uns Erwachsenen fertig sind, widmen sie sich unseren Kindern.

Das »Prosperiat« hat sich über das Volk erhoben

Wir haben gesehen, wie Bildung zu einem technokratischen Wissens- und Informations-Coaching verkommen ist. Nur wer sich wohl verhält und ohne Widerspruch seine »Trainingseinheiten« absolviert, darf auf gute Noten hoffen, dieses Zahlungsmittel der Bildungskorruption. Trotz aller Zweifel und Bedenken an diesem »Training« sollen alle Beteiligten auch noch gute Miene dazu machen.

Die US-Autorin Barbara Ehrenreich schreibt in ihrem Buch *Smile or Die – Wie die Ideologie des positiven Denkens die Welt verdummt:* »Wenn der Schlüssel zu wirtschaftlichem Erfolg Optimismus ist und wenn man sich eine optimistische Haltung durch die Methode des positiven Denkens aneignen kann, gibt es für das Scheitern keine Entschuldigung mehr: Wenn dein Geschäft zusammenbricht oder deine Stelle wegrationalisiert wird, muss es daran liegen, dass du nicht fest genug an deinen unausweichlichen Erfolg geglaubt hast (...) Wer enttäuscht, wütend oder niedergeschlagen ist, macht sich zum ›Opfer‹ und ist nichts als ein ›Jammerlappen‹.«

Im Jugendjargon ist »Opfer« bereits ein Schimpfwort, »Hartzen« gilt als Berufsbeschreibung. So weit haben die IDIOTENMACHER es schon gebracht.

Weil die Wissensgesellschaft zugleich eine Überforderungs- als auch eine Unterforderungsgesellschaft ist, haben die meisten von uns kaum mehr Chancen, wenigstens zu einem ausgeglichenen Saldo zu gelangen. Wir bleiben lebenslänglich im Soll, vom ersten Schultag an, denn tatsächlich kann man »nie genug« wissen –

wie also könnte man je der Abhängigkeit der staatlich fehlgeleiteten Wissenvermittlung entkommen?

Wie hülfe die Schule jungen Menschen, zu starken Charakteren und unabhängigen Persönlichkeiten heranzureifen, bleibt doch das deutsche Bildungssystem Humanität weitgehend schuldig, ja es sabotiert geradezu die innere Menschwerdung. Stattdessen fördert der immer höhere Anpassungsdruck Konkurrenzdenken und Opportunismus, kaum aber Solidarität unter Schülern und Studenten.

Was deutsche Bildung nur noch zählt, belegt eine Zahl: Ganze 29 Cent sieht der Hartz-IV-Regelsatz für ein Kind bis 18 Jahre vor – *im Monat* (Erwachsene: 1,39 Euro). Einen noch geringeren Stellenwert als Bildung hat in diesem Land wohl nur Ernährung. Wie wenig mögen den für diese Knapserei verantwortlichen Politikern erst Grundwerte wie Freiheit und Gerechtigkeit bedeuten?

In Deutschland hat sich eine Elite – materiell übersättigt, seelisch, geistig und moralisch verwahrlost – über das Volk erhoben, über das gesamte Volk. Ich nenne diese Schicht das »Prosperiat«, als Gegenstück zum »Prekariat«, zu den Menschen jener Bevölkerungsgruppe, die mit Hartz IV systematisch chancenlos gemacht wird. Immer mehr Angehörige auch der Mittelschicht zwingt das Prosperiat ins Armutsghetto von Schröder, Merkel & Co. Kaltherzig und steinern rechnet es in Not geratenen Menschen den Gegenwert ihrer Existenz bis auf den Cent vor – darunter jene 0,29 beziehungsweise 1,39 Euro für »Bildung«. Gleichzeitig wird hingenommen, dass die Reichen und Superreichen weiterhin Kindergeld kassieren – 800 Millionen Euro pro Jahr, doppelt so viel, wie Frau von der Leyen für ihr »Bildungspaket« zugunsten der 1,7 Millionen Kinder von Langzeitarbeitslosen ausgeben will.

Wer also sorgt für »Bildungsferne« im Land?

Mit »Bildung« zementiert das Prosperiat die soziale Ungleichheit. Es verurteilt eine Generation tatkräftiger und bildungshungriger Menschen zu Nichtstun oder Gammeln in Praktika und schlecht bezahlten Jobs. Das Prosperiat sorgt für noch mehr gesellschaftliche Spannungen und schafft so die Probleme von morgen.

Solange die Menschen »nur« auf die Straße gehen, weil sie etwa gegen den Bau eines Großbahnhofs oder gegen den weiteren Betrieb von Atomkraftwerken sind, kann es dem Prosperiat recht sein. Hauptsache, an der Wurzel allen Übels tut sich nichts: bei der Bildung. Doch die »Elite« täusche sich nicht. Im scheinbaren Langmut, in der »Dummheit« der Masse haben sich 2011 bereits erfahrenere Menschenverächter geirrt: Ben Ali, Mubarak, Gaddafi, die Neros dieser Zeit.

Das Thema ist Bildung und Schule.

Der Konflikt lautet: Staat und Länder, denen beides anvertraut ist, spalten mit ihrer die Wirtschaft begünstigenden Politik das Volk. Unsere Kinder selbst unterrichten (»Homeschooling«) lässt man uns nicht; sie »privat«-kommerziell unterrichten lassen sollten wir nicht; ihre Zukunft weiterhin16 Länderchefs und deren Kultus-Zauberlehrlingen anvertrauen, empfiehlt sich nicht: ein Dilemma.

Wollen wir Bildung oder »Bildung«?

Wollen wir nur Wissen oder zusätzlich auch *Geist?*

Wollen wir Bürger sein oder IDIOTEN?

Register

68er-Generation 55, 133, 227f., 351, 355

Abitur 74, 123, 134, 140, 170, 268, 341
Ackermann, Josef 156, 257
Adams, Bryan 166
Adenauer, Konrad 41
Adorno, Theodor W. 45, 315
Afghanistankrieg 27, 29, 79, 96, 105, 175, 228, 250, 299, 353
Agenda 2010 19, 58, 64, 87, 98f., 103, 361
Agroenergy 211, 213
Aktien 60f.
Albright, Madeleine 39
Alexander, Peter 37
Alkohol 107, 164, 251, 255, 284, 291
Allianz 150
Alnatura 64
Amnesty International 292
Amoklauf 272ff.
Analphabetismus 130
Andress, Ursula 363
Another Brick in the Wall 94
Apocalypse Now 43, 45, 51
Apple 324
Aragon, Louis 27
Arbeiter 144ff., 148f., 315
Arbeitslosengeld II (ALG II) 63f., 116, 208, 358
Arbeitslosigkeit 23, 61ff., 71, 86ff., 97, 135, 141, 192, 208f., 265, 336, 359, 372
Arbeitsmarkt 84, 87f., 131, 208
Arcandor 42
Armstrong, Neil 113

Armut 86, 97f., 116, 335f.
Assange, Julian 218, 220, 232, 287
Audi 217
Aufmerksamkeits-Defizit-(Hyperaktivitäts-)Syndrom (ADS/ADHS) 250, 253
Augstein, Jakob 234
Augstein, Rudolf 40, 198, 203ff., 208, 216, 234
Ausländer *siehe* Migranten
Auswärtiges Amt 216
Autohersteller 342ff.
Autorität 66, 118, 121f.

Bach, Johann Sebastian 45f.
Baden-Württemberg 68, 123f., 129, 170, 189, 267
BAföG 143
Bandow, Benita 271, 273, 281
Bank für Gemeinwirtschaft 158
Baring, Arnulf 363
Barth, Mario 47, 65
Bauernkrieg (1525) 25
Baum, Gerhart 24, 54f.
Bayern 69, 123f., 129, 170, 189, 267
BayernLB 189
Beatles 138, 170, 310f.
Beckenbauer, Franz 62
Beckmann, Elisabeth 151
Begeisterung 114, 352
Ben Ali, Zine el-Abidine 373
Benz, Carl 345
Berben, Iris 363, 366
Berghe von Trips, Wolfgang Graf 121
Bergmann, Wolfgang 235

375

Berling 69
Berlusconi, Silvio 78, 155, 232
Bernhard, Thomas 178
Bernhard, Wolfgang 345
Bernstein, Carl 287
Bernstein, Leonard 307–314
Bertelsmann 42, 58, 102, 203, 230
Bertelsmann Stiftung 57, 97f., 151
Berufswelt 184ff.
Bildungsanstrengungen 107f.
Bildungsausgaben 279, 331–350
Bildungsforderungen 92f., 96–101
Bildungsgutscheine 205, 332f.
Bildungskonzern 73
Bildungslotse 73
Bildungs-Unkultur 106ff.
Bildungsweg, zweiter 123, 191, 264
Blair, Tony 56, 245
Blessing, Karl 158
Blessing, Martin 158
Blessing, Werner 158
Blüm, Norbert 333, 358
BMW 64, 150, 344
Bohlen, Dieter 204
Böhme, Erich 369
Böll, Heinrich 224
Borgward, Carl 345
Börse 60f.
Brahms, Johannes 310f.
Brandenburg 124
Brandt, Willy 41, 59, 268, 292, 352
Brawand, Leo 203
Breitling 217
Brilliance 238
Broder, Henryk M. 204, 215
Brüderle, Rainer 172, 219
Bruni, Carla 176, 355
Bueb, Bernhard 87
Bukowski, Charles 89
Bulmahn, Edelgard 56f., 274

Bund Deutscher Mädel 147
Bundesministerium für Bildung und Forschung 69
Bundesopiumstelle 259
Bundeswehr 70, 79, 96, 204, 250
Burda 203
Burda, Herbert 49
Burkhard, Katja 187
Burton, Richard 39
Busch, Friedhelm 360
Buschkowsky, Heinz 193
Bush, George W. 62, 156, 159, 228, 245
Bush, John Ellis »Jeb« 159
BYD 238

Caracciola, Rudolf 121
CDU/CSU 54, 87, 96, 268, 354, 356
Celan, Paul 338
Celebrity-Kultur 106ff.
Changan 238
Chaplin, Charlie 106
Charakterbildung 87, 146, 161, 165, 171, 279, 281, 301f., 305f., 372
China 235f., 237–247, 249
Chrysler 143
Chua, Amy 198, 238ff.
Churchill, Winston 161
Clement, Wolfgang 96
Clinton, Bill 49, 159, 245
Clinton, Chelsea 159
Clinton, Hillary 159, 219, 226
Club der toten Dichter, Der 33, 283
Cohn-Bendit, Daniel 228
Colombani, Victor 355f.
Commerzbank 158
Concerta 250
Conze, Eckart 216f.
Cooke, Sam 25
Coppola, Francis Ford 43, 45

Cordalis, Costa 194
Czerny, Sabine 205

Daimler 257, 345
Daimler, Gottlieb 345
Davorka 41
Dawirs, Ralph 134f.
DDR 147f., 150, 247f., 265
Deggerich, Markus 211
Demographie 87f., 209, 333
Demokratie 13, 25
Depression 181, 255f., 291, 305
Deserteur 132, 179, 182
Deutsche Bahn 229
Deutsche Bank 54, 64, 150, 156, 158, 257
Deutsche Bundesbank 158
Deutsche Telekom 61, 158, 358
Deutscher Städte- und Gemeindebund 358
Deutschunterricht 169
Diekmann, Kai 153ff., 204
Dietl, Helmut 51, 138
Diez, Georg 221f., 227
Disziplin 12, 111–137
Doktortitel 140f., 156
Dönitz, Karl 45
Dostojewski, Fjodor M. 11, 31
Drogen 71, 88, 107, 164, 242, 250–263, 284
Dussmann-Gruppe 22, 360
Dutschke, Rudolf 228
Duvall, Robert 44
Dyckmans, Mechthild 251

EADS 143
Ebay 324
Ehrenamt 73
Ehrenreich, Barbara 371
Eifer 136, 323

Ein-Euro-Job 63f., 98, 209, 265, 359
Einheitsschule, sozialistische 147ff.
Eleanor Rigby 138, 170
Elitedenken 115ff.
Elser, Georg 132
EM-TV 358
Engelke, Anke 111
England 78
Englischunterricht 170
Entspannungslehre 305f.
Enzensberger, Hans Magnus 89
Eon 210f., 339
Equasym 250
Erster Weltkrieg 180
Erwachsenenbildung 173
Erwachsener 165f.
Erweiterte Oberschule (EOS) 147f.
Erzieher 172f., 358
ESA 142
Ethik 169, 305
Euro 62, 80f.
Europäische Zentralbank 224
European Business School 71
Exzellenz-Offensive 86

Facebook 141, 325
Facharbeitermangel 52, 176
Fame – Der Weg zum Ruhm 122
Faulkner, William 45
FDP 54, 87, 268, 354
Feldenkirchen, Markus 223f., 227
Fendrich, Rainhard 194
Fernsehen 187, 294
Ferres, Veronica 36, 38f., 42, 46f., 49ff.
Feuchtwanger, Lion 66
Feuerzangenbowle 14, 283
Fielmann, Günther 211, 213f.
FIFA 79
Finanzkrise 53, 64, 139, 157
Fischer, Joschka 39f., 57, 63, 96ff., 103

Ford 344
Förderhysterie 72
Fortensky, Larry 39, 47
Fowley, Kim 351
Frankreich 78
Frantz, Justus 41
Franzen, Jonathan 142
Friede Springer Stiftung 231
Friedrich der Große 126ff.
Friedrich, Hans-Peter 141
Friedrichs, Hanns Joachim 199
Fritz-Schubert, Ernst 304, 352
Frühstück 306
Funke, Cornelia 143
Fußfessel 193

Gabriel, Gunter 194
Gabriel, Sigmar 98
Gaddafi, Muammar al 373
Gates, Bill 282
Gauck, Joachim 24
Gaulle, Charles de 27, 177
Geissen, Oliver 189
Geißler, Heiner 201, 361
Geißler, Horst Wolfram 351f., 361
Gemeinschaftsschule 148, 340, 349
Generallandschulreglement 128
Gerechtigkeit 105
Giese, Harry 44
Gilmour, David 95
Glück 112, 303f., 306, 352
Goeudevert, Daniel 345
Goldman Sachs 158
Google 141, 324f.
Gorch Fock 180
Göring, Hermann 121
Gottschalk, Thea 36
Gottschalk, Thomas 36, 39, 46, 48ff., 310
Graeter, Michael 194

Grass, Günter 40
Grässlin, Jürgen 345
Green Day 197
Griechenland 140
Grönemeyer, Herbert 49, 51
Großmann, Jürgen 211ff.
Grundbesitz 211ff.
Grundschule 173
Grüne (Partei) 28, 55ff., 87, 96, 228, 262
Gruner + Jahr 202f.
Guttenberg, Karl-Theodor zu 35, 46, 50, 180, 237, 270, 280, 353, 369f.
Guttenberg, Stephanie zu 35, 50, 353

Hamburg 68f., 123, 267, 348
Han, Byung-Chul 221
Hartmann, Erich 120
Hartz IV 15, 23, 63f., 80, 96, 98f., 102, 144, 189, 205, 347, 359, 372
Hayek, Nicolas 345
Hector-Peterson-Oberschule 267, 271
Hegemann, Helene 41
Heimunterricht (Homeschooling) 126f., 182, 190, 278, 373
Herman, Eva 193
Hertz, Gustav 248
Herzensbildung 161, 165, 171, 368, 370
Hessel, Stéphane 11, 234
Hessen 69
Hildebrandt, Regine 24
Hitler, Adolf 33, 44f., 80, 120f., 130, 132, 244
Hobby 114
Hoeren, Thomas 269f.
Hoffmann, Jens 273
Hofreiter, Siegfried 212f.
Holocaust 44, 216
Holtzbrinck 203

Honecker, Erich 147, 247, 265
Honecker, Margot 147f., 150, 248
Horaz 361, 364
Horch, August 345
HSH Nordbank 156, 257
Hugo Boss 217
Humboldt, Alexander 278f., 281
Humboldt, Wilhelm von 278ff.
Hypo Real Estate 158

Idiot 20f.
Illner, Maybrit 42
Institut für Psychologie und Sicherheit 273
Institut für Weltwirtschaft 152
Internet 269, 324ff.
Irakkrieg 217, 228, 358
Irland 223f.
Italien 78, 130

Jackson, Michael 153, 155
Jagger, Bianca 220
Jagger, Mick 220
Jaguar 210f.
Jauch, Günther 18, 65, 100, 152
Jesus Christus 154f.
Jimenez, Joseph »Joe« 256–261
Joop, Wolfgang 194
Judenvernichtung 44, 216
Jung von Matt 367
Jüngermann, Rolf 115f.

Kaiser, Astrid 66
Kant, Immanuel 27
Kapitalismus 59ff.
KarstadtQuelle 42
Kasner, Angela *siehe* Merkel, Angela
Kästner, Erich 313
Katar 79
Katzenberger, Daniela 41

Kauder, Volker 193
Kegler, Ulrike 328
Kelly, Petra 24
Kempowski, Walter 303
Kennedy, John F. 159
Kessler, Katja 153
Kinderpfleger 172
Kindertagesstätte 22f., 76, 173, 358
Kirchhoff, Bodo 194
Klassenbuch 129
Klink, Vincent 52
Klum, Heidi 106
Köberle, Rudolf 68
Koch, Roland 77, 82, 149
Kohl, Anja 360f.
Kohl, Helmut 56, 59, 80f., 97, 99, 176, 192, 267ff., 274
Köhler, Horst 231f.
Kolumbus, Christoph 61, 297
Konsum-Survival 305
Kooperationsverbot 75
Köpf, Doris 64
Kostenplus 204ff.
KPMG 142
Kraft, Hannelore 98
Krieg 129f., 143, 175f., 179f.
Krishnamurti, Jiddu 317
Krug, Manfred 61, 358
KTG Agrar AG 212
Kube, Julia 66
Küblböck, Daniel 194
Kultur 33ff., 39ff., 46ff., 95, 222, 225, 236
–, Celebrity- 106ff.
Kulturhoheit der Bundesländer 56f., 67ff., 75, 82–86, 89–93, 123f., 178, 265ff., 292, 296, 321f., 373
Kulturkindergarten 22f.
Künast, Renate 218
Kunst 235–249, 273, 281

Kunsterziehung 242
Kurbjuweit, Dirk 221

Ladendiebstahl 188
Lafontaine, Oskar 59
Lancia 143
Lang, Christof 187
Langeweile 192, 305
Lauda, Niki 121
Lawrence von Arabien 136f.
Lean, David 136
Lebensschule 161–178
Lehramtsanwärter 171f.
Lehrauftrag 296–303
Lehrer 15, 121f., 136, 166, 283–316, 319, 335
Lehrpläne 93, 133, 292
Leidenschaft 304
Leutheusser-Schnarrenberger, Sabine 55, 270f.
Leyen, Ursula von der 23, 76, 141, 173, 205, 219, 229, 305, 333, 350, 353
Lilly Deutschland 251
Lindbergh, Peter 264
Lindner, Christian 252
Linke 262
Linklaters 142
Loach, Ken 220
Ludowig, Frauke 187
Ludwig II., König 33
Luftwaffe 118ff.

Maffay, Peter 48f., 51, 248
Maihofer, Werner 54
Maizière, Thomas de 141, 229, 270, 281
MAN 222
Mann, Thomas 303
Manning, Bradley 220, 288
Mappus, Stefan 229

Marseille, Hans-Joachim 120
Maschmeyer, Carsten 36ff., 41f., 46, 49ff.
Mascolo, Georg 204
Mason, Nick 94
Mattes, Bernhard 344
Matussek, Matthias 204
McKinsey 142, 339, 357
Meckel, Miriam 194
Media Control 294
Medien 17, 26, 187, 197–234, 339
Medikinet 250
Medwedew, Dmitri 247
Mercedes-Benz 217
Merkel, Angela 23, 34f., 39, 46, 48, 50, 58, 77, 80f., 86, 90, 96, 98, 103, 140, 148ff., 152, 154, 156, 173, 176f., 204f., 219, 226, 229, 231, 248f., 266, 274, 334, 350, 353, 369, 372
Merz, Friedrich 149
Messner, Reinhold 194
Methylphenidat 252, 254f., 259
Meuterei 180
Michelle 194
Microsoft 282
Middelhoff, Thomas 42f.
Miegel, Meinhard 277
Migranten 80, 124, 176, 234, 265, 272, 278, 280, 315
Militär 124–129, 132, 136f., 179f.
Missgunst 338
Mitterrand, François 59
Mohn, Liz 97, 151ff., 230
Mohn, Reinhard 97, 151, 153f.
Moll, Gunther 134
Möllemann, Jürgen W. 141
Montessori-Schule 327f.
Moore, Michael 220
Mozart, Wolfgang Amadeus 45
Mronz, Michael 35, 50

Mross, Stefan 358
Mubarak, Husni 373
Müller von Blumencron, Mathias 204
Müller-Westernhagen, Marius 194
Mundart 302f.
Müntefering, Franz 23, 96
Musik 192, 235–249, 281, 306–314
Mussolini, Benito 130

Nachhilfeunterricht 86
Nagarkar, Kiran 331
Namensfalle 66f., 320
Nannen, Henri 40
NASA 142
Neckermann 42
Nena 360
NIBC 222
Niebel, Dirk 141
Niedriglohnsektor 265
Nightcap 49
Nonnenmacher, Dirk Jens 156, 257
Novartis 253, 256f., 259ff., 305
NSDAP 216

Obermann, René 42
Oehmke, Philipp 224f., 227
Oettinger, Günther 103, 170
Oliveira Salazar, António de 131
Opel 344
Orwell, George 178, 206, 254, 258f.

Pause 192f.
Persönlichkeitsbildung 87, 161, 165, 171, 298, 301f., 304, 372
Pestalozzi, Heinrich 285
Petzold, Andreas 291
Pflicht 180ff.
Pharmazie 250–263
Pianisten 235–249
Piëch, Ferdinand 153, 342–346

Pilawa, Jörg 360
Pilot 118ff., 130
Pindar 183f.
Pink Floyd 94
PISA 115, 141, 239, 290, 319
Pischetsrieder, Bernd 345
Pispers, Volker 299f.
Polen 130
Polt, Gerhard 186, 190, 192
Polytechnische Oberschule (POS) 147f.
Popper, Karl 275
Porsche 345f.
Porsche, Ferdinand 345
Portugal 131
Postman, Neil 354
Precht, Richard David 14, 221
Prekariat 23, 86, 97, 150, 278, 372
Priol, Urban 204
Privatisierung 22, 83, 92, 262
Privatschule 71, 85, 101, 167, 230, 263, 336, 338, 349
Prosperiat 371ff.
Pubertät 134f., 163
Putin, Wladimir 247

Qualifikation 109f.

Raabe, Wilhelm 331
Rach, Christian 187
Raddatz, Fritz J. 39f., 197
Radikalenerlass 292
Ramsauer, Peter 141, 282
Rassismus 234, 278
Rauin, Udo 171f.
Rehn, Götz 64
Reich-Ranicki, Marcel 40
Reilly, Nick 344
Reithofer, Norbert 344
Religion 169
Rennfahrer 121

Reuter, Joachim 291
Revolution 25f., 90, 201
Richards, Keith 11, 364, 370
Ricke, Helmut 158
Ricke, Kai-Uwe 158
Riewerts, Elfriede *siehe* Springer, Friede
Rindt, Jochen 121
Rindt, Nina 121
Ritalin 242, 250–254, 256–262, 305
Roewe 238
Roland Berger 98, 142, 357
Romero, George A. 72
Rosemeyer, Bernd 121
Rosenbach, Marcel 220
Rosenkranz, Jan 291
Rösler, Philipp 22, 141, 251f., 261
Rote-Armee-Fraktion 228
Röttgen, Norbert 141
Rousseau, Jean-Jacques 111
RTL 222
Rudorffer, Erich 120
Russell, Bertrand 162
Rütli-Gemeinschaftsschule 349
Rüttgers, Jürgen 56
RWE 211f.

Saalfrank, Katharina 187
Sachsen 69
Sächsische Landeszentrale für politische Bildung (SLpB) 69
SAP 339
Sarkozy, Nicolas 78, 148, 177, 354
Sarrazin, Thilo 144, 149, 199, 215, 223, 234, 239f., 334
Sarrazin, Ursula 239f.
Sauer, Joachim 35, 50, 231f.
Schatz, Norbert 180
Schäuble, Wolfgang 82, 140f., 218f., 229
Schavan, Annette 19, 23, 82, 86, 141, 144–150, 154, 157, 201, 229, 232, 240, 246f., 249, 274, 280, 282, 306, 348, 350
Scheel, Günther 120
Schick, Marion 68
Schlingensief, Christoph 194
Schmidt, Helmut 24, 40f., 59, 268, 353
Schnitzler, Karl-Eduard von 60
Scholl, Sophie 132
Scholz, Joachim 151
Schönbohm, Jörg 193
Schreier, Peter 248
Schrempp, Jürgen 143
Schröder, Gerhard 19, 27, 38, 56ff., 63ff., 77, 80, 86, 96ff., 151, 191, 231, 274, 372
Schröder, Kristina 23, 141, 350, 353, 358
Schrowange, Birgit 187
Schulnoten 317–330
Schulpflicht 15, 85, 127, 167, 180ff.
Schulpsychologe 191
Schulschwänzer/-verweigerer 12, 126, 129, 132, 179–194
Schulsystem 67ff., 115ff., 267f., 341, 347, 354
Schulwesen, preußisches 126ff.
Schumacher, Michael 121
Schwarzenegger, Arnold 159
Schwarzer, Alice 202, 338
Seehofer, Horst 36, 46, 82
Selbstgleichschaltung 216f.
Selbstmord 255, 261
Selbstzucht 117, 125f.
Shriver, Maria 159
Sick, Bastian 206
Siemens 150, 339
Skype 141, 324
Social engineering 274f.
Söllner, Hans 250
Sozialberufe 173

Sozialkompetenz 302
sozial Schwache 23, 78, 97, 116, 124, 205, 260
Sozialsystem 79ff., 97
Spaltung der Gesellschaft 13, 85ff., 116, 131, 331, 336, 340–345, 349
Spanien 78
Sparkassen 217
SPD 54, 57, 59, 87, 96, 262, 354
Spiegel 197ff., 203–229, 231ff.
– Anzeigen 210f., 213, 215, 217, 222
Sport 242, 306
Sprachmüll 204ff., 278
Springer, Axel Cäsar 151f., 154
Springer, Friede 151ff., 230, 232
Springer Verlag 58, 202, 223f., 231
Springsteen, Bruce 48, 51, 179
SS 44
Stark, Holger 220
Steeger, Ingrid 194
Steinbrück, Peer 173
Steinmeier, Frank-Walter 96
Steuerfahnder 288
Stevens, Cat 317
Stoiber, Edmund 96, 170
Strauß, Franz Josef 40, 204, 352
Ströbele, Christian 190
Struck, Peter 299
Studienstiftung des deutschen Volkes 211
Stuttgart 21 25, 79, 83, 88, 201, 228f., 285
Stuxnet 324
Sun Capital Partners 42f.
Süßkind, Patrick 138
Süßmuth, Rita 24

Tanz 306
Taylor, Liz 39
Terroranschläge (11.9.2001) 62

Terrorismus 62
Teufel, Fritz 228
Thatcher, Margaret 59
Themistokles 27
Thoelke, Wim 18
Thurn und Taxis, Gloria von 36, 46
Treuhand 60, 248
Trittin, Jürgen 96
Trpkovski, Zlatko 107
Tschuang-Tse 195
Twitter 141, 325

Ungarn 78
Union Nationale Lycéene (UNL) 356
Universität 16
Unterrichtsqualität 269–274

Van Halen 258ff.
Vaughan Williams, Ralph 311f.
Vereinigung der hessischen Unternehmerverbände 172
Vettel, Sebastian 121
Vogel, Hans-Jochen 24
Volkswagen (VW) 342ff., 346
Vornamen 66f., 320
Vorstandspositionen 339
Vorurteile 66f.

Waalkes, Otto 239
Wagner, Cosima 38
Wagner, Franz Josef 224ff., 232f.
Wagner, Richard 12, 33–51, 237, 309f., 312
Waigel, Theo 333
Wall Street 139
Wallraff, Günter 202
Walser, Martin 234
Wankel, Felix 345
Watergate 287
Waters, Roger 94f., 312

Wehner, Herbert 352
Wehrpflicht 180, 193, 207
Weibel, Peter 107
Weimar, Karlheinz 288
Weiße Rose 132
Weizsäcker, Richard von 352
Wells, H. G. 161
Wempe 210f.
Westerwelle, Guido 35, 39, 46, 48, 50, 82, 98, 103, 140, 218
Whitman, Walt 283
Wickert, Ulrich 131
Wieandt, Axel 158
Wieandt, Dorothee 158
Wiedeking, Wendelin 345
Wiedervereinigung 59f., 103
WikiLeaks 217ff., 223, 225f., 232, 287f.
Wilhelm II., Kaiser 15, 33
Will, Anne 194
Willemsen, Roger 155
Willy-Hellpach-Schule 304, 352
Winterkorn, Martin 344
Wirtschaft 22, 64, 71, 76f.
Witt, Katharina 247
Wittler, Tine 187
Woodward, Bob 287
working poor 60
Wowereit, Klaus 194
Wulff, Bettina 37, 41
Wulff, Christian 37, 39, 41, 46, 149
Wutbürger 83, 88, 221, 224f., 227, 230, 232f., 285, 365

Yahoo 141, 325
YouTube 141, 324

Zaimoğlu, Feridun 303
Zámbo, Gundis 194
Zappa, Frank 303
Zensuren 317–330
Zentralverband des deutschen Handwerks 23
Zetsche, Dieter 143, 257
Züchtigung 131f.
Zuckerberg, Mark 141
Zwang 12, 120, 181ff., 193, 198, 238
Zwegat, Peter 187, 249
Zweig, Stefan 180, 182
Zweiter Weltkrieg 130, 132, 176